김PD의
공연기획

김PD의 공연기획

©김순국, 2011

초판 1쇄 2011년 12월 24일
초판 6쇄 2020년 9월   1일

지은이 김순국
펴낸이 강민철
펴낸곳 (주)컬처플러스
편집 고혜란
교열 배규호
디자인 프린웍스
마케팅 강지석
출판등록 2003년 7월 12일 제2-3811호
ISBN 978-89-955130-8-8 13680

주소 100-272 서울시 중구 필동2가 13-7 윤미빌딩 5층
전화번호 02-2264-9028
팩스 02-2264-9021
전자메일 cultureplus@naver.com
김PD의 공연기획 카페 http://cafe.naver.com/kimsoonkookproducer
값 29,000원

김PD의 공연기획

연극·무용·뮤지컬·오페라·발레·창극

공연기획 길라잡이

| 김순국 지음 |

컬처플러스

나는 아주 많이 부족한 사람이다. 이 부족함으로 인해 항상 내가 알고자 하는 것에 대해 자료를 찾고 연구하는 습성이 생겼고, 그로 인해 이렇게 책을 쓰게 되었는지도 모른다. 내게 있어 부족함은 오히려 모든 것에서 나를 지탱하는 힘이 되고 있다.

나는 매우 행복한 사람이다. 매사에 싫증을 많이 느끼는 내가 공연 분야에서 일하게 된 것은 대단한 행운이라고 생각된다. 공연마다 만나는 새로운 작품과 새로운 사람들은 나에게 항상 최선을 다하도록 독려 한다.

공연을 보는 것은 영화를 보는 것 이상으로 사람의 마음을 설레게 한다. 만약 사랑을 하는 청춘남녀가 뮤지컬 〈오페라 유령〉 또는 연극 〈로미오와 줄리엣〉을 함께 보고 있다면 사랑의 목적지에 좀 더 빨리 다다를 것이다. 결국 훌륭한 공연은 사람들의 마음을 움직여 새로운 세상으로 안내한다. 또한 지친 심신을 치유하고 열정을 끌어올려 자기 일에 최선을 다하게 만든다.

그러므로 공연 분야에 종사하는 공연 기획자에게 공연을 제작하는 것은 너무나도 신나고 기분 좋은 일이다. 대다수 사람들이 기획을 어려워하지만, 기획은 어쩌면 생경한 것이 아닌 누구나 한번쯤은 어린 시절부터 경험해 본 것이라고 생각된다. 나 같은 경우에는 공연 기획을 할 당시에는 몰랐지만 청소년 시절 교회에서 여름성경학교 운영, 고등부 문학의 밤, 청년부 수련회 등을 통해 기초적인 기획을 해보았다. 또한 서울예술대학에 입학한 뒤에는 총학생회 활동을 통해 좀 더 심도 있는 기획을 경험해 보았다.

　나에게 있어 지난 20년은 오로지 공연을 사랑하는 마음으로 공연 분야에서 일할 수 있어서 무척이나 행복한 시간이었다. 내가 하는 일은 공장 근로자가 하는 일처럼 단순히 반복하는 일이 아닌 늘 새로운 것을 만들어 내고 이를 관객들에게 제공하여 평가를 받는 일이다. 즉 이를 통해 나의 존재감을 나타내는 일이다. 그동안 수많은 공연제작/기획에 참여했지만, 결과적으로 거창한 성과를 이루어 내지는 못했다. 그러나 조금은 의미있는 성과를 낸 것도 있다. 그 성과들은 지나고 보니 끊임없는 조사와 연구 그리고 수많은 시행착오 끝에 얻어낸 결과임을 알게 되었다. 어떤 기획자가 공연 분야에서 폼만 잡고 공연 기획을 하고 있다면 그는 일시적으로 성공할지는 몰라도 장기적으로 성공할 수는 없을 것이다. 공연 기획은 모름지기 많은 지식과 경험과 종합사고를 필요로 한다. 후배들이 최선을 다해 적극적으로 활동하여 공연 시장을 국내로 해외로 확장하고, 관객이 꼭 필요로 하는 공연 상품을 개발한다면 공연 분야 최고의 문화 CEO인 송승환 대표이사처럼 명예와 부를 함께 가질 수 있을 것이다.

　나는 송승환 프로듀서처럼 능력이 많지는 않지만 지금 최선을 다해 노력하고 있다. 나는 공연을 통해 사람들에게 행복을 전달하는 문화 행복 전도사를 꿈꾸고 있다. 물론 모든 것을 내가 직접 만들어 가야 하기 때문에 많은 어려움이 곳곳에 도사리고 있다.

　중학교 시절부터 지금까지 많은 어려움이 있었지만 그때마다 훌륭한 멘토mentor인 선생님을 만나게 되어 그 분들이 나를 좋은 길로 이끌어 주

셨다. 나의 멘토이신 사촌형인 김순철 대령, 당숙이신 김민희 전前영등
포 교도소장, 서울오산중학교 시절에 훌륭한 가르침을 주신 3학년 담임
박홍배 선생님, 서울양정고등학교 시절에 2학년 담임이셨던 박종부 선
생님, 수업을 통해 훌륭한 가르침을 주신 정건채 선생님과 진달용 선생
님, 서울예술대학 시절에 좋은 가르침을 주신 김기덕 선생님, 김효경 선
생님, 양정현 선생님, 송혜숙 선생님, 유혜경 선생님, 한정석 선생님, 조
운형 선생님, 대학로 시절에 좋은 기회를 주신 이윤택 선생님, 정진수 선
생님, 유인촌 대표님, 장두이 선생님, 임경식 선생님, 이종열 대표님, 송
승환 대표님, 이종일 감독님, 서울예술단 시절에 많은 기회를 주신 신선
희 선생님, 강대영 선생님, 국립극장 시절 애정어린 조언을 해주신 김인
철 기술감독님, 최치림 선생님, 김명수 하우스 매니저님 등이 오늘의 나
를 만들어 주었다.

공연 분야에 종사하거나 종사하고 싶은 후배 기획자에게 이 책이 작은
도움이 되었으면 한다. 그리고 부족한 부분은 후배들이 보충하여 새로운
공연기획 책을 만들어 주었으면 한다.

나에게 욕심이 있다면 이 책이 예술경영 교육 현장에서 공연 기획의 전
공교재로서 사용되거나 또는 공연 기획에 관심이 있는 사람들에게 공연
제작/기획에 대한 전반적인 이해를 넓히는 교재로 사용되기를 바랄 뿐이
다. 그리고 이 책에서 빠진 공연 작품의 해외마케팅 부분은 다음 증보판
을 낼 경우에 꼭 첨부할 것을 약속드린다.

**나는 이 책을 바탕으로 앞으로 어떠한 어려움에도 불구하고 나의 도전
은 계속될 것이며, 나는 결코 세상과 타협하고 지름길을 찾아가는 요행을
바라지 않을 것이다. 나는 오늘 아침도 횡단보도 앞에서 파란 신호등을**

기다리고 있다. 많은 사람들이 빨간 신호등에 횡단보도를 건너지만 그것은 나의 길이 아님을 나는 분명히 알고 있다. 나의 인생길은 파란 신호등임을 알고 있으며, 조금 늦게 가는 길이지만 분명 후회가 없고 나를 지켜주는 길이라고 믿고 있다. 후배들아! 인생에서 꼭 파란신호등일 때에 길을 건너기를 바란다. 인생에서 계속 행운이 함께할 수는 없기 때문이다.

기꺼이 추천 글을 써준 오랜 친구인 이현우 감독님, 정승재 팀장님, 이주영 책임PD님, 최종철 팀장님, 주미석 제작PD님, 엄국천 부장님에게 진심으로 감사를 드린다.

이 책이 나올 때까지 도움을 주신 아버님, 돌아가신 어머님, 고모, 살아가면서 많은 도움을 준 외삼촌과 이모부, 이모, 매주 사위에게 반찬을 보내시는 장모님, 나의 주치의 역할을 해 주시는 일산 내과의사 형님, 포항에서 먹을거리를 자주 보내 주시는 포항 치과의사 형님, 그리고 힘들 때 많은 것을 챙겨주는 아내에게도 감사를 전한다.

끝으로 이 책의 출판에 지극한 관심을 갖고 격려와 도움을 아끼지 않은 (주)컬처플러스 강민철 대표이사님을 비롯 최현진 디자이너님, 초고를 교정해 준 정세희 극작가님과 고혜란 편집자님과 배규호 교열자님에게 감사드린다.

대학로에서
세상의 덧없음과 사나이의 고독을 아는
김 순 국

공연 기획을 터득하는 특별한 학습법이 있는 것은 아니다. 그러나 공연 기획 자체가 공연 예술을 다루고 있기 때문에 공연 장르에 대한 예술적 이해, 공연 제작의 이해, 스태프/배우들과의 인적 네트워크 구축, 기업 관계자와의 접촉이 반드시 필요하다.

① 수집하라

- 예술과 공연 예술에 대한 책을 수집하라.
- 기획과 공연 기획에 대한 책을 수집하라.
- 마케팅과 공연 마케팅(예술 마케팅, 문화 마케팅)에 대한 책을 수집하라.
- 소설, 수필, 시 등 관심 있는 분야의 책을 수집하라.
- 사회 트렌드를 파악할 수 있는 잡지책을 수집하라.
- 예술 관련 사이트(예술경영지원센터 등)에서 공연 자료를 수집하라.

② 경험하라

- 공연을 장르별로 자주 관람하고 경험하라.
- 국내외 영화, 만화, 드라마, 애니메이션을 자주 경험하라.
- 박물관, 미술관 등에 방문하여 자주 감성을 키워라.

③ 접촉하라

- 예술가들과 자주 접촉하라.
- 모임, 동호회 등에 가입하여 사람들과 자주 접촉하라.
- 세미나, 워크숍 등에 시간이 허락하는 대로 자주 참석하여 접촉하라.
- 기업 관계자와 접촉하라.(삼성경제연구소 – 각종 포럼 가입)

 이 책을 처음부터 순서대로 읽어 나가면 공연 예술의 기본적인 내용을 이해하고 공연 기획 실무를 충분히 파악할 수 있으리라고 생각한다. 공연 기획의 실무 내용을 기획 순서대로 작성했기 때문에 두세 번 정독하면 쉽게 이해할 수 있을 것이다. 그리고 김PD의 생각과 메모도 관심있게 읽어 주었으면 한다.

① 공연 기획에 필요한 지식은 현장 경험 후에 이론적으로 보충하는 것이 좋다. 기존의 책에 나온 이론들은 대부분 10여 년 전의 사례들로 공연 기획 시에 별로 도움이 안 된다.
 • 마케팅 홍보는 이제 인터넷보다 스마트폰을 이용하는 것이 보다 타당하다.

② 공연 예술 분야의 용어는 현재 정확하게 정리되지 않고 혼용되어 사용되고 있다.
 • 극장 = 공연장 = 공연 장소
 • 공연 = 작품 = 공연 작품 = 공연 상품 = 공연 제품 = 공연 콘텐츠
 • 입장권 = 티켓 = 공연 입장권 = 공연 티켓

③ 공연 예술 장르별로 스태프의 역할에 대한 충분한 이해가 필요하다.
 • 무용에서 안무가의 역할과, 뮤지컬에서 안무가의 역할의 차이
 • 연극의 연출자와, 뮤지컬이나 오페라 연출자의 역할의 차이

④ 공연을 예술적 관점뿐만 아니라 산업적 관점에서 바라보는 시각이 반드시 필요하다.
 • 공연 제작 시에 정부나 공공기관의 지원금(보조금)에만 의존하지 말고 자체적으로 제작비보다 많은 수입을 확보할 수 있는 방법을 생각해 두어야 한다. 공연 제작비가 마련되어 있어야 다음 공연을 제작할 수 있다.

⑤ 공연 기획자는 제작하는 공연 작품이 국내시장에서 인정받고 세계에 진출할 수 있도록 사전에 충분히 검토해서 준비해야 한다.
 • 세계 여러 나라에 통용될 수 있는 작품의 주제와 완성도, 공연 작품의 가격경쟁력, 국제 네트워크 구축 등이 전제되어야 한다.

공연 기획자가 공연을 통해 관객들에게 직접적으로 감동과 즐거움을 주는 예술가는 아니지만, 예술을 빙자하여 예술가를 속이고 관객들을 돈벌이의 대상으로만 생각하고 있다면 그는 예술이 우리들에게 주는 진정한 가치를 모르는 장사꾼에 불과하다. 공연 기획자는 예술의 중심에 서서 관객이 필요로 하는 것 이상의 더 큰 가치를 제공할 수 있어야 관객으로부터 더 큰 것을 얻을 수 있다.

사회생활에 지친 사람들에게 가벼운 웃음을 주는 것이 아니라 그 사람들이 예술적 치유가 될 수 있도록 예술가를 도와서 감동 그 이상의 가치를 관객에게 전달할 수 있어야 한다. 그리하려면 공연 기획자는 더 이상 공연계를 어지럽히는 존재가 아니라 예술을 통해 감성 리더십을 발휘할 수 있는 지도자가 되어야 한다. 아울러 무거운 책임감, 도덕성, 사명감, 소명의식을 항상 염두에 두어야 한다.

첫째, 공연 기획자는 공연 예술을 사랑하는 진실한 마음을 가진 사람이어야 한다. 한국 사회에서 공연 분야에 종사한다는 것은 그리 쉬운 일이 아니다. 사회적 위치나 사회적 기준에서 볼 때 전혀 수입이 보장되지 않는 공연 분야에서 직업인으로서 자부심을 가지고 일을 지속적으로 하기 위해서라도 최소한 공연 예술을 사랑하는 진실한 마음을 가지고 있어야 한다. 그래야만 최선의 노력을 다할 수 있기 때문이다. 공연 예술을 사랑하는 진실한 마음 없이 적당한 자금을 가지고 시작한 대부분의 공연 기획자들이 5년을 버티지 못하고 공연계를 떠나는 현실을 볼 때 꼭 있어야 하는 것이 바로 공연 예술을 사랑하는 진실한 마음이다. 이러한 마음가짐은 사회적 편견과 멸시로부터 자기 자신을 지켜 주는 등불과 같다고 할 수 있다.

둘째, 공연 기획자는 예술가를 아끼고 사랑할 수 있는 넉넉한 마음을 가진 사람이어야 한다. 공연 작품의 제작 및 공연 과정은 마치 우리 인생을 축소시킨 단편영화와 같다. 서로가 기대감 속에서 만나고 일정 기간 행복 속에서 살다가 서로간의 이해 부족으로 서로를 원망하고는 헤어지게 된다. 이런 일이 계속 반복되면 어느덧 공연 기획자는 예술가를 예술가로 보지 않고 오직 자기 돈벌이 수단으로밖에 생각하지 않는다. 모든 공연은 기획으로부터 시작되지만, 공연 작품으로 구체화하고 무대화시켜 주는 것은 그들, 즉 예술가들이다. 공연 기획자가 그들을 진정으로 사랑하지 않는다면 그들 또한 공연 기획자가 제작하는 공연 작품에 최선을 다하지 않기 때문에 결국 원하는 공연 작품을 만들 수 없게 된다. 완성도 높은 공연을 제작하고 싶다면 공연 기획자가 신뢰하고 믿을 수 있는 스태프들로 팀을 구성하고 그들이 최선을 다할 수 있도록 분위기를 조성하고 기다리면 된다.

셋째, 공연 기획자는 한없는 열정을 가진 매사에 성실한 사람이어야 한다. 공연 작품을 제작/기획함에 있어서 한없는 열정을 가지고 성실하게 임하지 않는다면, 자신이 제작한 공연이 단지 1회성 이벤트로 끝나 버릴지 모른다. 공연 기획자의 창조적인 면도 중요하지만, 끊임없는 노력과 열정, 성실성이 더 중요한 자질이라 할 수 있다.

 공연 예술은 단기간 동안의 준비로 좋은 결과가 나오는 것이 아니고, 또한 투자비 이상의 공연 수익을 창출하기가 매우 어렵다. 그래서 공연이 실패할 경우에 공연 기획자는 스태프, 배우, 업체에게 지급할 비용에 대해 책임을 회피하는 일이 많이 발생한다. 공연 기획자는 공연 분야에서 지도자와 같은 존재이므로 이런 일이 계속 발생한다면 공연 예술 분야의 종사자들은 공연 예술에 회의를 느끼고 공연 기획자들에게 큰 불신을 가지게 될 것이다.

공연 기획자는 아버지와 같은 책임감을 가지고 공연의 성공과 실패를 떠나 우선적으로 비용 지불에 최선을 다해야 한다. 이를 해결하지 않고 다음 작품을 준비한다는 것은 생각조차 하면 안 된다. 또한 오늘의 문제를 해결하지 못하고 책임을 지지 않으면 다음 번 공연 기획에서 스스로 자기 자신을 실패로 이끄는 원인이 될 수 있다. 스스로가 책임을 지지 않는 무책임한 공연 기획자로 공연 관계자들에게 각인되기 때문에 더 이상 좋은 스태프와 배우, 업체들과 함께 일을 할 수 없게 된다.

그래서 공연 기획에 성공하려면 공연 기획자는 자기 자신을 스스로 절벽에 세우는 일에 절대 망설이지 말아야 한다. 반드시 자신을 백척간두에 세우고 일을 시작해야 한다.

다섯째, 공연 기획자는 사회 트렌드에 관심이 많고 적극적으로 사회 변화를 수용하는 사람이어야 한다. 오늘보다는 내일, 내일보다는 모레를 꿈꾸는 사람이어야 한다. 공연 예술도 관객들의 필요와 욕구를 미리 파악하여 작품에 반영해야 하고, 사회 트렌드를 반영한 작품을 제작해야만 관객의 사랑을 받을 수 있기 때문이다. 아무리 예술성이 뛰어난 공연 작품이라도 관객들이 외면한다면 공연 작품으로 존재할 수 없기 때문에 사회 변화에 대해 그 어느 누구보다 관심을 가지고 파악하여 관객들에게 새로운 꿈과 환상을 제시할 수 있어야 한다.

여섯째, 공연 기획자는 관객에게 재미와 감동을 만들어 줄 수 있는 사람이어야 한다. 지금은 더 이상 조선의 유교사회가 아니다. 감동은 있지만 너무 경직된 내용을 작품에 담고 있다면 관객들은 너무 심각하게 고민할지도 모른다. 또한 재미만을 추구한다면 예술의 가치를 반감시켜 관객들이 공연장을 자주 찾지 않을 수도 있다. 그래서 사회 트렌드를 반영하거나 과거의 공연 콘셉트를 재설정하여 관객에게 재미와 감동을 균형 있게 전해줄 수 있어야 한다.

Contents

문화행복전도사를 꿈꾸며 · 4

공연기획을 공부하려면 · 8

일러두기 · 9

공연 기획자가 되고자 하는 사람들에게
꼭 전하고 싶은 말 · 10

Chapter1

예술, 공연 예술, 공연 장르의 이해 · 17

1. 예술 · 19

2. 공연 예술 · 21

3. 공연 장르 · 29

Chapter2

공연 시장, 공연 상품, 공연 관객의 이해 · 59

1. 공연 시장公演市場, Performance market · 61

2. 공연 상품公演商品, Performance products · 66

3. 공연 관객公演觀客, Performance consumer · 70

Chapter3

공연장, 무대 기술의 이해 · 79

1. 공연장公演場, Threatre · 81

2. 무대 기술舞臺技術, Stage technology · 88

Chapter4

공연 기획, 공연 기획자,

공연 기획사의 이해 · 101

1. 공연 기획公演企劃 · 103

2. 공연 기획자公z演企劃者 · 111

3. 공연 기획사公演企劃社 · 115

Chapter5

공연 기획의 실무 ▶▶ 준비 단계 · 125

1. 자금 조달資金調達, Financing · 127

2. 사무실 임대事務室賃貸, Office rent · 137

3. 사업자 등록事業者登錄, Business registration · 139
4. 인적 자원 관리
   人的資源管理, Human resource management · 145
5. 공연 사업 구상, 작품 구상,
   공연 작품 선정 · 153
6. 공연 사업 회의
   公演事業會議, Performing business conference · 161
7. 공연 사업 계획서
   公演事業計劃書, Performing business plan · 162
8. 공연 기획서公演企劃書, Performing proposals · 167
9. 공연장 대관Rent venue · 182
10. 좌석 등급과 티켓 가격 결정 · 192
11. 협찬協贊, Sponsorship · 202

6. 공연 기획회의Performing planning meeting · 265
7. 공연 홍보公演弘報 · 269
8. 광고廣告, Advertisement · 308
9. 티켓예매처 선정(티켓 판매사 선정) · 324
10. 공연 마케팅 · 328
11. 공연 연습 · 366
12. 무대 스태프 회의Stage staff meeting · 370
13. 분장실 배정 · 373
14. 무대 장비 반입 · 376
15. 리허설Rehearsal · 377
16. 공연 기간 중 사무실 운영 · 381
17. 공연 진행 · 384
18. 지방공연 · 401

Chapter6

공연 기획의 실무 ▶▶ 실행 단계 · 213

1. 스태프Staff · 215
2. 캐스팅Casting · 233
3. 공연 지원업체 · 242
4. 계약契約, Contract · 248
5. 공연 제작회의Performing production meeting · 263

Chapter7

공연 기획의 실무 ▶▶ 정리 단계 · 405

1. 공연 결산公演決算, Performing closing · 408
2. 공연 사업 평가
   公演事業評價, Performing project evaluation · 412

참고 도서 · 416

도움을 주신 분들

이진경, 김희복, 심건우, 백진철, 서문경, 엄국천, 김순복, 이주영, 김용희, 최중철, 심재찬, 서미숙, 이용근, 이용탁, 서숙진, 주성근, 차유경, 계명환, 채상묵, 채용병, 최병규, 최성규, 이종열, 이용도, 주기홍, 김찬복, 박상곤, 김현자, 강대영, 강대진, 오은성, 박찬국, 김순석, 강성용, 이상윤, 김 일, 강영걸, 박선화, 이덕근, 박기산, 박원묵, 박성범, 서진욱, 이병술, 김남윤, 최 영, 서한우, 이용화, 이유정, 이윤주, 이종인, 이종훈, 이주환, 김창조, 이태훈, 이학순, 이혁찬, 임선하, 임형택, 장광열, 장삼윤, 정 철, 정성태, 장일상, 전계식, 김석국, 전남규, 전성종, 전용성, 정길배, 정달용, 문형진, 정대경, 권화진, 김성진, 채수호, 채호병, 정동환, 최형호, 박연홍, 김호동, 하용부, 현 주, 이승미, 곽은희, 허은미, 현상균, 박석용, 고여진, 선재규, 설영권, 장기용, 홍현주, 김경아, 김현아, 정유희, 이현우, 공종태, 박성빈, 곽동철, 서숙희, 최용훈, 홍기영, 홍철욱, 구승현, 방지영, 배갑태, 박 용, 구재하, 권순홍, 박경빈, 권진철, 성무량, 손지영, 송명섭, 박순진, 박창선, 김경수, 김경익, 배진섭, 김기수, 김대성, 김남진, 김대중, 박순철, 서상권, 김도훈, 백광석, 장두이, 박미향, 김성노, 김수웅, 심우인, 안민국, 구근희, 김수영, 조정호, 박병우, 박상규, 박용덕, 최일성, 안석순, 박용재, 송채환, 박은주, 박장렬, 박정수, 황동근, 오진수, 박정준, 박종원, 박찬빈, 최종원, 박창식, 안애순, 안영수, 양인환, 엄인섭, 여 훈, 염명윤, 유희성, 주충남, 오경택, 오동훈, 오정학, 오지원, 임상우, 오태호, 오 혁, 정연홍, 강기석, 정원기, 정일석, 원영애, 원희옥, 유수미, 유영대, 유원종, 박용호, 박철호, 김선아, 윤광진, 이병훈, 윤대성, 윤시중, 윤용준, 윤우영, 윤정은, 남경주, 이강렬, 정희정, 이미라, 이범환, 윤생현, 이봉규, 이상미, 이순복, 송용태, 김종헌, 정지환, 정태진, 이양희, 이영철, 정도연, 정복모, 정세희, 목호찬, 정승재, 노지미, 정 신, 이유리, 조경환, 조영진, 신춘수, 송재신, 박규원, 김영수, 김영욱, 정병호, 김용현, 김우각, 김은영, 김은화, 김백수, 강병식, 주미석, 김인준, 김정훈, 김종구, 신춘식, 심우용, 김종한, 김주섭, 구재숙, 김진호, 김철리, 김 헌, 조태준, 조행덕, 김현준, 김현철, 김형철, 김 혁, 김혜민, 김호성, 김홍수, 강창일, 김희연, 나 훈, 남미정, 남성호, 오태석, 류백희, 맹영재, 목요찬, 문미라, 문 웅, 문인구, 문종덕, 민병상, 탁영선, 나광용, 송일영, 안중규, 엄창섭, 왕득영, 이택상, 차경환, 정영엽, 신종현, 김남부, 장승호, 강예선, 권성희, 김영봉, 공제민, 구자홍, 김태용, 유정수, 오동식, 이한승, 김순자, 김창선, 강석훈, 강옥순, 김순강, 고석진, 이성현, 박계배, 신일수, 박남규, 송현옥. 박미숙, 송인형, 신소윤, 김수철, 김형준, 오상영, 정대교, 강준택, 주영석, 이계준, 박진영, 전선택, 김병호, 황금실, 손상원, 정현욱, 마승락, 정유란, 김준희, 박현숙, 배정자, 김순규, 심상태, 한명구, 이영란, 복진호, 염무영, 김혁중, 손미정, 전윤선, 최대원, 이혜정, 유희경, 이영진, 권순엽, 최민우, 강준택, 공형택, 정승호, 유원용, 김재건, 문영수, 정혜영, 신영숙, 신왕호, 박미란, 서현석, 윤준호, 김진서, 손후윤, 김순철, 김숙자, 김순권, 김순식, 고미경, 민세정, 제임스 전, 이나리매, 고 황정욱, 고 김동기 등 〈작성순서는 무순임〉

다시 한번 머리숙여 감사의 말씀을 전합니다.

예술, 공연 예술, 공연 장르의 이해

공연 기획은 창조이다

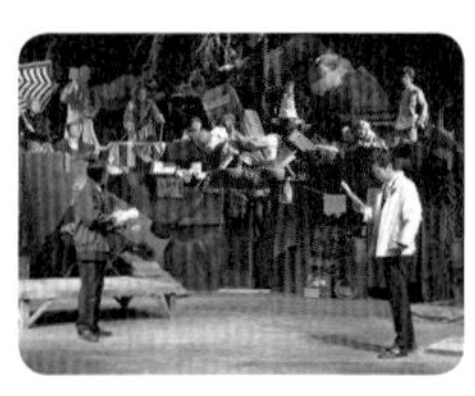

연희단거리패은 1986년
이윤택 연출가에 의해 부산에서 창단된
독자적인 연극 양식을 갖춘
대표적인 실험극단으로
부산, 밀양, 김해, 서울 등을 중심으로 활동하고 있다.
(출처: 연희단거리패)

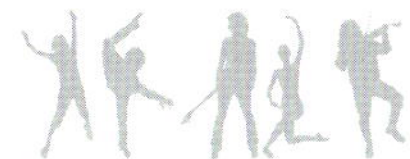

1. 예술

| 예술藝術, Art

　인간의 생활이 지속적으로 발전하고 개선됨에 따라 예술도 함께 발전하였으며, 그에 따라 예술의 영역이 점차 확대되었다. 예술은 세계 여러 나라의 학자들을 포함, 각 나라가 처해 있는 역사적 상황과 예술의 진행 과정에 따라 다양하게 정의되어 왔다.

　예술의 역사가 인간의 역사이기 때문에 인간이 일상생활에서 아름다움을 창조하고 추구하는 인간의 본질적인 행위를 예술이라고 말할 수 있다.

　예술의 사전적 의미는 '미적美的 작품을 형성시키는 인간의 창조 활동'(출처: 두산백과사전)이다. 예술은 본래 기술과 같은 의미를 지닌 단어로서, 어떤 물건을 제작하는 기술이나 기술 솜씨를 가리키는 말이었던 것이 18세기에 와서 일반 기술과는 다르게 미적 행위를 가리키는 말로 의미가 바뀌었다. 그리고 오늘날에 와서는 미적 의미에서의 예술이라는 뜻과 함께 수 작업에 의한 기술의 의미를 포괄한 말로 쓰이고 있다.

예술의 영역과 표현방식이 최근 100년간 급속한 사회 환경 변화와 정보기술Information Technology, IT로 대표되는 디지털 기술의 발달로 인해 더욱 확대되어 새로운 변화를 맞이하고 있다.

예술의 의미

과거	단순한 기술이나 기술 솜씨, 미적 행위와 미적 활동을 의미한다.
현재	기계에 전적으로 의존하지 않고 수작업으로 제작되어 미적 의미와 가치를 지닌 것을 말한다.

예술의 의의

예술 작품의 감상이나 예술 활동을 통해 일상생활에서 상처받고 삶에 지친 인간의 마음과 정신을 정화시킴으로써 안정과 행복을 가져다주는 데 예술의 의의가 있다고 할 수 있다. 즉 인간은 그림, 음악 등의 예술 행위와 예술 활동을 통해 정서 안정, 도덕성 함양, 정신적 욕구 충족, 즐거움과 깨달음, 감동을 받는다.

그러므로 모든 예술은 인간으로 하여금 삶을 안정시키고 인생은 살 만한 가치가 있다는 사실을 스스로 일깨워 주는 데 더 큰 의미가 있다.

예술의 분류와 특징

예술의 대한 분류는 시대와 학자에 따라 다양하게 분류하고 있으나, 공연 예술을 중심으로 분류해 보면 표정 예술, 음향 예술, 조형 예술, 언어 예술로 나누어 볼 수 있다.

표정 예술表情藝術, Artistic expression은 무용, 연극, 영화 등 표정을 쓰는 예술이고, 음향 예술音響藝術, Sound arts은 소리로 표현하는 예술로 음악 등이 있다. 조형 예술造形藝術, Plastic arts은 공간의 형태적인 아름다움을 이루어 내는 예술로 회화, 조각, 건축, 공예 등이 있다. 언어 예술言語藝術, Language arts은 말이나 글을 표현 수단으로 하는 예술로서 시, 소설, 희곡 등이 있다.

예술의 일반적인 특징은 개인이나 집단의 창작에 의해 오랜 시간과 노력으로 수작업을 통해 완성된다는 점이다. 즉 예술은 일에 대한 단순 반복이 아닌 새로운 세계와 질서를 창조하고자 하는 인간의 오랜 노력과 수작업을 통하여 창조되었다. 그래서 예술가는 때로는 신에 비유되기도 하고 창조자에 비유되기도 한다.

표정 예술	음향 예술	조형 예술	언어 예술
연극 무용 오페라 발레 창극	음악 국악 관현악 교향악	조각 회화 건축 공예	시 소설 희곡 평론

2. 공연 예술

| 공연 예술公演藝術, Performing arts

공연 예술은 일반적으로 무대에서 연주演奏, 상연上演, 가창歌唱되는 형식을 통해 예술가들이 무대에서 행위를 하는 것을 말한다. 자세히 말하면 공연 예술은 배우, 무용수, 연주자, 소리꾼 등에 의해 무대라는 일정한 공간과 시간 속에서 연주, 상연, 가창되는 형식을 지닌 음악, 무용, 연극, 뮤지컬, 마임, 퍼포먼스, 인형극, 오페라, 발레, 창극, 연주회, 콘서트에 이르기까지 직접 관객에게 보여 주는 것을 말하고 이를 무대 예술이라고도 한다.

최근에는 공연 예술을 하나의 콘텐츠로 보고 관객에게 연극, 음악, 무용 등 다양한 형태의 공연 콘텐츠를 직접 보여 주는 것을 공연 예술이라고 새롭게 정의하기도 한다.

한편 공연 예술을 공연 시장에서 유통되는 하나의 상품으로 본다면, 창조적 관점인 생산자와 공급자, 수용적 관점인 소비자로 나누어 생각해 볼 수도 있다. 창조적 관점에서 보면 공연 예술 생산자(예술가–스태프, 배우)와 공연 예술 공급자(공연 기획사, 예술 단체, 공연장)가 있고, 수용적 관점에서 보면 관객이라는 공연예술 소비자가 있다.

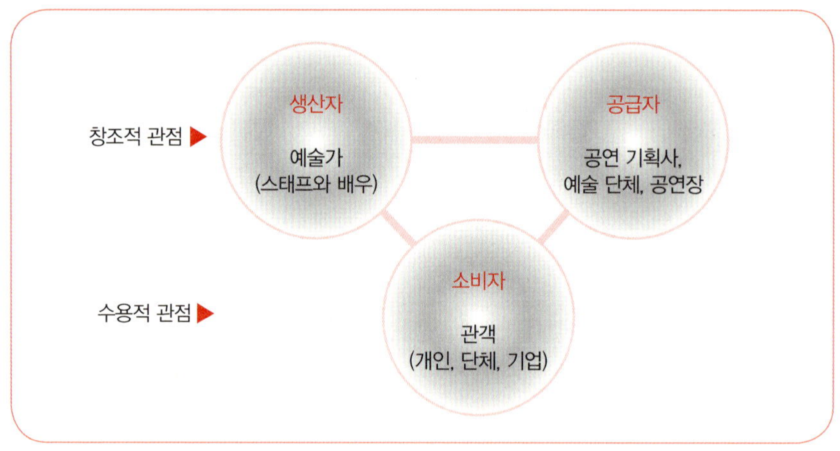

| 공연 예술에 대한 다양한 정의들

▶공연 예술은 '음악, 무용, 연극, 연예, 국악, 곡예 등 예술적 관람물을

실연에 의하여 공중에게 관람하도록 하는 행위'라고 정의 내리고 있다
(출처: 우리나라 공연법 제2조).

▶ 공연 예술은 무대에서 공연되는 모든 형태의 예술을 말한다. 본질적으로
는 표현하는 사람과 관객이 같은 시간과 공간을 공유하면서, 그 자리에
서 작품의 실체가 만들어져 가는 형태의 예술을 가리킨다(출처: 위키백과).

▶ 공연 예술이란 무대 위에서 청중이나 관객을 위해 행해지는 예술 행위,
즉 음악, 발레, 오페라, 연극 등을 총칭하는 말이다(출처: 이인권, 《공연 예
술의 무대기획》).

예술과 공연 예술의 비교

구분	예술	공연 예술
공통점	• 예술가에 의해 오랜 시간과 노력에 의해 창조되었다. • 인간의 정서와 감정을 정화시키는 기능을 한다.	
차이점	• 시공간적 제약을 적게 받는다. • 다수의 관객이 감상할 수 있다. • 물리적인 형태로 존재한다.	• 시공간적 제약을 많이 받는다. • 선택된 소수 관객만 감상할 수 있다. • 물리적인 형태로 존재하지 못한다.

김PD 메모   공연 산업

공연 산업은 공연 콘텐츠에 대한 창작, 기획, 제작, 유통 등에 관련된 모든 산업을 통틀어 말
하며, 여기에는 산업 분야에서 중요시하고 강조하는 효율성, 수익성 개념이 포함되어 있다.
다시 말해 공연 예술이 창조를 바탕으로 한 예술가 중심에서 제작자인 기획자와 소비자인 관
객 중심으로 바뀌고 있음을 말해 주고 있다. 최근 공연 분야도 배우의 출연료를 비롯한 제작
비의 급속한 증가로 인하여 산업적 측면에서 접근할 수밖에 없는 구조가 되어 버렸다.

| 공연 예술의 일반적 특징

공연 예술의 모든 장르들은 실연實演 중심, 복원이 불가능한 현장성現場性,
복제가 불가능한 일회성一回性, 공연 예술의 여러 분야가 참여하는 종합
예술綜合藝術이라는 특징을 가지고 있다.

① 공연 예술은 예술가의 실연을 통해 최종적으로 완성된다. 공연 예술은 무대라는 공간에서 배우, 무용수, 연주자 등이 관객을 앞에 두고 직접 실연을 통해 이루어진다. 만약 예술가가 관객 앞에서 직접 실연을 하지 않고 TV나 영화 스크린을 통해 보여준다면 그것을 공연 예술이라고 말할 수 없다.

② 공연 예술은 현장성에 기반을 두고 있다. 공연 예술은 무대라는 공간에서 예술가인 배우, 무용수, 연주자 등과 관객이 동시에 존재하는 현장성을 기반으로 예술가와 관객의 상호 교감이 이루어진다. 현장성으로 인해 감정의 전이가 매우 빠르고 직접적으로 예술가로부터 관객에게 전달되어 강렬한 감각적 예술 경험을 하게 된다.

③ 공연 예술은 복제가 불가능한 일회성 예술이다. 공연 예술은 인쇄된 서적, 벽면에 걸려 있는 그림, 전시되어 있는 조각상 등과는 달리 무대 위의 예술가인 배우, 무용수, 연주자 등을 통해 공연되는 동안만 존재하다가 공연이 끝나면 없어지는 일회성 예술이다. 공연을 통해서만 복제가 가능한 특징을 가지고 있어 영화나 방송과 달리 관객들에게 고가의 상품이라는 인식을 준다.

④ 공연 예술은 문학으로 대표되는 언어 예술과 달리 종합 예술이다. 개인의 창조 활동으로만 완성되는 언어 예술과 달리 무대 위에 배우, 무용수, 연주자 외 각 분야의 스태프(작가, 연출가, 작곡자, 안무가, 무대 장치, 조명, 음향, 영상 등)들의 협업이 필요하고, 인접하는 공연 예술 여러 분야(연극, 무용, 음악 등)

의 참여를 통해 완성되기 때문에 종합 예술이라 할 수 있다.

우리나라의 문화예술진흥법에는 '문화산업은 문화예술의 창작물 또는 문화예술용품을 산업 수단에 의하여 제작, 공연, 전시, 판매를 업으로 영위하는 것을 말한다'라고 정의하고 있다.

| 공연 예술의 산업적 특징

오늘날 공연 예술은 국민의 소득이 매우 가파르게 증가하고 여가 시간이 확대됨에 따라 문화생활을 영위하는 데 있어서 없어서는 안 될 존재가 되어 버렸다.

공연 분야도 최근 IT산업에 의해 하드웨어의 급격한 발전과 이를 활용할 수 있는 시스템, 즉 공연 콘텐츠를 사용할 수 있는 시스템 장비가 개발되어 공연 산업에 직접적으로 영향을 주게 됨에 따라 하나의 거대한 산업으로 발전하게 되었다.

① 공연 예술은 원 소스 멀티 유즈One source Multi-use의 창구효과를 가지고 문화산업의 중간재로서의 역할을 하고 있다. 공연 예술은 창작, 기획, 유통, 소비에게 이르기까지 전 과정을 망라하고 텔레비전, 라디오, 디자인, 영화, 출판, 관광 등에 중간재로 사용됨으로써 경제적 부가가치를 확대 재생산하여 문화산업의 한 분야로 자리를 잡아가고 있다.

성공한 하나의 상품이나 콘텐츠가 다양한 분야나 장르에 활용되면서 지속적으로 고부가가치를 생산해 내는 것을 말한다. 즉 문화 콘텐츠 분야에서 성공한 콘텐츠(원작)를 활용하여 다양한 콘텐츠로 개발하는 것을 의미한다.

원 소스One source	멀티 유즈Multi-use
만화 〈아기공룡 둘리〉	애니메이션 〈아기공룡 둘리〉 뮤지컬 〈아기공룡 둘리〉 캐릭터 사업 〈아기공룡 둘리〉 체인점 사업 〈아기공룡 둘리〉

② 공연 예술은 엔터테인먼트 산업의 특징을 가지고 있다. 공연 시장은 신생 공연 기획사나 공연 단체의 시장진입이 매우 힘들고, 대형 뮤지컬을 제외한 대부분의 공연 예술은 일반 사업에 비해서 성공확률이 매우 낮으나 한번 성공하면 높은 수익이 보장이 되는 고위험-고수익 사업에 해당된다. 그래서 공연 예술은 투자비용 대비 성공확률이 낮은 고위험 High risk 산업이기 때문에 해외 유명작품, 명성 있는 작품, 과거 흥행 작품을 중심으로 제작하여 투자위험을 최소화하고 있다. 또한 공연 예술은 총제작비에서 인건비(스태프, 배우 등)가 차지하는 비중이 매우 높은 노동집약적 서비스 사업이기도 하다.

③ 공연 예술은 고가의 티켓을 짧은 공연 기간에 판매해야 하기 때문에 소비성향이 높고 문화욕구가 높은 대도시를 중심으로 많이 이루어지고 있다. 그래서 대도시의 경우 인구집중도보다 공연집중도가 더 높게 나타나고 있으며, 또한 도시의 규모와 인구에 따라 연간 공연 예술 관람률에서 많은 차이가 난다.

| 영국 런던 | 인구 비중 13% | 공연 예술 활동 비중 33% |
| 미국 뉴욕 | 인구 비중 16% | 공연 예술 활동 비중 20~50% |

출처: 임상오, 《문화경제학 만나기》

④ 마지막으로 공연 예술을 산업적인 면에서 보면 다른 산업과는 달리 공연 횟수의 증가나 공연 기간의 연장에 의해 생산성 향상을 거의 기대할 수 없는 고유한 예술적 특성을 가지고 있다. 공연 예술은 비누나 치약과 같이 공장에서 대량 생산되는 생활용품이 아니므로 공급과 수요에 한계가 있어서 수익을 극대화시키고 산업화하기에 너무도 많은 제약이 있다.

그래서 영국의 웨스트엔드와 미국의 브로드웨이 등에서는 완성도 높은 대형 뮤지컬 작품 제작과 장기 공연을 통해 공연 예술의 산업적 제약이나 약점을 극복하려는 시도를 오래전부터 해왔다.

최근 우리나라 공연 기획사들도 공연 예술의 산업적 제약과 약점을 극복하고 살아남고자 상설 전용 공연장과 다수의 공연장을 운영하고, 제작 비용과 원가를 최소화하기 위한 제작관리를 체계화하고 있다. 또한 이 밖에도 수익 중심의 홍보 마케팅을 강화하며, 서울과 지방을 연계하는 공급(배급)시스템을 구축하는 등 다양한 시도들을 하고 있다.

공공재Public goods	어느 경제주체(개인, 기업, 정부)가 생산하더라도 사회구성원 모두에게 소비혜택이 돌아가는 재화와 서비스를 말한다(예: 철도서비스 등).
경험재Experience goods	소비자가 직접 경험하거나 구입해 사용하기 전에는 평가가 어려운 재화와 서비스를 말한다(예: 공연 등).
탐색재Search goods	소비자들이 다른 기업의 상품과 비교하여 특징과 특성을 구매 이전에 쉽게 알 수 있는 재화나 용역을 말한다(예: 비누, 식용유 등).

| 공연 예술의 분류

공연 예술을 분류하는 기준과 방법에는 여러 가지가 있다. 여기에서는 그런 여러 가지 분류 방법 중에서 공연 예술의 상업성 여부, 표현 형식과 표현 방법에 따라 아래와 같이 분류해 보겠다.

| 순수 예술Fine arts과 대중 예술Mass arts

순수 예술은 예술성을 중시하고 매우 난해하여 전문가들의 선호도가 높은 예술이고, 대중 예술은 대체로 통속적이고 누구나 이해하기 쉬어 대중들이 선호하는 예술이다.

그러나 오늘날 순수 예술과 대중 예술 사이의 경계가 모호해지고 구분하기가 점점 어려워지고 있다. 예를 들어 오페라 자체는 순수 예술이지만 오페라를 '예술의전당'에서 공연을 했다면 대중 예술이라고도 할 수 있다. 그래서 순수 예술과 대중 예술은 상대적인 개념이고, 또한 한 공연 작품이 순수 예술의 특징과 대중 예술의 특징을 함께 가지고 있을 수 있다.

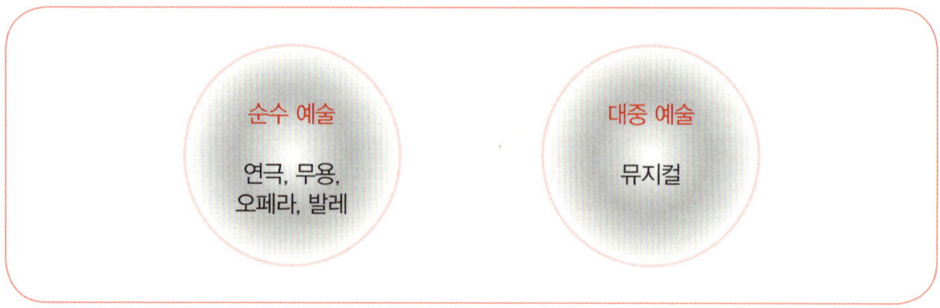

| 표현 형식과 표현 방법

공연 예술은 기본적으로 인간의 언어와 신체를 주로 표현 도구로 사용한 연극, 인간의 신체적 움직임을 표현 도구로 사용하는 무용과 발레, 그리고 인간의 언어와 신체의 움직임 등 모든 표현 도구를 종합하여 사용하는 뮤지컬, 오페라, 창극, 퍼포먼스 등이 있다. 그 밖에 서양 오케스트라,

국악 관현악, 콘서트, 연주회 등이 공연 예술의 범위에 포함된다.

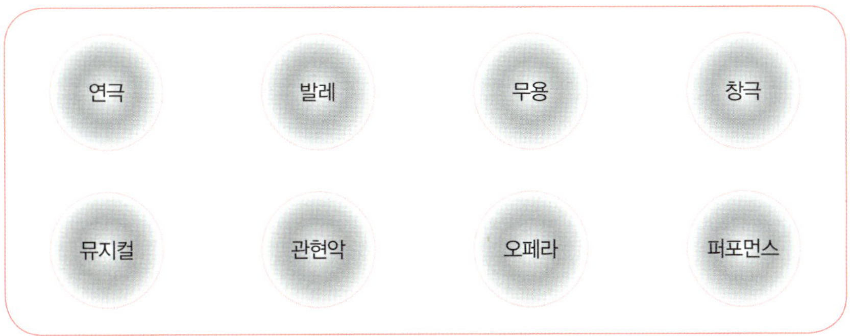

김PD 생각 공연 예술이 주는 혜택

공연 예술은 관람을 통해 심신이 지친 현대인들에게 마음의 안정, 스트레스 해소, 가족들과의 관계 향상 등을 제공해 준다. 또한 수능 시험이 끝난 고3 딸에게 선물한 뮤지컬 티켓은 딸의 삶과 인생을 바꿀 수도 있다.

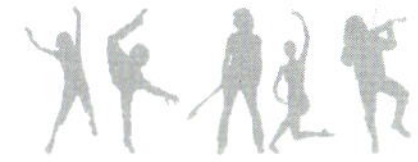

3. 공연 장르

(1) 연극演劇, Play / Drama / Theater

연극은 가공의 이야기를 배우의 말과 몸짓, 행동을 통하여 관객에게 직접 보여 주는 일체의 행위를 말한다. 즉 연극은 작가가 쓴 가공의 이야기인 희곡을 연출가의 상상을 통하여 구상하고, 해석하여 무대 위에서 직접 관객에게 보여 주는 예술을 말한다. 연극은 가공의 사건이 무대에서 현실처럼 전개되므로 그 사건이 일어나는 장소, 시간, 등장하는 배역을 실제의 상황처럼 표현하려면 배우 이외에 음악, 안무, 무대 장치, 조명, 음향, 의상, 소품, 분장 등의 도움이 필요하다.

또한 연극은 무대에서 배우와 관객이 함께하는 순간적인 시간예술임에도 불구하고 관객에 대해 강력한 힘을 가지고 있다. 이는 무대 위에서 살아 있는 인간, 즉 배우가 등장인물의 삶과 무대 위 사건을 마치 현재에 일어나고 있는 것처럼 모방하기 때문이다.

연극의 특성

① 연극은 공간空間예술이고, 관객과의 소통疏通을 중시하는 예술이다. 연극은 영화나 방송과 달리 전체적으로 무대라는 공간에서 배우와 관객이 상호간에 교감을 통해 소통이 이루어지는 것을 전제로 하여 공연된다. 즉 무대에 실제로 배우들이 직접 출연하여 희곡에 등장하는 가상의 다양한 인물로 변하여 말하고 움직임을 통해 연기함으로써 관객과 직접 소통을 한다.

② 연극은 이중성二重性을 창조하는 예술이다. 연극은 무대에 현실의 세계와 허구의 세계가 함께 공존하는 이중성의 예술이다. 그러므로 관객들은 자연인 배우 본인과 그 배우가 무대에서 창조해 낸 허구적 인물을 동시에 인지하는 경향이 있다. 즉 배우는 무대 위에서 연기하는 허구적 인물과 본인의 존재를 통해 끊임없이 이중성을 창조한다고 말할 수 있다. 이는 배우가 연기하는 무대 위에서 마치 허구를 현실처럼 인식하는 것에 관객 모두가 암묵적으로 동의하고 공연을 관람하기 때문에 가능하다.

③ 연극은 발견과 환상의 예술이다. 객석의 조명이 어두워지고 공연이 시작되면 관객들은 막에 숨겨져 있는 우리가 알지 못했던 미지 세계를 발견하게 되고, 또한 무대에서 펼쳐지는 이야기를 통해 또 다른 환상의 세계와 만나게 된다. 그때 관객은 무대 위에서 일어나는 사건에 대해 아무런 의심을 갖지 않고 공연이 지속되는 동안 작품에 집중하여 연극이 만들어 놓은 환상의 세계에 서서히 빠져든다.

④ 연극은 공연 예술의 여러 요소를 기반으로 하는 종합 예술이다. 한편의 연극은 한 사람의 예술가에 의해서 창조되는 것이 아니라 여러 분야의 예술가들과 다양한 배역의 배우들, 그리고 공연을 관람하는 관객들에 의해서 비로소 무대에서 완성된다. 또한 문학, 음악, 미술, 건축, 의상 등 여러 예술의 요소가 모두 포함된 종합 예술형식을 띠고 있다.

| 연극의 장르

연극의 장르는 형식에 따라 비극, 희극, 희비극, 실험극 등으로 나누어 볼 수 있다. 최근의 연극은 관객들의 선호도 높고 재미있는 뮤지컬의 형식을 따라가는 경향이 강하여 음악과 무용(댄스)이 많이 가미된 음악극 형식과 '개그콘서트'와 같은 재미만을 추구하는 코미디 형식의 연극이 주류를 이루고 있다.

그러나 과거부터 현재에 이르기까지 많은 사람들이 연극을 좋아하는 가장 큰 이유는 인간을 중심으로 한 이야기로 철학과 같이 세상과 인간에 대한 진지한 질문이 공연을 통해 관객에게 던져지기 때문이다. 또한 인간의 삶에 대한 깊이와 역사에 대한 통찰력이 무대 위에서 다양한 연극 공연을 통해 다루어지고 있다.

■ 비극悲劇, Tragedy

인간과 인간과의 갈등 또는 벗어날 수 없는 주인공의 운명으로 생기는 고통, 슬픔을 소재로 하고, 보통 파멸, 패배, 죽음 따위의 불행으로 끝나는 연극을 말한다.

■ 희극喜劇, Comedy

인간 생활의 모순, 사회의 불합리성 등을 골계滑稽적, 해학적, 풍자적으로 표현하여 가볍고 웃음을 유발하는 연극을 말한다.

■ 비희극悲喜劇, Tragicomedy

비극과 희극의 형식과 주제가 혼합되어 나타나는 연극으로 인간을 대표하는 두 종류의 집단을 통해 불행과 웃음을 대비하여 보여 주는 연극을 말한다. 윌리엄 셰익스피어의 《베니스의 상인》이 대표적인 작품이다.

■ 실험극實驗劇, Experimental theatre

기존의 희극, 비극, 비희극을 거부하고 20세기에 새롭게 나타난 연극 양식으로 특별한 형식은 없으나, 시대마다 새롭게 만들어진 연극들을 말한다.

| 연극의 주요 스태프

연극에서 가장 중요한 스태프는 아마도 작가와 연출가일 것이다. 공연 기획사가 연극을 제작하고자 한다면, 우선적으로 해야 할 일은 공연을 위한 완성된 희곡을 가지고 있는 작가를 섭외하거나 또는 주문이나 의뢰에 의해 새로운 희곡을 써줄 수 있는 극작가를 섭외하고 계약하여 희곡의 저작권과 공연권을 확보하는 일이다.

사회 트렌드를 반영하고 재미와 감동을 함께 줄 수 있는 완성도 높은 희곡과 예술적으로 탁월한 연출가만이 관객들을 살아 있는 연극 무대로 끌어들일 수 있다.

대극장 공연인 경우에는 연출가를 중심으로 무대 디자인, 조명 디자인, 음향 디자인, 의상 디자인, 소품 디자인, 분장 디자인, 무대감독 등의 역할이 크다.

소극장 연극은 연출과 배우 중심으로 공연이 이루어지고 있는 데 반해 대극장 연극은 배우와 스태프를 중심으로 공연이 이루어진다. 대극장에서 벌어지는 공연을 배우들의 연기력만으로 무대를 채우기에는 한계가 있기 때문에 무대 장치, 조명, 의상, 소품 등의 도움이 전적으로 필요하다. 만약 연극의 완성도를 위해 음악과 춤이 많이 사용된다면 작곡가와 안무가의 역할도 커질 것이다.

| 국내 연극공연 시장의 특징

▶ 국내 연극시장은 음악 다음으로 공연 단체의 수가 많은 레드오션Red ocean 시장으로 시장 규모는 매우 작고 열악하다. 연극시장의 규모에 비해서 일반 관객이 매우 적은 편이다.

▶ 연극은 극단과 공연 기획사를 중심으로 제작이 이루어지고 있고, 우리 나라에서 공연되는 완성도가 높은 연극의 대부분은 대학로에서 제작되고 공연되어 전국에 유통되고 있다. 극단과 공연 기획사가 전국에 분포

하고 있어서 전국적으로 연극이 활발하게 제작되어 공연되고 있다.

▶ 국내외 고전 희극과 창작 희극이 작품으로 제작되고 있고, 최근에는 젊은 층을 대상으로 반응이 좋은 로맨틱 코미디 연극이 주류를 이루고 있다.

▶ 영화, 드라마, 인터넷에서 인기가 있었던 작품들이 연극으로 많이 제작되고 있고, 또한 해외 라이선스 작품도 전문 공연 기획사를 중심으로 대학로에서 제작되어 공연되고 있다.

▶ 일부 극단과 공연 기획사를 중심으로 전용극장을 마련하여 1년 내내 한 작품을 상설 공연하는 경우가 증가하고 있다.

▶ 스타배우의 출연으로 인하여 연극 제작비 중에서 출연료가 차지하는 비중이 가파르게 증가하고 있으며 또한 대관료도 1년 단위로 계속 오르고 있다.

▶ 영세한 극단들은 정부기관 및 공공기관의 지원금이나 보조금으로 단기 공연이나 단발성 공연을 제작하고 있다.

| 연극 제작/기획 때 중요 포인트

▶ 사회의 트렌드를 읽어내어 관객들을 끌어들일 수 있는 좋은 희곡을 발굴하고 작가와 계약을 통해 장기간 공연권을 확보하는 일이다.

▶ 능력 있는 신인 극작가와 연출가를 발굴하여 관객들에게 신선한 자극을 줄 수 있는 작품을 만드는 것이다.

▶ 연극은 작가, 연출가, 주연 배우의 선정이 공연의 성공을 좌우하고 연극 제작은 사전 준비 기간을 포함하여 제작 기간이 최소 6개월 이상이 소요된다.

▶ 연극 공연은 뮤지컬에 비해 공연 제작비의 규모는 작지만 공연 제작비를 회수하기가 현실적으로 어렵기 때문에 전문 공연기획사들은 스타 배우를 기용하는 경우가 많다.

▶ 연극은 한 번의 공연으로 완성되는 것이 아니라 지속적인 공연을 통해 업그레이드될 때에 비로소 공연 작품으로 완성된다.

▶ 연극은 다른 공연 분야에 비해서 섭외할 주요 스태프와 배우가 많다는 이점이 있다.

(2) 무용舞踊, Dancing

무용은 일정시간 동안 인간 신체의 끊임없는 움직임을 통해 감각적, 심미적, 리듬적, 예술적으로 표현하는 것으로 단순한 움직임이 아닌 생각하고 느낀 감정을 자기만의 신체 표현 방법으로 아름답게 표현하는 예술을 말한다.

그래서 무용은 신체의 움직임으로 공간의 변화를 통해 조화를 이루어내는 공간예술이다. 또한 인간의 생각이나 감정을 아름다운 신체적 움직임으로 표현하는 미적이고 창조적인 예술 활동이라고 할 수 있다.

| 무용의 특징

역사적으로 볼 때 동서고금을 막론하고 무용가는 사회적 신분과 지위가 낮은 계층이였기 때문에 아직까지도 무용이나 무용가를 경시하는 풍조가

남아 있다. 무용의 특징은 다음과 같다.

① 무용 공연은 안무가의 입장에서 창조하기가 매우 어렵고 관객의 입장에서 이해하기가 매우 어렵다. 특히 현대무용은 연극의 대사나 뮤지컬의 노래가 아닌 오로지 신체의 움직임을 통해 의미를 전달하기 때문에 매우 추상적이고 인위적이다. 즉 무용은 안무가가 보편적 언어로 관객에게 설명할 수 없기 때문에 무용과 작품에 대한 사전지식에 따라 매우 다르게 해석될 수 있다. 그래서 무용 공연을 이해하기 위해서는 어느 정도 무용에 대한 전문지식이 반드시 필요하다.

② 무용 공연은 타 공연 장르와 비교해 관객의 인지도, 관객층, 공연 횟수가 적다. 무용이 가지고 있는 특징으로 인해 무용이 이해가 되지 않고 어렵기 때문에 지명도가 높은 무용단이나 안무가의 일부 작품을 제외하고는 자생적인 관객 확보가 쉽지 않다. 그러다 보니 무용학과, 무용학원, 무용 제자를 중심으로 관객이 동원되고 있다. 이는 일반 관객을 끌어들이기 위한 것이 아니고 오로지 당장 공연장에 관객을 채우기 위한 것에 불과하다. 더군다나 무용 공연은 대량의 초대권 배포로 인하여 초대권에 길들여진 관객이 많아 자발적인 유료 관객들이 매우 드물고, 또한 관객이 부족하기 때문에 공연 기간이 다른 장르에 비해서 상대적으로 매우 짧다.

③ 무용 공연은 안무가에 의해 작품이 대폭 수정될 가능성이 크다. 무용은 연극처럼 구체화된 대본이 없어서 안무가의 창작에 따라 안무 내용이 수시로 수정되거나 변경될 소지가 많이 있다.

④ 무용은 연습 과정을 포함한 제작 기간이 비교적 길고 다른 공연 예술처럼 종합 예술 형식을 가지고 있다. 무용에서의 신체적 동작들은 연극의 일반 동작이나 움직임처럼 쉽게 체득할 수 있는 것이 아니라 오랜 연습의 결과로 체득되는 것이기 때문에 무용수가 체득하여 공연을 하기 위해서는 충분한 시간이 필요하다. 무용 공연은 종합 예술로 무용수의 신체 움직임 이외에 무대 장치, 조명, 음향, 의상, 분장 등의 무대 기술 부분의 역할이 크다.

⑤ 무용은 다른 공연 예술처럼 서울을 비롯한 대도시에 집중되어 있어 지역적 편차가 매우 크다. 무용 공연은 대학 무용학과가 있고 무용 교육이 활성화된 대도시 지역, 그리고 어느 정도 관객이 있는 대도시를 중심으로 발전하고 있다. 이는 대형 공연장이 있는 대도시 지역이라야 무용 공연을 지속적으로 펼칠 수 있기 때문이다.

| 무용의 장르

① 한국무용: 한국무용은 우리 민족의 사상, 감정, 문화를 반영하고 수용한 우리 민족의 몸짓을 말하며, 궁중무용, 민속무용, 전통무용, 신무용, 창작무용 등이 있다.

② 현대무용: 현대무용은 고전적 발레에 반대하여 일어난 새로운 형태의 무용으로 기존 형식에 얽매이지 않고 자유롭고 개성적인 무대 표현을 추구하고 있다.

③ 발레: 발레는 유럽에서 발생하여 유럽의 궁정과 귀족 사회에서 향유되던 사교 무용을 말한다. 현재 발레는 관객들로부터 고급 무용으로 인정받고 있으며, 국가 간의 많은 문화 교류가 이루어지고 있다.

| 무용의 주요 스태프

무용에서 가장 중요한 스태프는 안무가이다. 무용 공연에서의 안무가는 신체적 움직임을 통해 개별 무용 동작을 창작하고, 이들 무용 동작을 유기적으로 연결하여 무용 작품을 구성하여 만드는 사람을 말한다. 무용 공연에서 안무가의 역할과 연극과 뮤지컬에서 안무가의 역할은 전혀 다르다.

무용 공연에서 안무가 역할
무용 작품의 전체 무용 동작을 창작하고 구성하는 사람으로 연출을 겸하는 경우가 많다.

연극/뮤지컬 공연에서 안무가 역할
작품 중에서 일부 장면의 무용 동작을 창작하고 구성하는 사람을 말한다.

| 국내 무용 공연 시장의 특징

▶무용 공연 시장은 공연 장르 중에서 공연 단체와 공연 횟수가 많은 레드오션 시장으로 대다수의 무용 단체가 연간 1~2회 정도의 공연만을 한다.

▶무용 시장은 한국무용, 현대무용으로 나뉘어 있고, 전문 무용단체와 대학교 무용학과를 중심으로 많은 무용 작품이 제작되어 공연되고 있다.

▶대극장 무용 작품의 경우 국·공립 단체들이 차지하는 비중이 크다. 무용에 대한 관객들의 이해가 부족하고 무용 저변 층이 엷어서 무용 마니

아층이 활성화되어 있지 않아 자발적인 일반 관객은 거의 없다.

▶ 무용 공연은 공연 제작비를 회수하기가 어렵기 때문에 정부기관 및 공공기관의 지원금이나 보조금을 받아서 공연을 제작하는 경우가 많다.

| 무용 공연 제작/기획 때 중요 포인트

▶ 무용 공연에서 대본은 안무가가 상상한 것을 작가가 서술하거나 작가의 상상력에 의해 구성된 무용 대본을 안무가의 창작으로 무대화한다.

▶ 창작 능력과 표현 능력이 뛰어난 안무가를 섭외하여 충분한 시간을 주고 무용 공연 작품을 만드는 것이 중요하다. 그러나 무용 공연에 섭외할 안무가와 무용수가 매우 한정되어 있다.

▶ 전통무용 공연 이외에 현대무용은 별다른 무대 장치 없이 무용수의 신체적 움직임을 통한 춤사위를 중심으로 음악, 의상, 조명을 더해 완성된다. 그러므로 작곡가, 조명 디자인, 의상 디자인 등의 섭외가 중요하다.

▶ 무용 공연은 안무가, 주요 무용수, 대관 공연장, 공연 시기가 공연의 성공을 좌우하고, 많은 연습 기간을 필요로 한다. 무용공연은 한 번의 공연으로 완성되는 것이 아니라 지속적인 공연과 업그레이드에 의해 비로소 하나의 공연 작품으로 완성된다.

▶ 무용 공연의 관객은 무용을 이해할 수 있어야 하므로 무용을 전공했거나 전공하고 있는 사람들을 홍보 마케팅의 대상으로 하고 있다.

무용을 아는 키워드

한국무용협회, 서울무용제, 국립무용단, 서울세계무용제, 국립현대무용단, 월간 춤, 아카당스, 춤추는 거미, 국립국악원무용단, 서울시립무용단.

(3) 뮤지컬Musical

뮤지컬은 음악(노래)을 중심으로, 춤과 연기가 어우러지는 공연 양식을 말한다. 즉 뮤지컬은 노래를 중심으로 역동적인 춤, 그리고 드라마틱한 극적 구성이 하나의 조화를 이룬 종합 예술로 젊은 층을 중심으로 어린이부터 어른에 이르기까지를 관람 대상으로 하고 있다.

미국에서 대중극으로 정착된 뮤지컬은 오페레타Operetta의 형식인 노래와 대사, 극적인 의미를 살려주는 춤 등이 유기적으로 결합되어 오늘날 일반인들의 선호가 높은 공연 장르가 되었다.

뮤지컬은 다른 공연 장르와는 다르게 산업혁명 이후 서민들의 새로운 문화적 욕구를 바탕으로 탄생했으며, 최근 100년간 엄청난 속도로 발전해 왔다. 이의 토대가 된 것은 1950년대 이후 가파른 경제 성장과 발전에 의해 개인 소득이 증가한 일반 대중들이 공연 시장에 주요 관객으로 부상함에 따라 오페라보다 대중적이고 재미있는 공연을 찾게 되었고 뮤지컬이 일반 대중의 가슴속을 파고들었기 때문이다. 일반 대중들에게 있어 뮤지컬은 극 구성과 형식이 간단하여 오페라와 달리 공연에 대한 사전적 지식이 없더라도 편안하게 관람함으로써 누구나 문화를 향유하고 즐길 수 있는 하나의 공연 장르로 자리매김하게 되었다.

| 뮤지컬의 특성

① 뮤지컬은 낭만적인 공연물로 주로 사랑이나 역사적 사건을 배경으로 하고 있다. 대부분의 뮤지컬들이 남녀 간의 아름답고 슬픈 사랑을 다루고 있으며, 남녀 주인공이 무대 위에서 아리아Aria와 함께 추는 춤을 통해 젊은 관객들에게 환상적으로 다가오면서 마치 관객 각자가 무대 위에서 사

랑을 나누는 주인공으로 착각하게 만든다. 예를 들어 뮤지컬 〈미스 사이공〉은 월남전이라는 역사적 사건을 배경으로 남녀 간의 사랑을 다루고 있다.

② 뮤지컬은 음악을 중심으로 대사와 춤으로 구성되어 있고, 거의 모든 공연 예술 요소가 참여하는 종합 예술이다. 뮤지컬은 연극, 무용에 비해서 누구나 감정으로 느끼고 이해할 수 있는 음악을 사용하고 여기에 노래를 뒷받침하는 대사와 다양한 볼거리를 제공하는 춤으로 구성되어 있다. 일상 동작을 무용으로 승화시킨 춤이나 군무, 2인무는 관객들에게 생동감 넘치는 무대와 황홀감을 불러일으킨다. 여기에 매우 환상적인 무대 장치, 다채로운 의상과 소품 등이 합해져서 뮤지컬의 완성도를 높이고 뮤지컬의 매력을 관객들에게 발산한다.

③ 뮤지컬은 공연 예술 중에서 가장 대중적인 공연물이다. 뮤지컬은 공연 예술 분야 중에서 가장 늦게 생겨난 장르로 오페라와 달리 대중극을 지향하고 있다. 그래서 뮤지컬은 오페라와는 달리 관객들이 공연에 대한 사전 지식 없이 공연을 관람할 수 있고 또한 관객들이 쉽게 이해할 수 있는 내용을 다루고 있다.

뮤지컬은 음악, 춤, 드라마적 구조가 결합된 양식이라고 하지만 드라마적 구조는 연극에 비해 다소 빈약하고 대신 음악과 춤이 주는 감동과 호소력이 다른 공연 장르에 비해 압도적이다. 주인공들이 부르는 노래나 앙상블의 합창은 관객의 감정을 고조시키며 엄청난 호소력을 가진다. 또한 뮤지컬 춤이나 군무는 무대에 생동감을 지속적으로 불어넣고 활력과 환각을 불러일으키며, 매우 특별한 무대 장치, 조명, 영상, 의상, 소품 등이 극의 효과와 매력을 극대화시킨다.

| 뮤지컬 주요 구성요소(주요 스태프)

대본(극작가)

뮤지컬에서 대본은 이야기 구조의 뼈대를 만드는 요소라 할 수 있다. 이 대본을 바탕으로 하여 실제 공연을 위한 노래(작사, 작곡), 춤(안무), 연기가 만들어진다. 그러나 실제에 있어서 대본은 뮤지컬 음악의 중요성으로 인해 진정한 가치를 인정받지 못하는 경우가 많다. 하지만 공연 작품의 완성도를 높이기 위해서는 기본적으로 좋은 대본이 반드시 필요하다.

연출(연출가)

뮤지컬은 오페라처럼 종합 예술의 성격이 강하기 때문에 스태프들과의 공동 작업이 필요하고 이를 통해 작품의 완성도는 크게 높아진다. 연출가는 스태프와 배우 등 수많은 사람들과 긴밀한 협동 작업을 통하여 유기적으로 이어주는 한 편의 앙상블을 만들어 내고 전체적으로 작품을 책임지는 사람이다.

음악(작곡가)

뮤지컬에서 좋은 대본은 음악의 완성도가 높을수록 좋은 작품으로 형상화된다. 최근 뮤지컬 음악은 관객들이 요구하는 바가 많아서 모든 장르를 총망라하는 다양한 선율의 악기들이 많이 등장하는 것이 특징이다. 또한 대규모의 오케스트라를 구성하여 공연할 때에는 매우 웅장하고 장중한 음악을 들려준다.

가사(작사가)

뮤지컬에서 가사는 연극의 대사처럼 극을 아름답고 자연스럽게 유기적으로 이끌어 가는 역할을 한다. 관객들은 배우의 대사가 아닌 아름다운 노래 말인 가사를 통해 공연의 줄거리를 이해하고 자기와 주인공을 일치시키면서 뮤지컬을 관람한다.

그러므로 뮤지컬의 가사는 누구나 쉽게 극의 전체적인 이야기와 분위기를 상징해 주는 언어로 구성한다. 어떻게 보면 아름다운 한 편의 시이기도 하다.

안무(안무가)

뮤지컬에 사용하는 춤으로는 고전무용, 발레, 현대무용, 댄스 등에 이르기까지 매우 다양하다. 특히 뮤지컬에서 남녀 주인공의 춤은 아리아와 함께 관객들에게 대단한 볼거리를 제공해 준다. 만약 뮤지컬에서 등장한 춤이 음악과 어우러져 공연 작품이 보여 주고자 하는 주제, 분위기, 느낌을 제대로 표현해 내지 못한다면 그것은 하나의 춤에 불과하다. 즉 춤이 음악과 함께 뮤지컬의 완성도를 높이지 못한다면 뮤지컬 안무라고 할 수 없다. 뮤지컬에서 안무는 공연 전체의 역동성과 화려함, 그리고 남녀 주인공의 감정을 자극적이고 아름답게 표현하여 관객을 이끌어야 한다.

| 뮤지컬에서 주로 사용되는 음악 기법

서곡Overture

서곡은 오페라에서 차용된 형식으로 공연의 막이 오르기 전에 오케스트라가 연주하는 곡으로 관객들에게 작품의 분위기를 전달하여 감정을 공연이 끝날때 까지 집중하게 하는 역할을 한다.

■ 오프닝 넘버Opening number

서곡이 끝난 이후에 연주되는 곡 또는 코러스들의 합창곡으로 힘차고 활력 있게 극을 끌고가는 음악적 엔진이 된다. 관객들로 하여금 관심을 공연에 집중시키게 하고, 극의 상황을 설명하는 역할을 한다.

■ 프로덕션 넘버Production number

이야기가 어느 정도 진행된 후에 다음 장면에 있을 일을 암시하는 곡으로 뮤지컬의 하이라이트에 해당하며 매우 화려하고 유쾌하다.

■ 아리아Aria

뮤지컬의 백미로 일컬어지는 아리아는 작품의 주제를 담고 있는 클라이맥스 부분에서 연주되며 남녀 주인공의 이중창이 대부분이고 흔히 남녀 주인공의 사랑의 환희나 사랑의 비극을 노래에 담고 있다.

김PD 메모	세계 4대 뮤지컬

공연 분야에서 어느 장르의 공연 기획을 하든지 간에 반드시 세계 4대 뮤지컬인 〈캣츠〉, 〈레미제라블〉, 〈미스 사이공〉, 〈오페라 유령〉을 감상해야 한다. 이 뮤지컬들을 보면 공연을 어떻게 만들어야 하는지를 생각하게 된다. 작품의 완성도, 뛰어난 상상력, 역사인식, 사랑의 이야기 등을 공연에서 직접 느껴 볼 수 있다.

| 국내 뮤지컬 공연 시장의 특징

▶ 공연 예술의 다른 장르보다 뮤지컬 장르의 대한 관객 선호도가 매우 높고, 뮤지컬 시장에서 라이선스 뮤지컬, 오리지널 뮤지컬, 창작 뮤지컬

이 함께 경쟁하고 있다

▶ 창작 뮤지컬 제작으로는 공연의 수입과 지출의 균형을 맞추기가 어렵다.

▶ 많은 라이선스와 오리지널 뮤지컬의 공연으로 인해 더 이상 관객의 기대에 부응할 수 있는 해외 라이선스 작품이 거의 없다.

▶ 뮤지컬 작품은 대체로 소극장 규모의 작품이 많이 제작되고 있고 최근에 대기업이 투자한 뮤지컬 전용극장이 많이 생기고 있다.

▶ 뮤지컬 제작사의 수와 관객을 고려하면 공연 예술 시장에서 가장 큰 시장이다.

▶ 현재 국내 뮤지컬 시장은 5개 정도의 메이저 공연기획사가 라이선스 뮤지컬로 시장을 거의 독점하고 있다.

▶ 다른 장르에 비해서 공연 마니아층과 일반 관객층이 많이 형성되어 있어 가장 유망한 시장이 뮤지컬 시장이지만 경쟁이 매우 치열하다.

뮤지컬 공연 제작/기획의 중요 포인트

▶ 뮤지컬 공연은 사전에 얼마나 치밀하게 준비하느냐가 공연의 성공을 좌우하고, 뮤지컬 제작은 준비 기간을 포함한 제작 기간이 최소 1년 이상이 소요된다.

▶ 뮤지컬 작품은 한 번의 공연으로 완성되는 것이 아니라 지속적인 공연과 이를 통한 업그레이드에 의해 비로소 공연 작품으로 완성된다.

▶ 뮤지컬 제작은 뮤지컬 단체나 전문 공연 기획사를 중심으로 이루어지고 있고, 연극이나 무용에 비해서 공연 제작비의 규모가 크다. 검증된 스태프와 배우가 매우 적어서 뮤지컬 공연에 섭외하기 쉽지 않다.

▶ 공연제작 시에 배역 선발은 거의 오디션을 통해 선발하고, 한류의 영향으

로 일본 시장에 진출하기 위해 아이돌 가수를 캐스팅하는 경우가 많다.

▶ 국·공립극장의 경우는 장기대관이 어렵고 1년에 2개 정도의 작품에 대관을 해주고 있는데, 1개의 작품에 보통 60~90일 대관을 해준다.

(4) 오페라歌劇, Opera

오페라는 음악을 중심으로 한 공연 예술로 대사를 노래로 표현하며, 서곡이나 간주곡 따위의 기악곡과 무용, 미술 등이 포함되어 있는 종합 예술이다. 다시 말해 오페라 공연은 문학 작품, 역사적 사건, 인물 등을 문학적으로 다룬 것이 대부분이고, 연극성보다는 노래 위주의 공연으로 아리아, 중창, 합창 등으로 구성되고 있고, 클래식 음악을 대표하는 최고의 결정체이다.

오페라에는 ① 음악적인 요소(노래와 오케스트라 반주)를 중심으로, ② 문학적인 요소(대본-리브레토), ③ 연극적인 요소(극으로서의 구성, 연출, 연기), ④ 미술적인 요소(무대 장치, 조명, 의상, 소도구 등), ⑤ 무용적인 요소(군무와 발레)가 포함되어 있다.

| 오페라의 종류와 특징

■ 정가극Opera seria

18세기 이탈리아 오페라로서, 서창Recitativo과 아리아를 중히 여기며, 중창과 합창이 간혹 사용된다. 주제로는 신화나 고대 영웅적인 이야기를 주로 다루고 있다.

그랜드 오페라Grand opera

이탈리아의 정가극에 대해 19세기 프랑스에서 발달한 오페라로 화려하고 규모가 크다. 합창이 매우 중요한 역할을 하고 발레가 많이 포함되어 있고, 말하는 대사가 없이 노래로만 이루어져 있다.

희가극Opera bufa

18세기 초 이탈리아어로 쓰인 가벼운 내용의 희극적인 오페라로 서민생활이나 인정, 미담을 주로 다루고 있다(예: 세빌리아의 이발사).

오페라 코미크Opera comique

18세기 후반 프랑스에서 생긴 희가극의 일종으로 음악 사이에 대화와 독백이 있는 것이 특징이고 노래와 대사가 경쾌한 음악을 수반하여 희극적이고 익살스러운 내용을 주로 다루고 있다(예: 카르멘, 마농).

경가극Operetta

경가극은 오페레타라고도 하며 일반 연극 같은 극적인 대사를 동반한다. 여기에 노래와 무용이 들어가고 오케스트라 규모는 소규모이다(예: 집시의 남작, 박쥐 등).

| 오페라의 구성

▣ 서곡Overture

막이 오르기 전에 극의 내용을 암시하는 관현악곡이다.

▣ 아리아Aria

오페라의 주인공이 혼자서 부르는 독창곡으로 자신의 감정과 심정을 표현한다(예: 소프라노, 메조소프라노, 테너, 바리톤, 베이스 등).

▣ 중창Ensemble

오페라에 등장하는 두 사람 이상이 부르는 노래로, 2중창, 3중창 등 노래를 부르는 사람의 수에 따라 구분된다.

▣ 합창Chorus

극중에 군중들이 단체로 나와서 부르는 노래로 장면을 이끌어 가는 역동적 성격을 나타낸다.

▣ 레치타티보Recitative

아리아 앞에 음악 반주에 맞추어 이야기하듯이 부르는 노래로 스토리를 전개하는 데 중요한 역할을 한다.

▣ 전주곡Prelude

막이 시작하기 전 연주되는 다소 짧은 형식의 관현악곡을 말한다.

※ 간주곡: 막과 막 사이에 연주되는 관현악곡

| 오페라의 가수 음역

① 남자

■ 테너Tenor

남자의 음역 중에 가장 높고 주로 주인공 역을 맡는다.

■ 바리톤Baritone

남자의 음역 중에 중간에 해당되고 주로 주인공의 친구, 악당 역을 맡는다.

■ 베이스Bass

남자의 음역 중에 가장 낮고 주로 유령, 악역 등을 맡는다.

② 여자

■ 소프라노Soprano

여자의 음역 중에 가장 높다. 많은 여자 주인공들은 이 소프라노를 위한 역을 한다.

■ 메조소프라노Mezzo Soprano

여자의 음역 중 중간에 해당한다.

■ 알토Alto

여자의 음역 중에 가장 낮고 대개 여주인공의 어머니, 유모 등 같은 역을 맡는다.

■ **모차르트**(1756~1791)

〈피가로의 결혼〉 1786년, 〈돈 조반니〉 1787년, 〈여자는 다 그래〉 1790년, 〈마술피리〉 1791년 등

■ **로시니**(1792~1868)

〈세빌리아의 이발사〉 1816년, 〈신데렐라〉 1817년, 〈윌리엄 텔〉 1829년 등

■ **도니체티**(1797~1848)

〈사랑의 묘약〉 1832년, 〈람메르무어의 루치아〉 1835년, 〈돈 파스콸레〉 1843년 등

■ **베르디**(1813~1901)

〈나부코〉 1842년, 〈맥베스〉 1847년, 〈리골레토〉 1851년, 〈일 트로바토레 Ⅱ〉 1853년, 〈라 트라비아타〉 1853년, 〈가면 무도회〉 1859년, 〈돈 카를로〉 1867년, 〈아이다〉 1871년, 〈오델로〉 1887년 등

■ **푸치니**(1858~1924)

〈마농 레스코〉 1893년, 〈라 보엠〉 1896년, 〈토스카〉 1900년, 〈나비부인〉 1904년, 〈투란도트〉 1929년 등

| 국내 오페라 공연 시장의 특징

▶국·공립단체나 오페라 전문 단체들은 창작 오페라보다는 검증된 고전

명작 오페라를 주로 제작하여 공연하고 있다. 그러나 국·공립단체를 중심으로 창작 오페라도 꾸준히 제작되어 공연되고 있지만 오페라 창작 기반이 매우 미약한 편이다.

▶ 오페라 공연 단체에 비해서 국내에서 연간 제작되는 오페라 작품의 수와 공연 횟수가 많지 않다.

▶ 오페라 작품은 대체로 중극장 이상 규모의 작품이 제작되고 있어 출연 인원이 너무 많고 규모가 커서 공연 제작비가 많이 소요됨에 따라 현재 수지 균형을 맞추기가 매우 어렵다.

▶ 대형 고급 오페라는 공연 예술의 다른 장르보다 전문 마니아층의 선호도가 매우 높고 공연 티켓 가격도 매우 고가이다.

▶ 대구 오페라 페스티벌과 소극장 오페라 페스티벌 등이 있다.

오페라 공연 제작/기획의 중요 포인트

▶ 해외 오페라 작품을 국내에서 공연할 때 대본과 악보의 라이선스 비용을 지급하고 오페라 작품을 제작한다.

▶ 국내 창작 오페라 공연을 위해서 대본과 악보로 인해 오랜 제작 기간이 필요하고, 창작 오페라 대본이 많지 않다.

▶ 국내 소규모 오페라 공연의 경우에는 주로 음악대학 오페라 전공자를 대상으로 홍보 마케팅을 하고 있다.

▶ 겨울 시즌에 '예술의전당'에서 주로 공연되는 오페라는 기업의 VIP 관계자를 대상으로 하고 있고 티켓 가격이 고가이다.

오페라를 아는 키워드

국립오페라, 서울시오페라단, 대구오페라축제, 한강오페라축제, 대한민국 오페라페스티벌, 월간 오페라.

(5) 발레Ballet

발레는 문학성과 음악성이 뛰어난 춤으로, 1489년 이탈리아에서 태동한 일종의 무용극으로서 본래 유럽의 궁정과 귀족사회에서 향유되던 사교무용으로 춤추고 노래하는 것을 말한다.

특히 발레는 독특한 무용 형식과 신체의 과학적 움직임에 기인하고 있으며, 아름답고 정확한 기교성을 특징으로 하며 음악, 미술(무대 미술), 문학(대본)이 참여하는 종합 예술이다.

발레는 오랜 역사를 통하여 만들어지고 체득한 과학적이고 체계적인 이론과 훈련 방법을 갖고 있으며, 연습 훈련을 통하여 신체의 강인성과 인내력을 길러 주고 제한된 움직임의 한계를 극복하여 표현을 예술적으로 극대화할 수 있는 우아미와 좋은 자세를 만들어 준다. 또한 인체의 모든 근육을 가장 안전하게 사용하고, 각 부분을 이상적으로 성장할 수 있도록 도와준다.

오늘날의 발레를 고안하고 전파한 나라는 러시아이다. 17세기 러시아 황제 표트르 대제는 프랑스의 유명한 무용가들을 불러들여 발레를 본격적인 무대 예술로 발전시켰다. 그래서 오늘날 이들이 활동하던 상트페테르부르크의 마린스키 극장은 세계 발레의 중심지로 자리 잡게 되었다.

전통적으로 발레는 음악, 디자인, 의상, 조명 등의 결합체이지만 20세기 중반 이후부터 발레의 구성 요소에 많은 변화가 있었으며 음악에도 많은 변화가 있었다.

발레	다리의 포지션에 기초를 둔 클래식 댄스의 정형기법定型技法을 기준으로 하여, 그 기법을 사용하면 발레라고 한다.
모던댄스	다리의 포지션에 기초를 둔 클래식 댄스의 정형기법을 기준으로 하여, 이 기법에 구속받지 않는 무용을 모던댄스라 한다.

국내 발레공연 시장

▶ 국립발레단, 유니버설발레단, 서울발레시어터 등 3개 단체를 중심으로 대극장 규모의 창작 발레 작품을 제작하여 공연하고 있다.

▶ 창작 작품보다는 검증된 유럽의 고전 명작 작품을 중심으로 제작이 이루어지고 있고, 발레를 전문으로 하는 공연 단체가 소수이어서 연간 제작되는 공연과 공연 횟수가 많지 않다.

▶ 발레는 뮤지컬이나 오페라처럼 출연 인원이 많고 무대 규모가 크고 공연 제작비가 많이 소요되기 때문에 현재 공연의 수입과 지출의 균형을 맞추기가 어렵다. 따라서 주로 국·공립단체나 재정이 튼튼한 민간 발레단체가 작품을 만들고 있다.

▶ 발레는 오페라와 함께 고급 예술로 소수의 전문 마니어층의 선호도가 매우 높고, 최근에는 학부모들이 초등학교 자녀의 예술적 경험을 위하여 발레 공연을 관람하게 하고 있다.

▶ 겨울 시즌 발레 공연의 티켓 가격은 매우 고가이고 발레 공연 시장은 활성화되어 있지 않다.

발레 공연 제작/기획의 중요 포인트

▶ 발레의 원작은 대부분 외국 작품으로 대본, 안무가, 작곡가, 지휘자의 섭외 능력이 공연 성공을 좌우하므로 사전에 치밀한 준비가 필요하다.

▶ 대극장 발레 공연은 외국 안무가의 초청을 포함하여 제작 기간이 최소 1년 이상 소요된다. 창작 공연도 마찬가지로 작가 선정, 대본 완성, 작곡, 캐스팅, 연습 등에 많은 시간이 소요된다.

▶ 소극장을 제외한 대극장 발레 공연은 공연 제작비의 규모가 커서 일반

공연 기획사나 공연단체가 제작하기에는 어렵다. 다른 공연 장르에 비해서 소수의 전문 마니아층이 있고 일반 관객층은 거의 없다.

▶발레 작품은 한 번의 공연으로 완성되는 것이 아니라 지속적인 공연과 이를 통한 업그레이드에 의해 비로소 공연 작품으로 완성된다.

▶국내에는 발레 작품에 섭외할 스태프와 전문 무용수의 숫자가 매우 제한되어 있다.

▶발레 공연은 주로 5월이나 겨울 시즌에 많이 공연되고 티켓 가격이 고가이므로 마케팅의 주요 타깃층은 여성, 중년 부부, 발레 분야 종사자, 백화점, 은행, 호텔 등의 핵심 고객을 대상으로 한다.

> **발레를 아는 키워드**
>
> 국립발레단, 유니버설발레단, 서울발레시어터 등

(6) 창극唱劇, Changgeuk

창극은 말 그대로 창(소리)을 중심으로 극을 엮어가는 연극을 뜻하는 것으로, 판소리를 중심으로 하여 전통 음악을 사용하는 음악극 형식이다.

판소리가 소리꾼 혼자서 대본의 모든 역할을 소화하는 것에 비해, 창극은 판소리에 서양의 연극 형식을 가미하여 각각의 배역에게 노래와 대사를 나누어 주었다. 즉, 창극의 배우는 사람에서 동물까지 모든 등장인물의 역할을 소화할 뿐 아니라, 연극, 뮤지컬, 오페라처럼 무대 장치, 조명, 음향, 의상, 소품, 분장 등을 이용하여 보다 대중적인 호응을 얻고 있다. 창극은 판소리 선율로 구성된 기악 부(악단) 반주에 따라 창극 배우가 소리 형식의 노래와 대사를 한다.

우리나라의 창극의 시작은 1908년부터였다. 당시 황실에서 원각사圓覺社라는 극장을 짓고 당시 명창이던 김창환金昌煥, 송만갑宋萬甲 등이 전통적인 판소리 양식을 변형하고 연극 형식을 가미하여 만든 극이 최초의 창극이었다. 한 사람이 하던 노래와 대사를 나누고 배역을 여러 사람이 나누어 분창分唱한 것이 창극 공연의 시초였다.

원각사에서는 김창환, 송만갑, 이동백 등 수많은 판소리 명창들에 의해 춘향가, 심청가, 최병도 타령 등 여러 창극이 공연되었고, 그 후에 창극 형태의 형식은 조선성악연구회(1933년)에 의해 계승되었다.

전통적인 판소리의 경우 연극적인 표현과 구성이 약했으나, 이를 창극화唱劇化시킴으로써 연극의 면모를 갖추게 되었으며, 이를 일명 구극舊劇 또는 국극國劇이라고도 하였다.

| 창극의 특징

창극은 판소리를 기반으로 하여 변형, 발전되어 왔지만 판소리와는 구별되는 다른 예술적 특성을 갖고 있다. 창극은 서구의 연극 형식에 따라 이루어지는 무대 예술이므로 폐쇄적이고 사실적인 무대를 지향한다. 공연에서 고수(북치는 사람)의 역할이 축소되고, 북 이외의 다양한 악기가 사용되면서 효과 음악이 더욱 풍성해졌다.

그리고 판소리의 특징인 즉흥성을 가급적 배제한 채 뮤지컬이나 오페라처럼 음악의 흐름을 정교하게 계산하여 작품이 공연된다. 판소리와 다른 창극은 듣기 위주의 공연이 아닌 연극, 뮤지컬, 오페라처럼 보이기 위주의 공연이다.

※ 고수는 북치는 사람으로 추임새도 넣고 장단의 변화를 주며 음향 효과도 극적으로 넣는다.

| 판소리와 창극의 비교

■ 판소리

판소리는 소리꾼 한 사람이 고수(북치는 사람)의 북 장단에 맞추어 창, 이야기, 부채 동작으로 표현하는 우리나라의 전통 연희로 서구식 의미의 반주와 무대 장치가 없다.

■ 창극

창극은 여러 배역이 따로 있고, 여러 소리꾼이 1인 1역 형식으로 노래, 이야기, 연기를 하고 사회자가 있어 극의 분위기와 상황을 관객들에게 설명한다. 기악부(악단)가 반주와 음향 효과를 넣고 연극처럼 무대 장치가 있어서 장면에 따라 무대가 바뀐다.

| 창극의 주요 스태프

■ 작창作唱

창(판소리)을 만드는 사람으로 다시 말해 소리 작곡자라고 이해하면 된다.

■ 도창導唱

도창은 창극 공연 때 극중의 인물이 아닌 배우가 무대 옆에서 소리나 아니리로 관객의 흥을 돋우고, 장과 장 사이에 이야기가 끊어지지 않도록 유도해 주고 난해한 이야기를 관객들이 이해하기 쉽게 해설해 주는 역할도 한다.

국내 창극 공연 시장의 특징

▶ 창극 공연 시장은 중국의 경극京劇과 일본의 가부키歌舞伎처럼 우리나라 에만 존재하는 유일한 공연 시장이다.

▶ 소수의 국·공립 단체와 유명 소리꾼들이 중심된 창극 전문 단체가 창 극 공연 시장을 주도하고 있다.

▶ 창작 작품보다는 검증된 과거 판소리 작품을 재구성하여 제작하고 있 다(※ 심청전, 춘향전 등).

▶ 매년 제작되어 공연되는 창극 작품의 수와 공연 횟수가 많지 않다. 공 연 시장에서 창극이 차지하는 시장 점유율은 미미하다.

▶ 대극장 창극 공연은 뮤지컬이나 오페라처럼 출연 인원이 많고 공연 제 작의 규모가 커서 공연 제작비가 많이 소요됨에 따라 공연의 수입과 지 출의 균형을 맞추기가 어려워서 매년 국립창극단만이 제작하고 있다.

▶ 창극을 즐기는 40대에서 60대까지의 전문 마니아층이 있고, 최근에는 20대 및 30대에게도 좋은 반응을 얻고 있다.

창극 공연 제작/기획 때 중요 포인트

▶ 창극 공연은 사전에 치밀한 준비가 공연의 성공을 좌우하고 창극 제작 에는 준비 기간을 포함한 최소 1년 이상이 소요된다.

▶ 창극 공연의 대본이 완성되었을 때에 공연 기획이 시작되고, 뮤지컬이 나 오페라처럼 작창과 작곡이 중요하다.

▶ 창극 작품은 한 번의 공연으로 완성되는 것이 아니라 지속적인 공연과 이를 통한 업그레이드에 의해 비로소 공연 작품으로 완성된다.

▶ 창극 공연에 연출가로 섭외할 예술가가 아주 소수이고, 주인공 역할을

소화해 낼 수 있는 젊은 배우가 매우 적다.

창극을 아는 키워드

국립창극단, 전라북도 도립국악원, 전주소리축제, 전주대사습놀이

김PD 생각　라이선스 뮤지컬에 대한 생각

1980년대에 우리나라의 화승상사는 미국 나이키의 라이선스를 받아서 국내에서 나이키 제품을 생산하였고, 국제상사는 독일 아디다스의 라이선스를 받지 못해서 독자 상표인 프로스펙스를 만들었다. 나이키를 생산한 화승상사는 전국에 화승상사 나이키 대리점을 수백 개를 열면서 몇 년간 호황을 누렸으나, 나이키가 고급 브랜드로 국내 신발 시장을 거의 독점을 하게 되자, 미국 나이키 본사는 화승상사와 나이키 라이선스의 계약 연장을 거부하였다. 화승상사는 나이키가 마치 자기 상표인 것처럼 생각한 것을 후회하고 르까프라는 신규 브랜드를 만들어 시장에 진출했으나, 시기상으로 늦어서 지금은 고급 신발 브랜드로서의 존재감을 상실한 상태이다.

미국과 영국의 뮤지컬 제작사가 국내 시장에 진출하지 않는 것은 아직 국내 뮤지컬 시장이 규모가 작고 안정적으로 수익을 거둘 수 있는 구조가 아니기 때문이다. 만약 국내 뮤지컬 시장 규모가 커지고 안정적으로 수익을 거둘 수 있는 구조가 되면 아마도 미국 영화 직배사처럼 국내 수입업자를 통하지 않고 직접 전용 공연장을 마련하여 1년 내내 뮤지컬을 공연할지 모른다. 과거 자기 상표가 없었던 삼성은 작은 회사이었지만 독자 상표를 만들어낸 삼성은 이제 더 이상 작은 기업이 아니다. 국내에서 라이선스를 통해 뮤지컬을 제작하는 공연기획사는 언제 화승상사처럼 될지 모른다. 라이선스 기간 동안에 자금을 축적하여 자기 작품을 개발하지 못한다면 조만간 무슨 일이 벌어질 지 모른다. 힘들지만 차근차근 국제 시장에서 통용될 수 있는 우리 뮤지컬을 창작해 보자.

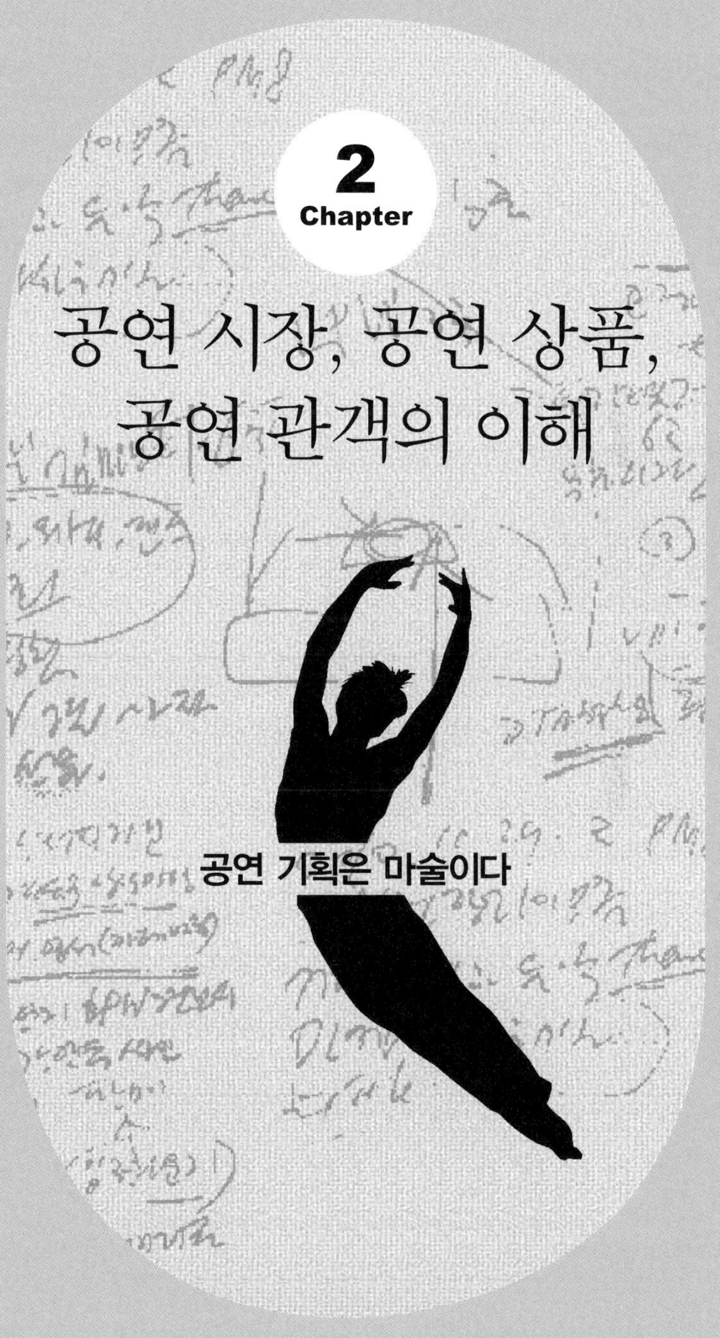

공연 시장, 공연 상품, 공연 관객의 이해

공연 기획은 마술이다

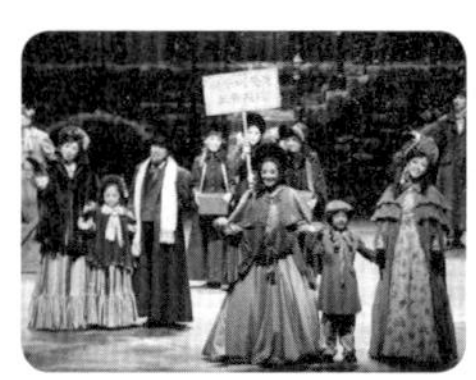

(재)서울예술단은 문화체육관광부 산하기관으로
1986년 창단되어 한국소재의 창작음악극(뮤지컬) 및
가무극 · 악 제작을 통해
한국의 공연예술발전에 앞장서고 있다.

(출처: 서울예술단)

공연 시장, 공연 상품, 공연 관객의 이해

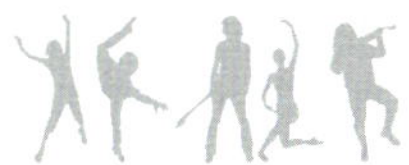

1. 공연 시장公演市場, Performance market

| 시장市場, Market

시장은 원래 상품을 사고파는 일정한 장소를 말한다. 시장을 경제적 관점에서 보면 생산자가 생산한 재화와 서비스가 유통 과정을 거쳐서 소비자에게 전달되는 구체적 장소 또는 추상적 장소를 시장이라고 한다. 시장을 구성하는 요소로는 생산자, 유통자, 소비자가 있다.

생산자	재화나 서비스의 생산生産을 담당	TV 삼성전자
유통자	재화나 서비스의 유통流通을 담당	TV 하이마트
소비자	재화나 서비스의 소비消費를 담당	TV 개인

| 공연 시장公演市場, Performance market

공연 시장은 공연 상품이 거래되는 시장으로 좁은 의미로는 관객에게 공연 상품의 관람 서비스를 제공하고 또는 공연 티켓을 판매하여 수익을 얻는 형태를 가진 시장을 가리킨다. 공연 상품이 지니는 이런 특수성 때문에 일반적인 상품을 사고파는 시장과는 다른 면을 가지고 있다.

넓은 의미로의 공연 시장은 공연 티켓이 거래되는 시장, 공연 작품 자체가 거래되는 시장, 공연 상품에서 파생된 상품이나 권리가 거래되는 시장 등을 포함한 전체 시장을 가리킨다.

예술가, 예술 단체, 공연 기획사는 ㉠ 생산자, 유통자, 소비자의 역할 중에서 생산자 역할을 하고, ㉡ 생산자이면서 유통자 역할을 하기도 하고 또는 ㉢ 생산자이고 유통자이면서 소비자 역할까지 모두를 하기도 한다.

공연 티켓이 거래되는 공연 시장은 공연 티켓의 유통기관인 인터파크, 티켓링크, 옥션티켓 등에 판매 대행을 주어서 생산자인 예술가, 예술 단체, 공연 기획사로부터 소비자인 관객에게 판매가 이루어지도록 한다. 공연 작품은 대표적 아트마켓인 서울아트마켓과 전국문예회관연합회 공모사업에 의해 유통이 이루어져 전국의 공연장에서 공연을 하게 된다.

그러나 대다수의 공연 작품은 생산자인 예술 단체 및 공연 기획사와 지방 유통기관인 지방 공연장, 지방 공연 기획사, 지역축제 단체 등의 거래를 통해 유통된다. 공연 상품에서 파생된 상품이나 권리인 대본 사용권, 음악 사용권, 공연 소스 사용권, 캐릭터 사용권 등도 소규모로 거래가 이루어진다.

| 공연 시장의 특징 Characteristics of the Performance market

공연 시장은 일반 시장과 다른 여러 가지 특징을 가지고 있기 때문에 공연 시장에서 생존하고자 하는 공연 기획사는 공연 시장의 특징을 정확히 알고 공연 제작/기획을 추진해야만 최소한의 수익을 확보할 수 있는 사업 구조를 만들어 낼 수 있다. 또한 그렇게 했을 때 지속적인 공연 사업이 가능하다.

① 공연 시장은 대체로 총수입이 총비용보다 작은 시장이다. 총수입에는 공연 티켓 판매 수입뿐만 아니라 정부 및 공공기관 지원금, 기업 메세나mecenat지원금, 기업 협찬금 등이 일부 포함되어 있다. 특히 공연 수입금에는 공연 상품을 구입하고 비용을 지불하는 공연 관객 이외에 간접적으로 공연 제작비를 지원하는 정부를 비롯한 기업들의 지원금이나 협찬금이 일부 포함되어 있다.

② 공연 시장은 사유재私有財와 공공재公共財가 함께 거래되는 시장이다. 공연 상품은 공연 사업의 경제적 특성과 공연 예술의 공공적 역할 때문에 사유재인 동시에 공공재라는 이중적인 특수성을 지닌 상품이다. 공연장을 찾는 관객들에게 다양한 개인적 편익을 가져다주는 동시에 직접 공연장에서 공연을 관람하지 못한 사람들에게도 방송, 행사 등을 통해 다양한 외부 편익을 가져다주는 공공재적 성격의 비배제성을 갖고 있다. 공연 예술에서의 비배제성은 소외 계층에 대한 무료 공연, 노인, 군인, 청소년, 장애인에 대한 티켓 할인을 예로 들 수 있다.

③ 공연 시장은 영리 사업과 비영리 사업이 함께 공존한다. 연극, 무용 등의 공연 장르를 소규모로 제작하는 단체는 비영리 사업에 중점을 두고 활동하지만, 대형 규모로 장기간 공연하는 뮤지컬을 제작하는 경우, 영

리 사업에 중점을 두고 투자를 유치하여 제작비에 충당하고 고가의 티켓을 판매해서 고수익을 달성한다. 또한 동일한 공연 기획사가 수익 창출이 어려운 연극 공연과 고수익 창출이 가능한 뮤지컬 공연을 같이 제작하기도 하고, 이 두 작품이 공연 시장에서 관객을 대상으로 함께 경쟁하기도 한다.

④ 공연 상품의 소비에 결정적으로 작용하는 것은 가격, 서비스 등이 아닌 관객의 기호와 취향이다. 공연 예술은 우리가 일상생활에서 소비되는 일반 상품과는 달리 지속적이고 반복적인 경험과 체험을 통해 일정한 기호와 취향이 형성될 때에야 비로소 소비가 시작되는 경험재적 속성을 가지고 있다. 공연 예술은 소비의 측면에서 보면 문화상품으로써 선호도가 지속적이고 반복적으로 축적되어 현재의 소비에 영향을 미친다. 즉 후천적으로 반복 훈련된 관객의 기호와 취향을 통해서 지속적으로 소비된다. 이 소비는 부모의 기호와 취향이 유년기에 있는 자녀들의 기호와 취향에도 영향을 끼쳐서 소비가 대를 이어 반복된다.

비배제성Non-exclusion

재화의 소비에서 얻는 혜택으로부터 특정 집단의 사람들을 배제할 수 없는 것을 말한다. 민간재는 각각의 시장가격을 가지고 있으며, 소비자가 시장에서 그 가격을 지불하지 않으면 소비 혜택에서 배제되는 배제의 원칙exclusion principle이 적용된다. 그러나 공공재는 시장에서 거래되는 민간재와 달리 정당한 대가를 지불하지 않아도 소비에서 배제되지 않는 비배제성의 특성을 지닌다(출처: 네이버 용어 사전).

공연 시장에서 생산, 유통, 소비

Manufacturing, distribution, and consumption in the performance market

생산(창작)	유통(매개)	소비(향유)
예술가	공연 기획사, 홍보, 마케팅 대행사, 공연장(서울, 지방), 티켓 판매 대행사(티켓 예매처), 아트마켓	관객, 일반인, 공연 관계자, 기업체, 외국인 관광객, 정부 등
공연 단체	공연장(서울, 지방), 관람권 판매 대행사, 아트마켓	관객, 일반인, 공연 관계자, 기업체, 외국인 관광객, 정부, 공연 단체 등
공연 기획사	공연 기획사, 공연장(서울, 지방), 티켓 판매 대행사(티켓 예매처), 아트마켓	관객, 일반인, 공연 관계자, 기업체, 외국인 관광객, 정부, 공연 기획사 등
공연장	공연장 기획부서, 티켓 판매 대행사(티켓 예매처,), 아트마켓	관객, 일반인, 공연 관계자, 기업체, 외국인 관광객, 정부, 공연장 등

※ 지방 공연장은 지방 기획사와 함께 공연의 지방 유통 부문에서 매우 중요한 역할을 하고 있다.

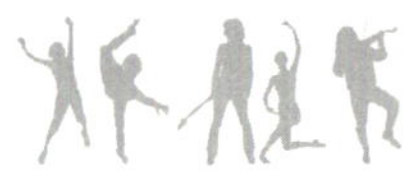

2. 공연 상품 公演商品, Performance products

| 상품 商品, Products/Goods

상품은 사고파는 물품으로 소비자의 필요나 욕구를 충족시킬 수 있는 것으로 시장에서 매매의 대상이 될 수 있는 유형·무형의 모든 재산을 가리킨다. 공연 상품도 일반 상품의 특징을 가지고 있지만 다른 특징도 많이 있다.

최근 소비자들은 경제 발전에 따른 개인 소득이 비약적으로 증가하여 경제적으로 여유가 생김에 따라 시간적 여유도 함께 가지게 되었다. 그래서 소비자들의 여가 생활이 지속적으로 확대됨에 따라 문화적 욕구를 만족시키기 위한 대량 수요가 생김으로써 공연 기획사들은 새로이 형성된 소비자들을 위해 공연 시장에서 판매될 수 있는 여러 장르의 공연을 대량으로 제작하게 되었다.

공연 장르별로 수요보다 많은 공연 상품이 시장에 공급됨에 따라 더 이상 부자나 신분이 우월한 사람들만 즐길 수 있는 사치품이 아니라 누구나 즐길 수 있는 대중품으로 바뀌었다. 더욱이 국가 및 지방자치단체에서 소외계층·소외지역에 대한 배려가 증가함에 따라 보다 많은 지역에서 공연이 가능하여 문화에 대한 지역적 차별도 많이 없어졌다.

| 공연 상품 公演商品

공연 상품은 관객에게 제공하는 공연 관람 기회를 상품화한 것을 말한

다. 다시 말해 공연 상품은 공연 기획사가 관객에게 제공하는 공연뿐만
아니라 프로그램, 음악CD, 공연DVD 등의 확장상품, 공연에서 파생된
음악 사용을 비롯한 다양한 저작권 권리 등을 말한다.

  그리고 공연 상품은 예술가의 창작 측면에서 보면 개인 창작 상품에 불
과하지만 관객을 포함한 사회의 모든 계층이 함께 직·간접적으로 공연
을 향유하는 측면에서 보면 공공재적인 성격을 가진 특별한 상품이다.
그래서 공연 상품은 공공재적인 성격이 강하기 때문에 정부 및 지방자치
단체 등으로부터 지원금이나 보조금을 받을 수 있는 상품이다.

| 공연 상품의 분류

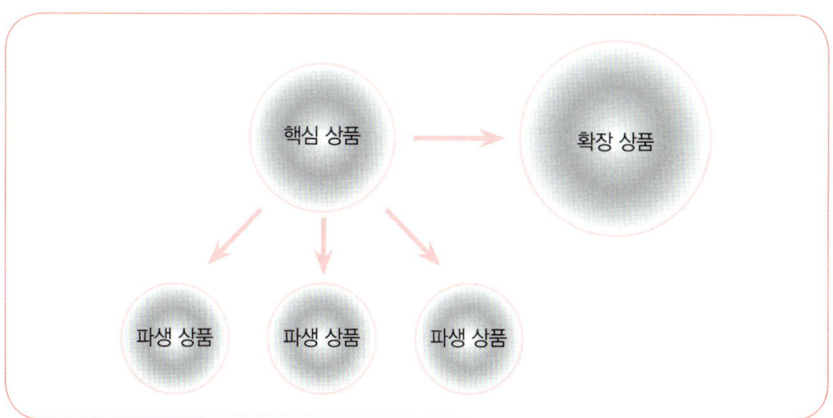

① 핵심 상품

소비자가 구입한 상품으로부터 얻는 편익便益을 말하며, 공연에서 핵심
상품은 공연 자체를 가리킨다.

② 확장 상품

핵심 상품에서 확장된 상품으로 아트포스터, 프로그램, 음악CD, 공연 DVD 등의 공연 기념품 등을 말한다.

③ 파생 상품

핵심 상품에서 파생된 상품을 말하고 음악 사용료(휴대전화 벨소리/저작권과 연계), 이벤트(행사)소스로 사용 등이 있다.

| 서비스 상품으로서 공연 예술의 특성

공연 상품은 서비스 상품이 가진 무형성, 비분리성, 이질성, 소멸성의 특징을 기본적으로 가지고 있다. 또한 다른 일반 상품과 달리 인건비의 비중이 절대적으로 높은 엔터테인먼트 산업의 특성도 함께 가지고 있다. 서비스 상품으로서 공연 예술의 특성을 자세히 살펴보면 다음과 같다.

① 공연 예술은 판매되는 상품의 실체를 보거나 만질 수 없는 무형적 특성을 가지고 있다. 즉 시장에서 일반적으로 팔리는 과자 등의 유형의 재화처럼 물리적인 형태를 갖고 있지 않은 무형적인 특성을 지니고 있어 관람을 통해 직접 경험하기 전까지는 공연 상품의 실체에 대해 상상하기 힘들다.

② 공연 예술은 생산과 소비가 분리되지 않는 비분리적 특성을 가지고 있다. 예술가인 연기자, 무용수, 연주자 등의 실연과 관객의 관람이 동시에 이루어지는 비분리적 특성을 갖고 있기 때문에 관객은 공연의 중요한

구성 요소로서 공연의 과정에 직접 참여하여 박수, 환호, 호응 등 반응을 나타낸다.

③ 공연 예술은 생산에서 소비까지 일관된 품질을 유지할 수 없는 이질적 특성을 지니고 있다. 생산을 담당하는 예술가인 연기자, 무용수, 연주자 등의 숙련도, 공연 날의 상태, 공연장 시설의 환경적인 요인에 의해 예술가의 감정이 변화하게 됨에 따라 공연 작품의 품질을 매일 동일하게 유지하기가 어렵다.

④ 공연 예술은 당일에 판매되지 않는 공연 상품은 재고로 보관되지 않고 소멸되는 특성을 가지고 있다. 과자, 음료수, 비누 등의 상품은 오늘 판매되지 않았다면 잘 보관해 두었다가 유통기간 내에서 아무 때나 판매할 수 있다. 하지만 공연 예술은 당일 판매되지 않은 상품을 보관하지 못하고 한 번의 공연과 공연 관람으로 없어진다. 그런 이유 때문에 공연 상품이 고가高價이기도 하다.

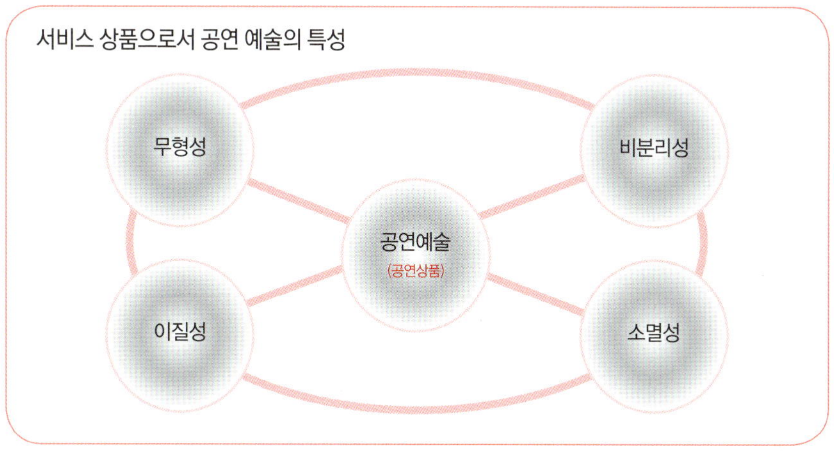

명품 공연의 조건

구 분	명품의 조건	명품 공연의 조건
중심적 요소	기능(성능), 내구성	작품성, 완성도, 재미, 감동
신뢰적 요소	품질의 균일성, 무결점	대본, 스태프/배우의 명성
주변적 요소	디자인, 서비스	공연장의 인지도와 위치, 관객에 대한 다양한 서비스

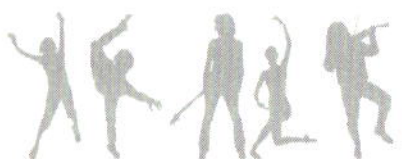

3. 공연 관객 公演觀客, Performance consumer

| 소비자 消費者, Consumer

소비자는 물건을 구입하는 사람을 말한다. 다시 말해 소비자는 생산자가 공급하는 유·무형의 다양한 상품과 서비스에 대해 일정한 대가를 치르고 필요에 의해서 구입하여 사용하는 사람을 말한다. 최근 기업 간에 마케팅 경쟁이 치열해짐에 따라 기업의 필요에 의해 무료로 제공되는 상품이나 서비스를 사용하는 사람들도 소비자라고 말한다.

소비자는 성별, 연령, 주거지역, 민족, 나라, 문화의 차이를 막론하고 모든 인간이 소비자이고, 이런 소비자로서의 인간 행위는 태어나서 죽은 후까지도 지속된다. 그리고 소비자의 범주에는 개인뿐만 아니라 가계, 학교, 교회, 지역사회, 모임, 단체, 기업, 정부기관과 같은 집단도 이에 포함된다.

소비자 Consumer	기업의 상품이나 서비스를 소비하는 사람을 말한다.
고객 Customer	한 기업의 상품이나 서비스를 사용한 경험이 있거나 지속적으로 사용하는 사람을 말한다(단골의 의미에 가깝다).

현재 소비자들의 소비 환경이 매우 빠르게 변화함에 따라 기업들도 생존을 위하여 소비자들의 변화된 소비 패턴을 파악하여 발 빠르게 대응하고 있다. 지난 50년간 과학과 기술의 발전, 매스미디어의 발달, 소득 수준의 향상, 기업의 무한경쟁, 시장 형태의 변화, 자연 환경의 변화, 컴퓨터 보급과 인터넷의 대중화, 국제화(세계화) 등을 통해 소비 환경이 급속히 변화됨에 따라 소비자의 관심도 가격에서 품질로, 품질에서 브랜드로 바뀌었다.

최근의 소비 환경의 변화는 IT를 기반으로 급속하게 발달한 네트워크 컴퓨터 시스템에 의해 인터넷 쇼핑이 거의 대세를 이루고 있다. 또한 아이폰을 중심으로 한 스마트 폰의 출현으로 인해 기업이나 상품에 대한 정보가 실시간 대량으로 소비자에게 제공됨에 따라 소비 환경과 소비자 트렌드가 더욱 급격히 변화하고 있다.

김PD 메모　소비자의 최근 특징

- **소비자의 영리한 소비가 일반화되고 있다.**
  소비자는 인터넷과 스마트 폰 등을 통해 상품과 가격을 비교하여 매우 영리한 소비를 하고 있다.
- **소비자들의 감성 소비가 매우 가파르게 증가하고 있다.**
  소비자들은 성능과 기능은 기본이고, 감성을 자극하는 상품과 서비스를 적극적으로 구입하고 있다.
- **소비자는 정확한 상품 정보를 바탕으로 주체적이고 능동적인 소비를 한다.**
  기업이 판매하는 상품이나 서비스에 대해 준전문가 입장에서 적극적이고 능동적으로 평가하고 이에 대한 의견이나 생각을 게시판이나 상품평가란을 통해 능동적으로 제안하는 수준이 매우 높아졌다.
- **소비자는 상품 구입 시에 편리함을 우선시한다.**
  소비자는 바쁘고 복잡한 일상생활에서 매우 간편하고 편리한 소비를 원한다. 상품 품질의 차이가 거의 없는 경우에는 인터넷이나 케이블TV를 통해서 구입하는 경우가 지속적으로 증가하고 있다.
- **소비자는 상품을 통한 자기표현 욕구가 커지고 있다.**
  소비자는 자기가 구입한 다양한 상품을 통해 일상생활에서 자신만의 개성을 다른 사람에게 더욱 표출하고 싶어 한다.

| **공연 관객**Performance consumer

공연 관객은 공연 예술에 대한 기본적인 소양과 관심을 가지고 티켓을 구입하여 공연 관람을 지속적으로 즐기는 사람들을 말한다. 특히 공연 관객은 관람하고자 하는 공연 장르에 대한 최소한의 이해와 기초적인 지식을 가지고 있어야 공연 관람의 만족도를 높일 수 있다는 점에서 일반 상품을 구입하여 소비하는 소비자들과 차이점을 가지고 있다.

예를 들면 오페라에 대한 기초적인 지식을 가지고 있지 않은 사람이 2시간이 넘는 오페라 공연을 관람한다는 것은 결코 쉽지 않은 일이다. 특히 우리나라의 창작 오페라가 아니라 이탈리아어로 공연되는 베르디 작곡의 오페라 〈리골레토〉를 관람하는 일은 오페라에 관심이 없는 사람에게는 곤욕이 아닐 수 없다.

고객顧客, Customer

- 고객의 정의
  기업의 상품/서비스를 직·간접적으로 구매하거나 구입하여 사용한 경험이 있는 모든 사람들 말한다.
- 고객의 종류
  내부 고객: 종업원(동료, 상사, 부하직원)
  외부 고객: 구매 고객
  중간 고객: 유통업자
- 고객의 중요성
  고객은 수익을 창출하게 하는 유일한 대상이기 때문이다.

| **공연 관객의 일반적 특징**

공연 관객은 생활용품을 구입하는 소비자와 다른 다음과 같은 특징을 가지고 있다.

▶공연 예술에 대한 관심, 이해, 취미가 있는 사람이 많다.

▶ 티켓을 구입하는 사람은 재정적으로 여유가 있는 전문직 종사자가 많다.

▶ 일상생활, 직장생활, 사회생활에서 시간적 여유가 있는 사람이 많다.

▶ 남성 관객보다는 여성 관객 비율이 매우 높다.

▶ 공연 장르의 특성상 노년층보다는 젊은층 관객이 많다.

▶ 티켓 가격이 고가高價인 뮤지컬, 오페라, 발레 등의 장르를 좋아한다.

▶ 지방의 소도시보다는 수도권과 대도시에 거주하는 사람들이 많다.

소득은 상대적으로 적지만 오로지 공연 관람에 취미를 두고 있는 20대 초반에서 40대 초반까지의 여성 관객이 지속적으로 증가하고 있다.

관객들이 공연을 관람하는 목적

일반적으로 관객들은 보통 한 가지 목적을 가지고 공연을 관람하러 오기보다는 복수의 목적을 가지고 관람하는 경우가 대부분이다. 예를 들면 공연장에 혼자 공연 관람 목적으로 오는 관객보다는 친구, 애인, 가족, 직장 동료, 모임 회원 등과 함께 공연을 관람하러 오는 경우가 대다수이다.

① 여가/취미생활 영위, ② 인간관계 확대, ③ 자기개발, ④ 예술적 감성 개발, ⑤ 사회 · 문화적 위신, ⑥ 정신적 욕구 충족.

①여가/취미생활을 영위하기 위해 대학생, 직장인, 여성, 전문직 종사자, 가족을 중심으로 공연을 즐기는 사람들이 지속적으로 증가하고 있다. 이들은 특히 대형 뮤지컬, 재미있는 연극, 연말시즌 발레와 오페라 공연 등을 관람 대상으로 하고 있다. 젊은 남녀, 신혼부부나 중장년부부, 소규모 모임 회원들이 친분을 맺거나 ②인간관계를 확대하고자 공연관람을 하는 경우가 증가하고 있다. 젊은 남녀가 데이트를 목적으로 공연을 관람하는

일이 영화 관람처럼 일상화 되고 있다.

다음으로 글로벌시대 무한경쟁에 노출된 직장인들이 자기 분야에서 경쟁력을 갖추고 생존하기 위하여 ③자기개발을 위한 방편으로 공연을 관람하고 있다. 또한 기업의 홍보·광고·마케팅 부서 직원들을 중심으로 아이디어를 얻기 위해 부서 직원 전체가 단체로 공연을 관람하고 이후에 생맥주나 와인을 함께하며 아이디어 개발회의를 하는 것은 이제 주변에서 흔하게 볼 수 있는 모습이 되어 버렸다.

더욱이 학부모들은 초·중·고 자녀들의 상상력을 개발하고, 예술 지식을 습득시켜서, 문화적 교양을 갖춘 인재로 만들기 위한 방편으로 공연을 관람토록해 자녀들의 ④예술적 감성을 개발하고 있다.

일반인들은 고가의 공연 상품인 뮤지컬, 오페라, 발레 등을 자주 접하기 어렵다. 따라서 공연을 관람함으로써 주변에 있는 친구, 직장 동료 등에게 자신을 교양 있고 능력 있는 사람으로 포장하여 ⑤사회·문화적 위신을 갖기 위한 목적으로 공연을 관람한다. 공연을 본 사람과 보지 않은 사람의 단순 차이가 아닌 개인의 사회·문화적 위치, 개인의 재력, 교양인의 모습 등에 차이를 나게 하여 다른 사람과 자신을 구별하게 하고 결국 개인의 가치를 높여준다.

직장생활에서 오는 업무의 중압감으로 인해 스트레스에 노출된 직장인, 반복되고 재미없는 가사 활동으로 인해 우울증을 가진 주부, 오직 공부만을 강조하는 교육 환경 때문에 정서불안을 가진 학생 등이 공연 관람을 통해 어느 정도의 ⑥정신적 욕구 충족을 시킴으로써 무료한 일상에서의 탈출, 스트레스 및 긴장 완화, 감정 순화에도 많은 도움이 되고 있다.

① 공연 작품의 명성, ② 스태프/배우 인지도, ③ 공연의 작품성과 완성도, ④ 언론 방송 매체의 추천, ⑤ 전문가의 소개와 평가, ⑥ 공연 티켓의 가격, ⑦ 공연장 위치, ⑧ 공연 단체의 명성과 인지도

우리나라의 관객들을 비롯해 세계 여러 나라의 관객들이 공연 상품을 선택하는 기준은 거의 비슷하다. 여성 소비자들이 루이뷔통 상표의 핸드백을 선택하는 것은 상품이 가진 오랜 명성 때문이다. 공연도 마찬가지로 뮤지컬 관객은 이미 명성을 가진 4대 뮤지컬을 선택할 것이고, 또한 이 작품에 출연하는 주인공의 인지도가 공연 상품을 선택하는 또 다른 기준이 될 것이다. 만약 신작의 공연 상품으로 명성도 없고 스태프/배우의 인지도가 낮은 데도 작년에 이어 올해에도 재공연된다면 관객들이 공연을 선택하는 기준은 아마도 공연의 작품성과 완성도 때문일 것이다.

그 밖에 언론 및 방송 매체의 추천과 전문가의 소개와 평가도 관객들이 공연 작품을 선택하는 기준으로 일정한 역할을 한다. 하지만 이것은 공연의 작품성이나 완성도와 연계될 때라야만 관객의 선택 기준에 크게 영향을 준다.

공연 단체의 명성과 인지도에 의해 관객들이 선택하는 경우는 대체로 국립발레단, 국립오페라단, 국립창극단 등과 같이 자기 공연 분야에서 탁월한 평가를 받고 있는 경우에 한한다.

| 관객들의 공연 티켓 구입 방법

① 티켓 예매 사이트, ② 공연 기획사 단체 판매, ③ 티켓 매표소, ④ 전화 예매, ⑤ 스태프/배우 소개

대중적이고 인지도 높은 공연 작품들은 보통 공연 티켓의 70% 이상이 티켓 예매 사이트(인터파크, 티켓링크)를 통해 개인이나 단체에게 판매되지만, 대중적이지 못하고 인지도 낮은 공연 작품의 경우에는 티켓 예매 사이트를 통한 판매보다는 공연 기획사에서 추진하는 마케팅 활동을 통해 주로 단체를 위주로 판매하게 됨에 따라 티켓 예매 사이트를 통한 개인들의 직접 구입은 보통 10%에서 30% 미만이다.

그리고 뮤지컬의 경우에는 스태프/배우의 소개를 통해 구입하는 경우가 많으니, 1인당 구입할 수 있는 수량, 티켓 구입 때 적용되는 할인율, 티켓 단체 판매 때 지급되는 수수료 등을 미리 공지하여 스태프 및 배우들이 편리하게 구입할 수 있도록 하고, 마케팅에 조금이라도 도움을 받을 수 있도록 한다. 배우들은 특성상 모임에 자주 나가고 대부분 사교성이 뛰어나서 사회적으로 저명인사와 능력 있는 사람들을 의외로 많이 알고 있다. 특히 배우들을 통한 구입은 팬 카페가 주도하고 있다.

| 관객들의 공연 정보 채널

① 인터넷 매체, ② 인쇄 매체, ③ 방송 매체, ④ 스태프/배우 소개, ⑤ 옥외홍보물

대부분의 관객들은 공연 정보를 어느 하나의 매체를 통해 의존하여 획득하지 않고 여러 가지 매체를 통해 공연 정보를 획득한다. 관객들은 일반적인 공연 작품의 경우 대개 인터넷 매체를 통해 공연 정보를 획득하고

대형 공연 작품의 경우에는 거리의 옥외 홍보물이나 방송의 스폿Spot이나 공연 소개를 통해 얻은 기초적인 공연 정보를 바탕으로 인터넷 매체에서 검색하여 공연에 대한 대량의 정보를 획득한다.

또는 공연에 참가하는 스태프 및 배우들을 통해 공연 정보를 획득한다. 특히 티켓 예매 사이트, 공연 관련 카페, 배우 팬 카페 등은 정기적으로 대량의 공연 정보를 획득할 수 있고 공연 티켓을 할인 가격으로 구입할 수 있는 사이버 공간이다.

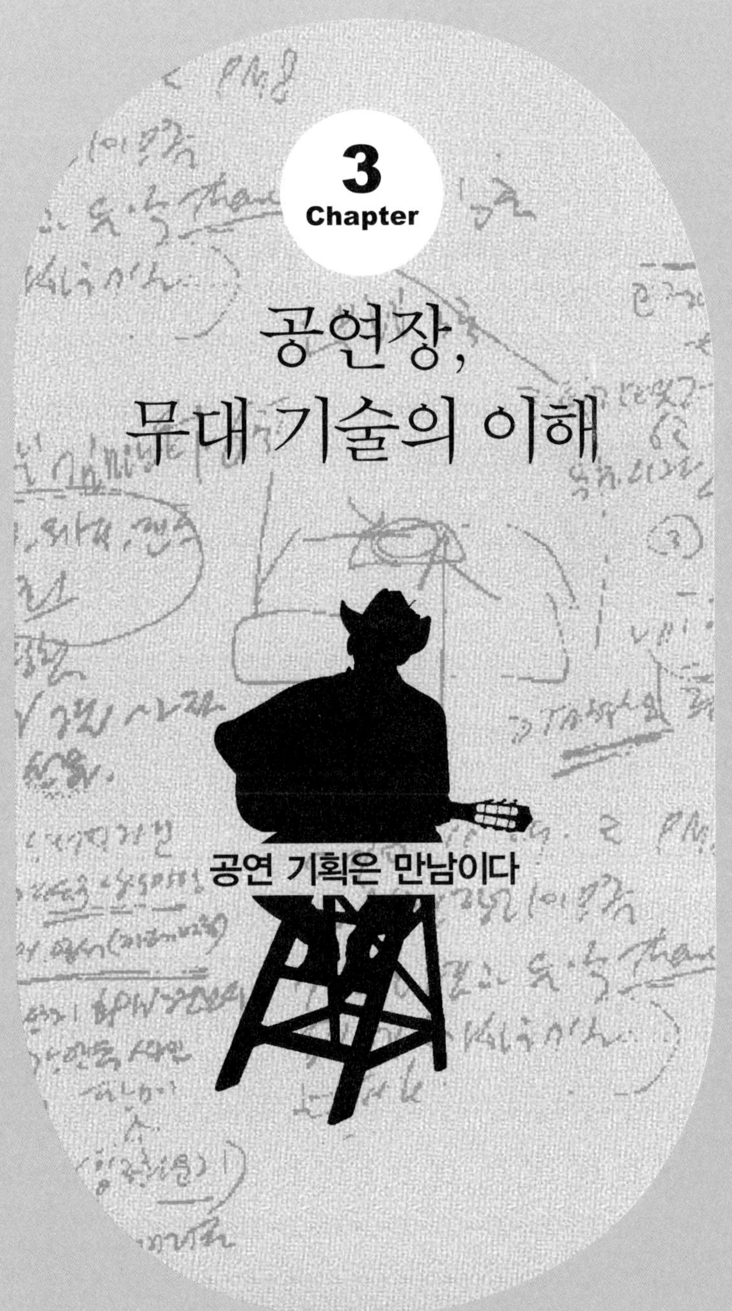

3 Chapter

공연장, 무대 기술의 이해

공연 기획은 만남이다

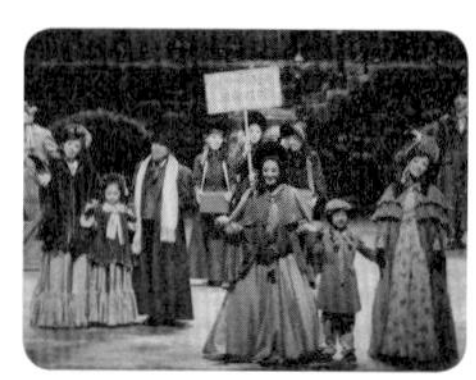

국립무용단은
우리 전통 민속춤의 재창조와
창작 춤극의 무대화를 목표로 지난
1962년 창단되어 한국 최고의 무용단체로
국내외에서 평가받고 있다.

(출처: 국립무용단)

공연장,
무대 기술의 이해

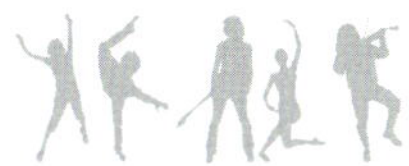

1. 공연장 公演場, Threatre

| 공연장

공연장은 공연 예술의 실연이라는 특수한 목적을 위한 공간 또는 건축물을 말한다. 공연장의 시설은 무대, 객석, 로비, 부대시설로 이루어져 있다. 즉 공연장은 공연이 행해지는 물리적인 공간으로 연극, 무용, 뮤지컬, 오페라, 발레, 창극 등을 공연하기 위해 무대와 객석을 설치한 공간을 말한다.

공연장은 공연 예술이 실연되는 장소, 공연과 관객이 만나는 장소, 공연을 통해 시민에게 휴식을 제공하는 공간 등으로 활용되는 다기능 공간으로 역할을 하고 있다.

공연장의 용도와 크기에 따른 구분

공연장은 용도에 따라 한 가지의 장르를 위한 전용 공연장과 여러 장르의 공연 예술을 수용할 수 있는 다목적 공연장으로 분류할 수 있다. 전용 공연장은 한 가지 장르만 공연할 수 있는 연극 전용 공연장, 뮤지컬 전용 공연장, 오페라 전용 공연장, 발레 전용 공연장, 콘서트홀 등으로 나누어 볼 수 있다. 다목적 공연장은 여러 장르의 공연 예술을 수용할 수 있는 공연장으로 무대 기술적인 부분에 한계가 있고 여기에 해당하는 공연장은 국립극장(해오름/달오름극장), 세종문화회관(대극장/소극장) 등이 있다.

공연장의 크기에 따라 대극장, 중극장, 소극장으로 구분해 볼 수 있으며, 대극장은 보통 좌석수가 1,000여 석 이상 되는 공연장으로 뮤지컬, 발레, 오페라, 국악 관현악, 교향악, 콘서트 등을 공연한다. 대표적인 예로는 국립극장 해오름극장, 세종문화회관 대극장, 예술의전당 오페라극장과 콘서트홀 등의 극장이 있다. 최근 10년 사이에 완공된 지방 대도시에 있는 공연장이 대부분 여기에 해당된다.

중극장은 좌석수가 보통 500석에서 800석 사이의 공연장을 말하고, 연극, 무용, 중규모 뮤지컬과 오페라, 클래식 음악 등이 공연된다. 예술의전당 토월극장, 아르코예술극장 대극장 등이 여기에 해당된다.

소극장은 좌석수가 300석 이하의 공연장을 말하며 연극, 개인 창작무용, 소규모 뮤지컬, 실내악 등이 공연된다. 아르코예술극장 소극장, 예술의전당 자유 소극장, 대학로에 있는 연극 소극장이 대부분 여기에 해당된다.

	소극장	중극장	대극장
객석 규모	300석 이하	500석~800석	1,000석 이상
최대 거리	15~17m	22~25m	28~38m
장르	실내악, 연극	연극	뮤지컬, 오페라, 발레, 창극
극장 예	대학로예술극장 소극장	아르코예술극장 대극장	국립극장 해오름극장

*최대 거리: 무대 맨 앞쪽에서 객석 맨 뒤쪽까지의 거리를 말한다.

| 공연장의 구조와 기본시설

공연장은 크게 무대시설, 객석시설, 로비시설, 부대시설 등 4개 부분으로 나뉜다. 무대시설에는 무대, 무대 기계, 무대 조명, 무대 음향 등 주요 시설이 설치되어 있고 객석시설에는 일반 관객 및 장애자를 위한 좌석이 설치되어 있고, 또한 임산부와 유아를 위한 대기실도 있다. 로비시설에는 티켓 매표소, 공연 기념품 판매대, 음료/다과 판매시설, 화장실, 홍보대, 물품 보관소 등이 있다. 최근에는 서비스 시설로 매우 중요시되어 공연장에서 가장 신경을 쓰는 시설이다. 부대시설에는 주차시설이 있다.

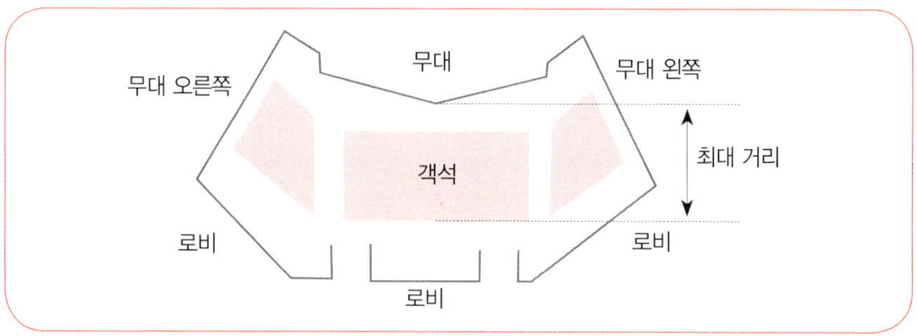

| **공연장의 공간 분류**

공연장의 공간은 대개 4개로, 무대 공간, 객석 공간, 로비 공간, 여기에 하나를 더해서 사무 공간 등이다. 무대 공간은 공연이 실연되고 공연 준비를 위한 공간으로 스태프/배우들에게는 가장 중요한 공간이자 공연의 완성도를 이루는 곳으로 관리 운영을 철저히 해야 한다.

객석 공간은 공연을 관람하는 관객을 위한 공간으로 최대한 청결을 유지하여 편안한 가운데 공연을 관람할 수 있도록 해야 한다. 또한 공연 시작 후에는 관객들이 공연 관람에 방해를 받지 않도록 철저히 관리해야 한다. 그리고 공연 기간 중에 객석 공간의 책임자인 하우스 매니저와 하우스 도우미들은 세심한 안내, 안전사고 대비(소화기/소화전/비상출입구 등) 위치 확인, 정숙한 관람 분위기를 유지하기 위해서 최선을 다해야 한다.

로비 공간은 공연장 입구와 객석 사이의 공간으로 관객들이 공연을 관람하기 전에 대기하거나 휴식을 취하는 가장 중요한 공간으로 티켓을 구입하거나 예매 티켓을 수령하는 공간, 관객들에 대한 공연과 공연장을 홍보하기 위한 공간, 간단한 식음료를 판매하는 공간, 그리고 잠시 조용히 휴식을 취하는 공간이다. 따라서 하우스 매니저와 하우스 도우미들은 최선의 서비스를 제공하고 조용한 가운데 공연 정보가 관객들에게 전달될 수 있도록 공연장 분위기를 만들어야 한다. 공연을 관람하기 전 로비에서 불친절을 경험했거나 안 좋은 인상을 받은 관객들은 아무리 공연이 좋았더라도 불쾌한 느낌을 가지고 집에 돌아갈 수 있다.

기타 사무 공간은 공연장 시설의 운영에 있어서 행정부분, 기획부분, 운영부분을 지원하기 위한 공간으로 공연장에 근무하는 사람들이 업무를 보는 공간이다.

공연장의 공간 분류

무대 공간	무대(회전/이동/승강무대), 무대감독실, 피아노보관실, 덧마루 보관실, 조명 창고, 장치 기계실, 전기실, 조명실, 음향실, 분장실, 출연자 대기실, 출연자 휴게실, 연습실 등
객석 공간	객석, 장애인 좌석, 어린이 유아 대기실(국립극장) 등
로비 공간	객석 출입구, 로비, 매표소, 공연기념품판매대, 음료/다과 판매시설, 홍보대, 물품 보관소, 놀이방, 안내실, 화장실 등
사무 공간	관리실, 기획실, 회의실 등

| 공연장의 무대 형태

공연장의 무대 형태는 공연의 발전과 공연 장르를 수용하기 위해 다양한 형태로 발전되어 왔고, 공연장의 구조와 사용 목적에 따라 프로시니엄 무대, 돌출무대, 상자형 무대, 야외무대로 구분한다.

■ 프로시니엄 무대 Proscenium stage

프로시니엄 무대는 무대 위의 공연을 관객들이 무대와 객석 사이의 벽면에 사각형 모양의 프레임과 같은 사진틀을 통해 관람할 수 있기 때문에 흔히 액자 무대 또는 사진틀 무대라고도 한다. 연극, 무용, 뮤지컬 공연에 알맞은 공연장으로 우리 주위에 있는 공연장 무대는 대부분 프로시니엄 형태이다. 대표적인 극장으로 국립극장 해오름극장과 달오름극장, 세종문화회관 대극장과 소극장, 예술의전당 오페라극장과 토월극장 등이 있다.

※연극, 무용, 뮤지컬, 발레, 오페라, 창극 등의 공연이 가능하다.

■ **돌출 무대**Thrust stage

돌출 무대는 T자형으로 프로시니엄 무대와 원형 무대의 결합된 형태로 프로시니엄 무대 앞부분의 일부를 객석으로 돌출시켜 3면이 객석으로 둘러싸인 형태의 무대를 말한다.

※패션쇼에 많이 이용한다.

■ **상자형 무대**Box stage

직사각형의 상자형 공간 속에 객석과 무대의 구조를 자유롭게 변경할 수 있도록 만들어진 무대로, 가변 무대라고도 한다.

　대표적인 극장으로 예술의전당 자유소극장, 아르코예술극장 소극장이 여기에 해당한다.

※소도구나 대도구 위주의 퍼포먼스가 강한 연극, 무용, 창극, 뮤지컬 등의 공연이 가능하다.

■ **원형 무대**Island stage

관객이 배우의 연기가 이루어지는 공간을 완전히 빙 둘러싸인 무대 조성 형식으로, 객석이 무대 주위를 둘러싼 형태의 무대이다. 대표적인 공연장으로 국립극장 KB하늘극장이 있다.

※ 마당극, 판소리 중심의 창극 공연이 가능하다.

무대의 종류

무대

객석

프로시니엄 무대

객석 무대 객석

원형 무대

무대

객석

객석

돌출 무대

객석

무대

객석

상자형 무대

 무대에 대한 생각

공연 장르와 공연 작품의 특징에 따른 무대 형태와 무대 구조를 대관 시에 고려하지 않으면 무대 관련 추가비용의 발생, 공연에서 작품 완성도 저하, 무대작업 시간의 추가 확보 등의 문제가 발생할 소지가 있다.

연극 〈6. 25전쟁과 이승만〉 무대 도면

연극 〈6. 25전쟁과 이승만〉 공연 사진

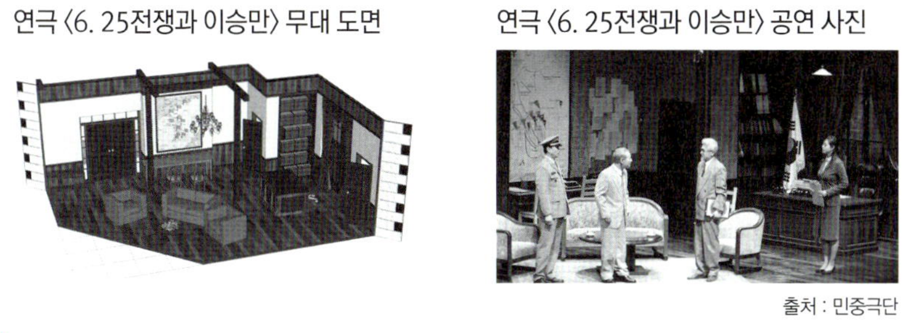

출처 : 민중극단

2. 무대 기술_{舞臺技術}, Stage technology

(1) 무대 미술_{舞臺美術}, Stage art

공연 예술에서 무대 미술은 공연 작품의 주제에 부합되는 무대 전경과 분위기를 꾸미거나 살리기 위한 조형 예술을 말한다. 무대 미술에는 크게 보면 무대 장치, 무대 작화, 조명, 의상, 소품, 장신구 등이 포함된다. 단, 이 책에서는 무대 미술을 무대 장치(무대 작화 포함)로 한정하여 설명하겠다.

무대 장치舞臺裝置, Stage setting라 함은 연극, 무용, 뮤지컬, 오페라, 발레, 창극 등에서 연출가의 연출 콘셉트에 따라 무대 디자이너 입장에서의 작품 해석, 스케치, 디자인 및 설계, 제작등의 과정을 통해 무대 위에 설치한 무대 장치를 말한다. 무대 장치에는 작품의 장면을 상징하는 건물, 소도구, 대도구가 있다.

무대 작화Stage painting는 무대 장치 중에 평면적인 막이나 평판 등에 그려진 건물이나 풍경 그림을 말한다. 한마디로 말해 무대 장치 위에 그려진 그림을 무대 작화로 보면 된다. 무대 장치 위에 정교하게 그려진 그림은 조명 변화에 따라 실제의 모습처럼 보이도록 하여 관객에게 환상을 준다. 그러나 이 작화그림의 실제 목적은 실물처럼 보이게 하는 것이 아니라 관객들이 공연 작품을 이해하기 쉽게 하기 위한 도구이다. 실물처럼 꾸민 모조품임을 관객에게 인식시키는 것일 수 있다.

| 무대 작업 순서

대본 분석 → 무대 디자인 콘셉트 협의(연출, 조명 디자인) → 무대 디자인 확정(스케치, 무대미니어처 제작) → 무대 제작 목록 작성/무대 제작 업체 선정/무대 제작 작업 → 무대 운반 및 반입/무대 설치 작업 → 리허설 → 수정 작업 → 공연 → 철수(공연 종료)

(2) 무대 조명舞臺照明, Stage lighting

일상생활에서 조명의 역할은 단순히 어둠을 밝힘으로써 생활의 편리만을 제공하는 데 있지만, 공연 예술에서 조명의 역할은 무대 장치와 함께 공연의 극적인 효과를 높이고 목적한 특정 이미지를 만들어 내어 관객들에게 시각적 반향을 불러일으키는 데 있다. 즉 무대 조명은 배우의 심리 상태를 표현해 준다. 또한 무대 장치, 무대 의상, 무대 분장 등과 함께 작품 분위기, 시간의 변화, 질감의 변화를 준다. 간략히 말하면 무대에 설치한 여러 종류의 조명기를 통해 빛의 밝기, 색깔, 방향, 움직임 따위를 조절하는 일을 무대 조명이라고 한다.

  무대 장치는 무대 조명에 의해서 최종적으로 미적 감각과 동적 감각을 이룰 수 있기 때문에 공연 예술은 최종적으로 무대 조명을 통해 완성된다. 무대 조명의 세부 기능으로는 배우 동선의 가시화, 관객의 초점 유도, 공연의 물리적 환경 조성, 공연의 분위기 조성, 공간 설정 등이 있다.

■ 파 라이트Par light

반사판과 홈이 패어 있는 자체 렌즈로 이루어진 일체형 램프를 사용하는 조명기로 대파 PAR 64(Black)와 소파 PAR 46(Black)이 있으며, 빛의 직진성과 빛의 밀도가 치밀하다. 그리고 조명기의 중심 부분에 컬러 프레임을 삽입할 수 있다.

■ 엘립소이달 스포트라이트Ellipsoidal spotlight

무대에서 사용 빈도가 높은 기종으로 보통 렌즈 2장으로 2개의 초점 거리를 조정하여 빛의 초점을 정확하게 맞출 수 있는 조명기로 ERS 또는 LEKO로 부르기도 한다. 셔터의 조작으로 불필요한 부분의 빛을 자를 수 있으며. 빛의 밝기가 고르고, 빛 테두리선을 선명하고, 부드럽게 조절할 수 있다. 고보GOBO라는 무늬 판을 이용하여 원하는 모양을 투사시킬 수 있다.

■ 프레스넬 스포트라이트Fresnel spotlight

렌즈 앞면이 테두리로 파여 있는 조명기로서 중앙이 밝고 테두리는 부드러운 빛을 내는 조명기로 조명 워시wash용으로 많이 사용한다.

■ 팔로우 스포트라이트Follow spotlight

보통 핀 스폿Pin spot이라고 부르기도 하며, 작은 각의 매우 강한 빛으로 25m 이상의 장거리에서 빛을 이동시키기 때문에 조작자가 항상 붙어 있어야 한다. 사용되는 전구로는 HID, CID, HMI, 제논Xenon 등이 있으며 매우 높은 색온도를 낸다.

■ 스트로브Strobe

순간적인 단파장의 빛을 내는 섬광 효과를 이용한 조명기로 연속적인 움직임을 불연속 동작으로 보이게 하는 효과를 준다. 일반인들에게 사이키 조명으로 알려져 있다.

■ 보더라이트Borderlight

원래 조명기 명칭은 스크립라이트로 긴 모양의 상자 안에 있는 한 칸마다 서로 다른 색깔의 램프가 들어간 조명기로 주로 하늘막Cyclorama을 비출 때 사용되는 조명기이다.

■ 무빙라이트Moving light

무빙라이트는 스포트라이트 형태를 갖고 있으며 컴퓨터 콘솔의 DMX 신호에 의해 조절되며, 수평과 수직의 동작 이동, 포커스, 색변화, 광량 조절, 고보 변화, 빛의 움직임 등 다양한 특성을 만들어 낼 수 있는 조명 장비로 무빙 요크moving yoke 방식과 무빙 미러moving mirror 방식이 있다.

최근 무빙라이트는 연극, 무용, 뮤지컬, 오페라, 콘서트에서 많이 사용되고 있다.

■ 블랙라이트Black light

일반 조명기의 원리에 자외선 메털하이드 램프 또는 수은 베이퍼 램프를 사용하고 자외선 광선 효과를 증폭시키기 위해 특수한 UV반사기를 사용하는 조명기이다. 블랙라이트의 빛은 파장이 짧은 자외선이기 때문에 인간의 눈으로는 볼 수가 없는 광선이다. 그러나 어두운 상태에서 이 빛을 사용하면 비현실적인 분위기나 가상의 공간을 만드는 데 매우 효과적인 기구이다.

■ 조명 콘솔Lighting console

조명 콘솔은 실질적으로 여러 조명을 컨트롤하기 위한 시스템을 말한다.

■ 포그 머신Fog machine

무독성 오일(글리콜 액)이 노즐을 통해 분사되면서 기화시켜서 연기를 만들어 내는 장치이다.

■ 스노 머신Snow machine

무독성 오일이 노즐을 통해 분사되면서 기화시켜서 눈을 만들어 내는 장치이다.

■ 디머Dimmer

조명기의 광도, 빛의 밝기를 높이거나 낮추는 조절기구로 아날로그 디머와 디지털 디머가 있다.

■ 트러스Truss

조립용 설치를 위한 틀로 특수한 효과나 장치 설치를 위하여 삼각 또는 사각의 알루미늄 재질로 되어 있다. 상부 장치나 조명의 각도가 나오지 못할 때 상부 장치대를 이용하여 설치하며 단일 무대 장치나 야외 이벤트에서 많이 활용한다.

파 라이트	엘립소이달 스포트라이트	프레스넬 스포트라이트	팔로우 스포트라이트
스트로브	보더 라이트	무빙라이트	블랙 라이트
조명콘솔	포그머신	디머	트러스

| 조명 디자인Lighting design

조명 디자이너가 무대에 조명을 설치하기 위해 제일 먼저 해야 할 일은 연출자와 함께 작품을 분석하고 해석하여 공연 작품에 맞는 조명을 디자인하는 것이다. 조명 디자이너가 디자인 할 때 반드시 고려해야 할 사항으로는 무대 디자이너, 의상 디자이너, 분장 디자이너 등과 사전에 협의를 통해 무대 디자인 콘셉트, 무대 장치의 크기/색깔/질감, 무대 의상 콘셉트/색깔/질감, 무대 분장 콘셉트/색깔 등을 충분히 파악하여 조명 디자인을 해야 한다는 점이다. 그렇지 않으면 공연 작품 분위기에 맞지 않고 무대 장치, 무대 의상, 분장과 전혀 어울리지 않은 조명이 될 수 있기 때문이다.

| 조명 작업 순서

대본 분석 → 조명 콘셉트 협의(연출, 무대 디자인) → 조명 디자인 확정 → 조명 장비 목록 작성/작업 인력 확정/작업 일정 확정 → 조명 장비 반입(공연장) → 세부 조명 작업 일정 협의 → 조명 구조물 설치(트러스, 조명 타워) → 행잉Hanging(조명기 달기) → 포커싱Focusing(조명기 초점 맞추기) → 조명 메모리 Memory → 리허설 → 수정 작업 → 공연 → 철수(공연 종료)

조명기 달기 Hanging	한 공연을 위해 설치되는 각각의 조명기가 설치되어야 할 정확한 위치에 설치하는 작업을 말한다.
조명 초점 맞추기 Focusing	한 공연을 위해 설치된 각각의 조명기가 비춰야 할 구역을 디자인에 따라 강하게 또는 부드럽게 빛을 맞추는 작업을 말한다.
조명 메모리 Memory	조명 디자이너와 연출가에 의해 정해진 각 장면의 조명 밝기 및 구성을 프리셋으로 설정한 후, 이 프리셋의 설정을 디지털 신호로 저장하는 시스템으로 컴퓨터 콘솔에서 사용하는 방식으로, 수동 조정에 비해 복잡하고 많은 양의 큐(cue)를 소화해 낼 수 있다는 것이 장점이다.

(3) 무대 음향舞臺音響, Sound stage

무대 음향은 공연장 내 무대에서 객석까지의 소리의 울림(배우의 대사와 노래 전달, 음향 효과음의 전달, 악기 연주 소리의 전달), 즉 소리의 전달에 관한 사항을 다루는 것을 말한다. 특히 1,000석 이상의 대극장에서 공연되는 고가의 뮤지컬, 오페라, 창극, 연주회 등은 음악을 많이 사용하는 공연으로 관객들의 만족도를 높이기 위해서는 정확한 소리의 전달과 도달 시간이 매우 중요하다. 그래서 공연 예술이 대형화됨에 따라 무대 음향의 중요성은 점점 강조되고 있지만, 한번 시설해 놓은 무대 음향 장비를 수시로 바꿀 수 없기에 공연장의 음향 사정은 그렇게 좋지만은 않다.

뮤지컬과 오페라를 제외한 연극, 무용 등의 소극장 공연은 대개 공연장에 설치되어 있는 음향 장비만을 사용하여 공연한다.

| 공연에서 많이 사용되는 무대 음향 장비

■ 오디오 믹싱 콘솔Audio mixing console

오디오 믹싱 콘솔은 믹서라고도 불리는 전자 장치를 말한다. 프리앰프에서 소리를 증폭할 수 있도록, 여러 다른 입력들의 레벨과 음색을 조정하여 다양한 효과를 더한 후 소리를 증폭해 출력을 해주는 기기로 소리 방향 설정, 소리 크기 변경, 소리 신호의 음색 및 세기를 제어한다. 믹서는 기계의 종류에 따라 아날로그 신호나 디지털 신호를 혼합할 수 있다. 수정되는 신호들(전압이나 디지털 샘플)은 혼합된 출력 신호를 만들어 내는 것으로 여겨진다.

■ 마이크로폰Microphone

일명 마이크로 불린다. 자연적인 소리를 음향 신호로 전환시키는 매우 중요한 장비로 음악과 음향을 많이 사용하는 뮤지컬, 오페라, 전쟁 관련 공연 등에 많이 사용된다. 소리를 음향 신호로 변환시키는 방식에 따라 크게는 다이내믹dynamic 마이크로폰과 콘덴서condenser 마이크로폰으로 분류된다.

■ 녹음기

음향 장비에서 만들어진 음향 신호와 전자 악기에서 나오는 소리를 저장
하는 기기로서 저장 방식에 따라 아날로그 방식과 디지털 방식이 있다.
현재는 디지털 방식의 디지털 오디오 테이프인 DAT에 녹음되고 공연장
에서 사용되는 것은 마스터 CD로 만들어져 사용된다.

■ 모니터 시스템Monitor system

모니터 시스템은 파워 앰프와 스피커로 구성되어 음향 상태를 점검 · 감
시 · 조정하기 위해 듣는 장치를 말한다. 무대 모니터는 관객에게 전달되
는 소리를 공연자가 듣기 위한 것이고, 음향실 모니터는 음향 담당자가
정확한 음향 조정을 위한 것이다.

■ 음향 효과 기기Effect processor

음색이나 공간감 등의 음향 신호가 갖고 있는 특성을 바꾸어 주는 음향
기기를 말하고, 복합 효과기기, 이퀄라이저, 컴프레서 등이 있다.

■ 패치 베이Patch bay

패치 베이는 필요한 모든 음향 장비의 입출력을 한 곳에 모아 간편하게
연결시킬 수 있게 해주는 장비이다.

오디오 믹싱 콘솔과 이퀄라이저	무선마이크시스템	MP3 CD 플레이어
모니터 스피커	파워앰프	패치 베이

M. R	반주 음악만 녹음된 것	노래방 기계에서 사용
A. R	노래까지 녹음된 것	가수 립싱크용으로 사용

| 무대 음향 작업

무대 음향 작업은 무대 음향 제작 작업과 무대 음향 설치 작업이 있다.

대본 분석 → 음향 리스트 작성 → 연출과 협의 → 음악/음향의 원천을 찾음 → 음향 녹음 → 음향 편집 → 무대 음향 장비 목록 작성/작업 인력 확정/작업 일정 확정 → 무대 음향 장비 반입(공연장) → 세부 음향 작업 일정 협의 → 무대 음향 장비 설치(콘솔, 모니터, 마이크 등) → 테크니컬 리허설 → 수정 → 드레스 리허설 → 수정 → 공연 → 철수(공연 종료)

(4) 영상映像, Image

공연에 사용되는 영상은 공연 작품에 대한 이해를 쉽게 하기 위해서 무대 조명처럼 사용되어 작품 분위기, 작품의 배경, 배우 심리상태 등을 간접적으로 표현해 준다. 공연에 주로 사용되는 영상 장비는 LED, LCD, 멀티큐브, 멀티비전, 워터스크린, 프로젝트 빔, PIGI, 멀티슬라이드 등이 있다.

| 영상의 필요성과 기능

공연을 관람하는 관객들은 일상생활에서 영상을 많이 접하기 때문에 영상 메시지를 거부감 없이 받아들인다. 그래서 현실적으로 무대에서 표현이 불가능한 것을 영상으로 제작해서 무대에서 보여주면 배우의 대사, 연기와 함께 관객들이 공연 작품을 쉽게 이해 할 수 있다.

(5) 특수효과 特殊效果, Special effects

특수효과는 특수한 장비로 만들어 낸 인위적인 이미지와 효과로, 작품의 극적 분위기, 사건의 발생, 분위기 반전 등을 표현하고, 관객들이 공연 작품을 쉽게 이해할 수 있게 하기 위해 사용한다.

특수효과 기기로는 강풍기, 드라이아이스, 불, 불꽃놀이, 레이저, 스트로브 조명, 실제 물, 자외선 조명, 액화질소, 가열된 기름 등이 있다.

(6) 무대 의상 舞臺衣裳, Stage costume/Wardrobe

무대 의상은 연극, 무용, 뮤지컬, 오페라, 발레, 창극 등의 공연에서 배우 (무용수 포함)가 연기하거나 춤을 출 때 입는 옷을 말한다.

배우 입장에서 무대 의상은 배역의 특징, 작품의 배경, 공연 이미지를 표현해 주고 상징해 줌으로써 연기에 완성도를 높여 주는 데 많은 도움을 준다. 관객 입장에서는 배우들이 연기하는 배역의 특징과 배경을 이해함으로써 공연 작품을 전체적으로 통일성을 가지고 감상하는 데 많은 도움이 된다.

또한 무대 의상은 무대 장치, 무대 조명, 무대 분장 등 다른 공연 구성 요소들과 서로 조화를 이루면서 관객들에게 시각적인 이미지를 직접적으로 전달하는 가장 핵심이 되는 부분이다. 물론 고전극이나 역사극과 같은 공연 작품인 경우에는 일반 시민을 주인공으로 하는 현대극과 달리 왕자나 귀족을 주인공으로 하기 때문에 무대 의상이 매우 중요하고 고증을 통해 제작하다 보니 제작비용이 많이 든다. 또한 장르에 따라 시각적 볼거리가 매우 화려하고 장엄한 오페라, 발레, 뮤지컬 등은 평균적으로 무대의상 제작비가 많이 소요되는 공연들이다.

무대 의상 제작비는 보통 디자인료와 의상 제작비로 구성되어 있다. 뮤지컬이나 오페라 공연의 경우에 공연 제작비 중에 무대 의상의 비중이 높기 때문에 제작감독은 연출가와 의상 디자이너와 충분한 협의를 통해 디자인하고 의상 제작업체를 선정해야 한다. 보통 무대 의상 디자이너가 무대 의상 제작업체를 가지고 있는 경우가 많다.

(7) 무대 소품舞臺小品, Stage properties

무대 소품은 연극, 무용, 뮤지컬, 오페라, 발레, 창극 등의 공연에서 무대 위에 배치되어 있는 소도구와 배우가 무대에 가지고 등장하는 물품을 말한다. 배우가 무대에서 다루는 작은 도구이면서 등장 인물의 성격, 직업, 분위기 등을 나타내는 것으로 작품을 이해하는 데 시각적으로 매우 중요한 역할을 한다.

(8) 무대 장신구舞臺裝身具, Stage accessory

무대 장신구는 연극, 무용, 뮤지컬, 오페라, 발레, 창극 등의 공연에서 배우의 몸에 장식하는 반지, 팔찌, 귀걸이, 노리개 등을 말한다. 소품과 달리 무대 의상의 한 분야로 분류되고 분장 시에 장신구를 착용한다.

(9) 무대 분장舞臺粉牆, Stage makeup

무대 분장은 연극, 무용, 뮤지컬, 오페라, 발레, 창극 등에 출연하는 배우가 공연 속에 등장하는 인물로 꾸미어 나오는 것으로 보통 헤어hair를 포함한다. 즉 자연 상태의 배우 자신이 극 중의 새로운 인간으로 분하기 위하여, 얼굴과 몸에 화장을 시키고, 머리에 가발을 씌우거나, 얼굴에 수염을 붙여서 선천적인 용모 위에 새로운 의미를 부각시키고, 예술적 형상화 차원에서 보다 풍부하게 구상화하는 것이다.

> **김PD 생각**　무대 기술의 이해
>
> 공연 기획자가 무대 기술에 대한 이해가 부족하면 스태프들과 작품에 대해 의사소통을 하는 데 장애가 있을 수 있고, 스태프/무대 기술 지원업체에서 보내온 견적서를 이해하는 데 애로 사항이 있다. 또한 견적서 내용(장비 종류, 장비의 수, 인건비 등)을 액면 그대로 받아들이면 공연 제작비의 증가를 초래할 수 있다. 그래서 공연 기획자는 자세한 내용은 알 필요가 없겠지만 대략적으로 이번 공연에 무대 조명 부분의 비용이 어느 정도가 되는지, 왜 이런 장비가 필요한지 정도는 알고 있어야 한다.

공연 기획, 공연 기획자, 공연 기획사의 이해

공연 기획은 배려이다

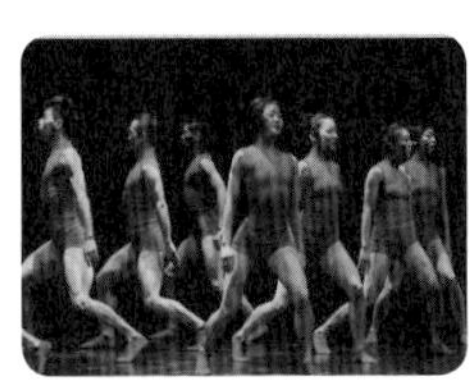

국립현대무용단은 2010년 8월에
홍승엽 예술 감독이 선임되어 창단되었으며,
현대무용의 대중화를 목표로
다양한 무용예술을 통해
관객에게 프러포즈하고 있다.
(출처: 국립현대무용단)

공연 기획, 공연 기획자,
공연 기획사의 이해

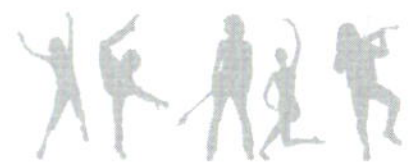

1. 공연 기획公演企劃

│ 기획企劃, Planning

기획의 사전적 의미는 "일을 꾀하여 계획함"으로 정의 내려져 있다(출처: 네이버 국어사전). 즉 어떤 사업의 목표를 설정하고 그 목표를 달성하기 위해 수행하는 모든 업무와 과정을 말한다.

대다수의 사람들은 목표를 설정하고 좋은 결과를 달성하기 위하여 과제들을 해결하는 의사결정 과정을 기획으로 이해하기도 한다.

기획 자체는 일반적으로 달성 가능한 일을 목표로 설정하지만, 기업이 새로운 사업이나 새로운 시장에 진출할 경우에는 구상 → 계획 → 실행 과정을 거치면서, 아무것도 없는 무無에서 누구나 공감하고 기꺼이 비용을 지불할 수 있는 유有를 창조하고 만드는 과정으로 설명된다.

그래서 기획은 구상構想, 계획計劃, 실행實行 등을 포함하는 하나의 준비 과정이고, 하나하나가 결정 과정이다. 또한 기획은 전체가 하나의 과정으로 행동지향行動指向, 목표지향目標指向, 미래지향未來指向의 특징을 가지고 있다.

| 기획의 일반적인 특징

▶ 준비 과정: 기획은 실행을 위한 준비 과정이다.

▶ 결정 과정: 기획은 하나하나가 결정 과정이다.

▶ 전체 과정: 기획은 하나하나의 과정이 모여서 전체로 연결되어 있다.

▶ 행동지향: 기획은 실행을 전제로 하는 행동지향의 활동이다.

▶ 목표지향: 기획은 목표 달성에 중심을 두는 목표지향의 활동이다.

▶ 미래지향: 기획은 미래에 중심을 두는 미래지향의 활동이다.

우리 주변에 있는 모든 것이 기획의 대상이 될 수 있으며, 기획의 분야로는 공연(연극, 무용, 뮤지컬, 오페라, 발레, 창극 등)을 비롯하여 영화, 행사, 이벤트, 축제, 박람회, 홍보, 광고, 전시, 게임 등이 있다.

최근 공연 분야에서도 공연 기획사간에 경쟁이 매우 치열해지면서 공연 기획의 전문성이 강조됨에 따라 공연 장르별로 특화되고 전문화된 공연 기획사가 많이 설립되고 있다.

| 기획의 실행 과정

기획을 성공적으로 추진하기 위해서 사전에 충분한 조사를 통하여 상황을 파악하고, 수집된 자료를 토대로 원인을 분석하여, 문제를 해결할 수 있는 새로운 대안을 제시하고 모든 역량을 다하여 확정된 계획을 실행하고 이들의 성과를 평가하는 과정이 꼭 필요하다.

1단계 – 상황 파악	우리 회사는 현재 어떠한 상황에 있는가?
2단계 – 원인 분석	우리 회사가 안고 있는 문제는 무엇인가?
3단계 – 대안 제시	우리 회사의 문제를 해결할 대안에는 어떤 것이 있는가?
4단계 – 계획 실행	우리 회사는 대안을 어떻게 계획하여 실행할 것인가?
5단계 – 성과 평가	우리 회사가 이룬 성과를 어떤 방법으로 평가할 것인가?

기획企劃, Planning과 계획計劃, Plan의 차이

구분	사전적 의미	특징
기획	일을 꾀하여 계획함	창조에 중점
계획	앞으로 할 일의 절차, 방법, 규모 따위를 미리 헤아려 작정함, 또는 그 내용	실행에 중점

〈출처: 네이버 국어사전〉

공연 기획公演企劃

공연 기획은 공연을 제작하여 관객들에게 공연 정보를 제공하고, 관객들이 티켓을 구입하여 공연을 관람할 수 있도록 하는 제반諸般 활동을 말한다. 즉 공연 기획은 한편의 대본이 무대에서 공연될 수 있도록 추진하는 활동을 말하고, 세부 내용으로는 작품 구상/선정, 공연 제작/기획, 홍보 마케팅, 공연 실시, 공연 결산, 공연 평가 등을 포함하고 있다.

① 작품 구상/선정은 공연 시장과 관객 조사를 통해 작품을 구상하고 이를 통해 공연할 작품(대본)을 선정하는 것을 의미한다. ② 공연 제작/기획은 선정된 작품(대본)을 무대화할 수 있도록 실행하는 계획을 말한다. ③ 홍보 마케팅은 타깃으로 하는 관객층을 대상으로 홍보 마케팅을 실시하여 관객을 개발하고 유치하는 활동을 말한다. ④ 공연 실행은 관객과 약

속한 공연을 공연 기간 중에 정확하게 실행하는 것을 말한다. ⑤ 공연 결산은 예산 계획에 의해 공연 제작/기획 기간, 공연 기간, 공연 결산 기간에 지출된 비용과 수입에 대해 회계 원칙에 따라 결산하는 것을 말한다. ⑥ 공연 평가는 공연을 포함한 작품 구상/선정, 공연 제작/기획, 홍보 마케팅, 공연 실행, 공연 결산 등의 전 과정에 대해 제3자 입장에서 객관적으로 정확히 평가하는 것을 말한다.

보통의 경우 예술 단체에서 공연 기획은 예술성 있는 작품을 제작하는 것을 목적으로 하고 있지만, 사기업인 공연 기획사는 관객들 누구나 공감할 수 있는 작품을 제작하여 사업성을 확보하고, 수익을 창출하는 것을 궁극적인 목적으로 하고 있다.

공연 기획의 다양한 정의

▶공연 기획은 아티스트와 관객을 무대와 객석이라는 공간으로 구성된 공연장으로 불러 모으는 것이다(출처: 이인권, 《공연 예술의 무대 기획》).

▶공연 기획이라는 영역은 공연 예술의 기획, 경영, 마케팅, 연출 등의 총괄적인 계획 수립과 모든 집행 과정을 말하며, 생산자인 공연 예술가의 공연 작품을 보다 광범위하고 적극적인 수단으로 수용자인 관객에게 전달하기 위한 모든 행위를 말한다(출처: 강석홍, 《문화경제 만나기》).

공연 기획의 특징

▶공연 기획은 공연별로 추진되는 하나의 독립된 과정이다.

▶공연 기획은 하나하나가 개별 과정인 동시에 하나로 통합되는 전체 과정이다(작품 구상은 개별 과정이고 공연으로 만들어 가는 과정은 전체 과정이다).

▶ 공연 기획은 과정에서 수많은 변수가 존재하는데, 이를 결정하는 의사 결정 과정이다.

▶ 공연 기획은 관객을 대상으로 하는 설득 커뮤니케이션 과정이다.

▶ 공연 기획은 수많은 무대 제작 개별 요소를 종합적으로 고려하여 결정 하는 과정이다.

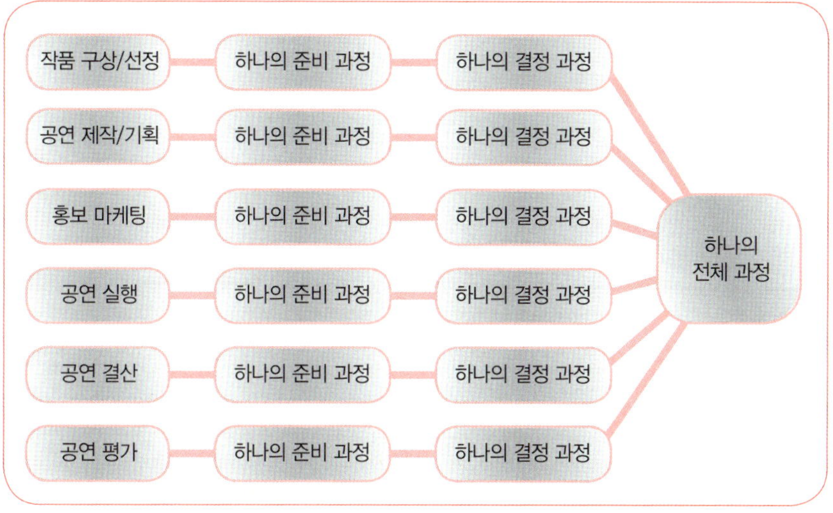

| 공연 기획의 분야와 범위

공연 기획에서 다루는 분야는 넓게는 공연 기획, 예술 단체 경영, 공연장 경영, 예술 교육 프로그램 개발 운영 등의 사업 단위를 말하고, 좁게는 한 편의 공연을 제작하기 위해서 추진하는 작품 구상/선정, 공연 제작/기획, 홍보 마케팅, 공연 실행, 공연 결산, 공연 평가 등을 말한다.

공연 기획을 지역적 범위로 나누어 보면 서울 공연, 지방 공연, 해외 공연으로 나누어 볼 수 있다.

① 공연 기획

▶공연 기획사가 한 편의 공연을 제작하기 위해서 추진하는 작품구상/선정, 공연 제작/기획, 홍보 마케팅, 공연 실행, 공연 결산, 공연 평가 등을 말한다(※ 자금 조달, 인력 운용, 예산 계획 등 포함됨).

② 예술 단체 경영

▶하나의 예술 단체를 매년 운영하기 위해서 추진하는 예술 사업 관리, 스태프/배우 관리, 재무 관리(자금 조달 포함), 단체 운영 등을 포함한 경영 활동을 말한다.

③ 공연장 경영

▶하나의 공연장을 매년 체계적으로 관리 운영하기 위한 활동으로 공연 사업, 부대 사업, 조직 관리, 시설 관리, 재무 관리 등을 포함한 공연장 전반의 운영에 대한 경영 활동을 말한다.

④ 예술 교육 프로그램 개발 운영

▶공연 기획사나 공연장에서 예술과 관련된 교육 프로그램을 장르별, 연령별, 분야별로 개발하여 운영하는 것을 말한다.

우리극연구소: 젊은 연극인 훈련과정

극단 민들레: 연극놀이

예술의전당: 예술아카데미

세종문화회관: 세종아카데미

공연 기획의 유형에는 자체 기획(제작)형, 주문 기획(제작)형, 제안 기획(제작)형 등이 있으나, 대다수의 공연 기획사나 예술 단체들은 공연을 자체 기획 내지 제작하는 경우가 대부분이다.

그러나 최근 정부와 지방자치단체의 행사나 축제가 매우 활성화됨에 따라 공연 자체를 정부나 지방자치단체에서 주문하여 기획(제작)하는 경우나 또는 공연 기획사에서 정부나 지방자치단체에 공연 제작을 제안하여 기획(제작)하는 경우가 점점 증가하는 추세이다. 예를 들면 6 · 25 60주년 기념행사를 서울 동작동 현충원에서 거행할 경우에 호국영령을 추모하기 위한 무용 공연, 또는 지역을 홍보하기 위해서 제작되는 경상남도의 뮤지컬 〈이순신〉, 전라남도 장성의 뮤지컬 〈홍길동〉 등을 들 수 있다.

▶ **자체 기획**(제작)**형 공연**

　공연 기획사(예술 단체)가 공연을 직접 제작하고 기획하는 경우를 말한다.

▶ **주문 기획**(제작)**형 공연**

　정부나 지방자치단체를 비롯한 외부 단체의 주문에 의해 공연 제작/기획을 대행하는 경우를 말한다.

▶ **제안 기획**(제작)**형 공연**

　정부나 지방자치단체, 지역단체의 특징과 특성을 파악하여 공연의 제작을 제안하는 경우를 말한다.

▶ **단독 기획**(제작) **공연을 추진하는 경우**

창작 초연 공연인 경우

흥행 보장이 되지 않는 순수 예술 공연(연극, 무용 등)인 경우

흥행이 검증된 공연(연예인을 포함된 공연)인 경우

재공연으로 공연 기획사가 기획에 자신이 있는 경우(초연 공연 시 성공한 경우)

▶ 공동 기획(제작) 공연을 추진하는 경우

흥행이 어느 정도 예상되나 위험을 최소화하기 위한 경우

(국내 초연으로 대극장용 수입 뮤지컬 등이 여기에 해당)

제작 규모가 커서 다른 기업의 투자, 지원, 협력이 필요할 경우

(홍보와 광고 지원: 방송사나 신문사, 자금 투자: 기업투자사나 개인투자자)

1,000석 이상의 대극장 공연이고 장기 공연인 경우

(뮤지컬, 오페라, 발레, 해외 초청 공연 등이 해당)

김PD 생각　공연 기획은 사람들에게 장미와 케이크를 선물하는 일이다.

공연 상품은 소비자들이 구입해 사용하는 비누와 달리 비교적 구입비용이 고가이고, 특별한 날에 관람하는 경우가 많다. 예를 들면 남녀가 데이트하는 날, 결혼기념일, 크리스마스 날 등이다.
그래서 공연 기획자는 최소한 사랑하는 사람에게 장미와 케이크를 선물한다는 마음으로 공연 기획을 해야 한다. 만약에 공연 작품이 공연 기획자 스스로도 만족시킬 수 없다면 공연 기획을 하면 절대 안 된다. 공연에 대한 환상을 가지고 있는 모든 사람을 배신하는 행위이다. 공연 상품은 사람들의 감성을 움직일 수 있는 최고의 상품이어야 하고, 자신이 제작한 공연을 자랑스럽게 애인과 가족들에게 추천할 수 있어야 한다.

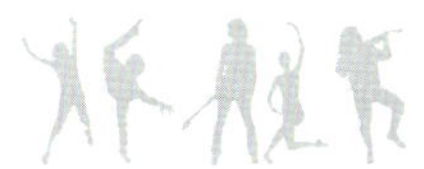

2. 공연 기획자公演企劃者

| 기획자企劃者, Planners

기획자는 기획을 전문적으로 수행하는 사람을 말한다. 기획자가 수행하는 기획 분야로는 공연(연극, 무용, 뮤지컬, 오페라, 발레 등)을 비롯한 영화, 행사, 이벤트, 축제, 박람회, 홍보, 광고, 전시, 게임 등이 있다.

최근에는 거의 모든 분야에서 사업을 성공적으로 추진하고 사업 추진에 대한 효과를 극대화하기 위해서 처음부터 기획 부분이 매우 중요한 역할을 담당하고 있다.

| 기획자에게 공통적으로 요구되는 능력

국내외 모든 사업 영역에서 기업 간에 경쟁이 더욱 치열해지고 상품의 품질이나 성능으로는 더 이상 차별화가 어려워짐에 따라 기업들은 자기 상품이 다른 기업의 상품과 확실하게 차별화될 수 있는 그 무엇이 필요하게 되었다. 이때 대안으로 제시된 것이 창조력과 창의력에 기반을 둔 기획 능력이었으며, 이들의 중요성이 크게 대두되었다. 그래서 기획의 중심을 담당하고 있는 유능한 기획자를 필요로 하는데, 최소한 아래와 같은 조건을 갖춘 사람이라야 기업이 원하는 유능한 기획자라 할 수 있다.

▶기획자는 현황을 파악할 수 있는 정보 수집 능력을 갖추고 있어야 한다. 현황을 파악하기 위해서 무엇보다 중요한 것은 정확한 정보를 수집

할 수 있는 통로나 채널을 확보하여 분석, 판단, 활용, 실행에 이르는 정보력을 갖추는 것이다.

▶ 기획자는 문제의 원인을 분석할 수 있는 분석 능력을 갖추고 있어야 한다. 현황 파악에서 드러나는 다양한 문제의 원인을 제대로 분석하고 수집한 정보를 분야별로 분류하여 본질적인 문제에 접근할 수 있게 분석력을 평소에 길러 놓아야 한다.

▶ 기획자는 문제에 대한 새로운 대책이나 대안을 제시할 수 있는 창조 능력을 갖추고 있어야 한다. 즉 파악된 문제의 본질적인 원인을 해결할 수 있는 대책이나 대안을 수립하기 위해서는 체계적이고 논리적인 감각을 바탕으로 창조 능력을 발휘할 수 있어야 한다.

▶ 기획자는 확정된 계획을 추진할 수 있는 실행 능력을 갖추고 있어야 한다. 정보력, 분석력, 창조력 등을 통해 수립된 기본 계획과 세부 계획에 따라 외부와 내부의 모든 인적 자원을 총동원하여 주어진 기간 안에 완수할 수 있는 실행 능력이 있어야 한다.

그 밖에 기획 분야와 업무에 따라 요구되는 것으로는 전문성, 융합 능력, 추진력, 지적 능력, 공평성, 리더십, 긍정적인 사고, 열정, 자기 동기부여, 의사소통 능력, 팀플레이, 기획력, 기동력, 윤리성, 유연성, 조직 이해, 인간성, 신뢰성, 설득력, 표현력, 예지력, 매너, 외국어 능력, 글쓰기 능력, 모험심 등이 있다. 그러므로 기획을 전문 직업으로 삼고 있는 사람들은 독서, 여행, 공부, 세미나, 토론 등을 통해 위의 조건들을 갖출 수 있도록 최선의 노력을 다해야 기획자에게 부과된 문제를 해결할 수 있는 전문가가 될 수 있다.

공연 기획자公演企劃者

공연 기획자는 공연 제작/기획을 전문적으로 담당하는 사람으로, 예술가를 섭외하여 공연을 제작해서 무대에 올리고 홍보 마케팅을 통해 관객을 개발하고 유치하는 일을 한다. 즉 공연 기획자는 공연 분야에 전문 지식을 갖추고 연극, 무용, 뮤지컬, 오페라, 발레, 창극 등의 장르에서 작품 구상/선정, 공연 제작/기획, 홍보 마케팅, 공연 실행, 공연 결산, 공연 평가 등 전 과정 중에 일부 업무 또는 전체 업무를 담당하는 사람을 말한다.

특히 공연 기획자 중에 공연 프로듀서는 작품 구상/선정 → 공연 제작/기획 → 공연 실행 → 공연 결산 → 공연 평가 등의 단계별 업무를 숙지하고 공연 제작의 전 과정을 완벽하게 수행하는 전문가이다.

좀 더 공연 기획자의 담당 분야를 확대해 보면 공연 기획, 예술단체 경영, 공연장 경영, 예술교육 프로그램 개발 운영 등 범위가 넓어진다. 공연 기획자란 모든 것을 전문적으로 수행하는 사람을 말하기도 한다. 일반적인 의미로의 공연 기획자는 한 편의 공연 작품을 무대에 올리기 위해서 예술가Artist로 하여금 무대화하는 전 과정을 맡아서 하는 사람을 말한다.

그러므로 공연 기획자는 작품 구상/선정, 스태프 구성, 배역 캐스팅,

무대업체 선정(무대 장치 등), 홍보 마케팅 계획 수립과 실행(관객 개발 등), 예산 조달과 지출(재무 관리), 공연 결산과 공연 사업평가 등을 담당할 수 있는 사람이어야 한다.

그러기 위해 공연 기획자가 공연 기획 분야에 있어서 당연히 알고 있어야 하는 전문 지식은 매우 많고 다양하다. 기본적으로는 공연 예술의 이해, 공연장과 무대의 이해, 스태프/배우에 대한 안목과 섭외 능력, 홍보 마케팅에 대한 전문성, 결산을 포함한 회계처리 능력, 그 밖에 문서 작성, 컴퓨터 활용, 외국어 능력, 투자(사)에 대한 이해, 공연과 관련된 법률의 숙지, 인사 관리, 경영 마인드도 꼭 필요하다.

구분	장점	단점
공연 예술 전공자	예술, 공연(스태프, 배우 등)	경영, 인사, 영어
타 분야 전공자	전공(경영, 디자인 등)	예술, 공연 분야

'공연 기획자'라는 호칭은 공연 기획의 여러 가지 업무가 포함된 호칭으로 이해되어 다음과 같이 다양하게 불리기도 한다.

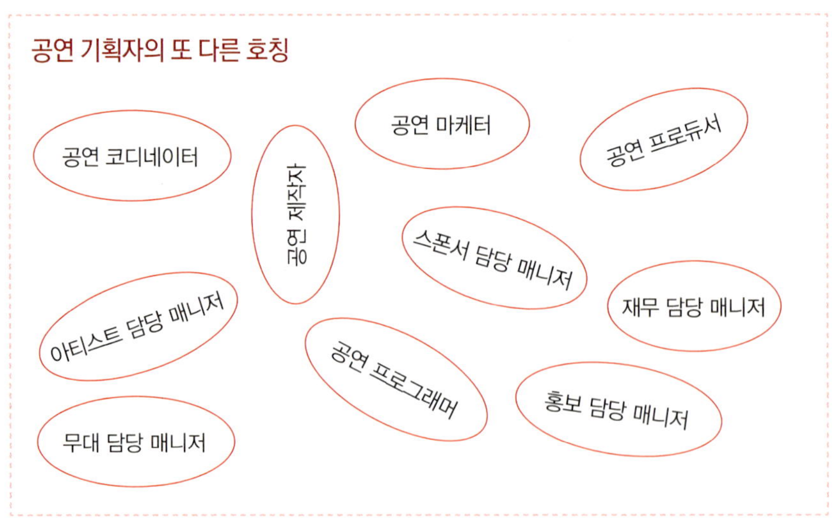

▶ 사회 트렌드가 반영된 작품을 개발하고 관객의 입장에서 작품을 선정하여 제작한다.
▶ 기금 신청, 후원 요청, 협찬 유치를 통해 외부 지원금을 최대한 확보한다.
▶ 관객의 성향을 파악해서 효율적이고 체계적인 홍보 활동을 전개한다.
▶ 작품에 부합되는 타깃 관객을 대상으로 마케팅 활동을 전개한다.
▶ 공연 기간 관객에 대한 공연장 내 서비스를 강화한다.
▶ 공연 사업 결과를 정확히 평가하고 개선 사항을 차기 공연에 반영한다.
▶ 공연 제작/기획 과정을 문서화하고 매뉴얼을 만들어 사용한다.

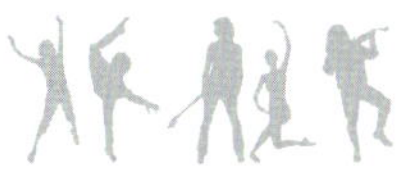

3. 공연 기획사 公演企劃社

| 공연 기획사

공연 기획사는 공연 분야의 전문 인력을 고용하여 공연 제작/기획을 전문적으로 수행하는 회사를 말한다. 또한 공연 기획사는 일반 공연 단체와 같이 비영리 사업을 주목적으로 하는 동호회와 같은 단체가 아니고 예술가나 예술 단체의 창작 활동을 전문적으로 기획하여 수익창출을 목적으로 하는 사기업이다.

공연 기획사를 설립할 때에 ① 미션, ② 비전, ③ 사업 분야에 대한 충분한 검토를 통해 결정하여 흔들림 없이 한 방향으로 사업을 추진해 나갈 수 있도록 하는 것이 매우 중요하다. 그리하여 차별화된 공연을 통해 관객들을 공연장으로 지속적으로 불러들이고 수익을 창출하여 예술가, 투자자로부터 신뢰를 받을 수 있는 공연 기획사가 되어야 한다.

| 공연 기획사 설립 때 꼭 갖추어야 할 것

■ 미션 Mission

공연 기획사가 존재하는 이유 또는 수행하는 사업의 개념을 정의하고 관객에게 설득력 있게 선언하는 부분으로 구성원들에게 자부심을 느끼게 하여 업무에 몰입할 수 있도록 동기를 부여한다. 즉 미션은 구성원들이 수행하고 있는 사업의 의미와 존재 이유를 밝히는 것이다.

우리 학송프로젝트는 창작 뮤지컬의 제작과 공연을 통해 한국 뮤지컬 발전에 공헌한다.

■ 비전 Vision

공연 기획사가 5~10년 후 공연 분야에서 마땅히 위치해야 할 미래상을 말로 표현한 것으로 공연 기획사가 열망하는 진정한 미래의 기대 모습이 바로 비전이다. 또한 비전은 공연 기획사의 역량을 결집해야 하는 이유와 이정표를 제시한다. 그래서 비전은 추상적이어서는 안 되며, 원하는 미래의 모습을 명확하고 구체적으로 표현해야 한다. 강력한 비전은 조직의 미래에 대한 윤곽을 제시한 것으로 모든 구성원들이 공유하는 정신적인 틀을 제공한다.

우리 학송프로젝트는 창작 뮤지컬을 제작하여 10년 안에 뉴욕에 지사를 설치하고 뉴욕 브로드웨이 뮤지컬 시장에 진출한다.

■ 사업 분야 Business field

미션과 비전을 통해 공연 기획사가 담당하고자 하는 사업 분야를 말하는 것으로 공연 분야에서 어떤 사업을 할지를 구체적으로 명시해야 한다.

공연 현장에서 생각하는 공연 기획의 사업 분야와 공연 기획사의 사업 분야는 약간의 차이가 있으며, 세부 내용에 있어서는 많이 다르다. 공연 기획사의 사업 분야는 매우 다양한데, 공연과 관련된 내용을 중심으로 다음과 같이 나누어 볼 수 있다.

구분	사업 영역	
공연 기획	▶ 공연 제작/기획 ▶ 예술 단체 경영 ▶ 공연장 경영 ▶ 예술 교육 프로그램 개발/운영	
공연 기획사	▶ 자체 공연 제작/기획 ▶ 타 공연 단체 홍보/마케팅 대행 ▶ 정부/공공기관 공연 제작/기획 대행 ▶ 공연장 운영 및 공연장 대행 운영 ▶ 수익 및 부대사업 개발/운영	▶ 타 공연 단체 공연 제작/기획 대행 ▶ 타 공연 단체 협찬/투자 유치 대행 ▶ 공연장 설계/운영/관리 자문 ▶ 공연 프로그램 개발/운영 대행

공연 기획사 설립 방법에는 개인사업자로 설립하는 경우와 법인사업자로 설립하는 2가지 방법이 있다. 현재 설립되어 있는 대부분의 공연 기획사는 영세하기 때문에 개인사업자로 공연 사업을 추진하고 있으나, 최근 몇 년간 설립된 공연 기획사는 대부분 법인사업자 형태로 공연 사업을 추진하고 있다. 초기 자본금과 운영자금을 마련하여 법인사업자로 공연 사업을 시작한다면 스태프와 배우, 투자자, 거래업체, 관객들에게 좀 더 신뢰감을 줄 수 있을 것이다.

규모가 작고 자금이 부족하여 하나의 공연 기획이 끝나고 수익을 창출하지 못해 바로 사라지는 공연 기획사가 아니라, 일정 규모의 자본이나 자금을 조달하여 지속적으로 공연을 제작할 수 있는 공연 기획사라야 지속적인 수익 창출이 가능하기 때문이다.

또한 관객들이 만족할 수 있는 공연 작품을 만들기 위해서는 최소한 3번 이상의 재공연이 필요하다. 그리고 매 공연 시에 자금이 투자되어 작품이 다듬어질 때, 비로소 공연이 성공할 수 있기 때문이다. 우리가 익히 알고 있는 뮤지컬 〈명성황후〉, 무언극 〈난타〉는 단 한 번의 공연으로 성공한 작품이 아니라, 수년간의 시간과 많은 자금을 투자하면서 지속적으로 공연 작품을 다듬어 낸 인고의 결과물이다.

| ## 조직 설계組織設計, Organization design

조직 설계란 조직이 수행하려는 임무, 목표 달성, 전략, 조직의 인적 자원과 물적 자원 관리에 가장 효율적인 조직 구조를 선택하고 결정하는 행위를 말한다.

공연 기획사는 일반 사업체와 달리 사업의 분야와 규모에 따라 매우 다양하기 때문에 조직을 유연하게 설계하여 만들 수 있다. 만약 공연 기획사가 단순히 공연 기획만을 대행한다면 공연 기획팀을, 공연 홍보만을 대행한다면 공연 홍보팀을, 공연 마케팅만을 대행한다면 공연 마케팅팀을 구성하여 공연 기획사를 운영할 수도 있다.

그러나 공연 기획을 체계화하고 지속적인 수익 구조를 갖추기 위해서는 작품 구상/작품 선정, 공연 제작/기획, 홍보 마케팅, 예술프로그램 개발, 공연 관련 자문과 수익사업 개발 등의 모든 것을 연계하여 담당할 수 있는 공연 기획사라야 한다. 그래야 사업의 연속성을 가지고 사업을 개발하여 유지할 수 있을 것이다.

| 공연 기획사 조직 설계 때 유의사항

① 유기적인 협력이 가능하도록 조직을 설계하고 팀team을 구성해야 한다. 기업에서 부여된 업무를 처리할 때 기업 내에서 상호교류 없이 독립적으로 일을 수행하는 팀이나 부서는 거의 없다. 따라서 회사의 조직과 인사를 담당하는 실무자는 각 팀이나 부서 간에 업무를 이해하고 상호 유기적으로 결합하여 업무를 추진할 수 있도록 해야 한다.

마찬가지로 공연 예술에 있어서 제작이나 기획 관련 업무도 팀이나 부서별로 독립적으로 업무를 추진하기도 하지만 성공적인 공연 기획으로 이끌기 위해서는 팀이나 부서 간에 유기적인 협력과 협조가 반드시 필요하다. 또한 팀이나 부서 간에 업무의 혼선을 줄임으로써 시간과 비용을 감소시키고 최소 인원으로 운영하기 위해서는 효율적이고 유기적인 협력이 가능해야만 성공적으로 사업을 추진할 수 있다.

예를들어 홍보팀에서 공연 관련 기자간담회를 준비할 경우, 제작팀과 협의하여 스태프와 배우의 참석 범위, 그리고 간담회 장소를 코디하기 위한 무대 미니어처, 무대 의상, 무대 소품 등 준비와 이동에 대한 협조가 필요하다.

② 업무의 특성, 범위, 양을 고려하여 조직을 설계하고 적정 인원으로 구성해야 한다. 그래야 업무 처리가 원활하게 이루어지고, 조직원들이 업무 능력을 발휘하여 좋은 성과와 결과를 이루어 낼 수 있다. 따라서 공연 기획사의 경영자인 CEO나 프로듀서는 조직을 설계하기 전에 사업의 규모, 범위, 자금을 고려하여 전체적인 사업계획을 마련하여 조직을 설계해야만 성공적으로 공연 기획사를 경영할 수 있다.

③ 끝으로 조직을 "일(업무) 중심으로 만들 것인가", 또는 "사람(인재) 중심으로 만들 것인가"를 충분히 고려하여 결정한 후에 업무의 특성에 따라 조직을 구성해야 한다. 공연 기획사에서 단순히 공연 기획이나 제작을 담당한다면 사람 중심, 즉 프로듀서 중심으로 조직도를 설계할 수 있을 것이다. 그러나 공연 기획사가 공연 기획 이외에 공연과 관련된 모든 분야에서 사업 역량을 발휘할 때 비로소 수익 창출이 가능하기 때문에 일(업무) 중심으로 조직을 설계하는 것이 더 합리적이고 타당하다.

만약 작은 규모의 공연 기획사가 효율적으로 조직을 설계하고자 한다면 다음과 같은 방법도 하나의 좋은 방안이 될 것이다. 즉 공연 제작 부분은 사람 중심으로 조직을 구성하고 공연 제작 부분을 제외한 홍보, 마케팅, 예술 교육 프로그램, 수익 사업, 회계와 재무 등의 부문은 일 중심으로 조직을 구성한다면 매우 효율적인 조직이 될 것이다.

│ 개인사업자 면허의 공연 기획사인 경우

공연 기획사는 1차 업무 담당자를 상근직원으로 뽑아서 운영하고 2차 확장 업무를 담당할 직원은 공연 준비 시에 단기계약직(프로젝트별)으로 선발하여 쓰면 인건비를 많이 절감할 수 있다.

그러나 이런 방법이 성공하기 위해서는 1차 업무 담당자들이 철저히 준비하여 인계할 업무에 대해 충분히 이해시켜 인계하고 서로 간에 업무를 복수로 점검해야만 한다. 2차 업무를 담당할 직원은 AD급이나 3년 정도 경력자를 대상으로 선발하면 좋은 성과를 얻을 수 있을 것이다.

개인사업자 공연 기획사의 조직도

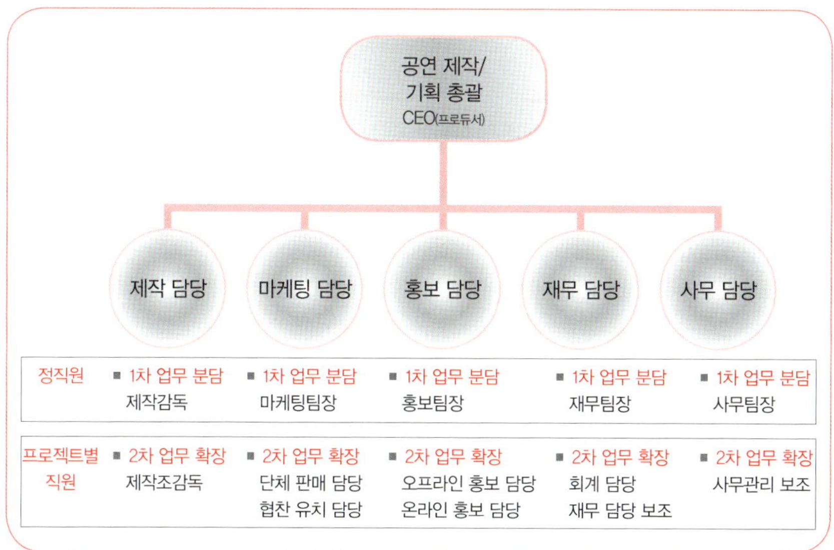

법인사업자로 주식회사인 경우의 조직도

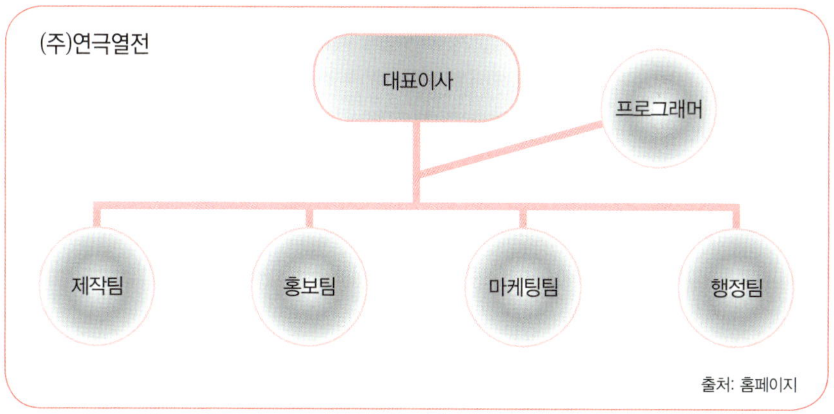

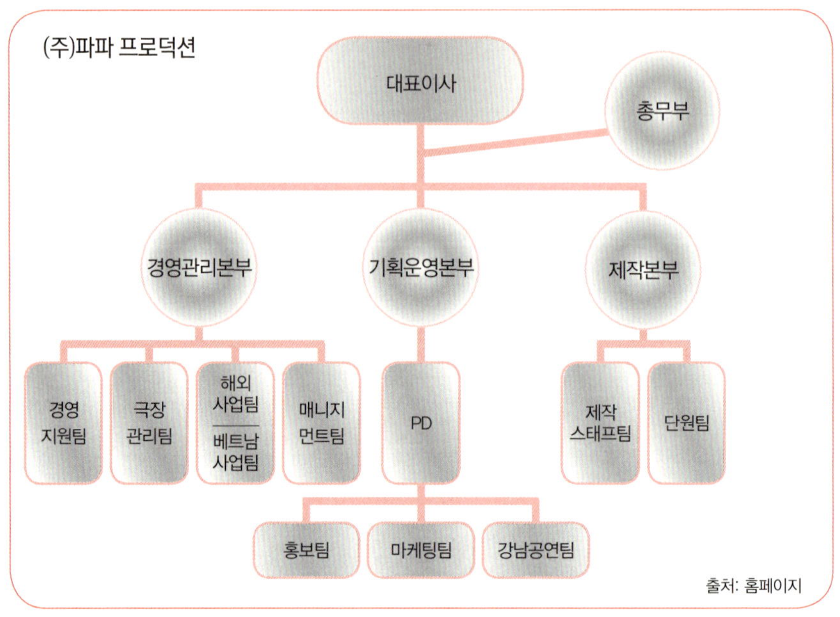

법인사업자로 재단법인인 경우의 조직도

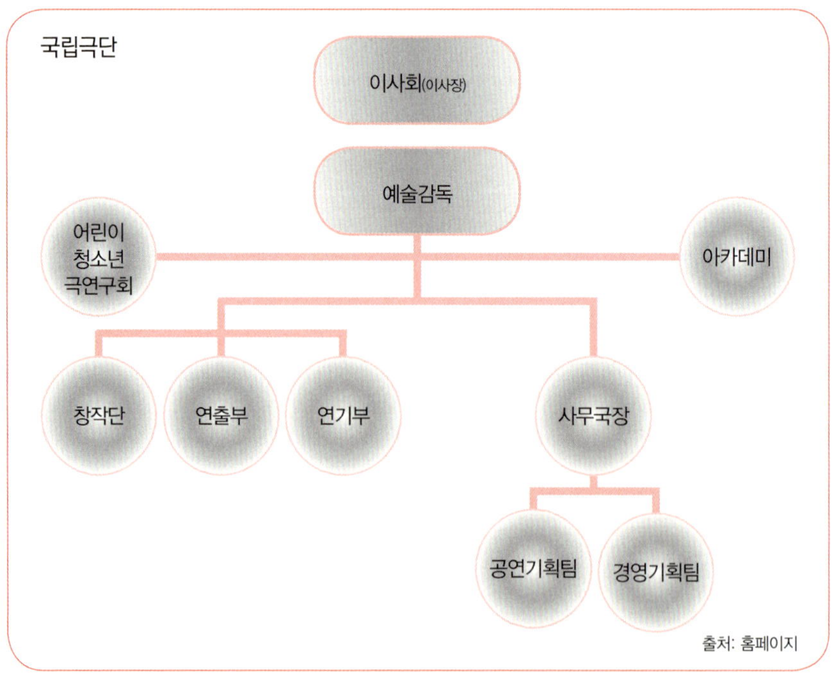

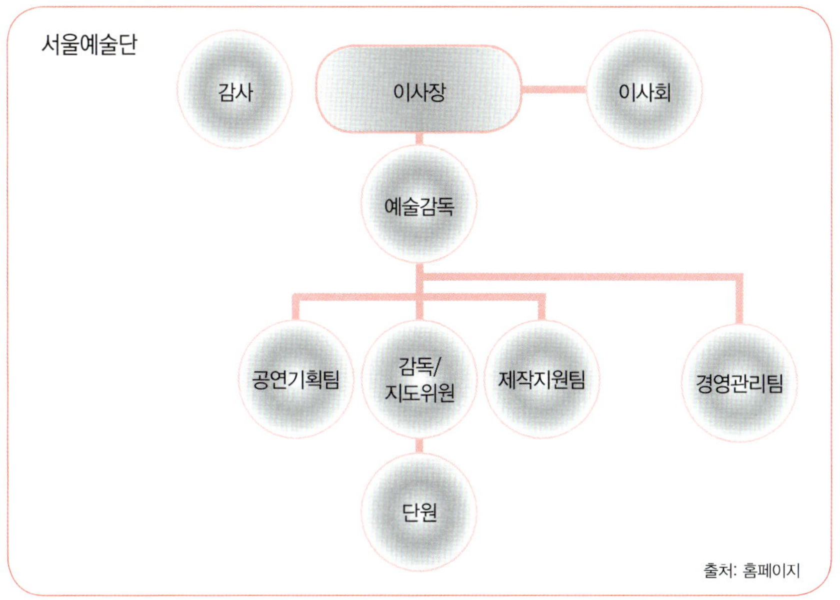

서울예술단
감사
이사장
이사회
예술감독
공연기획팀
감독/
지도위원
제작지원팀
경영관리팀
단원
출처: 홈페이지

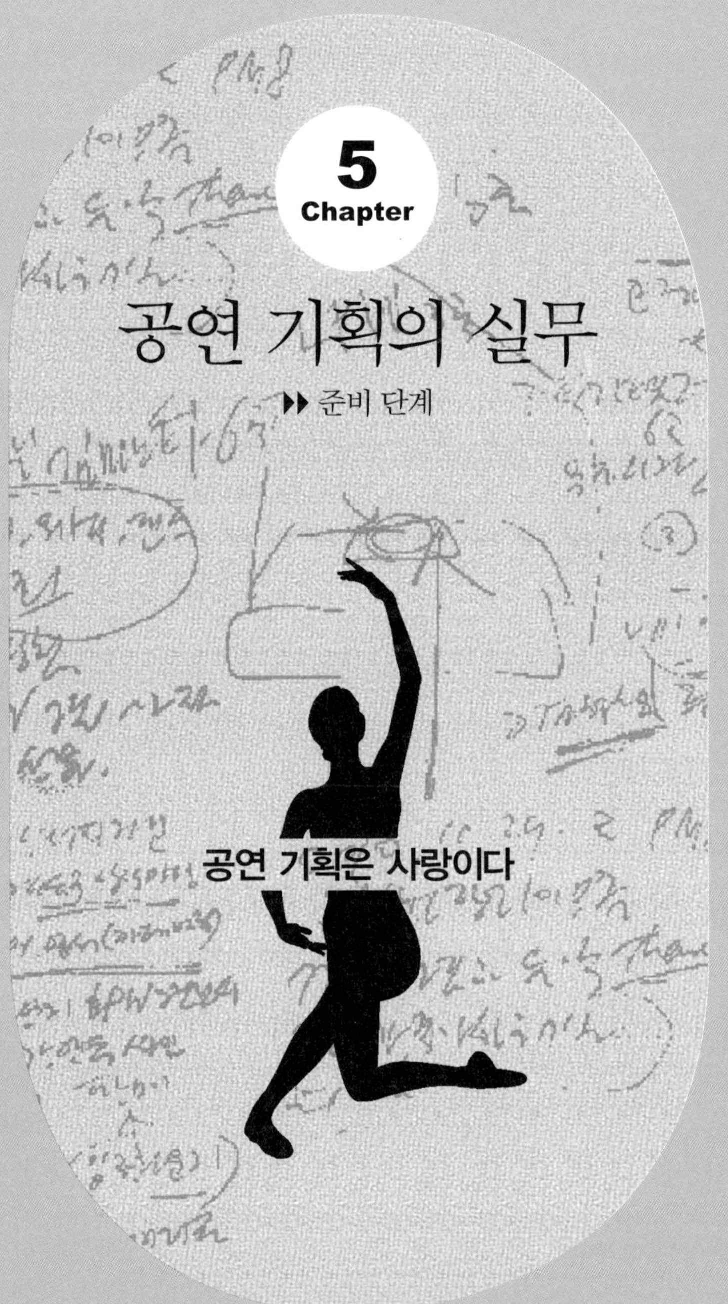
5
Chapter

공연 기획의 실무
▶▶ 준비 단계

공연 기획은 사랑이다

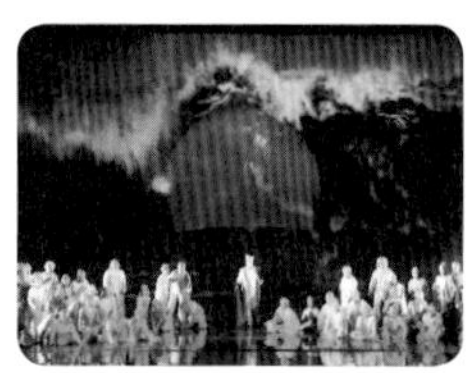

국립오페라단은 1962년 국립극장 산하단체로 출발하여
2000년 재단법인으로 독립하였다.
우리의 문화와 정서를 품은 창작오페라를 개발하는 한편,
오페라 본고장의 대표적인 작품들을 꾸준히 무대화함으로써
오페라의 정수를 맛볼 수 있는 기회를 관객들에게 제공하고 있다.

(출처: 국립오페라단)

공연 기획의 실무
▶▶ 준비 단계

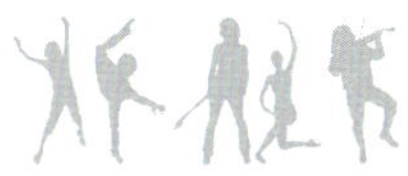

1. 자금 조달資金調達, Financing

| 자금 조달

기업이 미션, 비전, 사업 분야 등을 확정하고 그 목표를 달성하기 위해 필요로 하는 자금을 조달하는 것을 말한다. 기업이 아무리 훌륭한 미션과 비전을 가지고 있다고 하더라도 자금을 조달하지 못해 사업을 수행할 수 없다면 아무 의미 없는 일이다. 기업이 일정한 수익을 창출할 때까지 안정적으로 자금을 조달하고 확보하는 것은 기업의 생존을 위한 것으로, 수익을 내는 것만큼 매우 중요한 일이다. 기업의 자금 조달 방법으로는 자기자본의 조달, 타인 내지 차입자본의 조달, 자기금융의 조달 등 3가지 방법이 있다.

① 자기자본의 조달

자기자본은 상환 의무가 없는 자본을 말하며 보통의 경우 주식회사에서 주식을 발행해 조달하는 것을 말하나 소규모 공연 기획사나 작은 규모의 주식회사의 경우 선뜻 자본을 투자할 사람은 없을 것이다. 여기에서 말하는 공연 기획사의 초기 자기자본은 자신이 모은 돈이나 지인들이 십시일반 후원해 준 돈을 말한다.

② 타인 내지 차입자본의 조달

기업이 경영 활동에 사용하고 있는 자본 가운데 자기자본 이외에 외부로부터 조달한 자금을 말하고, 기업 외부에서 조달하였다는 의미로 타인자본 또는 차입자본이라고 한다.

자기자본과 비교하면 조달 원천, 변제 기한의 유무, 이자 지급의 유무라는 점에서 차이가 있다. 기업 경영이 어려울 때도 원칙적으로 원리금과 이자의 지급이 필수적이므로 기업의 안정성 면에서 볼 때 기업의 타인자본은 될 수 있으면 적은 것이 바람직하다. 공연 기획사 입장에서 보면 은행, 투자사 등 외부에서 조달한 자본으로 생각하면 된다.

③ 자기금융의 조달

기업에서 자기금융은 내부에서 조달한 것을 뜻하며, 감가상각충당금과 같은 제諸충당금이나 준비금 또는 적립금 등의 사내유보이익으로 조달하는 것을 말한다.

공연 기획을 담당하는 개인 및 법인 사업자의 경우에는 공연을 통해 수익이 발생하여 확보한 이익금, 이익준비금, 적립금 등을 말한다.

■ **이익준비금**利益準備金, Earned surplus reserve
기업에서 유보되는 이익 중에서 강제적으로 법률에 의하여 적립되는 준비금을 말한다.
■ **적립금**積立金, Reserves
잉여금 혹은 준비금이라고도 하며 기업이 회계기간마다 일정한 금액을 여러 가지 명칭으로 적립해 나가는 금액을 말한다. 〈출처: 네이버 사전〉

| 공연 기획사의 자금 조달

공연 제작/기획에 투입되는 직·간접적인 자금과 기타 경비를 조달하는 것을 의미하며, 공연 기획사에 있어서 자금 조달은 사무실 임대료, 인건비 등을 포함한 사무실 운영비, 공연을 제작하는 데 필요한 경비를 확보하기 위한 활동을 말한다.

예를 들어 전통 한식집 〈경복궁〉이라는 사업체를 설립하여 운영한다면 기본적으로 건물 임대료, 인건비, 인테리어 비용, 비품 구입비, 식재료 구입비, 홍보 마케팅비 등 많은 자금이 필요할 것이다.

공연 기획사도 엄연한 사업체이므로 지속적이고 안정되게 공연을 제작하기 위해서는 사무실 임대료, 인건비, 인테리어 비용, 비품 구입비, 운영 자금, 공연 제작비 등의 자금 확보가 반드시 필요하다.

예술 단체가 비영리 예술 활동에 중점을 두고 사업을 추진한다면 자금 조달보다는 비영리의 특성을 반영하여 재원을 조성하는 것이 어쩌면 더 타당한 일이다. 총수익보다 총비용이 많은 예술 단체 입장에서 보면 너무나 타당한 일이지만, 공연 기획사를 운영하는 입장에서 비영리에 목적을 두고 공연을 제작한다면 그 공연 기획사는 가까운 시일 내에 자금 고갈과 부족으로 인해 파산이나 부도 위기에 직면할 것이다.

순수 예술 단체나 국·공립 단체에서 볼 때는 공연 관련 사업이 비영리사업일지 모르지만 수익을 내서 사무실 직원의 인건비를 지불하고, 사무실을 운영하고, 공연 제작비를 조달해야 하는 공연 기획사 입장에서는 결코 비영리사업일 수가 없으며 오직 영리사업일 수밖에 없다.

현재 우리나라 공연 분야의 현실을 생각해 보면, 개인이 자금을 조달하여 공연 기획사를 설립하고 운영하는 것은 결코 쉬운 일이 아니다. 공연 분야도 다른 사업 분야와 같이 설립한 지 얼마 안 된 공연 기획사가 한두 개의 공연 작품을 제작하고 수익을 내지 못해 파산하여 흔적도 없이 사라지는 경우는 주위에서 흔히 볼 수 있는 일이다.

왜 이런 일들이 벌어지는 것일까? 공연 기획사가 공연 사업에서 실패하는 원인으로 크게 ① 대중성 있는 공연 상품의 개발 실패, ② 능력 부족으로 인한 경영 관리 미숙, ③ 자금 조달의 실패와 자금 부족 등이 있다. 하지만 가장 큰 공연 사업 실패의 원인은 안정적으로 수익을 확보하지 못한 상태에서 공연 상품 개발에 지속적으로 제작비를 투자한 결과, 자금이 부족했기 때문이다. 거의 대부분의 공연 기획사가 이런 이유로 인해 파산하게 된다.

대학로에 있는 공연 기획사들이 매번 공연 제작비를 외부에서 투자 받더라도 최소한 2~3년 동안에 소요되는 임대료, 인건비, 운영비를 확보하지 못 한채 빠듯한 자금으로 운영하는 경우는 아주 흔한 일이다. 공연 제작 기간 동안에 제작비 부족으로 인해 크고 작은 어려움에 직면하게 되고 결국 망하게 된다. 최소한 적정 규모의 자금을 조달하지 못한 상태에서 공연 사업을 시작하는 공연 기획사가 의외로 너무 많은데, 이는 자살 행위나 마찬가지이다. 공연 작품에 지속적으로 자금이 투자되어 관객이 공감할 수 있는 완성도 높은 작품이 만들어졌을 때, 비로소 수익을 창출하게 되고, 이 공연 작품이 관객들에게 지속적으로 사랑받는 공연 콘텐츠로서 역할을 할 수 있을 것이다.

자금 조달Financing	기업의 경영 활동에 필요한 자금을 조달하는 것을 말하며 자금 조달의 방법에는 자기자본의 조달, 타인 내지 차입자본의 조달 및 자기금융의 조달 등 3가지가 있다.
재원 조성Fundraising	정부 및 민간단체 등을 통하여 비영리단체에서 재원을 조성하는 것으로 자금 조달이라는 용어 대신에 사용하는 말이다. 재원 조성에는 공공지원(국가, 정부기관), 민간지원(기업, 재단, 개인) 등의 방법이 있다. 현재는 우리나라에서 크게 활성화되지 않았지만 앞으로 활성화되리라고 예상된다.

| 자금 조달을 위한 전제 조건

기업이 금융 시장에서 자기자본 이외의 자금을 조달하기 위해서는 반드시 투자자에게 ① 사업 미션/비전, ② 사업 타당성, ③ 수익 창출 가능성, ④ 예상 수익률, ⑤ 사회·경제적 명분 등을 이해시켜야 한다. 만일 그렇게 하지 못한다면 결코 투자자들의 자금을 조달할 수 없다. 이는 사업성이 전혀 없거나 적은 분야에 어느 누구도 결코 투자를 하지 않기 때문이다.

| 투자 자금을 유치하기 위한 전제 조건

① 사업 미션/비전

공연 기획사가 추진하는 공연 관련 사업 분야에 대한 확실한 미션/비전을 제시한다.

② 사업 타당성과 투자 안정성

공연 기획사가 추진하는 공연 관련 사업에 대한 타당성과 투자 안정성을 자료에 근거하여 제시한다.

③ 수익 창출 가능성

공연 기획사가 추진하는 공연 관련 사업에 대한 수익 창출 가능성의 근거를 제시한다.

④ 예상 수익률

공연 기획사가 추진하는 공연 관련 사업 분야의 예상 수익률을 구체적으로 제시한다.

⑤ 사회 · 경제적 명분

공연 기획사가 추진하는 공연 관련 사업 분야에 참여하는 투자자에게 제공되는 사회 · 경제적 명분을 제시한다.

> **김PD 생각**　　투자의 이해
>
> ■ 공연 기획사에 대한 투자
> CEO의 능력과 공연 관련 사업의 비전과 수익 창출 가능성을 보고 주식회사인 공연 기획사에 투자하는 경우로 장기투자에 해당되고 공연 작품 투자에 비해서 고액 투자인 경우가 많다. 예를 들면 공연 기획사가 한류에 편승하여 아이돌 가수가 참여하는 뮤지컬 여러 편을 제작하여 동남아 공연 시장에 진출하는 경우이다.
> ■ 공연 작품에 대한 투자
> 공연 기획사가 제작하는 공연 작품에 대해 투자하는 경우로 공연 기획사에 대한 장기투자보다는 단기 소액투자에 해당된다. 공연 분야에서 투자하는 대부분의 경우가 공연 작품에 대한 투자로 공연 작품의 명성, 흥행 가능성, 출연 배우의 인지도 등을 조건으로 투자한다.

| 공연 기획사에서 필요한 소요 자금

공연 기획사에서 필요한 소요 자금은 시설자금, 운전자금, 예비자금으로 구분해 볼 수 있다. 시설자금은 보통 제작을 위한 공간 확보와 중요 물품 구입에 소요되는 자금으로 사무실, 연습실, 물품보관 창고 등의 보증금과 차량 구입비를 말한다. 운전자금은 공연 제작에 직접 사용되는 자금으로 사무실, 연습실, 물품보관 창고 등의 임대료, 사무실 운영비, 직원 인건비, 공연 제작비를 말한다. 예비자금은 시설자금 및 운전자금이 부족할 때 사용하기 위해서 확보해 놓은 자금을 말한다.

① 시설자금

사무 공간 구입비나 보증금, 연습실 보증금, 물품보관(의상, 소품) 창고 보증금, 차량 구입비, 연습용 피아노 구입비, 음향 장비(연습실 사용) 등이다.

② 운전자금

사무실 임대료, 연습실 임대료, 물품보관(의상 등) 창고 임대료, 사무실 운영비, 직원 인건비, 공연 작품 개발비, 자료 구입비, 공연 제작비(대관료, 스태프/출연자 인건비, 홍보비 등) 등이다.

김PD 메모　공연 기획사의 운영자금

공연 기획사의 운전자금 중에 가장 중요하고 많은 비용이 소요되는 것은 공연 제작비이다. 공연 제작비는 1년에 몇 개의 공연을 제작하느냐에 따라 달라진다.

※연간 공연 제작 편수 × 공연 제작비 = 연간 공연 총제작비(운전자금)

③ 예비자금

시설자금, 운전자금의 일정비율, 즉 최소 10~30%를 확보해야 한다.

| 소규모 공연 기획사의 창업 운영을 위한 자금 조달의 방법

소규모 자본으로 공연 사업을 시작하게 될 경우에는 최소한 2~3년간 사무실 임대료와 직원 인건비는 자기자본으로 확보해야 그나마 이자 부담을 줄이고 공연 사업이 안정기를 맞이할 때까지 일관성을 가지고 공연 사업에 집중할 수 있다.

공연 사업 초기에 어느 정도의 자기자본을 확보하지 못하여 사무실 임대료, 직원 인건비를 제때에 지급하지 못하면 직원들이 바로 동요하고 공연 사업에 대한 집중력과 추진력도 떨어져 결국 공연 사업을 중도에 포기하게 된다. 공연 사업 초기에 확보한 자기자본은 공연 기획사가 어느 정도의 어려움에도 버티게 해주는 역할을 한다.

공연 기획사의 공연 제작비 조달 방법 (예)

① 자기자본으로 조달
▶ 공연 기획사나 제작자가 자체자금으로 조달하는 것으로, 자기예금, 부동산/동산 제공을 통한 담보대출 등이 있다.

② 각종 지원금과 보조금 신청
▶ 정부 및 공공기관의 공모지원사업에 신청하여 선정될 경우에 지원금을 받을 수 있다.
　· 지원기관: 문화체육관광부, 서울문화재단, 한국문화예술위원회, 한국콘텐츠진흥원 등
▶ 각종 페스티벌이나 지역 축제에 응모하여 참가 작품으로 선정될 경우에 참가지원금을 받는 경우
　· 지역 축제: 서울연극제, 서울국제공연예술제, 과천한마당 축제 등
▶ 국제 교류나 해외 공연을 위한 지원금을 신청하여 받는 경우
　· 지원 기관: 한국문화예술위원회, 한국국제교류재단, 문화체육관광부, 외교통상부 등

③ 투자 유치와 은행권을 통한 대출
▶ 투자사와 은행권으로부터 투자와 대출을 통해서 자금을 확보하는 경우
　· 투자기관: 창업투자사의 투자, 자산운용사의 펀드자금을 통한 프로젝트 파이낸싱, 서울보증재단, 기술보증기금 등 보증사에 의한 투자, 은행권의 펀드자금을 이용한 프로젝트 파이낸싱 등
　· 대출기관: 문화산업보증기금(완성보증제도), 일반 은행권의 일반대출 등
※ 투자: 공연에 대한 투자 여건이나 조건이 매우 열악하여 공연의 성공에 관계없이 투자금 100%와 +@를 공연 종료 후에 상환하는 조건으로 투자가 이루어지는 경우가 대다수이다. 현재는 대형 작품, 장기 공연, 해외 초청 작품, 검증된 작품 위주로 투자가 이루어지고 있다. 엄밀히 말하면 투자라기보다는 고금리 단기대출에 해당된다고 볼 수 있다.

※ 문화산업보증기금

　　문화상품 제작사가 문화상품의 제작에 필요한 자금을 원활하게 조달할 수 있도록 프로젝트 단위로 평가하여
　　보증을 함으로써 문화상품을 완성할 수 있도록 지원하고 문화상품 판매 대금 및 수익금으로 대출금을 상환하
　　게 하는 제도(지원 분야, 공연 등)로 기술보증기금(서울중앙기술평가원)에서 운영하고 있다.

④ 티켓 예매처를 통한 선급금 지급 요청
▶ <u>공연 작품의 예상 매출을 산정하고 그 일부를 선급금으로 받는 경우로 보통 사전 공연 제작
비로 사용한다.</u>
　· 대상기관: 인터파크, 티켓링크 등
　· 관객들에게 좋은 반응이 예상되거나 성공한 작품의 재공연, 외국 공연 작품 등이 해당함
　(*흥행 가능성이 높은 작품을 대상으로 함)

⑤ 공동 제작사와 제작비 분담
▶ <u>공연 기획사와 다른 기관이 공동 제작하여 제작비를 분담하는 경우이다.</u>
　· 공동제작기관: 방송사, 타 공연 기획사, 공연장 등
　방송사: 흥행 가능성이 높고 수익이 보장되는 대형 뮤지컬 작품 등
　타 공연 기획사: 공연 제작/기획 노하우와 일정 수익을 확보
　공연장: 작은 비용으로 양질의 공연 콘텐츠 확보와 수익 확보

⑥ 후원회를 통한 후원금 모금
▶ <u>공연을 관람한 충성도 높은 관객이나 공연 기획사의 미션, 비전, 공연 활동에 대해 공감하
는 기업에게서 정기적으로 후원금이나 기부금을 모금하는 경우이다.</u>

⑦ 기업을 통한 협찬금 유치
▶ <u>기업을 통해 부족한 제작비</u>(홍보비)<u>를 마련하기 위한 협찬 조건으로 유치하는 경우이다</u>(예. 방송
스폿 조건).
　· 협찬 기관: 협찬 기관은 대부분 기업이고 협찬품은 현금이다.
※**모태펀드**: 정부기관과 투자사가 일정 비율로 투자하여 운영하는 펀드로 문화 콘텐츠의 개발을 활성화하기 위해
조성한 펀드이다.

| 지속적인 재원 조성과 개발

공연 기획사는 지속적으로 수익을 창출해야 운영이 가능한 영리 단체로
서 영리 사업도 하지만 동시에 예술과 예술 분야의 특수성으로 인해 비
영리 사업도 함께 하므로 자금 조달 이외에 지속적으로 재원 조성을 위
한 활동에도 최선을 다해야 한다.

일반적으로 공연 기획사가 추진할 수 있는 재원 조성 방법과 개발 방법으로는 각종 기금이나 보조금 신청, 관극 회원 모집을 통한 회비 징수, 후원회원 모집을 통한 후원금 모금, 기업 협찬사 개발을 통한 협찬유치 등이 있다.

① 각종 기금이나 보조금 신청

정부 및 공공기관에서 공연 분야에 지원하는 지원금이나 보조금을 신청하는 것으로 대표적인 기관으로 한국문화예술위원회, 서울문화재단 등을 들 수 있다. 그러나 실질적으로 도움이 되지 않는다.

② 관객 회원 모집을 통한 회비 징수

공연 기획사가 제작하는 공연에 관심을 가지고 있는 사람들을 대상으로 회비를 내는 관극 회원을 모집하는 경우이다. 보통 회비를 낸 관극 회원은 공연 기획사에서 제작하는 공연의 티켓 가격을 할인받고 공연 정보를 비롯한 다양한 혜택을 제공받는다. 관극 회원은 공연 제작 시에 마케팅 차원에서 매우 중요하지만, 연극 제작만을 전문으로 하는 공연 기획사가 1년에 3~5개의 작품으로 관극 회원을 모집하는 데에는 한계가 있으므로 무용 및 뮤지컬 제작사와 연계하여 회원들에게 더 많은 혜택을 제공할 수 있어야 회원 모집이 가능하다. 대규모 재원조성은 거의 불가능하다.

③ 후원 회원 모집을 통한 후원금 모금

공연 기획사가 추진하는 사업의 미션/비전을 지지하고 공연에 관심을 가진 사람들 중에 후원금을 내는 후원 회원을 모집하는 경우이다. 후원 회

원은 관극 회원보다 훨씬 많은 돈을 기부하고, 후원 회원으로서 다양한
혜택(초대권 제공, 행사 초청 등)을 제공받는다. 지속적인 추진이 필요하다.

④ 기업 협찬사 개발을 통한 협찬유치

공연 기획사에서 추진하는 공연 분야의 미션/비전을 지지하고 공연에 관
심을 가진 기업 중에 협찬사를 개발하여 협찬금을 지원받는 경우이다. 공
연 작품에 대한 단순 일회성 협찬이 아닌 공연 기획사가 추진하는 공연 활
동에 대한 지속적인 지원을 말한다. 공연 기획사와 한번 협찬관계를 맺은
기업은 체계적으로 관리하여 지속적인 협찬이 가능하도록 해야 한다. 그
러려면 공연 기획자와 기업 CEO간에 지속적인 인간관계가 있어야 한다.

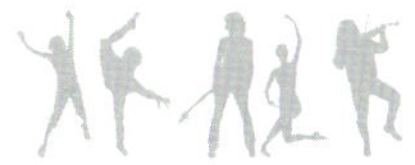

2. 사무실 임대事務室賃貸, Office rent

| 사무실 임대

공연 기획사 사무실은 공연 기획이 시작되는 곳으로 공연 관계자들이 작
품을 구상하고 예술 정보를 교환하는 장소이다. 공연 기획사가 사업자
등록을 하기 위해서는 반드시 사무실을 갖추고 있어야 한다. 사무실은
대중교통이 편리하고 어느 정도 접근성이 용이한 지역이나 장소를 선택
해야 하고 주변에 우체국, 은행, 문구점, 서점, 음식점, 대형마트 등이 가
까이 있으면 업무 효율을 높일 수 있다. 더욱이 공연 기간이 가까이 오면

사무실에서 일부 직원이 야근을 하는 일이 흔하므로 이를 검토 대상에 넣어야 한다.

고층 빌딩에 있는 사무실이나 업무용 오피스텔은 공연 기획사 사무실로 알맞지만 이제 막 창업하거나 설립된 공연 기획사 입장에서는 고가의 임대 보증금이나 매월 높은 임대료가 부담이 될 수 있으므로, 자금이 충분하지 않다면 주변에 있는 적당한 크기의 빌라나 개인주택을 임대하여 사용하면 고정비인 임대료를 많이 줄일 수 있다. 자금에 여유가 있는 신설 공연 기획사라면 적당한 크기의 오피스텔이나 사무실을 임대하여 사용하는 것도 좋은 방법이된다.

| 사무실 임대할 때 주의 사항

▶ 지하철 역이나 버스 정류장에서 도보로 20분 내외에 도착할 수 있는 장소이면 좋다.

▶ 직원 수에 비례하여 사무 및 휴식 공간을 마련해야 한다.

▶ 사무실의 크기에 비례하여 임대료의 지출이 많아질 수 있다.

▶ 사무실 임대료 이외에 인터넷 사용료, 전기요금, 수도요금, 전화요금, 케이블 텔레비전 등의 지출이 적지 않음을 염두에 두어야 한다.

(※ 인터넷 전용선이 설치되어 있는 건물이 좋다.)

▶ 방문하는 투자사, 스태프, 배우, 고객, 업체 등을 위해서 주차공간이 여유 있는 곳이 좋다.

김PD 메모　　사무실 임대

사무실 임대계약은 보통 1년이지만 최대한 장기계약으로 하는 것이 좋다. 공연 기획사가 수익을 창출하여 사무실을 확장하여 이전하는 것이 아닌 이상 잦은 사무실 이전은 예술가, 투자사, 관객, 기자에게 좋지 않은 이미지를 전달할 수 있음을 염두에 두어야 한다.

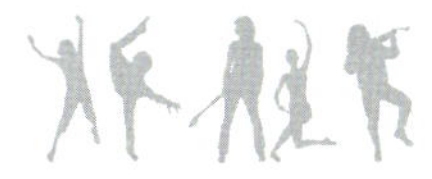

3. 사업자 등록_{事業者登錄, Business registration}

| 사업자 등록

소규모의 작은 공연 기획사로 시작한 경우에 사업자 등록을 하지 않고 타인의 사업자 등록증을 빌려 공연 기획을 하는 경우가 있기는 하지만 공연과 관련된 각종 세금계산서 및 계산서의 거래와 발행이 일상화되고 있고, 정부 보조금이나 기금을 보조받기 위해서는 반드시 사업자 등록을 해야 한다.

우리도 선진국으로 가는 길목에서 투명한 사회를 지향하고 있어 개인과 개인, 개인과 단체, 단체와 단체의 거래에 수반되는 세금 문제를 투명하게 처리해야 한다. 앞으로 공연계에서 공신력을 인정받는 공연 기획사로 발전하고 차후에 법인사업자인 주식회사로 가기 위해서는 사업자 등록은 반드시 필요하다.

사업자 등록에는 부가가치세를 납부하는 영리사업자와 부가가치세 납부를 면제받는 면세사업자가 있으며, 둘 다 장단점이 있지만 공연_{公演} 기획을 전문적으로 수행하는 입장에서는 영리사업자로 등록하는 것이 좋다. 비영리단체인 극단의 경우에는 면세사업자로 등록하는 곳이 대다수이다. 왜냐하면 연간 공연 활동이 저조하여서 세금을 내거나 세금 혜택을 전혀 기대할 수 없기 때문이다.

그리고 처음부터 자금 조달에 전혀 문제가 없다면, 법적인 설립 요건을 갖추어 법인사업자로 등록하는 것이 더 좋은 방법이다. 법인사업자로 공연 기획사를 설립하여 운영하는 경우에는 개인사업자에 비해서 더 많은 비용 절감과 세제혜택이 주어진다. 또한 법인의 제반 관리는 법적인 절차에 따라 운영된다.

참고로 법인사업자의 경우 설립이나 운영이 개인사업자보다 복잡하므로 사업 초기에는 개인사업자로 시작하고 사업을 시작한 뒤에 사업의 규모가 커지면 법인사업자로 전환하는 경우도 많다.

구분	개인기업	법인(주식회사)기업
창업 방법	단순함(바로 가능)	복잡함(법 절차에 의함)
사업 규모	개인 자본	복수 자본
법률행위의 주체	개인	법인
운영 방법	개인 능력(대표자, 사업자)	전문 경영자가 경영
자본 조달	개인 자금, 개인 대출, 사채	주식 발행, 은행 대출, 사채
소득 대비 세금 비율	종합소득세 6~35%	법인세 10~20%
특징	사업 등록만으로 사업 개시	일정 규모 이상의 자본금과 필요 서류를 갖추고 설립등기를 해야 함

| 개인사업자 등록의 절차와 구비 서류

공연 기획사의 개인 사업자 등록 신청은 관할 세무서 민원봉사실에서 접수 · 발급한다. 사업자 등록은 사업을 시작한 날로부터 20일 안에 구비 서류를 갖추어 민원봉사실에 신청하면 된다. 민원봉사실에서는 전산 발급 대상인 과세특례자와 개인사업자로서 제조 · 도매업을 제외한 일반과세자는 컴퓨터를 이용하여 즉시 발급하고 수동 발급 대상인 경우에는 발급일시를 기재한 접수증을 발급하며(처리기한 7일), 사업자는 예정된 발급 일시에 민원봉사실에서 사업자 등록증을 교부받으면 된다.

| 개인사업자 등록 신청 때 필요 서류

▶ 사업자 등록 신청서 2부(세무서 민원봉사실 비치)

▶ 임대차계약서 1부(사업장을 빌린 경우)

▶ 사업허가증 1부(약국, 음식점, 개인택시 등 허가나 등록을 해야 하는 사람)

| 개인사업자 등록 때 유의사항

▶ 개인사업자가 여러 개 있을 때에는 사업자 단위로 사업자 등록을 한다
(공연사업, 식음료사업).

▶ 여러 사업을 겸업할 경우는 부가세법 또는 소득세법에 의한 등록을 한다.

▶ 공동사업자의 경우 1인 대표의 명의로 등록을 한다.

▶ 다른 사람의 명의로 사업자 등록을 신청한 경우는 사업자를 발급받지
못한다.

▶ 사업자 등록의 내용이 변경될 경우는 변동 사항을 지체 없이 사업자 등
록 정정신고서에 적고 사업자 등록증을 첨부하여 관할세무서 민원봉사
실에 제출한다.

| 법인의 설립 절차

법인에는 사단법인, 재단법인, 주식회사 등이 있으나, 수익 창출을 설
립 목표로 하는 공연 기획사 입장에서 발기 설립을 통해 주식회사로 설
립하는 것이바람직하다. (※ 현실적으로 CEO의 인지도가 거의 없는 공연 기획사가 금융시장에서 모집 설
립하는 것은 불가능하다.)

① 발기인 모집

주식회사의 설립에 관하여 발기인으로서 정관에 기명날인한 자를 발기인 이라고 하고 1명 이상 모집해야 한다.

② 정관 작성 및 공증

정관 내용으로 목적, 상호, 회사가 발행할 주식의 수, 1주의 금액, 회사 설립 때 발행하는 주식의 총 수, 회사가 공고하는 방법, 본점의 소재지, 발기인 성명 등이 있으며 이를 작성하여 반드시 공증을 받아야 한다.

③ 주식 발행사항 결정

발행해야 할 주식의 종류, 청약 기간, 납입 기일, 취급 은행 등을 결정한다.

④ 발기 설립

발기인만 모여서 주식회사를 설립하는 방법이다(모집 설립 방법도 있다).

⑤ 발기인의 주식 인수

발행하는 주식의 전부를 발기인이 인수한다.

⑥ 주식 대금의 납입

발기인이 주식을 인수한 후에 인수가액을 지정한 금융기관에 납입해야 한다.

⑦ 임원 선임

주식 대금의 납입이 완료되면 발기인은 의결권의 과반수 결의로 회사를 대
표하는 이사와 이사를 감시하는 감사를 선임해야 한다(대표이사, 이사, 감사 등).

⑧ 설립 경과 조사

선임된 이사와 감사는 지체 없이 주식회사 설립에 관한 모든 사항이 법
령 또는 정관의 규정에 어긋나는 부분이 없는지 조사하여 발기인에게 보
고한다.

⑨ 설립 등기

위의 절차를 모두 마친 후 2주 내에 주식회사 설립 등기를 해야 한다.
- 첨부 서류: 정관, 주식 인수증, 주식 발행사항 동의서, 이사·감사의
  조사, 보고서, 발기인 총회 의사록, 이사회 의사록, 주금 납입 보관 증
  명서, 이사·감사·대표이사의 취임 승낙서 등
- 준비 사항: 발기인 인감도장, 인감증명, 이사 및 감사도장, 주민등록등본
- 설립에 소요되는 비용: 등록세, 교육세, 공채, 정관 공증비용, 의사록
  공증비용, 등기신청 증지대 등

⑩ 법인 설립신고 및 사업자 등록

주식회사의 설립등기를 마친 후에는 2개월 이내에 사업장 소재지 관할
세무서에 법인 설립신고 및 사업자 등록 신청을 한다.
- 기타: '소기업 및 상공인 지원을 위한 특별조치법'으로 인해 발기인 3
  명 미만으로 하거나 자본금을 5,000만 원 미만으로 하여 설립하고자

하는 경우에는 중소기업청으로부터 소기업 해당 여부를 확인받아 이
를 첨부해야 한다.

법인 설립의 장단점

장점	단점
▶ 대외적 신용도가 높아진다. ▶ 자금 조달이 용이하다. ▶ 출자자가 유한책임만을 진다 ▶ 세제상의 혜택이 있다.	▶ 법인설립 절차가 복잡하다. ▶ 의사결정 절차가 복잡하다. ▶ 관리 운영이 복잡하다.

공연 기획사 설립한 후 회사 알리기

사업자 등록을 끝마치면 이제 공연 기획사로 본격적인 업무와 활동을
시작하게 된다. 그러나 공연 예술계, 언론 매체, 방송 매체, 인터넷 매
체, 관객 등에서는 새로 설립된 신생 공연 기획사에 대한 정보가 거의
없기 때문에 이제부터 공연 기획사를 알리기 위한 홍보활동을 체계적
이고 점진적으로 실시해야 한다.

공연 기획사가 단기간 중점적으로 해야 할 일은 공연 기획사의 미션,
비전, 사업 분야와 사업 내용, 주요 구성원, 앞으로의 추진 계획, 투자
사 및 협력업체 등을 알려 공연 시장에서 신뢰를 받을 수 있도록 기반
을 조성하는 것이다.

홍보 방법으로는 인쇄물을 통한 홍보, 홈페이지에서 이벤트를 통한 홍
보, 설립 축하 행사를 통한 홍보 등이 있다. 또한 공연 관련 관계자, 홍보
마케팅 관계자, 공연 관련 카페 담당자 등에게 공연 기획사를 소개하는
편지나 웹 메일을 보내서 알리는 방법도 있다.

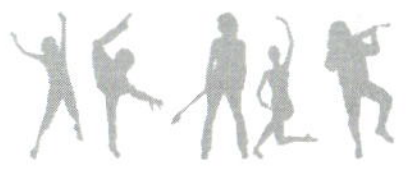

4. 인적 자원 관리 人的資源管理, Human resource management

| 인적 자원 관리

공연 기획사가 미션, 비전, 사업 분야에서 설정한 목표를 달성하기 위해서 필요한 인적 자원을 확보하기 위한 인적 자원 관리계획을 수립하여 모집, 선발, 교육, 평가, 보상하는 일련의 과정을 말한다.

어느 기업이나 마찬가지겠지만 기업 목표를 달성하는 것은 기계가 아닌 기업이 보유하고 있는 인적 자원의 능력이다. 공연 기획사도 일반 기업과 마찬가지로 목표를 달성하는 것은 결국 인적 자원의 능력에 의해서만 가능하므로 우수한 인적 자원의 선발 여부에 따라 공연 기획사가 생존할 수 있느냐, 아니면 생존할 수 없느냐의 문제가 판가름 난다.

> **김PD 메모**　인적 자원의 핵심적인 관리 영역
>
> ▶ 인적 자원 관리계획　　　▶ 평가
> ▶ 모집과 선발　　　　　　▶ 성과 보상 및 복지
> ▶ 교육훈련 / 경력자 개발

| 인적 자원 선발 및 구성

공연 기획사가 담당하는 사업 분야와 업무가 일반 기업들과 거의 대부분 비슷하지만, 그러나 한편으로는 다른 사업보다 독창적이고 창조적인 마인드가 필요한 사업 분야와 업무도 많이 있다.

예를 들면 연출가에 의해 구체화된 공연 작품에 적당한 콘셉트를 잡고

홍보물의 디자인을 의뢰해야 하므로 예술가들과 커뮤니케이션할 수 있는 창조적인 능력과 관객을 설득할 수 있는 독창적인 마인드가 필요하다.

또한 공연 기획은 팀team원이나 부서원 사이에 상호 이해를 바탕으로 하는 협동 작업이 중요시되며, 공연 기획 시 돌발 상황이 발생할 가능성이 많아서 자율적이고 능동적으로 움직일 수 있는 순발력도 갖추어야 한다.

공연 분야의 인적 자원의 선발에 있어서 타의 추종을 불허하는 우수한 인력을 선발하는 것도 중요하지만, 공연 분야가 안고 있는 문제점(저임금)과 특수성(시간 외 근무)으로 인해 이직률이 매우 높은 현실을 감안하여 보수에 합당한 인적 자원을 선발하는 것이 가장 좋은 방법이다. 공연 분야에서 개인적으로 성취감을 가지고 있으며 능력도 있는 인적 자원이면 더욱 좋을 것이다.

공연 기획에 있어서 인적 자원 선발은 공연 제작에 대한 전반적인 내용과 프로세스를 이해하고 있는 사람, 또는 공연 분야에 관심이 있는 사람으로 홍보, 마케팅 등을 전공한 전문 인력을 선발하는 것을 말한다. 공연 기획사에서 필요한 인력은 최소한 공연 예술을 전반적으로 이해하고, 또한 공연 제작/기획 과정의 세부 내용도 어느 정도 이해하고 있어야 한다.

인적 자원 선발 때 주의사항

공연 기획사는 인력을 선발하기에 앞서 업무 분야와 업무 범위를 정해 놓고 선발 인원의 수를 미리 정해 놓아야 한다. 그렇지 않고 인력이 탐이 나서 필요한 인력보다 많은 인력을 선발하면 인건비 부담이 가중될 수 있다.

▶ 경력에 따라 지급할 보수의 하한선과 상한선을 사전에 꼭 정해야 한다.

▶ 최소한 1년 이상 근무할 수 있는 인력을 선발해야 한다.

공연 제작/기획은 최소 3개월에서 1년이 소요되므로 중간에 다른 인력으로 교체된다면 제작기간 동안에 발생하는 문제에 능동적으로 대처하기가 어렵기 때문이다.

| 인적 자원 선발 추진과정

① 인적 자원 선발 계획수립

인적 자원을 선발하기에 앞서 공연 기획사에서 필요로 하는 인적 자원에 대한 선발 기준을 작성해야 하고 선발 기준으로는 전공 분야, 경력 사항, 연령대 등이 있다.

② 입사 원서 접수 및 1차 서류 전형

지원자가 직접 작성한 입사 지원서, 자기 소개서, 공연 기획서를 메일이나 우편으로 접수를 받는다. 1차로 접수한 입사 지원서를 검토하여 2차 면접 지원자를 선발하게 된다.
▶ 접수 서류: 입사 지원서, 자기 소개서, 공연 기획서 등

③ 면접

▶ 면접 평가 항목별 체크 포인트
▶ 자기 소개 부분
▶ 공연과 무대의 이해와 지식 정도
▶ 홍보 및 마케팅 관련 내용

▶ 공연 기획서 내용

▶ 의지력과 추진력

▶ 용모, 태도, 건강, 사회성, 논리성 등

▶ 조직 적응력 및 발전 가능성

▶ 재무 및 회계 관련 사항

▶ 인성

▶ 면접 판정표

④ 신체검사

▶ 지정 병원에서 검사한 신체검사 결과를 제출받음

⑤ 신원조회 및 경력조회

⑥ 선발(채용의 결정)

⑦ 배치

▶ 제작팀, 기획팀, 홍보팀, 마케팅팀, 재무팀 등

| **인적 자원의 선발 방법**

공연 기획사(기업)가 인력을 선발하는 방법에는 몇 가지 유형이 있다. 그 유형 중에서 선발 방법에 따라 ① 공개 채용(공채) ② 특별 채용(특채)으로 나눌 수 있다. 모집 시기에 따라 정기 채용은 연중 특정한 시기(주로 상·하반기)에 정례적으로 모집하는 것이고, 특별 채용은 필요할 때마다 불특정한 시기에 모집하는 것이며, 상시 채용은 연중 또는 일정 기간 동안 모집하는 것이다.

① 공개 채용

공개 채용은 말 그대로 신문 등에 공고를 내고 공개적인 방법으로 인적 자원을 채용하는 것을 말한다. 공무원 신규 채용 때 불특정 다수인을 대상으로 경쟁 시험을 실시하여 공무원으로 채용하는 것과 같이 균등한 기회 보장과 보다 우수한 인력을 채용하기 위함이다.

※법인 사업자인 공연 기획사에서 보통 많이 실시한다.

② 특별 채용

특정한 개인을 대상으로 업무와 직위에 대한 적격성을 구비하였는지를 판정함으로써 지원자의 직무 수행 능력을 검증하여 채용한다.

※이직률이 높은 개인사업자인 공연 기획사에서 많이 실시하거나 법인사업자가 마케팅 등의 우수한 인력을 선발하기 위해 추천을 받아서 실시하는 경우도 많다.

| 인건비 책정

인력에 대한 인건비 책정은 가장 어려운 부분이며 선발한 인력과 많은 소통이 필요한 부분이다. 업무에 합당하고 능력 있는 인력을 선발했으면 그만큼 대우를 해주는 것이 마땅하지만, 공연 분야에서는 많은 수익을 창출하기가 쉽지 않기 때문에 다른 분야에 비해 턱없이 인건비가 적다. 그래서 설득을 통해 공연이 성공하면 성과급을 지급하는 조건으로 협의하여 계약 문서로 남겨 놓는 것이 좋은 방안 중에 하나이다. 인건비 책정이나 결정은 공연 분야의 통념과 최적 인건비 보장의 토대 위에서 협의하여 결정하는 것이 좋다.

또한 공연 기획자가 공연을 위하여 지출하는 개인 비용도 만만치 않기 때문에 교통비, 음료비, 식사비를 포함하여 일정 금액을 지급하는 것이 좋다.

▶ 인건비 구성

▶ 기본급 + 활동비(교통비 + 음료비 + 식사비) + 성과급

① 보수
▶ 임금: 기본급, 각종수당, 상여금 등
▶ 직접적 복리후생비: 식당, 교육, 휴게시설
▶ 법정 비용: 연금보험, 의료보험, 산재보험, 재해보험, 고용보험 등
② 채용 비용
③ 교육훈련 비용
④ 퇴직 비용: 이직과 재배치간의 생산의 손실, 법적 퇴직 비용
⑤ 보조 비용: 간접적 복리후생비(도서비, 의료비 감면 등), 장기 근무에 대한 보상 등이 있다.

인적 자원 선발에 따른 업무 분장

① 제작감독 업무

▶ **작품 개발/대관**

작품 자료 수집, 작품 구상, 작가 선정, 작품 선정, 공연장 대관

※공동주최 및 주관 확정

▶ **제작팀 구성**

계약(스태프, 무대 제작 지원업체 등), 관리(계약 조건, 계약 진행, 계약 지출 준비)

▶ **배역 캐스팅**

관리(오디션, 캐스팅, 계약), 계약(배우, 무용수, 뮤지션 등)

▶ **제작 진행**

공연 제작회의 진행, 무대 스태프 회의 진행, 제작일정 관리, 연습장 섭외/관리, 스태프/배우 관리, 연습일정 관리, 디자인 작업/제작/설

치/철수(무대 장치, 조명, 음향, 의상, 소품, 장신구, 분장 등)

▶ **무대 진행**

의상/소품 관리, 분장실 관리, 공연녹음/촬영(기록용), 세탁, 식음료 준비 등

② 홍보 담당 업무

▶ **홍보기획**

홍보기획회의 진행, 홍보계획 수립(온/오프라인), 사진/비디오 촬영, 인쇄 홍보물 제작, 옥외 홍보물 제작, 인터넷 홍보물 제작, 방송 스폿Spot 제작, 매체 홍보(신문, 방송, 인터넷 등), 보도 자료 제작/발송, 제작 발표회/기자간담회/프리뷰 실시, 홍보자료 관리, 홈페이지 내 홍보, 공연장 내 홍보물 관리, 인쇄 홍보물 배포(홍보 부분) 등

▶ **광고 기획**

광고 계획 수립(온/오프라인), 매체 광고(방송, 신문, 인터넷 등), 옥외 광고(현수막, 가로등 배너, 광고탑 등), 인쇄물(포스터 부착/전단 배포) 광고, 기타 광고물(지하철, 버스, 영상 광고판) 등

※광고 기획은 업무의 특성상 마케팅 담당자가 하는 것이 맞으나, 공연 분야의 현실을 감안해 보면 홍보 담당자가 하는 것이 타당하다.

③ 마케팅 담당 업무

▶ **마케팅 기획**

마케팅 회의 진행, 마케팅 계획 수립(온/오프라인), 프로모션/이벤트 실시, 단체 마케팅 실시, VIP 관리, 초대권 배포/관리, 마케팅용 DM 발송 등

▶ **티켓 관리**

티켓 예매처 관리, 티켓 관리, 티켓 판매 현황 관리(일일/주간/월간), 티켓 매표소 관리(인원 배치/판매), 티켓 판매 정산 등

▶ **공연 기념품 관리**

포스터, 프로그램, CD 등

▶ **협찬/기금/보조금 관련 사항**

협찬제안서 작성, 협찬사 조사, 협찬 유치/관리 활동, 기금/보조금(신청, 정산, 결과보고) 등

▶ **기타**

전화예약 아르바이트 운영, 인쇄 홍보물 배포(마케팅 부분)

④ 재무 담당자 업무

▶ **재무 관리**

재무 계획 수립(공연 제작비 조달과 관리 운영 포함), 예산 편성/운영, 지출 관리/수입 결산 등

▶ **계약 관리**

계약서 작성, 계약 조건(계약 금액, 계약 지급 시기 등)

▶ **회계 관리**

회계 문서 작성, 회계 보고 등

▶ **세무 관리**

세금계산서 발급, 세금 징수/납부(원천징수, 부가가치세 등)

▶ **기타 관리**

사무실 관련 관리(임대료), 비품 관리(컴퓨터 등), 인사 관리(인건비 등) 등

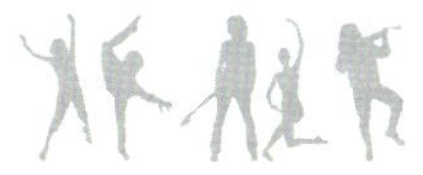

5. 공연 사업 구상, 작품 구상, 공연 작품 선정

공연 기획사가 공연을 제작하는 목적에는 여러 가지가 있을 수 있으며, 기본적으로 ① 예술적 성취를 위한 목적, ② 수익을 창출하기 위한 영리 목적, ③ 문화 복지를 실현하기 위한 목적 ④ 자기만족을 통한 자아실현 등으로 나누어 볼 수 있다.

그러나 무한 경쟁을 추구하는 현대사회에서 공연 기획사가 문화 복지 실현, 자아실현, 예술적 성취 등을 주된 목적으로 하여 지속적으로 공연 작품을 제작할 수 없는 것이 현실이다.

다만 정부나 지방자치단체에서 운영하고 있는 국·공립극장이나 예술 단체에서는 예술적 성취만을 단체의 설립목적으로 할 수 있지만, 사업자인 공연 기획사가 단순히 예술적 성취만을 위해 공연을 제작할 수는 없다. 그래서 대부분의 공연 기획사는 어느 정도 예술성이 확보된 상태에서 영리추구를 주된 목적으로 하면서 부수적으로 문화 복지 실현, 자아실현을 달성하려고 한다.

공연 기획사가 공연을 제작하는 목적은 관객들에게 감동과 재미를 줄 수 있는 공연 작품을 제작하고 지속적으로 수익을 창출하여 사회구성원으로서 책임과 역할을 다하기 위함이다.

구분	공연 제작 목적	중점 사항
공연 기획사	사업성에 중심 목표를 두고 예술적 목표를 달성하고자 한다.	사업성 〉 예술성
공연 단체	예술성에 목표를 두고 사업 목표를 달성하고자 한다.	예술성 〉 사업성
예술가	예술성에 목표를 두고 자아실현의 목표를 달성하고자 한다.	예술성 〉 자아실현

| 공연 사업 구상 및 작품 구상

공연 기획사는 스스로의 비전과 미션을 실현하고자 사업 분야 안에서 공연 사업을 구상하게 된다. 공연 사업 구상은 공연 분야에 진출하고자 하는 사업에 대해 구체적으로 구상을 하고 실현 가능한 계획을 수립하는 것을 말한다. 예를 들면 연기 아카데미 사업에 진출하고자 하다면 다른 연기 아카데미와 차별화된 구체적인 실현 방안을 수립하는 것을 말한다.

작품 구상은 공연 기획사가 개별 공연 작품 개발에 초점을 맞추어 1차적으로는 제작할 작품의 소재, 주제, 분위기, 이야기 구조 등에 대해 구상하는 것이고 2차적으로는 작품 구상이 완료되면 예술 스태프, 무대 기술 스태프, 배우 등을 선정하는 것을 말한다.

공연 기획사는 공연 사업 구상이나 작품 구상을 할 때 보통 3가지 방법 중에 하나를 선택하여 일정 기간 동안에 준비한 구상 결과를 협의한다.

① 공연 기획사 내부 인력의 활용

내부 인력인 공연 기획자를 중심으로 하는 경우에는 인쇄 매체, 방송 매체, 인터넷 매체, 직·간접 경험을 통해 얻은 자료의 분석을 통해 공연 사업 구상과 작품 구상을 한다.

단점은 공연 기획사 안에서 고정된 시각으로만 모든 것을 판단하게 되어 상투적인 이야기와 의견이 주로 나올 수 있다는 점이다. 장점은 공연 기획사의 비전, 미션, 사업 영역, 내부 사정에 대해 잘 알고 있어 현실적인 대안을 제시할 수도 있다는 점이다.

② 외부 전문가 그룹의 활용

외부 전문가 그룹은 보통 공연 분야와 직·간접적으로 연결되어 있는 공연 평론가, 문화 관련 기자, 외부 공연 프로듀서, 연출가 등을 통해 공연 사업 구상이나 작품 구상을 하는 것을 말한다.

　장점은 외부에서 보는 공연 사업 구상이나 작품 구상에 대한 솔직한 의견과 아이디어를 청취할 수 있다는 점이다. 단점은 외부 전문가 그룹이 제시한 의견이 공연 기획사의 내부 입장을 전혀 반영하지 않아 구상한 내용이 전혀 실현 가능성이 없을 수 있다는 점이다.

③ 공연 기획사 내부 인력과 외부 전문가 그룹의 동시 활용

공연 기획사 내부 인력과 외부 전문가 그룹을 동시에 활용하여 공연 사업 구상과 작품 구상을 하는 것으로 내부 인력으로만 추진할 때의 문제점과 외부 전문가 그룹으로 추진할 때의 문제점을 어느 정도 해결할 수 있기 때문에 주로 사용한다.

　보통의 경우 공연 기획자는 공연 영역 중에서 자기가 전공하거나 관심을 가지고 있는 분야에 중점을 두고 공연 사업 구상과 함께 작품 구상을 하게 된다. 만약 뮤지컬을 전공한 경우에는 1년에서 3년 사이에 진행할 공연 사업을 구상하게 되는데, 주로 뮤지컬 지식을 바탕으로 작품 구상과 아카데미 등을 연계하는 공연 사업을 구상한다.

　공연 사업 구상이 끝나면 개별적인 작품 구상을 하게 되는데, 예를 들면 공연계의 특별한 소비층으로 부각된 20대 후반에서 40대 초반 여성을 대상으로 뮤지컬 작품 개발을 위한 소재, 주제, 분위기, 이야기 구조

등을 구상한다.

공연 사업 구상	공연 분야에 진출하고자 하는 사업에 대해 구체적으로 구상을 하고 실현 가능한 계획을 수립하는 것을 말한다. 예를 들면 공연 제작, 예술 교육사업, 예술 출판사업 등이 있다.
작품 구상	개별 공연 작품에 대한 소재, 주제, 분위기, 이야기 등을 1차적으로 구상하고 예술 스태프, 무대 스태프, 출연 배우 등을 2차적으로 선정하는 것을 말한다. 작품 구상을 공연 구상이라고도 한다.

작품 구상에 의한 공연 제작 방법 3가지

① 공연 기획사에서 소재, 주제, 분위기, 이야기를 구상하여, 작가에게 대본 집필을 의뢰하고, 이를 공연으로 제작하는 경우

▶ 성공한 TV드라마, 영화, 소설 등을 기반으로 각색 의뢰

▶ 신문기사에 나온 사건이나 에피소드를 기초로 집필을 의뢰

▶ 공연 기획사가 구상한 아이디어를 기초로 집필을 의뢰

② 작가가 이미 집필한 대본을 공연 기획사에서 저작권을 구입하여, 공연으로 제작하는 경우(가장 많은 경우)

③ 해외 작품의 저작권이나 라이선스를 구입하여 공연으로 제작하는 경우

▶ 해외에서 흥행에 성공한 작품이나 성공 가능성이 높은 작품을 조사하여 저작권이나 라이선스를 구입함.

작품 구상 때 고려해야 할 중요 사항

공연 기획사 입장에서는 작품이 무대화되었을 때 사업성이 있는지 없는지에 대한 검토가 가장 중요하다. 작품이 아무리 좋은 소재로 예술성과 오락성을 가지고 있더라도 관객들이 공연 기획사가 제시한 티켓 가격에 관람할 의사가 없다면 사업성이 없다고 볼 수 있다. 공연의 사업성은 오

직 관객에 의해서만 결정된다.

공연의 성공, 즉 사업성은 예술성, 독창성, 시의성, 오락성 등의 조합으로 이루어지고, 이 모든 것이 공연에 적절하게 융합되어야만 사업성이 있다고 볼 수 있고 또한 공연 사업을 지속할 수 있기 때문이다.

■ 예술성藝術性

공연도 예술의 한 분야이므로 예술적 성취와 완성도에 중점을 두고 작품을 구상하는 경우이다. 공연 예술도 작품이기 때문에 예술성이 매우 중요하다.

■ 독창성獨創性

다른 공연과 구별되는 새로운 것, 즉 독창성에 중점을 두고 작품을 구상하는 경우이다. 보편적인 공연이 아닌 새로운 내용, 형식의 공연이어야 관객들의 시선을 끌 수 있다.

■ 시의성時宜性

시기에 적절한 작품구상이어야 한다. 사회 트렌드가 반영된 작품을 개발하지 못한 경우, 유행이 지나고 관심을 유발하지 못해 관객이 없을 수 있다. 즉 관객이 원하는 새로운 작품을 개발해야만 한다.

■ 오락성娛樂性

공연이 관객에게 흥미와 재미를 줄 수 있는 오락성이 있어야 한다. 아무리 예술적 완성도가 높다 하더라도 어렵고 지루한 공연을 관람할 관객은 많지 않기 때문이다.

■ 사업성事業性

예술성, 독창성, 시의성, 오락성 등을 충분히 검토하여 내리는 것이 사업성 평가이다. 사업성은 공연에서 티켓 판매, 투자 유치, 수익 확보 등에서 매우 중요한 부분이다. 사업성을 판단한 후 공연 제작 여부가 결정된다.

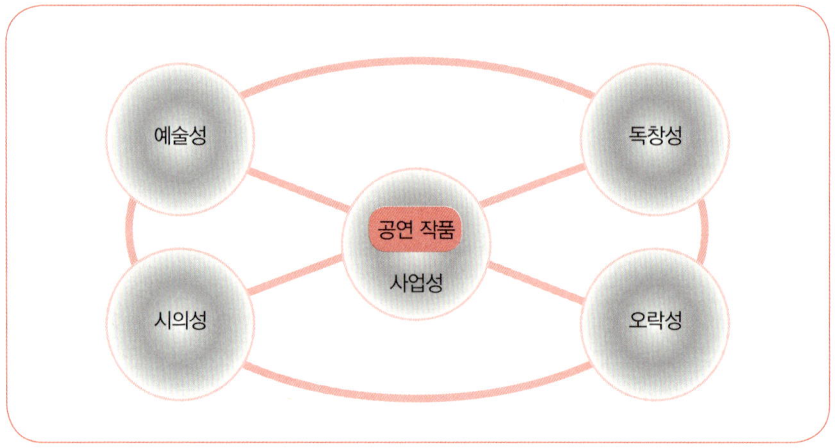

| 작품 구상을 위한 정보 수집

공연 기획자가 공연 사업 구상과 작품 구상을 하는 데 있어서 중요한 것은 지속적으로 고급 정보와 가치 있는 자료를 얻을 수 있는 채널을 확보하는 것이다. 정보와 자료 수집은 공연 기획사와 공연 기획자가 경쟁력을 갖추기 위해서 가장 중요하고 필요한 부분이다.

공연 사업 구상이나 작품 구상은 하루아침에 할 수 있는 일이 아니므로 이 일을 추진하기 위한 정보와 자료를 얻을 수 있는 개인 네트워크를 꾸준히 구축해 놓아야 한다.

| 작품 구상을 위한 정보 수집 방법

▶인적 네트워크를 통하는 방법(친구, 선배, 동문, 친척, 예술가, 배우 등)

▶독서를 통하는 방법(인문, 베스트셀러, 역사, 세계문화, 만화 등)

▶매스미디어 및 인터넷을 통하는 방법(텔레비전, 라디오, 신문, 잡지, 인터넷 등)

▶직 · 간접인 경험이나 체험을 통하는 방법(여행, 감상 - 드라마/영화/공연, 방문 - 박물관)

| 공연 작품 선정

공연 기획사가 추진하는 업무 중에서 가장 어려운 부분이 자금 조달, 공연장 대관, 수익 창출과 함께 공연 작품을 선정하는 것이다. 즉 공연할 대본을 선정하는 것이다. 어쩌면 공연 작품의 선정이 공연 기획의 시작이고 공연 기획의 절반을 차지한다고도 말할 수 있다. 공연 작품 선정은 내부에서 충분한 검토를 통한 공연 작품을 공연 작품 선정회의에서 협의하여 결정한다.

김PD 생각   공연 작품 선정 시 공연 기획자가 생각해 보아야 할 것

▶선정된 공연 작품을 자신이 좋아해야만 끝까지 최선을 다할 수 있다.
▶공연 작품에 대해 다른 사람의 생각이 아닌 자신이 공연 작품에 확신이 있어야 스스로의 의지로 제작/기획 시 발생하는 문제점을 해결할 수 있다.
▶공연 작품의 흥행을 어느 정도 예측할 수 있어야만 다른 사람을 설득하여 성공적인 공연으로 이끌 수 있다.

공연 작품 선정회의Performing works selected meeting

공연 작품 선정회의란 공연 기획사가 앞으로 일정 기간 동안 제작할 공연 작품을 선정하기 위해 진행하는 회의를 말한다. 회의 참석자는 내부에서 프로듀서, 제작감독, 마케팅 담당, 홍보 담당 등이고 외부 참석자로는 공연 기획사와 연관되어 있는 연출가, 음악감독, 작곡가, 평론가, 무대감독, 공연 기획자 등이 참석한다. 공연 작품 선정회의는 공연 기획사가 작품 구상을 통해 준비한 공연 작품에 대한 의견을 구하고 확정하는 회의로 보통 3회 정도가 실시된다. 공연 기획사 제작감독은 충분한 시간을 두고 내부 검토를 통해 최종 공연 작품 자료를 준비하여 실질적인 회의가 될 수 있도록 한다.

제작감독이 준비해야 할 자료에는 시놉시스, 대본, 준비한 대본의 요약본, 제작 계획, 주요 스태프, 주요 출연 배우 등에 대한 자료들이 있다. 빠른 회의 진행을 위해 파워포인트를 작성하여 프레젠테이션을 하는 것이 좋다. 회의가 끝나면 공연 작품에 대한 보안 유지를 위해 외부 참가자에게 양해를 구하고 공연 작품 자료를 회수한다.

공연 작품 선정 회의 주요 내용

구 분		내 용
참석자	내부	프로듀서, 제작감독, 마케팅 담당, 홍보 담당 등
	외부	연출가, 음악감독, 작곡가, 평론가, 무대감독, 공연 기획자 등
공연 작품 선정 회의 협의 사항		공연 작품 선정 검토 ▶ 공연 작품의 내용을 무대에 실현 가능성 ▶ 공연되었을 때에 관객의 평가와 예상 반응 ▶ 사업성에 대한 종합 검토

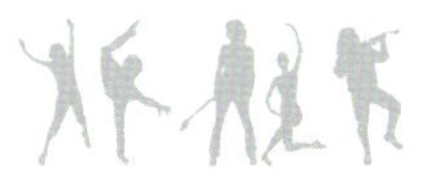

6. 공연 사업 회의 公演事業會議, Performing business conference

| 공연 사업 회의

공연 작품 선정회의에서 확정된 공연 작품을 사업화하기 위한 회의로서 공연 기획사의 내부 역량을 총동원하여 구체적이고 실행 가능한 방안을 제시해야 한다. 자금 조달 계획은 물론 대관 계획, 주요 스태프 구성, 주요 배역 선정, 홍보 마케팅 계획 등을 종합적으로 검토하여 공연 사업 계획서를 작성하기 위한 협의를 진행한다. 회의 참석자는 공연 기획사 내에 모든 사람들이 참여하고 특별히 외부 전문 인력의 경험이나 자문이 필요하면 참석시킨다.

공연 사업 회의 주요 내용

장 점		내 용
참석자	내 부	프로듀서, 제작감독, 마케팅 담당, 홍보 담당 등
	외 부	연출가, 음악감독, 무대감독, 무대디자인 등
공연 사업 회의 안건		공연이 확정된 작품에 대한 구체적인 사업화 작업 ▶ 자금 조달 계획(투자 등) ▶ 대관 계획 ▶ 주요 스태프 구성 ▶ 주요 배역 선정 ▶ 홍보 마케팅 계획

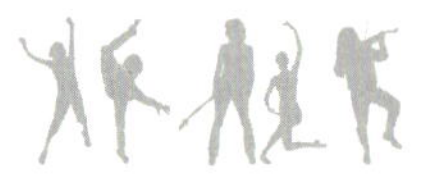

7. 공연 사업 계획서 公演事業計劃書, Performing business plan

공연 사업을 위한 작품 아이디어나 공연 계획을 갖고 있더라도 머릿속으로만 구상하고 있으면 소용이 없다. 그것을 구체화하고 현실화시키기 위해서는 누구나 공감하고 쉽게 이해할 수 있도록 문서화 작업이 필요하다. 작품 아이디어나 공연 계획이 공연 기획자의 머릿속에만 있고 다른 사람들과 공유할 수 없다면 한낱 상상으로 끝나고 무용지물이 될 가능성이 매우 크다. 이러한 작품 아이디어와 공연 계획에 생명력을 불어넣어 주는 작업이 바로 공연 사업 계획서의 작성 작업이라고 할 수 있다.

만약 공연 사업에 대한 계획서가 구체적이고 체계적으로 문서화되었다면 매번 사람들을 만날 때마다 공연 사업에 대한 내용을 말로 길게 설명할 필요 없이 문서로 작성된 공연 사업 계획서를 제시함으로써 상대방을 충분히 이해시키고 신뢰도 얻을 수 있을 것이다. 공연 사업 계획서는 공연 관계자들에게 공연 사업의 내용을 효과적으로 전달하는 매체 역할을 하며, 투자 유치 제안서와 공연 기획서 작성을 위한 기초 자료로도 활용된다.

그래서 공연 기획자는 공연 사업 계획서 작성을 위해 관련 사업 분야에 대한 전문 지식과 컴퓨터를 통한 문서 작성 능력이 요구되므로 사전에 충분히 학습해 두어야 한다.

| 공연 사업 계획서의 성격

공연 사업 계획서는 공연 기획사가 연간 추진해야 할 공연 사업에 대한 계획과 내용을 일정한 형식에 의거하여 구체적이고 체계적으로 알기 쉽게 정리해 놓은 문서를 말한다. 이 공연 사업 계획서는 공연 사업의 성공 여부를 판단하고, 또한 공연 기획사의 역량과 능력을 평가하는 기준이 된다.

한편으로 공연 사업 계획서는 공연 기획서와 비슷한 개념으로 이해되기도 하지만, 공연 기획서는 앞으로 제작할 개별 공연에 대한 계획을 구체적으로 작성한 문서로 공연 사업 계획서와는 구별된다.

공연 사업 계획서는 내부 직원들에게는 공연 사업의 비전을 공유하기 위한 안내서이자, 직원들 사이에 공연에 대한 의사소통을 하게 하는 매개체이다. 또한 외부의 투자사, 스태프, 언론 방송 매체 등 이해 관계자들의 협력과 지원을 이끌어 내기 위한 제안서이기 때문에 매우 중요하다.

작성 목적에 따른 내부용과 외부용 구분

공연 사업 계획서는 작성 목적에 따라 내부용과 외부용으로 용도를 구분해 볼 수 있다. 내부용 공연 사업 계획서는 공연 사업 타당성 분석을 포함하여 공연 사업의 계획을 수립할 목적으로 작성되며 세부 내용으로는 공연 기획사가 앞으로 추진해야 할 공연 사업 분야, 그리고 공연 사업을 추진해 나아가기 위한 구체적이고 실행 가능한 전략과 추진할 때 필요한 내용, 즉 공연 작품 선정, 인력 운영, 자금 조달, 전략적 홍보 마케팅, 수익화 방안 등의 계획을 종합하여 체계적으로 정리해 놓은 것이다.

외부용 공연 사업 계획서는 특정한 목적에 따라 그 목적을 달성하기 위하여 일정한 양식으로 작성된다. 대개는 자금 조달(투자 유치, 공동사업 제안), 전략적 제휴(마케팅 협력 등) 등을 목적으로 작성하는 경우가 대부분을 차지한다. 그래서 외부용 공연 사업 계획서는 내부용 공연 사업 계획서에 특정 부분인 투자 유치, 공동사업 제안, 투자 방안과 예상 기대수익, 공동 마케팅 협력 방안 등이 각기 목적에 따라 첨가되어 작성된다.

공연 사업 계획서 작성 시 유의해야 할 사항

공연 사업 계획서는 기본적으로 누구나 쉽게 이해할 수 있도록 간결하고 명료하게 작성해야 한다. 어느 누구도 자신이 이해하지 못하는 사업에는 절대 투자하거나 협력하지 않으려 하기 때문이다. 공연 사업 계획서는 작성자 자신만 이해할 수 있는 내용으로 만들면 안된다. 계획서는 자기의 지식이나 능력을 자랑하기 위해 만드는 것이 아니라 이를 통해 다른 사람의 이해를 구하고 협조를 받기 위해 만드는 것임을 명심해야 한다.

자료의 홍수 속에 살고 있는 현대 사회에서 내용이 복잡하고 분량이 많은 문서를 검토해 달라고 하는 것 자체가 상대방을 불편하게 만들어 심도 있는 검토를 어렵게 만들 수 있다. 상대방을 위해 내용을 간결하고 명료하게 작성하고 사업의 핵심을 파악할 수 있게 만들어 협력이나 지원을 이끌어 내야 한다. 만약에 상대방이 검토하고 나서 추가 자료를 요구하면 그때 자세한 내용을 전달하면 된다. 공연 기획자가 관객을 이해하기 위해 최대한 노력을 하듯, 사업 계획서를 작성하는 사람도 사업 계획을 검토하는 투자자나 의사결정자들을 이해하려는 노력이 필요하다.

① 처음부터 지나치게 많은 내용을 담은 공연 사업 계획서를 작성하지 말아야 한다. 공연 사업 계획서는 앞으로 전개될 사업에 대해 일목요연하게 정리된 것으로 해당 사업이 전개되었을 때 제3자가 사업에 대해 이

해하고 판단할 수 있는 정도면 충분하다. 지나치게 많은 내용은 투자사를 비롯한 사업 검토자에게 오히려 방해 요소로 작용할 수도 있음을 유의해야 한다.

② 공연의 가치와 제작할 공연 작품의 예술성에 너무 집착하지 말아야 한다. 간혹 공연 사업 계획서와 보도 자료의 역할을 혼동하는 공연 기획자가 많이 있다. 공연과 공연 사업에 대한 지나친 자신감과 확신은 사업 검토자에게 부정적으로 작용하여 어렵게 작성한 공연 사업 계획서를 휴지조각으로 만들 수도 있다.

③ 현재의 사실에 입각해서 작성하고 제시한 내용에 대한 출처는 반드시 밝혀야 한다. 현재의 사실에 입각하지 않은 공연 사업 계획서는 단지 예술가의 공상을 문서로 작성해 놓은 아이디어로 만족할 수밖에 없다. 공연 사업 계획서에 기초가 되는 내용, 데이터는 반드시 사실 자체에 근거하여야 하며, 그것의 출처도 꼭 밝혀야 한다.

④ 보기 좋고 화려한 디자인이 아닌 공연 사업의 내용으로 사업의 타당성을 평가받음을 명심해야 한다. 최근에는 공연 사업 계획서를 거의 프레젠테이션 문서로 만들다 보니, 공연 사업계획의 내용에 심혈을 다하기보다는 프레젠테이션 문서의 표현 양식을 손보는 데 지나친 시간을 투여하는 경우도 많다. 공연 사업 계획서는 문서의 디자인이 아닌 신뢰와 믿음이 가는 내용으로 평가받는다는 것을 명심해야 한다.

공연 사업 계획서 목차(예)

① 공연 기획사의 소개
▶ 미션, 비전, 사업영역, 인적자원 소개
② 공연 산업 현황과 전망
▶ 공연 시장의 현황
▶ 공연 산업의 전망
▶ 공연 사업 분야의 사업성
③ 공연 기획사의 사업 계획
▶ 내부(자체) 공연제작/기획
▶ 외부 공연제작/기획 대행
▶ 예술 교육 프로그램 개발 및 운영
▶ 예술 관련 출판사업

④ 공연 기획사의 수익화 방안
▶ 공연 작품의 레퍼토리화
▶ 상설공연장의 운영
▶ 지방 및 행사 공연 유치 강화
▶ 외부 공연제작/기획 대행 유치 강화
▶ 정부나 공공기관의 보조금 및
  지원금 확보 강화
▶ 협찬/후원/기부금 유치 강화
▶ 회원 확보를 통한 회비 징수 강화
⑤ 공연 기획사의 투자 유치 계획
▶ 공연 작품별 투자 유치 강화 방안
⑥ 공연 기획사의 자금 운영 계획

김PD 메모　　투자자 입장에서 관심 있는 사업 계획서

▶ **인적자원의 강점과 사업 아이디어를 설명하라**
창업 직원들의 명성과 능력, 경력사항을 적는다.
사람과 사업 아이디어에 투자하는 것이다.

▶ **외부환경에 대한 이해와 통찰력을 보여 주라**
사업의 외부환경에 대한 충분한 이해와 외부환경 영향에 대한 통찰력이 필요하다.

▶ **경쟁에 관해 구체적으로 밝혀라**
우리 사업의 경쟁자는 누구이고, 우리는 어떠한 자원을 가지고 있는가?
경쟁 시장 기회를 발견하고 이용할 수 있는 능력이 준비되어 있는가?

▶ **현재 및 미래 수익 기회를 정확하게 밝혀라**
우리 상품 또는 서비스에 대한 전체 시장 규모가 적정한가?
미래에도 지속 성장 가능성이 있는가?

▶ **위기 관리 대책과 투자자 보상책을 밝혀라**
인적자원, 시장기회, 외부 및 내부 환경이 직면하게 될 위험성에 과감히 대처할 계획이
준비되어 있는가?
투자자에 대한 보상 대책은 준비되어 있는가?

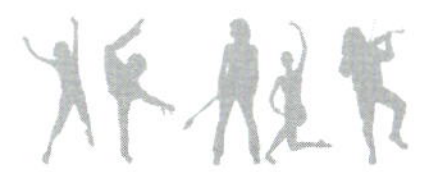

8. 공연 기획서 公演企劃書, Performing proposals

공연 기획자에게 있어 공연 기획서는 자기의 분신과 같은 것으로 참가 스태프, 출연 배우, 관객, 투자자들에 대한 공연 제작/기획에 대한 약속을 의미한다. 그래서 공연 기획자는 최고·최선의 공연 기획서를 작성하기 위해 평소에 공연 예술의 이해, 스태프/배우들에 대한 객관적 평가, 홍보 마케팅에 대한 전문 지식, 기업 환경과 사회 환경의 변화 등을 인식하고 끊임없이 자기만의 공부를 스스로 해야만 한다.

물론 성공으로 이끄는 공연 기획서는 결코 혼자만의 능력과 노력으로 만들어지는 것이 아니라 참가 스태프, 출연 배우, 제작감독, 홍보 담당, 마케팅 담당, 재무 담당들과의 대화와 협력을 통해서만 최고의 공연 기획서를 만들 수 있다. 그리고 공연 참가자 모두가 최선을 다해 이를 실행할 때에 비로소 약속을 지키는 공연 기획서가 된다.

| 공연 기획서의 성격

공연 기획서는 대본을 성공적으로 무대화하기 위한 구체적인 방안과 수익화 방안을 제시해 놓은 기획서를 말한다. 공연 관계자뿐만 아니라 누구라도 한번 보면 전체적인 공연 제작의 특징과 내용을 쉽게 이해할 수 있도록 명료하게 작성한다. 그리고 공연 기획서를 작성할 때 공연 제작에 관련된 모든 요소와 변수들을 미리 파악하고, 이를 충분히 고려하여 작성한다. 예를 들면 대관 신청한 공연장이 예상과 달리 대관 승인이 되지 않을 경우를 대비하여 다른 대안을 마련해 놓아야 한다.

수차례의 회의를 거쳐서 공연 사업 계획서가 완성되면 공연 기획자는 공연 사업 계획서의 아이디어를 더욱 현실화시키고 구체화하는 공연 기획서를 작성한다. 이때 작성된 공연 기획서에는 공연 사업 계획서에서 자세히 다루지 못한 각각의 개별 공연을 성공적으로 제작하기 위한 세부 내용을 담고 있어야 한다.

공연 기획서에는 공연 제작에 임하는 공연 기획자의 예술 철학, 목표, 관객에 대한 메시지 등이 담겨 있어야 한다. 자신이 제작하는 공연이 단순한 이벤트가 아닌 공연 예술임을 명심해야 한다.

공연 기획서는 공연에 참여하는 내부 관계자들에게 목표와 방향을 제시해 주는 안내서 같은 역할을 하고 외부 관계자들에게 전달되는 최초의 공연 소개서임을 명심하여 되도록이면 모든 사람들이 쉽게 이해할 수 있도록 구체적으로 작성해야 한다.

최초 작성되는 공연 기획서를 바탕으로 작성 목적이나 용도에 따라 구성을 달리해서 내부 검토용 공연 기획서, 외부 홍보용 공연 기획서, 투자 유치를 위한 공연 기획서, 협찬 유치를 위한 공연 기획서, 프로모션과 관객 유치를 위한 공연 기획서 등을 작성하게 된다. 최초로 작성된 공연 기획서가 이 모든 것의 기초 자료로 사용되는 것을 명심해야 한다.

그리고 공연 기획자는 본인이 작성한 공연 기획서가 자신의 모든 능력과 역량을 평가하고 공연 사업의 성공과 실패를 가름한다는 사실을 알아야 한다. 따라서 일관성을 가지고 누구나 쉽게 이해할 수 있는 자기만의 공연 기획서를 작성할 수 있어야 한다.

끝으로, 한 편의 공연 작품이 성공적으로 무대화되어 공연된다는 것은 결코 말처럼 쉬운 일이 아니며, 대본의 높은 완성도, 적절한 스태프 선정과 배역 캐스팅, 차별화된 홍보 마케팅 계획, 예산 집행 등이 함께 유기적으로 결합될 때 가능하다.

| 공연 기획서의 내용

공연 기획서는 일정한 원칙과 형식에 따라 작성되지만, 작성 순서나 내용이 정해져 있는 것이 아니므로 독특한 자기만의 작성 순서, 형식, 디자인 등을 미리 구상해 놓으면 차별화된 공연 기획서를 작성할 수 있다.

기본적으로 공연 기획서에 반드시 포함되어야 할 내용으로는 ① 공연 개요, ② 공연 특징, ③ 주요 스태프, ④ 주요 배우, ⑤ 홍보 계획, ⑥ 마케팅 계획, ⑦ 수익 방안, ⑧ 예산 계획, ⑨ 제작 일정, ⑩ 회사 소개 등이 있고, 이외에 내용이 추가될 수 있으며 제작 방향이 연출 방향이나 연출 의도라는 명칭으로 변경되어 작성될 수도 있다.

공연 기획서의 분량은 최소 15~50쪽 내외로 작성되지만 분량이 정해진 것은 아니다. 공연 기획자는 공연 기획서를 검토하는 사람 입장에서 적절한 분량을 항상 고민해야 하고, 다만 창작 작품이나 설명이 많이 필요한 공연의 경우에는 분량을 늘려 작성할 수 있다.

그리고 작성한 공연 기획서의 분량이 너무 많을 경우에는 요약본을 함께 만들어 놓으면 홍보, 투자 및 협찬 유치 때에 유용하게 사용할 수 있다.

김PD 메모　공연 기획서의 역할

▶ 공연 기획을 실행하기 위한 안내서 역할
▶ 보도 자료 작성을 위한 참고자료
▶ 제안서(투자, 협찬) 작성을 위한 기초자료

■ 내부용 공연 기획서

▶작성 목적: 내부 직원을 이해시키고 공연 기획을 추진하기 위함(※ 내용을 자세하게 작성한다).

▶주안점: 공연 특징, 스태프/배우 소개, 홍보 세부계획, 마케팅 세부계획, 예산 세부계획, 추진 세부일정 등.

■ 대관용 공연 기획서

▶작성 목적: 공연장 관계자에게 대관의 이해를 구하고 당위성을 설명하기 위함.

▶주안점: 공연 특징, 스태프/배우 소개, 홍보 계획, 마케팅 계획, 예산 계획 등.

■ 투자 유치용 공연 기획서

▶작성 목적: 투자사 설득과 이해를 통해 투자를 유치하기 위함.

▶주안점: 공연 특징, 스태프/배우 소개, 홍보 계획, 마케팅 계획, 수익 계획(수익 분석, 목표 수익, 수익 배분), 투자 제안(투자 포인트, 투자사 수익률) 등.

김PD 메모 투자에 대한 생각

투자 제안서에서 우선시 되어야 할 것은 투자에 대한 수익률보다 공연 투자의 안정성을 투자자에게 충분히 설명하고 이해시켜야 한다. 그러고 나서 공연 수익에 대해 공연 기획사와 투자사간에 공감대 형성이 매우 중요하다.

■ 홍보용 공연 기획서

▶작성 목적: 홍보 전략과 실행계획을 수립하고 목표로 하는 타깃층에게 공연을 알리기 위함.

▶주안점: 공연 특징, 스태프/배우 소개, 홍보 세부 계획(홍보 콘셉트, 홍보 타깃, 매체 홍보 계획 등), 예산 계획 등.

■ 마케팅용 공연 기획서

▶작성 목적: 마케팅 전략의 수립과 실행을 통해 관객을 개발하고 유치하여 목표 수익을 창출하기 위함.

▶주안점: 공연 특징, 스태프/배우 소개, 마케팅 계획(타깃 분석, 관객 유치 방안, 수익 분석, 목표 수익, 차별화 전략), 예산 계획 등.

■ 협찬(후원) 유치용 공연 기획서

▶작성 목적: 공연과 기업이 연계할 수 있는 접점을 찾아내어 협찬(후원)을 유치하기 위함.

▶주안점: 공연의 특징, 스태프/배우 소개, 홍보 계획, 협찬사 제안 내용, 협찬사 혜택 사항, 예산 계획 등.

| 공연 기획서 작성 방법

① 표지

표지에는 기본적으로 메인 카피, 공연 제목, 공연 기획사명, 주소와 연락처, 담당자 이름, 메일 주소, 홈페이지 주소 등을 기입한다. 기획서 표지는 사람의 얼굴에 해당되는 가장 중요한 부분 중 하나이므로 공연의 메인 로고체, 적절한 메인 카피, 공연의 콘셉트와 이미지를 잘 구성하여 공연의 특징이 시각적으로 잘 전달될 수 있도록 한다. 보통의 경우에 포스터, 공연 사진 등을 활용하여 표지를 구성한다.

② 목차

기획서의 전체 구성을 알 수 있도록 하는 것이 목차이다. 기획서의 구성 순서를 차례대로 기입하고 보는 이가 한눈에 파악할 수 있도록 일목요연하게 작성한다. 글씨의 크기로 큰 제목과 작은 제목을 구분하여 쉽게 이해할 수 있도록 한다.

③ 공연 개요

공연 개요 부분은 보통 목차 다음에 위치하고 공연에 대한 핵심 내용을 정리해서 보여 준다. 공연 개요에는 공연 제목, 공연 일시, 공연 장소, 주최/주관/제작/후원/협찬, 주요 스태프, 주요 출연배우, 티켓 가격, 티켓 예매처, 문의처 등이 포함된다. 섭외 중이나 아직 확정되지 않거나 부분은 미정 또는 예정이라고 표시하면 된다.

구분	내용
공연 제목	공연의 장르와 함께 메인 타이틀을 쓴다. 메인 카피와 서브 타이틀이 있으면 레이아웃해서 함께 쓴다.
	예) 6 · 25 60주년 공연 연극 〈6 · 25 전쟁과 이승만〉
공연 일시	공연 기간, 공연 횟수, 공연 시간을 순서대로 적는다.
	2010. 6. 18(금) ~ 27(일) / (11회 공연) 화~금/7시30분/ 토/3시, 7시, 일/3시 월/쉼
공연 장소	공연이 실연되는 장소에 지역을 포함하여 쓴다.
	대학로 예술극장 대극장(서울 종로구 동숭동)

주최 주관(제작) 후원 협찬	주최: ○○극단, ○○공연 예술센터 주관: ○○극단 후원: 국가보훈처, 조선일보, 서울문화재단, 전국경제인연합회 협찬: ○○전자, ○○자동차
주요 스태프	공연에 참가하는 주요 스태프를 쓴다.
	작/연출 정○○, 무대 디자인 조○○, 의상 디자인 변○○ 등
주요 출연배우	공연에 참가하는 주요 출연배우를 쓴다.
	박○○, 차○○, 박○○, 장○○ 등
티켓 가격	티켓 등급과 가격을 구분하여 함께 쓴다.
	VIP석: 70,000원 R석: 50,000원 S석: 30,000원
관람 연령	공연을 관람할 수 있는 적정 연령을 적는다.
	만 17세 이상(고등학생 관람가)
공연 소요 시간	약 120분
주요 티켓 예매처	티켓을 구입할 수 있는 티켓 예매처와 전화번호를 쓴다.
	인터파크. 티켓링크, 사랑티켓
문의	공연에 대해 문의할 수 있는 전화번호를 말하며 보통 공연 기획사 대표전화로 한다.
	○○극단 02-734-45××

주최/주관/후원/협찬 비교

■ 주최Organizer

공연이나 행사에 대해 대외적으로 대표하고 명분상 총괄하는 단체를 말하며, 주최사로 참여하는 기관으로 국가 및 정부기관, 방송사, 언론사, 공연장, 공연 기획사, 공연 단체 등이 있다.

■ 주관Presenter

공연이나 행사를 실제적으로 총괄하는 전문 단체를 말하며, 보통 공연 기획 능력을 가진 공연 기획사, 공연 단체, 대행사, 이벤트사 등이 있다(* 공연을 제작한 공연 기획사나 공연 단체를 주관사로 표기한다).

■ **후원**Supporter

공연이나 행사의 대외적인 공신력을 높일 목적으로 섭외한 기관이나 단체를 말한다. 후원사로는 대개 인지도가 높은 국가 및 정부기관, 공공기관, 학술단체, 기업, 대사관 등이 참여한다.

■ **협찬**Sponsor

기업이 공연이나 행사에 현금 및 물품을 지원하는 것을 말하고, 넓게 보면 협찬은 후원 안에 포함되는 개념이지만 현금이나 물품 지원을 강조하여 사용하는 말이 협찬이다. 공연 기획사는 협찬에 대해 반대 급부로 티켓, 광고, 홍보 등을 제공한다.

연극, 오페라, 뮤지컬, 창극, 무용 등의 공연 〈인천상륙작전〉을 제작할 경우

■ **학송프로젝트가 주최자로 제작할 경우**

공연 작품의 명성으로 흥행에 자신이 있으며 대관을 위해 공동 주최자로 공연장(국립극장, 예술의 전당) 등을 섭외하고 홍보 및 투자를 위해서는 공동 주최자로 방송사(MBC, SBS 등)를 섭외한다. 이 경우에 대형 뮤지컬 작품, 해외 초청 공연, 흥행 가능성과 수익이 보장된 공연이 해당되고 역할과 책임에 따라 수익금을 배분해야 한다.

공연 〈인천상륙작전〉
주최: 공연장, 방송사, 학송프로젝트 주관: 학송프로젝트 로 표시하고 때로 주관사를 생략하기도 한다.

■ **학송프로젝트가 주관사로 제작할 경우**

공연 작품의 명성으로 흥행을 믿고 의욕적으로 사전에 제작 기획을 했지만, 공연 작품의 제작 규모가 너무 커서 투자사, 대행사, 방송사 등을 주최사로 섭외하여 투자 유치를 통한 제작비 분담, 텔레비전 스폿Spot을 통한 홍보 마케팅을 강화한다. 이 경우에 대형 뮤지컬 작품, 해외 초청 공연, 수익이 보장된 공연이 가능하고 역할과 책임에 따라 수익금을 배분받는다.

공연 〈인천상륙작전〉

주최: 투자사 또는 대행사 또는 방송사
주관: 학송프로젝트
제작: 학송프로젝트
로 표시한다.

만약 6 · 25 전쟁과 관련된 공연을 제작할 경우 ,국방부, 육군본부, 방송사, 주한미국대사관 등에 후원을 요청하게 된다. 이때에는 대개 공신력 확보, 전쟁 관련 소품 무료 대여, 전쟁 영상 자료 확보, 관객 동원, 홍보 지원을 목적으로 후원을 요청한다.

또한 셰익스피어와 관련된 공연을 제작할 경우에는 영국대사관이나 문화원, 한국셰익스피어 학회 등에 후원을 요청하게 되는데, 이때에는 공신력 확보, 관객 동원과 세미나 개최를 목적으로 후원을 요청한다.

④ 공연 특징

공연 특징을 나타내는 용어로 공연 콘셉트, 기획 의도, 제작 방향, 연출 의도 등 다양한 용어가 사용되지만, 이런 용어들은 공연의 취지와 차별화를 표현하는 용어로서 다른 공연 작품과 구별되는 특징을 말한다.

■ 공연 콘셉트

▶공연 작품이 관객들에게 전달하고자 하는 상징적 의미를 말한다.

■ 기획 의도(기획 방향, 기획 배경)

▶공연을 기획하는 이유, 취지, 배경을 설명한다.

■ 제작 방향(제작 배경, 제작 의도)

▶공연을 제작하는 이유, 취지, 배경을 설명한다.

■ 연출 의도(연출 콘셉트, 연출 방향)

▶연출자가 이번 공연을 다른 공연들과 차별화하여 만들겠다는 의도, 방향을 설명한다.

⑤ 공연 내용 소개

공연 줄거리, 주요 스태프와 주요 배우를 소개하고, 뮤지컬의 경우, 뮤지컬 넘버에 대해 간략하게 소개하면 된다. 이 부분은 투자사, 후원사, 협찬사들이 관심 있게 검토하는 내용으로 공연의 상품 가치를 판단할 수 있는 부분이다. 창작 공연일 경우에 예술 스태프인 작가, 연출가, 안무가, 작곡자, 지휘자 등과 충분한 협의를 하고 작성해야 한다(*중요 경력을 중심으로 작성함).

■ 공연 줄거리

▶공연의 중심 이야기를 정리하여 간략하게 소개한다.

■ 주요 스태프 소개

▶주요 스태프의 중요 경력 사항을 정리하여 전체적으로 통일되게 구성하여 소개한다(*시상 부분도 포함).

▶주요 스태프: 작가, 연출가, 음악 부분(음악감독, 작사가, 작곡자, 편곡자, 지휘자), 안무가, 무대 디자인, 조명 디자인, 의상 디자인 등

■ 주요 배우 소개

▶주요 배역의 소개는 중요 출연(연주) 경력과 사진을 전체적으로 통일되게 구성하여 소개한다(*시상 부분도 포함).

▶주요 배역의 출연자를 중심으로 10명 이내로 소개한다(특별 출연자도 소개한다).

■ 기타(뮤지컬 넘버, 무대 스케치 등)

⑥ 홍보 계획

홍보 계획은 홍보 기획서를 2~5장 이내로 간략하게 요약하여 홍보 콘셉트/홍보 방향, 홍보 타깃 분석과 목표, 홍보 타깃 선정, 단계별 홍보 전략, 매체별 세부 홍보 방안, 홍보물 제작 내용, 광고 추진 내용, 홍보/광고 추진 일정 등을 순서대로 알기 쉽게 작성하는 것을 말한다.

▶홍보 콘셉트/홍보 방향

▶홍보 타깃 분석과 목표

▶홍보 타깃 선정

▶단계별 홍보 전략

▶매체별 세부 홍보 방안

▶홍보물 제작 내용

▶광고 추진 내용

▶홍보/광고 추진 일정

⑦ 마케팅 계획

마케팅 기획서를 2~5장 이내로 간략하게 요약하여 마케팅 콘셉트/마케팅 방향, 마케팅 타깃 분석과 목표, 마케팅 타깃 선정, 마케팅 실행 방안(온/오프라인), 마케팅 프로모션과 이벤트, 마케팅 추진 일정 등을 순서대로 알기 쉽게 작성하는 것을 말한다. 보통 마케팅 계획안에 수익 계획을 포함해서 작성하지만 대형 뮤지컬, 오페라, 발레 공연 등은 별도로 수익 계획을 작성하여 공동 주최사나 투자사에 제시한다.

▶마케팅 콘셉트/마케팅 방향

▶마케팅 타깃 분석과 목표

▶마케팅 타깃 선정

▶마케팅 실행 방안

▶마케팅 프로모션과 이벤트

▶마케팅 추진 일정

⑧ 수익 계획

공연이 목표로 하는 수익을 확보하기 위해 구체적으로 제시해 놓은 방안과 계획을 말한다. **공연 수입은 티켓 판매 수입, 공연 기념품 판매 수입, 협찬 수입, 광고 수입, 지방 공연 수입 등으로 구분할 수 있다.** 대부분의 경우 티켓 판매 수입의 결과가 공연의 성공을 좌우한다.

티켓 판매 수입은 총 티켓 판매 수입에서 부가세, 판매수수료, 카드 수수료를 제외한 티켓 수입의 총액이다. **공연 기념품 판매 수입**은 프로그램, 음악 CD, DVD, 머그컵, 티셔츠 등의 판매 수입을 말하는데, 이 중 프로그램 판매 수익이 가장 많다. 음악 CD와 DVD는 뮤지컬, 오페라, 발레, 창극 공연에서 많이 제작하여 판매한다.

협찬 수입은 물품 협찬을 제외한 현금 협찬을 말하나 홍보 경비로 사용된 것을 제외한 금액을 말한다. 광고 수입은 기업에서 일정한 광고비를 지불하고 프로그램에 광고한 경우를 말한다. 대부분 물품 협찬으로 프로그램 광고를 추진하기 때문에 광고 수입은 생각만큼 많지 않다.

지방 공연 수입은 지방 공연을 추진한 경우에 초청 금액에서 지방 공연 지출 비용을 제외한 금액을 말한다. 공연 기간에 목표로 하는 티켓 판매 수입을 확보하기 위해서 유료 관객수를 늘리고, 티켓 평균 판매 단가를 높여야 한다.

만약 공연 기획사가 티켓 판매 수익을 예상하려면 티켓 가격, 공연장 총좌석수, 공연 횟수, 예상 유료 객석 점유율, 평균 티켓 가격의 변수를 파악해야 한다, 통상 유료 객석 점유율이 몇 %일 때 손익분기점에 달성하고, 어느 정도 수익이 발생하는지 예상해 볼 수 있다.

▶**총수익 목표**

▶**부분별 수익 목표**

티켓 판매 수익 목표(손익분기점, 목표 객석 점유율, 목표 관객수, 평균 티켓 가격)

협찬 및 광고 수익 유치 목표

공연 기념품 판매 수익 목표

지방공연 추진 수익 목표

▶총판매좌석수 = 공연장 총좌석수(1회) − 유보석 − 사석 × 공연 횟수
　※유보석: 공연장 사정으로 판매에서 제외한 좌석(보통 공연장 초청 VIP용으로 사용)
　※사석: 무대 장치로 인해 공연 관람이 어려운 좌석(보통 시야장애가 50% 이상 좌석)
▶객석점유율 = 총좌석수 ÷ 총관람객수
▶유료객석점유율 = 총좌석수 ÷ 총유료관람수
▶평균 티켓 객단가 = 등급별 총가격의 합 ÷ 등급별 티켓의 종류
　※예: R석 50,000원, S석 30,000원, A석 20,000원이면 (50,000원 + 30,000원 + 20,000원) ÷ 3종류 = 33,333원

---

⑨ 추진 계획

추진 계획은 제작 계획(일정), 진행 계획(일정) 등의 용어로 쓰이기도 한다. 추진 계획은 성공적인 공연을 위하여 공연 기획서 작성일부터 공연 종료일까지 자세하게 작성해야 한다. 스태프 구성, 배역 캐스팅, 홍보 마케팅, 협찬 및 광고 유치 등 업무별 추진 일정과 담당자(부서)를 정하고, 각 부분별 전체 추진 일정을 이해하기 쉽게 분야별, 월별, 주간별로 작성한다. 공연 기획서는 공연 시작 1~2개월 전에서 길게는 1~2년 전에도 작성할 수 있다.

▶제작 계획(제작 일정) 또는 진행 계획(진행 일정)

▶추진 담당부서 및 담당자

⑩ 예산 계획

공연 기획부터 공연 종료 때까지 각 부분에서 요구하는 예산의 조달, 배분, 지출 등에 대해 일목요연에게 정리해 놓은 것을 말한다. 예산안은 공연 제작 예산의 지출 변수가 너무 많기 때문에 투자 제안용이 아니라면 비공개로 하는 것이 좋다. 더욱이 공연 예산(안)을 마치 확정 예산이라고 착각하고 예산 실행계획을 세우거나 아직 정해지지 않은 스태프/배우의 인건비를 외부에 발설하는 경우가 종종 있는데 주의해야 한다.

예산 항목은 작품료(라이선스비, 공연작품 사용료), **인건비**(스태프, 배우, 무용수, 연주자 등), **무대관련 제작 및 대여비**(무대 제작비, 조명 대여, 음향 대여, 특수효과 대여, 악기 대여, 의상제작, 소품 제작, 장신구 제작, 분장/헤어 등), **대관료**(연습장, 공연장), **홍보비**(인쇄 홍보물, 옥외 홍보물, 인터넷 홍보물, 광고비, 진행비 등), **마케팅비**(이벤트, 프로모션, 진행비 등), **제작/기획비**(회의비, 오디션 진행비 등), **예비비로 구성된다.**

예비비는 별도로 5~10% 정도를 책정하여 예산에 포함시킨다. 예산을 편성할 때에는 충분한 시장 조사와 사전 협의를 거쳐 가능하면 정확한 금액으로 작성해야 하고 예산 조달 방법, 예산 배분, 예산 지출 내용, 예산 지출 시기 등도 함께 명시하면 보다 완벽한 기획서가 될 수 있다.

예산안	지출과 수입을 정확히 파악하여 작성한다.
예상 수익 분석	지출을 기준으로 수입을 정확히 예측하여 예상 수익을 분석한다.

▶지출 항목: 작품료, 대관료, 인건비, 무대 관련 제작 및 대여비, 홍보비, 마케팅비, 제작/기획비, 예비비 등

▶수입 항목: 티켓 판매 수입, 협찬/광고 수입, 공연 기념품 판매 수입, 지방공연 수입 등

김PD 생각　예산 작성에 대한 충고

공연 제작/기획 시에 사실에 근거하고 정확한 예산을 작성하기 위해서는 공연 기획자가 공연 제작/기획 전반에 대해 충분히 이해를 하고 있어야 한다. 예를 들어 뮤지컬 음악 부분 예산 작성 시 뮤지컬 곡수, 음악 스태프의 인원, 오케스트라의 구성 인원수, 연습기간, 연습장소, 녹음관련 비용(녹음 음악 사용 시) 등에 대해 알고 있어야 한다. 공연 기획자가 한 공연의 예산안을 마련하기 위해서는 예상 작품료, 스태프/배우 예상 사례비, 대관료, 예상 무대 제작비, 홍보 마케팅비 등을 항상 염두에 두어야 한다.

⑪ 공연 기획(제작)사 소개: 비전, 미션, 사업 분야, 조직 구성, 공연 실적, 연혁 등을 순서대로 요약하여 적는다.

공연 기획사의 비전, 미션, 사업 분야, 조직 구성과 자본금, 공연 실적 (매출액, 성공 사례 등), 공연 연혁 등을 간략하게 정리하여 신뢰감을 줄 수 있도록 작성한다. 다른 공연 기획사의 실적이나 공동 기획 실적을 마치 자

기 회사의 실적으로 포장하여 작성하면 추후에 문제가 된다.

▶관련 자료(사진, 공연장 소개, 신문기사 등)

공연 사업 계획서와 공연 기획서의 비교

구분	공연 사업 계획서	공연 기획서
개념	전체 사업 개념(공연 작품, 예술 교육, 부대 사업)	단위 사업 개념(공연 작품)
작성 목적	공연 사업을 성공적으로 추진하기 위해 작성한다.	공연의 성공적인 제작/기획을 위해 작성한다.

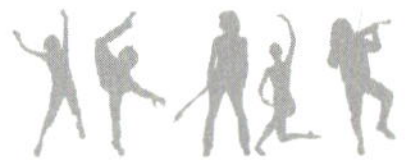

9. 공연장 대관Rent venue

| 대관

대관은 공연을 위해 일정 기간 동안 비용을 지불하고 공연장과 부대시설을 빌리는 것을 말한다. 즉 공연 기획사(공연 단체)가 공연 제작을 추진하는 경우 먼저 공연 작품을 선정하고 공연 시기를 확정한 다음, 작품에 알맞은 공연장을 검토하여, 대관 준비에 들어간다. 공연 기획사는 공연의 특성과 성격을 감안하고, 무대 형태와 객석 규모를 파악하여, 공연장 대관을 위한 실무 준비에 들어간다.

아무리 공연 기획사에서 자체 공연 시기와 공연 일정을 확정하여 대관을 신청했더라도 공연장의 대관 계획과 대관 일정에 따라 공연 일정이 조정되거나 변경되는 경우가 많다. 또한 공연 기획사는 항상 다른 공연 기획사의 공연 제작 계획도 미리 파악하여 같은 시기에 똑같은 관객층을 대상으로 공연 작품이 경쟁하지 않도록 해야 한다.

그리고 대관료가 공연 제작비에서 차지하는 비중이 매년 증가하고 있어 공연 기획사에게는 큰 부담이 되고 있다. 따라서 공연장을 결정함에 있어 심도 있게 검토하지 않으면 향후 공연 수익에 부정적인 영향을 미치게 된다.

대극장 공연의 경우 1~2년 전부터 그 다음 연도의 대관 일정에 따른 대관 공고가 공연장별로 나오는데, 그것을 꼼꼼히 살펴본 후 미리 대관 신청을 한다. 예전에는 공연장을 대관하는 데 드는 비용이 보통 공연 제작비 중에서 10%를 차지하였지만, 요즘에는 15% 이상에 이를 정도로 대관비용이 공연 제작비에서 큰 비중을 차지하고 있어 부담이 되고 있다.

대학로의 소극장 대관의 경우, 공연에 따른 무대와 객석 규모를 확인하고 검토한 후에 공연장 대관 담당자를 만나 대관 일정과 공연 일정에 협의하여 대관하면 된다.

공연장 대관료는 대극장일 경우에는 공연 장르, 공연 시기, 공연 기간 등에 따라 다르게 대관료가 책정되고, 이 밖에 공연장 무대 장비(조명, 음향, 영상, 악기 등)와 부대 시설을 이용할 경우 사용료가 추가된다.

대관의 중요성

아무리 좋은 대본, 이를 제작할 공연 기획사의 역량, 스태프/배우가 준비되고 제작비가 확보되었다고 한들 공연장이 없다면 아무 소용이 없는 일이다. 그래서 공연 기획사는 공연 작품을 무대화하기에 적당한 공연장을 대관하기 위해서 최선의 노력을 해야 한다.

작품과 공연 기획에서 필요로 하는 공연장 대관에 성공하였다면 공연 기획의 30%를 성공시킨 것이나 마찬가지라는 말이 있다. 그래서 대극장 공연인 경우 1년 전부터 그 다음 연도의 대관 스케줄에 따른 대관 공고가 공연장별로 공고되면 자세히 살펴본 후 공연 사업계획에 의해 대관 신청을 해야 한다.

공연 기획사(공연 단체)가 자체 공연장을 보유하고 있으면 굳이 대관할 필요성을 느끼지 못하지만 공연장이 없는 대부분의 공연 기획사(공연 단체)는 공연장을 대관해서 공연을 추진하기 때문이다.

더욱이 공연 기획사가 원하는 공연 시기에, 원하는 공연장에서 공연을 하기 위해 많은 공연 기획사 간에 보이지 않는 전쟁을 하고 있다. 서울에서 어느 정도 지명도가 있는 1,000석 이상의 대극장을 대관하는 것은 결코 쉬운 일이 아니다.

| 공연장 대관 추진 시 최초 검토 사항

▶공연장 인지도
▶대관 가능성과 대관료
▶공연장 무대 형태
▶공연장 객석수
▶공연장 접근성

| 대관 종류

공연장 대관에는 정기대관과 수시대관이 있으며, 대관 신청 절차는 대극장이냐 소극장이냐에 따라, 국·공립 공연장이냐 민간 공연장이냐에 따라 대관 공고, 대관 절차, 대관 승인에 조금씩 차이가 있다.

정기대관은 공연장 자체 홈페이지를 통해 매년 정해진 시기에 대관 공고를 하여 다음 연도의 대관 신청을 받아서 심사를 통해 대관을 승인하는 것으로, 각 공연장별로 정기대관의 공고 시기와 신청 기간이 다르기 때문에 항상 신경을 써서 공연장별로 정기대관 공고일자를 파악하고 있어야 한다.

수시대관은 정기대관 때 대관 신청을 하지 않은 날짜나 정기대관 신청자가 대관을 취소한 날짜를 대상으로 추가로 대관 신청을 받는 것을 말한다. 그래서 공연장별로 수시대관 공고를 파악하기 위해서 각 공연장 홈페이지를 수시로 방문하거나 공연장 대관담당자와 친분을 쌓아서 연락받을 수 있는 채널을 확보해 놓아야 한다.

국 · 공립극장에서는 정기대관 때 대관 여부를 심사하고 결정하는 대관 심사위원회를 연다. 심사위원회는 장르별 외부/내부 전문가로 구성하고 공연장의 성격이나 운영 방침에 중점을 두고 심사를 한다. 대개 공연장에서는 공정한 대관 심사를 하고 대관에 관련된 문제의 소지를 없애기 위하여 전문가로 구성된 대관 심사위원회에서 심사하는 경우가 많다.

그러나 이것도 사람들이 하는 일이라서 공연 기획사는 모든 정보력을 동원하여 각 공연장별로 예상되는 대관 심사위원의 명단을 확보하고 로비하는 경우가 많은데, 이는 국 · 공립극장의 대관료가 민간극장에 비해서 저렴하기 때문이다. 그러나 대관 신청단체에 대관 결정을 내리는 최종 책임자는 대관 심사위원회가 아니고 공연장임을 명심해야 한다.

김PD 메모　　공연장 대관 작품 변경

공연장의 대부분은 대관 계약 후에 공연 작품의 변경을 허락하지 않거나 일정기간에만 허락하고 있어 대관할 때 심사숙고하여 대관해야 한다. 작가에게 의뢰한 대본이 완성되지 않거나 외국 공연 작품의 초청 계약이 완료되지 않아서 중도에 대관을 포기하는 경우도 많이 있다.

| **공연장 대관 추진 시 고려해야 할 세부 내용**

공연장을 대관할 때에는 예술적인 측면, 경제적인 측면, 기획적인(홍보 및 마케팅) 측면, 관객 서비스적인 측면에서 고려해야 한다. 또한 스태프 및 출연 배우, 공연 기획사, 투자사, 관객의 입장에서도 신중하게 검토해야 한다. 물론 이 중에 어느 하나도 중요하지 않은 것이 없으므로 모든 것을 종합적으로 고려해서 결정해야 한다.

① 예술적인 측면을 가장 많이 고려해야 한다. 예술가들이 창작한 공연 작품이 대관한 공연장에서 무대 형태, 무대 구조, 무대 시설이 적당하지 않을 경우 공연 작품의 완성을 전혀 기대할 수 없다. 이는 작품의 완성을 위해 부대비용을 증가시키고 또한 무대 작업 기간이 늘어나고, 관객들의 만족도를 저하시킬 수 있기 때문이다. 그래서 구상한 공연 작품을 무대화하기 적당한 공연장을 1안, 2안, 3안, 4안을 만들고 검토하여 원하는 공연장 대관이 되지 않을 경우를 대비하여 여러 공연장에 대관을 신청해야 한다.

② 경제적인 측면은 공연 사업을 지속적으로 추진하기 위하여 예술적 측면과 함께 가장 중요한 부분이다. 대관한 공연장이 예술적인 측면에서는 만족시키더라도 경제적인 측면에서 공연 수익을 초과하는 제작비용이 예상된다면 아무리 공연이 성공한다고 할지라도 공연 사업을 지속적으로 영위해야 하는 공연 기획사 입장에서는 대관 결정이 매우 어려울 것이다. 그래서 공연 기획사는 예상 공연 수입과 대관료, 무대 장비 사용료(조명, 음향, 영상 등), 부대 시설 사용료를 계산하여 적절한 공연장을 선택해야

한다. 이 경우, 연출을 비롯한 스태프들은 최선의 환경과 조건에서 작업을 하고자 하는 경향이 매우 강하기 때문에 이들을 설득할 필요가 있다.

③ 기획적인 측면(홍보, 마케팅 등)에서 충분히 검토를 하지 않는다면 공연의 완성도가 매우 높았음에도 불구하고 기획(홍보, 마케팅 등)에서 실패할 수 있다. 기획적인 측면에서 관객들의 공연장 인지도, 공연장 접근성, 공연 시기 등도 매우 중요한 요소이다. 즉 공연을 위해 대관한 공연장이 예술적인 측면과 경제적인 측면을 동시에 달성할 수 있는 조건임에도 불구하고 도심에서 벗어난 신설 공연장이나 건립된 지 얼마 되지 않은 공연장일 경우, 기획적인 면에서 많은 어려움이 있을 수 있기 때문에 공연 기획자는 예술적인 측면, 경제적인 측면, 기획적인 측면을 함께 검토하여 대관을 해야 한다.

④ 관객 서비스적인 측면에서 관객에게 최상의 서비스를 제공할 수 있는 시설이 완비되어 있어야 한다. 관객 서비스 시설로는 깨끗하고 사용하기 편리한 화장실, 공연을 기다리는 시간에 적당한 가격으로 음료와 다과를 즐길 수 있는 판매 시설, 공연장에 잘 어울리면서 가족 및 애인과 함께 식사할 수 있는 분위기 있는 식당, 유아를 동반한 어머니들이 안전하게 유아를 맡길 수 있는 유아놀이방, 넓은 주차장 등도 고려해야 한다.

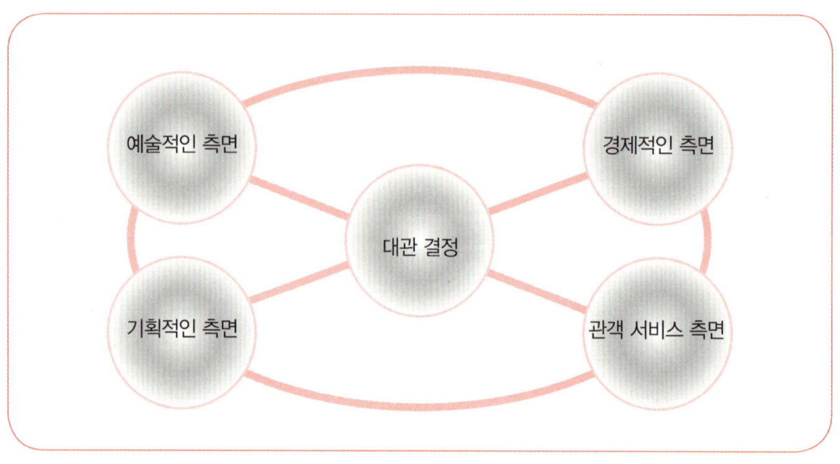

공연장 대관 시 반드시 확인해야 할 세부사항

▶무대 시설과 무대 장비(무대의 형태와 크기, 조명 장비, 음향 장비, 영상 장비 등)

▶대관료 + 사용료(무대 장비 + 부대 시설)

▶무대 인력의 지원 여부(유료 또는 무료)

▶부대 시설(분장실, 연습실, 식당 등)

▶공연장 객석수와 좌석배치(유보석의 수와 위치)

▶로비, 객석, 티켓 매표소 등의 관리 운영 지원 여부

▶대관료 지급 시기와 지급 방법

▶공연 녹음과 촬영

▶관객의 접근성과 관객 서비스 시설의 유무(유아놀이방, 커피숍, 전문식당, 주차공간 등)

① 대관 공고

▶공연장의 정기대관은 연간 1회나 2회로 나누어 공연장 인터넷 홈페이지를 통해서 대관을 공고하고, 수시대관은 대관이 비어 있을 경우에 수시로 공고하여 진행한다.(공연장별로 대관 공고시기를 파악한다.)

② 대관 신청 접수

▶대관 신청서를 작성하여 첨부 서류(공연 기획서, 사업자 등록증 등)와 함께 대관 담당자에게 제출하여 신청한다.

③ 대관 심사

▶신청한 단체에 한하여 대관 심사위원회 또는 공연장 대관 팀에서 대관 여부를 결정한다. 대관 심사 기간은 공연장마다 다르고 보통 2~4주 정도 소요된다.

④ 대관 결정 통지

▶대관 승인이 결정되면 대관 신청자에게 대관 승인 통보를 한다.

⑤ 대관 계약

▶공연장 대관 담당자와 대관 계약을 체결한다.

⑥ 대관료 완납 및 공연 티켓 검인

▶공연 단체는 대관 개시 최대 6개월 전부터 최소 30일 전까지 대관료 납

부를 완료한다. 납부하지 못할 때에는 대관이 취소될 수 있다. 그리고 현물 공연 티켓의 검인을 받는다.

⑦ 무대/부대 시설 이용 및 무대 셋업

공연 기획사나 공연 단체는 공연장 무대 시설(무대 장치, 조명, 음향 등)과 부대 시설의 사용계획서 및 무대 셋업에 대한 일정을 공연장 무대 스태프에게 제출하고 협의한다.

| 대관료

공연장 대관료는 운영 주최나 운영 방침에 따라 차이가 많이 난다. 정부나 지방자치단체가 건립한 국·공립극장이나 공공극장은 대관료가 상대적으로 저렴하지만 30일 이상 장기대관이 어렵다. 민간단체에서 건립한 공연장은 대관료는 매우 비싸지만 국·공립극장에 비해 장기대관이 가능하다는 장점이 있다. 대관료는 연극, 무용, 뮤지컬, 오페라, 발레, 대중음악 등 장르에 따라 차이가 있으며, 또한 준비 대관(무대 장치 반입, 설치, 리허설 대관), 공연 대관, 철수 대관에 따라 사용료에 차이가 있다.

대관료는 300석 이하 소극장의 경우에는 대관료에 무대 장비 및 부대 시설 사용료가 포함되어 있는 경우가 많고, 대극장의 경우에는 대관료 이외에 무대 장비 사용료와 부대 시설 사용료가 있다.

대관료	무대, 객석 등 공통 시설 및 공간 무대/조명/음향 기본 장비
무대 장비 사용료	기본 장비 이외에 무대/조명/음향의 장비 사용료, 악기(그랜드피아노 등) 사용료, 자막기 등의 공연 기자재 사용료
부대 시설 사용료	냉난방, 분장실, 리허설룸, 세탁실 등 부대 시설 사용료

국립중앙극장 시설 대관 승인 조건

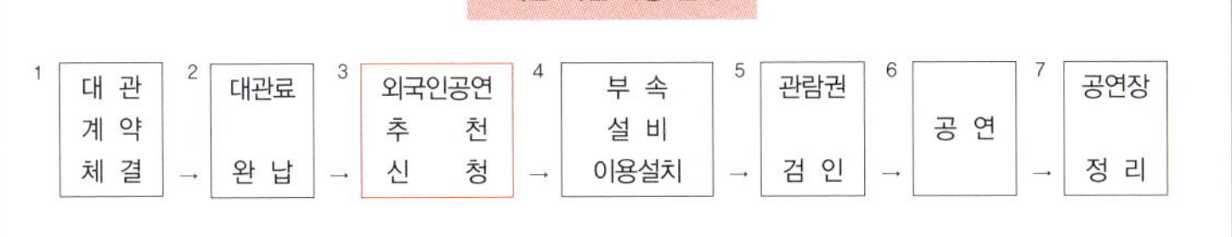

1. 대관 계약 체결(대관규칙 제8조 · 제9조, 대관규정 제7조 · 제9조 · 제10조 제4항 및 제11조)
- ○ 피대관자는 대관 결정 통지를 받은 날로부터 5일 이내에 국립극장(운영지원부 2280-4054)과 대관 계약 체결
- ○ 피대관자는 계약일로부터 5일 이내에 계약 금액의 10%에 상당하는 금액을 이행(계약) 보증보험증권, 지급보증서(금융기관), 현금 등으로 납부하여야 하며, 미납부 시 별도의 대관 계약 효력이 자동 상실됨.
- ○ 계약 내용을 변경하고자 할 경우는 공연 7일 이전까지 시설대관 승인내용 변경신청(공연 기획팀)
- ※ 단, 대관 조건, 신청자 · 공연자, 공연의 종류, 공연 작품 · 행사 내용은 변경 불가
- ○ 체결된 계약을 취소할 때에는 시설대관 취소신청서 제출 및 위약금 10% 납부
- ○ 대관 취소 시 기 납부된 대관료의 반환에 관해서는 대관규정 제10조 4항에 명기

2. 대관료 완납(대관규칙 제9조, 대관규정 제10조 · 제11조 제1항)
- ○ 국립극장이 발행하는 납입고지서(재무팀 2280-4043)에 의거 납입 기한 내에 완납
  (납입기한 경과 시 가산금 부과, 가산금 납입기한 경과 시 대관계약 취소)

3. 외국인 국내공연 추천(공연법 제6조) : 외국인 또는 외국인 초청공연은 영상물등급위원회에 추천신청서 제출

4. 부속 설비의 이용 및 설치 협의(대관규칙 제10조, 대관규정 제12조 · 제17조 및 제21조)
- ○ 피대관자는 공연 7일 전까지 전기, 귀빈실, 공연 선전물 게시, 비디오 · 사진 촬영 등 부속 시설 사용에 관한 계획서를 고객지원센터(2280-4051)에 제출
- ○ 피대관자는 공연 7일 전까지 무대감독에게 무대 설치 계획서를 제출하고 분장실 사용 계획 협의(2280-4070~3) (무대 공연 장비 대여신청서, 대본 및 프로그램 또는 무대진행표 5부, 무대 장치 디자인 3부, 조명 · 음향 · 영상플랜 및 배치도, 공연 장비 반출입 내역, 외부 작업 요원 명단, 전기시설물 안전점검 결과서 첨부)
- ○ 유료 장비 및 물품 사용 시는 사용료 납입고지서에 의거 납입기한 내에 납부
- ○ 무대 시설 및 연습은 09:00~22:00
- ○ 극장 홈페이지를 이용한 공연 홍보 자료 협조는 홍보 마케팅팀(2280-4134, 우정수)으로 문의

5. 관람권 검인(대관규칙 제13조, 대관규정 제19조) : 공연 5일 전까지 관람권 검인신청서를 고객지원센터(2280-4120) 제출(외국인 공연추천서 사본 1부 첨부)
- ※ 관람권 앞면에는 공연 제명, 일시, 장소, 관람료, 층 · 열 · 번호를 명시하여 인쇄하고 부표는 절취가 용이하도록 절취선을 넣어야 하며 뒷면에는 국립극장 약도, 교통편, 극장버스 운행, 화환 반입금지, 공연개막 10분 전 입장, 6세 이하 어린이 입장 불가(놀이방 운영/3~6세), 공연 중 사진 촬영 및 화환수수 불가, 공연 중 객석 출입금지 등 준수사항 명기

6. 공연(장치 · 연습 포함)
- ○ 피대관자는 당해 공연 실무업무를 담당할 총괄 실무책임자를 지정하여야 하며, 지정받은 총괄 실무책임자는 공연 당일 국립극장 방문증 패용(경비실 비치)
- ○ 총괄 실무책임자는 공연 시작 1시간 이전까지 공연 진행과 관련한 제반사항에 대하여 로비매니저와 상호 협의

7. 공연장 정리 : 공연 종료 후 총괄 실무책임자는 공연장을 원상태로 복귀시키고 당직관의 확인을 받은 후 방문증 반납

8. 기타 유의사항
- ○ 공연장 내 화환 반입 진열 및 공연장 건물 주변에 허가받지 않은 공연 선전물 게시 불가
- ○ 소비자 피해보상 규정 준수

본인은 귀 극장을 대관함에 있어 국립중앙극장 대관규칙 및 상기 조건의 이행을 서약함.

2011 년   월   일

단 체 명 :
대 표 자 :　　　㊞　주민등록번호 :　　　　　전화번호 :
총괄 실무책임자 :　　　㊞　주민등록번호 :　　　　　전화번호 :

국립중앙극장장 귀하
※ 피대관자는 동 조건을 대관계약 체결 시 공연 기획팀에 제출하여 주시기 바랍니다.

〈출처 : 국립중앙극장〉

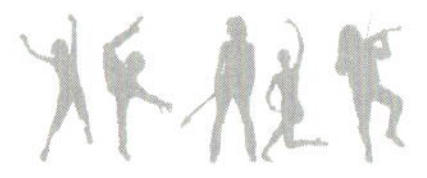

10. 좌석 등급과 티켓 가격 결정

| 좌석 등급Class

공연 티켓의 판매를 위해서 가격을 결정해야 하고 가격을 결정하기 위해서 먼저 티켓의 등급을 결정해야 한다. 등급은 공연장 좌석의 행과 열에 따른 등급을 말하고 등급에 따라 티켓 가격이 결정된다.

좌석 등급은 무대가 정중앙으로 보이는 좌석의 위치에 따라 좌석에 매겨진 등급을 말한다. 공연장 객석은 공연을 관람하는 개별 좌석의 위치와 객석의 형태에 따라 공연을 보는 감흥의 차이가 좌석 등급을 결정하는 중요한 요소가 된다.

다시 말하면 좌석 등급을 결정할 때는 무대와 배우가 보이는 시각과 거리, 음향 전달의 정확성, 관객의 만족도, 관객의 티켓 구입 의사 등을 종합적으로 고려하여 결정한다. 좌석의 등급은 공연 또는 공연 장르별로 고정된 것이 아니라 연출에 의한 배우의 동선, 무대 장치의 형태, 크기, 깊이에 따라 변경될 수 있다. 따라서 좌석 등급은 공연을 관람하기에 가장 좋은 위치와 그렇지 못한 위치의 차이를 나타내며, 그것은 관객의 티켓 구매에 절대적으로 영향을 미친다.

공연 좌석의 등급을 정할 때는 관객의 입장에서 타당하게 결정되어야 함에도 불구하고 그렇지 못한 경우가 많이 있다. 작품의 해석에 따른 무대 디자인으로 인해 무대 세트의 크기, 위치, 무대 경사도에 의해 배우의 동선이 많이 바뀌는 경우에는 좌석 등급에 큰 혼란을 주게 되므로 공연 기획사는 무대의 변화에 따른 좌석 등급의 가치를 항상 염두에 두어야 한다.

티켓 가격이 고가인 경우나 대극장 공연의 경우, 공연 기획사가 좌석 등급을 매기는 방식은 차이가 있으나, 보통 1,000석 이상의 대극장 공연은 4~5등급, 중극장 공연의 경우 2~3등급, 소극장 공연의 경우는 1~2등급으로 한다. 공연 기획사는 좌석 등급에 따라 티켓 가격을 달리해 관객의 선택의 폭을 넓히고, 효율적인 티켓 판매 관리, 관객의 만족을 극대화하기 위해 좌석 등급제를 실시하고 있다.

좌석의 등급별 명칭은 대부분 VIP석, R석, S석, A석, B석으로 하고 있지만 일부 공연장에서는 전혀 다른 명칭을 사용하고 있다. (*예술의전당 오페라극장에는 예외적으로 발코니석이 있다.)

공연장별 좌석 등급 구분 방법

예술의전당	VIP	R	S	A	B
국립극장	으뜸석	버금석	딸림석	버금 딸림석	
아람누리극장	모시는 자리	으뜸자리	좋은 자리	편한 자리	

공연장 규모에 따른 장르별 좌석 등급

구분		대극장 1,000석 이상	중극장 500~800석	소극장 300석 이내
연극	스타배역	V. R. S. A. B	R. S. A	S. A
	연극배우	R. S. A	R. S. A	S 또는 S. A
무용	전통	R. S. A	R. S. A	S 또는 S. A
	현대	V. R. S	R. S. A	S 또는 S. A
뮤지컬		V. R. S. A. B	R. S. A	S. A
오페라		V. R. S. A. B	R. S. A	S. A
발레		V. R. S. A. B	R. S. A	S. A
창극		R. S. A. B	R. S. A	S 또는 S. A

객석을 층, 열, 번에 따라 표기하여 좌석의 배치 현황을 보여 주는 도면을 좌석 배치도라고 한다. 고정된 좌석을 사용하는 공연장에서 효율적인 관객 안내와 티켓 판매를 위해 사용하는 도표를 말한다.

※ 유보석

공연장 객석 중에서 공연장에서 특별히 사용하기 위해서 판매 대상에서 제외시킨 좌석으로 보통 공연장에서 초대한 VIP관계자에게 제공하는 좌석이지만 공연 기획사 입장에서 보면 유보석으로 공연장에게 제공되는 좌석이 의외로 많다. 사실 유보석은 VIP보다는 소외계층에게 제공되는 것이 마땅하다고 생각된다. 특히 국·공립 공연장의 유보석은 사적으로 이용되는 경우가 많다.

등급에 따른 좌석 배치도

대학로 예술극장 대극장 1층

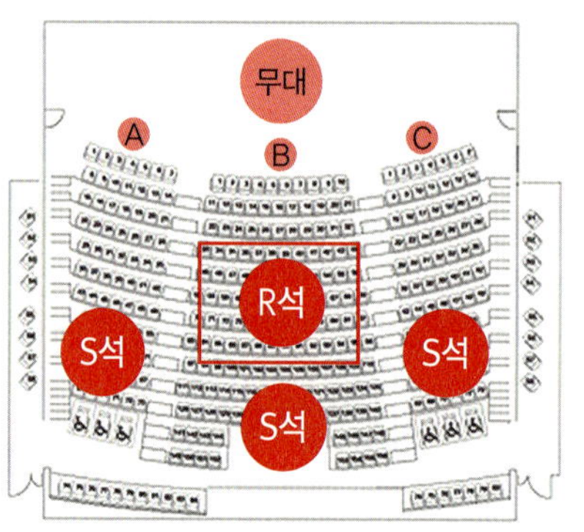

대학로 예술극장 대극장 2층

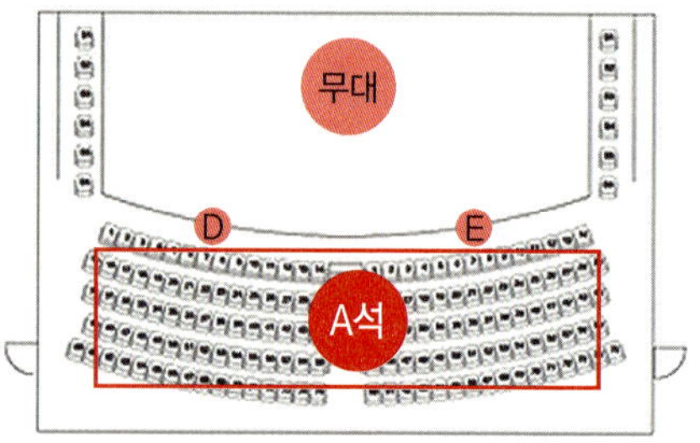

가격價格, Price

가격이란 소비자가 상품이나 서비스를 구입 또는 사용하기 위해서 지불해야 하는 비용을 말한다. 공연 티켓 가격은 관객이 공연 관람을 위해 반대급부로 지불하는 비용을 말한다.

| 가격의 역할

① 공연 티켓 가격은 공연 상품의 품질에 대한 정보를 관객에게 제공하는 역할을 한다. 공연 상품의 가격이 높을수록 공연 상품의 품질도 높을 것이라고 생각하는 이른바 가격 – 품질 연상Price-quality association 현상이 있다. 즉 같은 상품이라도 판매되는 장소가 백화점이냐 할인점이냐에 따라 상품의 신뢰도에 차이가 생긴다.

② 공연 티켓 가격은 공연 기획사의 수익을 결정하는 유일한 변수이다. 상품, 유통, 촉진과 같은 다른 마케팅 믹스 변수들은 모두 비용을 발생시키는 데 반해 가격은 수입에 직접적인 영향을 미치고, 궁극적으로 공연 기획사의 수익을 결정하는 가장 중요한 요소이다.

③ 공연 티켓 가격은 공연 시장에서 작품의 완성도, 인지도와 함께 가장 중요한 경쟁 도구라 할 수 있다. 그러나 공연 작품의 가격 경쟁력 우위는 공연 작품의 완성도와 명성 등이 뒷받침되지 않는 경우에는 오래 지속되지 못한다.

| 공연 티켓 가격 책정 때 고려해야 할 사항

공연 티켓 가격을 책정할 때, 공연 기획사의 내·외부적인 요인들을 신중히 고려해야 한다. 좌석 등급을 정했으면 바로 공연 티켓 가격 결정에 들어간다. 사실 공연 티켓 가격은 공연 기간에 따른 좌석수의 한계로 총 좌석수와 함수관계가 있다.

공연 티켓이 가격에 영향을 미치는 내부 요인으로는 공연 장르와 성격, 제작비, 공연 지역, 공연 시기 및 공연 장소, 스태프/배우의 명성에 따른 상품성, 마케팅 목표 등이 있다.

　외부요인으로 공연 시장 규모, 공연 예상 관객수와 관객 지불 능력, 경쟁 공연의 티켓 가격/할인 조건, 기타 외부 요인들(경제 환경) 등을 충분히 고려하여 책정하게 된다.

| 공연 티켓 가격 결정에 가장 영향을 미치는 주요 요인

공연 장르, 공연 제작비, 공연 기간, 총 좌석수와 예상 관객수, 예상수익

공연 티켓 가격 결정에 영향을 미치는 세부 요인

내부 요인	① 공연 장르, 성격, 제작비 ② 공연 지역, 공연 시기, 공연 장소, 공연장 객석 규모 ③ 스태프/배우의 명성에 따른 상품성 ④ 마케팅 목표
외부 요인	⑤ 공연 시장 규모 ⑥ 공연 예상 관객수와 관객 지불 능력 ⑦ 경쟁 공연의 티켓 가격/할인 조건 ⑧ 기타 외부 요인들(경제 환경)

| 내부 요인

① 공연 장르, 성격, 제작비

공연 제작비가 적게 소요되는 공연(무용, 창극 등)과 공연 제작비가 많이 소요되는 대형 공연(뮤지컬, 오페라, 발레 등)과 티켓 가격이 동일할 수 없다. 또한 청소년을 대상으로 하는 공연과 일반인을 대상하는 공연의 티켓 가격이 동일할 수는 없다.

　연극 시장에는 연극 공연들이 비슷한 티켓 가격을 형성하고 있고, 뮤지컬 오페라, 발레 등의 공연도 비슷한 티켓 가격을 형성하고 있다. 따라서 공연 시장에서는 공연 장르와 공연 규모에 따라 거의 비슷한 티켓 가격대를 형성하고 있고, 예외적으로 해외 초청 공연과 정부나 공공의 지원을 받는 공연은 티켓 가격이 많이 달라질 수 있다.

② 공연 지역, 공연 시기, 공연 장소, 공연장 객석 규모

공연 티켓은 '공연 지역 → 서울 및 수도권 /지방', '공연 시기 → 시즌/비시즌', '공연 장소 → 도시 중심부/외곽 지역', '공연장 객석 규모 → 크다/작다'에 따라 가격 차이가 생긴다.

③ 스태프/배우의 명성에 따른 상품성

공연에 참여하는 스태프/배우의 명성이 티켓 가격 책정에 가장 많은 영향을 미친다. 한마디로 말하면 공연 작품의 완성도, 재미, 만족을 결정하기 때문이다(예: 조수미 출연 공연).

④ 마케팅 목표

일반적으로 공연 기획사의 마케팅 목표는 공연 기획사의 생존 추구, 공연 작품별 단기 수익의 극대화, 공연 시장 점유율의 확대, 최고의 완성도 추구 등 4가지가 있다. 마케팅의 세부 목표에 따라 티켓 가격에 차이가 있다.

| 외부 요인

⑤ 공연 시장 규모, ⑥ 공연 예상 관객수와 관객 지불 능력, ⑦ 경쟁 공연의 티켓 가격/할인 조건, ⑧ 기타 외부 요인들(경제 환경) 등도 공연 티켓 가격에 영향을 미친다.

공연 티켓 가격을 정하는 것만큼 어려운 일은 없다. 목표로 하는 공연 수입을 예상하고, 관객이 기꺼이 지불할 수 있는 티켓 가격을 공연 기획자는 정확히 알고 있어야 한다.

만약에 우리가 익히 잘 알고 있는 라이선스 뮤지컬 「맘마미아」 공연의 R석 티켓 가격이 90,000원이고 어느 공연 기획사에서 제작한 창작 뮤지컬 공연의 R석 티켓 가격이 90,000원이라면 관객들이 어느 공연 작품을 선택하여 관람할 것인가, 물론 대다수의 관객들은 이미 작품이 검증된 라이선스 뮤지컬 「맘마미아」를 선택할 것이다. 관객들이 많은 위험 부담을 감수하고 창작뮤지컬을 보는 것은 쉽지 않다. 이때에 공연 기획자가 할 일은 뮤지컬 「명성황후」처럼 추가 제작비를 확보하고, 작품의 완성도를 높이기 위한 재공연을 추진하여 공연 작품의 가치를 높이는 일이다. 공연 작품의 가치와 명성을 확보하지 못한 공연 작품을 이미 명성을 확보한 공연 작품들과 거의 비슷한 가격에 판매하는 일은 관객을 속이는 일이고 또한 성공할 수 없는 일이다.

공연 작품은 단 한 번의 공연으로 완성되는 것이 아니라 재공연을 통해 지속적으로 수정될 때 완성도 높은 작품이 된다.

| 공연 티켓의 등급에 따른 가격 결정 방법

공연 기획사가 일반적으로 가장 쉬우면서도 많이 활용하는 가격 결정 방법 중의 하나가 경쟁 공연과 비슷한 가격을 유지하는 것이다. 이는 기존 시장에서의 위험을 최소화하기 위한 소극적인 가격 전략이다.

가격 전략의 방향을 결정한 후에는 어떤 방식으로 티켓 가격을 산정할 것인가를 결정해야 한다. 이는 특정한 기준에 따라 공연 티켓의 가격을 결정하는 것으로, 공연 상품의 가격 범위를 어느 정도로 정할 것인가에 대한 문제이다. 이때에 공연 기획사가 가격을 산정하는 방법으로는 비용 중심 가격 결정, 소비자 중심 가격 결정, 경쟁 중심 가격 결정 등 3가지가 있다.

① 비용 중심 가격 결정Cost based pricing

공연 제작에 들어가는 모든 비용을 충당하고, 목표 이익을 낼 수 있는 수준에서 공연 티켓의 가격을 결정하는 방식으로 공연계에서 가장 많이 사용하는 고전적인 방식이다.

■ 비용 가산에 의한 가격 결정Cost-plus pricing

공연을 기획할 때 사전에 결정한 목표 이익을 총제작비(총비용)에 가산함으로써 공연 티켓의 가격을 결정하는 방법을 말한다.

공연 티켓 가격 =
{공연 제작비(총고정비 + 총변동비) + 목표 이익} ÷ 예상 판매 좌석수

■ 가산 이익률에 따른 가격 결정Markup pricing

공연 상품의 총제작비용을 계산한 후 제작비용의 충당과 적정 이익을 남길 수 있는 수준의 가산 이익률을 결정하여 가격을 책정하는 방법으로 공연 티켓 원가에 일정률의 이익을 더해 공연 티켓의 가격을 결정한다.

공연 티켓 가격 = 공연 티켓 원가 ÷ (1 − 가산 이익률)

■ 목표 투자 이익에 따른 가격 결정Target return pricing

공연 기획사가 목표로 하는 투자 이익률을 정해 놓고 이를 달성할 수 있는 매출 수준에서 공연 티켓의 목표 가격을 설정하는 방법으로 공연 기획사가 공연 시장 지배력을 가지고 있거나 차별화된 공연 상품을 공연 시장에 공급하는 경우에 유용하다.

공연 티켓 가격 =
[{공연 제작비(고정비 + 변동비) × 목표 투자 이익률} ÷ 총좌석수] + 공연 티켓 원가

② 소비자 중심 가격 결정Consumer based pricing

공연 상품 생산에 든 총제작비나 목표 수익률을 고려해서 가격을 결정하는 것이 아니라, 소비자의 입장에서 평가한 가격을 책정하는 방법이다. 다시 말해 공연 상품을 제작하는 데 드는 비용보다는 표적 시장에서 관객들의 공연 상품에 대한 평가와 그에 따른 공연 수요를 바탕으로 가격을 결정하는 방법으로 최근 들어 많이 활용되고 있다.

> **김PD 메모**　　가치 중심 가격 결정
>
> 관객이 공연 상품의 가치를 느끼는 정도에 따라 공연 티켓의 가격을 결정하는 방법이다. 즉 공연 시장에서 현재 출시된 경쟁 공연 상품의 가격을 토대로 관객이 자사 공연 상품에 더 많은 가치를 느낄 가능성이 있다면 높은 가격을, 낮은 가치를 느낄 가능성이 있다면 낮은 가격을 책정하는 것이다.
> 예를 들어 공연 작품의 주인공이 누구냐에 따라, 공연 작품이 연극이나 뮤지컬이냐에 따라, 또한 공연을 관람하는 장소 1층이나 2층에 따라 티켓 가격이 다르게 책정되는 이유가 관객이 느끼는 가치의 크기가 다르기 때문이다.

③ 경쟁 중심 가격 결정Competition based pricing

다른 공연 기획사의 공연 티켓 가격을 기준으로 하여 자사의 공연 티켓 가격을 결정하는 방법으로 일반적으로 기업에서 동종 상품의 가격을 정할 때에 많이 사용하는 방법이다. 공연 시장에서 공연 상품을 판매하는 경우에는 적절하지 않은 방법이다. 공연 상품은 가격에 의한 관객의 선택이나 소비보다 기호와 가치에 의한 관객의 선택이 더 중요하기 때문이다.

| 심리적 가격 결정 방법

■ 관습 가격

오랫동안 관객들이 관습적으로 일정한 금액을 지불해 왔기에 공연 상품은 그러하다고 받아들이는 가격을 말한다(예: 대학로 연극 티켓은 보통 20,000원에서 30,000원 사이, 대극장 뮤지컬 VIP와 R석 티켓가격은 90,000원에서 150,000원 사이).

■ 명성 가격

가격이 높을수록 품질이 좋다고 인식되는 상품인 경우 높은 가격을 책정하는 경우를 말한다(예: 조수미 공연, 서태지 공연).

■ 단수 가격

상품 가격을 1,000원, 10,000원, 100,000원 등과 같이 화폐 단위에 맞게 책정하는 것이 아니라 그보다 조금 낮춘 990원, 9,900원, 99,000원 등으로 책정하는 방식이다.

| 공연 티켓 가격 변경

공연 기획사는 공연 티켓의 가격을 결정한 후에도 공연 시장 상황의 변화에 따라 공연 티켓 가격을 변경하게 된다. 가격을 변경하는 방법으로는 가격을 인하하거나 인상하는 방법이 있으나, 공연 상품의 경우에 단기간에 유통되고 판매됨에 따라 공연 기간 동안에 인상하는 경우는 거의 없고 판매 부진이나 판매를 촉진할 필요가 있을 경우에 가격을 대폭 인하하는 경우는 많이 있다.

단체(수량) 할인	공연 티켓을 일정 수량 이상 구입하거나 단체로 구입한 경우에 할인해 주는 것을 말한다.
자격 할인	어느 자격에 해당되는 관객들에게 공연 티켓을 할인해 주는 것으로 대학생 할인, 장애인 할인, 경로 할인, 국가유공자 할인 등이 있다.
시간대/요일 할인	공연 시간이 평일 낮인 경우에 저녁 공연에 대비하여 할인해 주고 또한 주말이나 휴일이 아닌 평일에 할인해 주는 것을 말한다.
할인우대권 할인	공연 기획사나 제휴사가 발행한 할인우대권을 소지한 관객들을 대상으로 하여 할인해 주는 것을 말한다.
제휴 할인	공연 기획사와 제휴사(카드사, 통신사 등) 회원을 대상으로 하여 할인해 주는 것을 말한다.

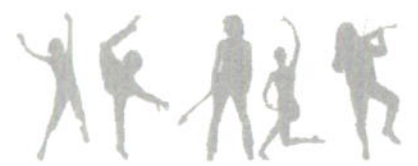

11. 협찬協贊, Sponsorship

| 협찬

협찬은 공연 기획사가 공연을 매개로 하여 특정 기업이나 단체에게 홍보, 광고, 브랜드 노출 기회를 제공하고 반대급부로 현금, 물품, 용역 등을 지원받는 것을 말한다. 협찬協贊과 스폰서십Sponsorship의 의미에는 약간의 차이가 있으나 공연 예술계에서 보통 기업의 현금이나 물품의 지원을 의미하는 용어로 사용하니, 협찬과 스폰서십을 거의 비슷한 개념으로 이해하면 된다.

협찬은 공연 예술과 기업 및 단체를 연결시켜 주는 하나의 커뮤니케이션 도구의 역할을 한다. 특히 자체 공연 수입만으로 공연 제작비를 충당하기 어려운 제작 구조를 가지고 있는 공연 예술 분야에서 정부를 비롯한 외부 지원이 거의 없는 공연 기획사가 스스로의 생존을 위해 반드시 추진해야 할 업무 중에 하나가 협찬 유치이다.

| 협찬 제안서Sponsorship proposals

협찬 제안서는 공연 기획사가 특정 기업이나 단체에 공연을 매개로 하여 홍보, 광고, 브랜드 노출 기회를 제공하고, 반대급부로 현금, 물품, 용역 등을 요청하는 제안서를 말한다. 다시 말해 협찬은 공연을 통해 기업에게 직·간접적으로 홍보/광고 기회를 제공하고, 일반인들에게는 기업의 예술 지원에 대해 긍정적인 이미지를 지속적으로 보내고, 관객들에게는 기업 브랜드를 반복적으로 노출시킴으로써 기업의 브랜드 가치를 높이고 신뢰감을 갖게 한다.

기업에 의뢰하는 협찬 제안서는 일정한 형식이나 작성 방식이 정해진 것은 없다. 그러므로 협찬 제안서는 공연 기획사의 특성에 따라 자유스러운 형식이나 내용으로 만들면 된다. 보통의 경우 표지 문서인 협찬 의뢰서는 공연 개요, 협찬 제안 내용을 요약해서 공문 형식으로 만들어 협찬 제안서를 첨부하여 기업의 담당자에게 보낸다.

공연 기획사 입장에서 보면 공연 예산의 대부분을 순수 제작비로 사용하는 경우가 많기 때문에 아무래도 공연 제작비 중에서 상대적으로 부족한 홍보 마케팅 비용을 추가로 확보하기 위해서 특정 기업이나 단체에 대해 홍보/광고를 해주는 조건으로 협찬을 제안하는 경우가 대부분이다. 이런 경우, **협찬사를 선정할 때에 반드시 기업의 미션, 비전, 사명, 주력 상품의 특성과 종류, 홍보 마케팅 방향, 사회 공헌 활동, 선호하는 공연의 장르 등을 조사해서 연계할 수 있는 방안을 마련하여 기업이 협찬해야 할 이유를 명확하고 타당성 있게 제시해야 한다.**

기업 입장에서 보면 특정 분류의 소비자들에게 홍보/광고를 하기 위한 방안이 될 수 있기 때문에 마케팅과 사회 공헌 활동의 일환으로 공연 예술을 지원하는 경우가 많이 있다. 그러나 최근 기업들은 기업의 사회적 역할에 대한 책임을 인식하고 또한 기업의 브랜드 가치를 높이고 긍정적인 기업 이미지를 만들기 위해서 공연에 협찬하는 경우가 더욱 많아지고 있다. 이 경우 기업은 공연 기획사가 요구하는 협찬 금액 중에 일부나 전부를 지원하면서 공연과 관련하여 구체적인 방안(기업의 브랜드 강화, 기업의 이미지 개선 등)을 요구한다. 기업에 대한 단순 협찬 지원 요구로는 기업을 설득하기가 거의 불가능하다.

공연 기획사가 기업에 협찬을 의뢰하는 이유

▶공연 제작비의 일부를 조달하기 위함이다.

▶공연을 홍보하기 위한 방편으로 제안하기도 한다.

▶차후에 여러 가지 목적(마케팅, 공동 사업)을 달성하기 위함이다.

기업이 공연 기획사의 협찬 제안에 관심을 갖는 이유

▶기업의 브랜드를 강화하기 위한 수단으로 이용하기 위함이다.

▶기업의 이미지를 제고하기 위한 수단으로 활용하기 위함이다.

▶기업의 가치를 단기간에 높이기 위한 수단으로 이용하기 위함이다.

▶기업의 부정적 이미지를 개선하는 수단으로 이용하기 위함이다.

▶기업의 마케팅 활동을 지원하기 위한 수단으로 이용하기 위함이다.

▶사회 공헌 활동의 한 방편으로 지원하기 위함이다.

▶예술을 통해 고객과 커뮤니케이션하는 도구로 이용하기 위함이다.

기업이 협찬을 지원하기 위해 검토하는 사항

▶기업 미션, 비전, 사명 등과 공연과의 부합성

▶기업 마케팅 타깃과 공연 타깃의 일치성

▶기업 브랜드에 노출될 예상 관객의 수와 지역 범위

▶기업이나 상품에 대한 잠재고객의 개발 가능성

▶협찬 후 기업의 가치 상승과 이미지 개선 정도

▶기업에 대한 직접적인 홍보와 마케팅 지원 여부

▸기업에 대한 홍보 파급 효과에 따른 협찬 조건의 타당성

▸기업의 협찬 지원에 따른 세금 감면 혜택의 유무

▸기업의 사회적 책임과 사회적 역할 증대 여부

| 협찬 제안서 작성 시 유의사항

기업 입장에서 보면 공연에 대한 협찬은 반드시 지출해야 할 비용에 해당하지 않기 때문에 공연 기획사는 기업 협찬을 추진할 때에 이를 설득하기 위한 보다 전략적이고 논리적인 접근이 필요하다.

만약 협찬 제안서가 공연에 대한 의례적인 소개 내용이나 알맹이 없는 장황한 수사로 작성된다면 무한경쟁을 하고 있는 기업 입장에서는 "우리 예술 단체가 국가와 사회를 위해 예술 활동을 하고 있으니 지원해 달라"는 말로 밖에 들리지 않을 것이다.

공연 기획사가 기업의 협찬을 받기 위해서는 기업 브랜드 강화, 기업 이미지 개선, 적극적인 홍보 지원 방안, 기업 고객에 대한 마케팅 지원 등을 포함한 창조적이고 실현 가능한 제안서를 기업에 제안할 수 있어야 한다.

그렇게 하려면 협찬을 제안하는 기업에 대한 전반적인 공부가 선행되어야 하고, 여기에는 기업의 미션, 비전, 사명, 주력 상품의 특성과 종류, 홍보 마케팅 방향, 사회 공헌 활동, 현재 매출액과 수익 규모, 경영자인 CEO 등에 대해 반드시 알아야 한다. 그리고 나서 위의 내용을 반영하여 협찬 제안서를 작성해야 한다.

| 협찬 추진 순서의 이해

① 공연 분석

▶공연 작품의 특성과 이슈, 스태프/배우 분석, 타깃 고객, 홍보 마케팅 방향 등

② 협찬 제안서 초안 구상

▶공연 작품을 통해 기업과 접촉할 수 있는 연결 고리를 구상하고, 그 내용을 정리하여 작성한다.

③ 협찬 후보 기업 리서치

▶공연 작품과 연계가 가능한 사업군을 구분하여 조사한다.

▶협찬 후보 기업을 선정하고 자료를 통해 분석한다.

▶공연과 협찬 후보 기업이 만날 수 있는 접점을 찾기 위한 구체적 제안 방법을 구상한다.

④ 기업별 타깃 협찬 제안서 작성

▶기업별로 차별하여 후보 협찬 기업이 공감할 수 있는 콘셉트, 기업(브랜드)과 공연의 매칭 포인트, 협찬 혜택 등을 작성한다.

⑤ 협찬사 섭외

▶후보 협찬 기업 순서를 정하여 사전에 약속을 잡아 방문하여 섭외한다.

⑥ 협찬 계약

▶협찬이 성사되면 구체적인 협찬 조건에 대한 계약에 착수한다.

⑦ 협찬 프로그램

▶협찬 유치 시에 기업과 약속한 협찬 프로그램을 실행한다.

⑧ 협찬사 사후 관리

▶공연 종료 후에 협찬금의 수령을 위한 증빙 자료를 제출하고, 차기 공연

을 위하여 협찬사 사후관리 매뉴얼을 만들어 관리한다.

| 협찬의 종류

공연 기획사가 추진하는 협찬의 종류에는 현금 협찬, 물품 협찬, 용역 협찬, 광고/마케팅 지원 협찬 등 4가지가 있다.

① 현금 협찬은 대개 광고를 제공하는 조건으로 현금을 지급받는 협찬을 말하며, 이 경우 공연 기획사는 협찬 계약에 의한 광고 제공 조건에 따라 기업이 지급한 현금을 TV/라디오 스폿Spot, 옥외 홍보물 , 인터넷 , 버스/지하철 등의 광고비로 지출한다.

② 물품 협찬은 광고 조건으로 물품을 지급받는 협찬을 말하고 지급되는 물품 협찬으로는 항공권, 숙박권, 식사 쿠폰, 자사 상품(화장품, 와인, 노트북 등) 등이 있다. 이때에 협찬받은 항공권, 숙박권 등은 대개 해외공연 단체를 초청할 때에 사용하고, 기타 물품은 공연 홍보 마케팅을 위한 이벤트 경품이나 공연장에 오는 관객에게 기념품으로 사용된다.

③ 용역 협찬은 용역 제공을 조건으로 하는 협찬으로 일반화되어 있지는 않지만 가끔 진행되는 것으로 분장 인력지원, 홍보 인력지원, 홈페이지 관리 인력지원, 디자인 인력지원 등이 있다. 대개 이 경우는 공연 분야에 진출하는 것을 목적으로 협찬하는 경우가 많다.

④ 광고/마케팅 지원 협찬은 기업이 공연 기획사가 제작한 공연의 광고

와 마케팅을 지원하는 협찬을 말한다. 예를 들어 백화점 내에 특정 공간에 광고 부스 설치, 백화점 VIP 고객과 일반 고객들에게 공연 세부 안내 메일 발송(CRM), 백화점에서 제작하는 광보물에 공연 소개 등이 있다. 광고/마케팅 지원 협찬은 대부분 공연 기획사와 기업간에 제휴 마케팅을 통해 이루어진다.

| 협찬 조건에 따른 분류

■ 메인 스폰서Main sponsor

뮤지컬, 발레, 오페라, 외국 단체의 국내 초청 공연과 같이 대규모 제작비가 소요되는 경우에 제작비를 조달할 목적으로 1개 기업에게 단독으로 협찬을 주는 경우를 말한다.

■ 공동 스폰서Co-sponsors

공연의 규모가 상대적으로 작은 공연이거나 메인 스폰서를 유치하기가 쉽지 않을 경우에 1개 이상의 기업이 공동으로 협찬하는 경우를 말한다.

| 공연 기획사가 기업에게 제공하는 일반적인 협찬 혜택Benefit

■ 협찬사 사명 공지

▶인쇄물 홍보물(포스터, 전단, 프로그램 등) 공지

▶옥외 홍보물(현수막, 가로등 배너, X-배너 등) 공지

▶보도 자료를 통해 언론, 방송, 인터넷 매체에 공지

■ 초대권 및 할인권 제공

▶협찬 금액의 5~30%에 해당하는 초대권 제공

▶기업 회원에게 티켓 가격의 일정 비율(5~50%)을 할인제공(직원 포함)

■ **광고 제공**

▶공연장 내 광고, 프로그램 광고 등을 제공

■ **홍보 및 이벤트 기회 제공**

▶공연장 내에서 기업 이벤트(프로모션) 기회를 제공(상품을 홍보할 수 있는 홍보 존 –
자동차, 냉장고 전시)

| 협찬 추진 방법

공연 기획사가 기업의 협찬을 추진하는 방법으로는 직접 접촉, 소개를 통한 접촉, 대행사를 통한 접촉 등이 있다.

① 직접 접촉은 공연 기획사에서 직접 협찬 후보 기업을 선정하고 직접 방문하여 접촉하는 방식으로 과거에는 많이 사용했으나, 현재는 많이 사용하지 않는다. 왜냐하면 기업에서 보안 유지와 잡상인 출입을 통제하기 위해 보안용 출입구를 설치하고 보안카드 소지자만을 출입시키고 있어 기업의 협찬 담당자와 사전에 방문 약속을 하지 않고 만나는 것은 현실적으로 불가능하기 때문이다. 또한 기업의 협찬 담당자 이름과 연락처를 알아내는 것 역시 쉽지 않아 현재는 효과적인 방법이 아니다.

② 소개를 통한 접촉은 지연, 학연, 혈연 등을 통해 소개받아 접촉하는 방법으로 기업 담당자를 전혀 모르는 관계보다는 약간의 신뢰감을 줄 수 있다. 그러므로 소액 협찬은 가능하나, 고액 협찬을 추진하기 위해서는

경영진 중에서 의사결정권을 가진 CEO을 대상으로 해야만 가능하다.

③ 대행사를 통한 접촉은 공연의 인지도가 높고 고객들이 선호하는 공연 작품일 경우에 대행사를 섭외하여 협찬 대행을 의뢰하는 경우를 말한다. 대행사로는 광고대행사, 텔레비전 방송사 소속 프로덕션 등이 참여하고 개인으로는 기업의 CEO들과 지연, 학연, 혈연을 통해 친분을 쌓은 사람들이나 전직 직원들이 협찬 유치 활동을 대행하기도 한다.

| 기업 부서별 협찬 접근 방법

기업의 협찬 창구에 따른 접근 방식은 다음과 같다. 기업 홍보 부서는 기업의 브랜드 강화와 기업 이미지 개선에 관심이 많으므로 이를 강조하여 제안한다. 또한 기업 마케팅 부서는 마케팅 실적과 효과에 관심을 많이 가지므로 개별 상품에 대한 마케팅 방안을 강조하여 제안한다. 그리고 기업 사회공헌 부서는 기업의 차별화된 사회공헌 활동에 관심을 많이 가지므로 차별화된 사회공헌 활동 방안과 기업의 사회적 역할과 책임을 강조하여 제안하면 된다.

▶홍보 부서는 기업 브랜드 강화와 기업 이미지 개선에 관심을 많이 가지고 있다.
▶마케팅 부서는 개별 상품에 대한 마케팅 효과와 실적 개선에 관심을 많이 가지고 있다.
▶사회공헌 부서는 기업의 차별화된 사회공헌 활동에 대해 관심을 많이 가지고 있다.

| 협찬 제안서 작성 방법

협찬 제안서를 작성하는 방법으로는 사전에 만든 ① 공연 기획서를 기초로 협찬 내용을 추가하여 만드는 방법, ② 기업에 대한 협찬 제안 내용에 중심을 두고 협찬 제안서를 만드는 방법 등 2가지 방법이 있다.

① 공연 기획서를 기초로 협찬 내용을 추가하여 만드는 방법이다. 일반적으로 공연 기획서에 협찬 제안과 협찬사 제공 사항 등을 추가하여 만드는 방법은 가장 쉽게 작성할 수 있고 많이 사용하는 방법이다. 그러나 기업의 입장에서 보면 단순히 협찬을 해주면 홍보 및 광고를 해주겠다는 구체성과 설득력이 거의 없는 협찬 제안서이다. 기업의 홍보 담당자, 마케팅 담당자, 사회공헌 담당자는 이런 협찬 제안서를 어쩌면 하루에도 몇 개씩 제안받고 있을지도 모른다.

공연 기획서 요약 + 협찬 제안 내용 + 협찬사 혜택 사항

② 기업에 대한 협찬 제안 내용에 중심을 두고 협찬 제안서를 만드는 방

법이다. 기업과 기업 상품에 철저히 초점을 맞추고 타깃 협찬 제안서를 작성한다. 기업과 공연과의 연계 고리를 찾아내어 제시하는 방법으로 공연 기획자와 공연 기획사에는 많은 시간과 연구가 필요하다. 그러나 제대로 작성된 협찬 제안서는 기업의 홍보 담당자, 마케팅 담당자, 사회공헌 담당자들이 관심을 가지게 된다. 그러므로 공연 기획자는 똑같은 형식과 내용으로 된 공연 협찬 제안서의 작성을 지양하고 철저히 기업과 기업의 상품을 대상으로 맞춤형 협찬 제안서를 작성해야 한다. 평소에 기업의 활동 사항(신상품 개발, 사업 영역, 마케팅 활동 등)에 관심을 갖고, 경제신문이나 경제잡지를 가까이하고 노력해야 협찬 기회를 잡을 수 있다.

협찬 제안 내용 + 협찬사 홍보 방안 + 협찬사 혜택 사항 + 공연 기획서 요약

공연 사업 계획서, 공연 기획서, 협찬 제안서의 비교

구분	특징/작성 목적
공연 사업 계획서	공연 기획사가 매년 추진하고자 하는 공연 사업을 확정하기 위해 작성하는 공연 사업 전체의 마스터 플랜에 해당한다.
공연 기획서	단위 공연 작품의 제작, 기획, 홍보, 마케팅, 예산 등을 설명하는 종합 안내서 역할을 한다(설계도).
협찬 제안서	협찬 제안서는 공연 기획사가 특정 기업이나 단체에 공연을 매개로 하여 홍보, 광고, 브랜드 노출 기회를 제공하고, 반대급부로 현금, 물품, 용역 등을 요청하는 제안서를 말한다.

김PD 생각 　협찬 추진 요령

필자가 국립극장에서 경험했던 협찬에 대한 내용이다. 국립극장의 토요문화광장은 메인 협찬사를 새로 유치하기 위해서 다각도로 기업들과 접촉하고 있었다. 어느 날 모 대행사로부터 S자동차가 5억에서 7억 원 사이에 협찬이 가능하다고 연락이 왔고, 여러 가지 조건을 제시했다. 추진하는 사람들은 아주 좋은 조건이라고 말하고 다녔다. 그런데, 필자는 여러 번 경제신문 기사에서 S자동차가 워크아웃을 선언할 가능성이 높다는 기사를 보았다. 그래서 언제 부도가 날지 모르는 자동차 회사가 국립극장에 협찬이 가능하겠는가 생각하고 물론 믿지 않았다. 아니나 다를까 얼마 되지 않아서 S자동차는 워크아웃을 신청했다. 이런 말을 하는 이유는 대개 기업도 잘되고 수익을 내고 있어야 협찬이 가능하기 때문이다. 적어도 공연 기획자는 경제신문을 구독하여 어느 기업이 수익을 내고 있고 신상품을 개발하여 마케팅을 하고 있는지를 알아야 협찬을 추진할 수 있다고 생각한다. 무조건 협찬 제안서를 작성하여 삼성전자와 현대자동차에 협찬 의뢰를 할 수는 없는 일이다.

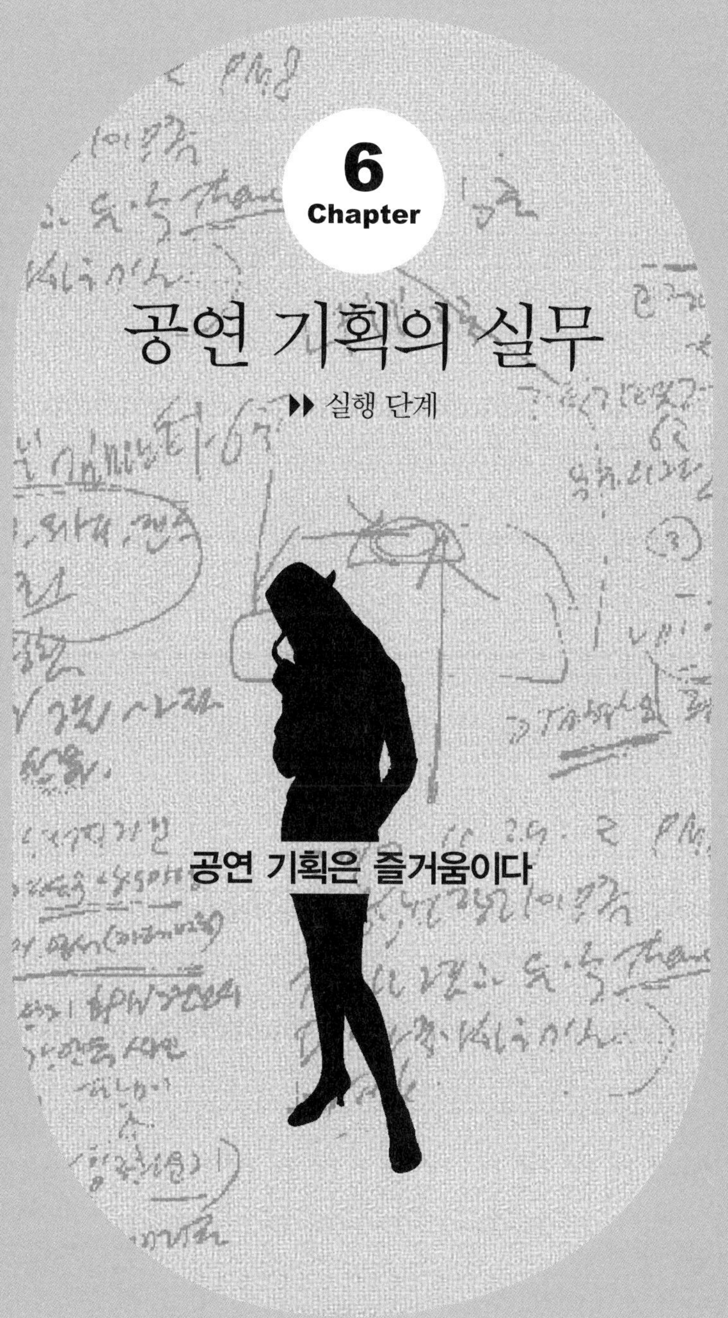

공연 기획의 실무

▶▶ 실행 단계

공연 기획은 즐거움이다

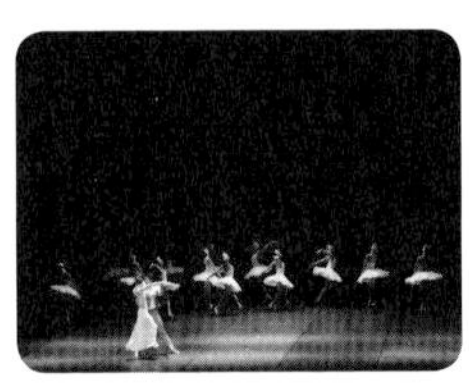

대한민국을 대표하는 예술단체인 국립발레단은
1962년 창단된 국내 최초의 직업 발레단으로
국내 최고의 무용수들과 다양한 레퍼토리로
국내 발레계의 발전을 선도하고 있다.

(출처: 국립발레단)

공연 기획의 실무
▶▶ 실행 단계

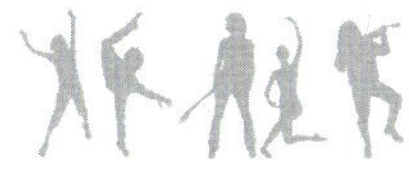

1. 스태프Staff

| 스태프

스태프는 원래 영화, 방송 등의 분야에서 출연자 이외의 제작진, 즉 배우를 제외한 사람을 총칭하는 말로 사용되었다(출처: 네이버 용어사전). 공연 분야에서 말하는 스태프도 마찬가지로 공연에 참여하는 사람들 중에 배우와 관객을 제외한 사람들로, 보통 공연제작을 책임지는 사람들을 말한다.

공연 부분의 스태프를 자세히 분류해 보면 창작 부분을 담당하는 예술 스태프로 작가, 연출가, 작곡가, 안무가, 무대 디자이너, 조명 디자이너, 음향 디자이너, 영상 디자이너, 분장 디자이너 등이 있고, 무대 기술을 담당하는 무대 기술 스태프로는 기술감독, 무대감독, 조명과 음향, 영상의 엔지니어와 오퍼레이터 등이 있으며, 공연장의 관리 책임을 맡고 있는 운영 스태프는 하우스 매니저, 하우스 도우미 등이 있다.

예를 들어 관객을 위한 창작 뮤지컬 공연을 제작할 경우 예술 스태프가 공연의 밑그림이나 스케치를 그리며, 여기에 무대 기술 스태프들이 그림으로 완성되도록 물감으로 덧칠을 해준다. 그러면 운영 스태프들은 관객들이 편안하게 그림을 제대로 감상할 수 있도록 편의를 제공해 준다.

공연 제작에 참가하는 스태프들, 그 중에서도 제작회의에 참가하는 주요 스태프들을 지칭한다. 연출가, 무대감독, 제작감독, 음악감독, 안무가, 무대 디자이너, 조명 디자이너, 음향 디자이너, 의상 디자이너 등이다.

| 스태프 선정과 중요성

공연에서 스태프를 선정하는 일은 주연 배우를 선정하는 일 만큼이나 중요하다. 또한 공연의 성패를 좌우하므로 매우 신중하게 검토해서 결정해야 한다. 그래서 공연 기획자는 현재 왕성하게 활동 중인 예술 스태프(작가, 연출가, 작곡자, 안무가 등)를 수시로 파악하고, 또한 주요 스태프가 참여한 공연을 관람하거나 공연 자료를 수집하여 창작 능력, 활동 내용, 인건비, 다른 분야 스태프들과의 협력 여부를 충분히 파악한 후, 미리 섭외용 자료를 만들어 가지고 있어야 스태프 선정에 따른 실패를 조금이라도 줄일 수 있다.

공연 기획자는 공연 구상이 끝나면 먼저 창작 부분을 담당하는 예술 스태프인 작가, 연출가, 작곡가, 안무가, 지휘자 등과 무대 기술 스태프인 기술감독(무대감독)순으로 섭외한다. 대본(연극, 무용, 뮤지컬, 발레, 오페라, 창극)이 완성되면, 그 다음에 공연 기획자는 연출가와 협의하여 추가로 무대 디자인, 조명 디자인, 음향 디자인, 의상 디자인, 소품 디자인, 장신구 디자인,

분장 디자인 등을 섭외한다. 그리고 그 다음에 무대 기술 부분을 담당하는 스태프인 조명과 음향, 영상의 엔지니어와 오퍼레이터 등을 섭외한다.

│ 공연에 적합한 스태프가 선정된 경우

▶공연 작품의 예술 완성도를 높이는 데 매우 중요한 역할을 한다.

▶창의력과 제작 경험을 통해 공연 제작비를 감소시키는 데 크게 기여한다.

▶무대 기술 부문의 완성도를 높여서 관객의 공연 만족도를 높인다.

│ 스태프의 종류와 특징

① 예술 스태프Art staff

작가(극작, 각색, 번안, 구성), 연출가, 작곡가(작곡, 편곡, 선곡), 안무가, 무대 디자인, 조명 디자인, 음향 디자인, 영상 디자인, 의상 디자인, 소품 디자인, 분장 디자인 등은 공연 제작에 있어서 창조적인 일을 담당하는 스태프로 무대 기술 스태프와 엄밀히 구별된다.

② 무대 기술 스태프Stage technical staff

무대 기술 스태프는 공연과 관련하여 기술적인 부분의 운영을 책임지는 스태프로 기술감독, 무대감독, 조명과 음향 및 영상의 엔지니어와 오퍼레이터 등을 말한다.

③ 운영 스태프Operating staff

운영 스태프는 하우스 매니저, 하우스 도우미 등으로 관객들이 편안한 상태에서 공연을 감상할 수 있도록 고객의 서비스에 중심을 두고 업무를 담당하는 스태프이다.

예술 스태프는 공연에서 새로운 것을 창작하는 역할을 하기 때문에 창작 스태프라고도 한다.
예를 들면 작가는 대본을 창작하고, 작곡가는 음악을 창작하고, 안무가는 무용을 창작하기 때
문이다.

| 스태프 선정 시 주의 사항

연극, 무용, 뮤지컬, 오페라, 발레, 창극 등의 공연은 창작을 바탕으로
한 종합예술이면서 집단예술이라는 특징을 갖는다. 그러므로 작가가 창
작한 밑그림을 바탕으로 각 스태프들은 연출가와 안무가를 중심으로 자
기가 만든 분야별 설계도를 가지고 토론과 협력을 통하여 종합 설계도를
함께 만들고 배우들과 함께 무대에 형상화한다.

스태프 선정 시 주의 사항으로는 ① 자기 분야에서 어느 정도 검증된
사람으로서 공연 기획자가 만들고자 하는 제작 목적, 제작 의도, 제작 방
향을 충분히 이해하고 해석하여 공연 작품에 반영할 수 있는 전문가라
야 한다. ② 공연 작품은 집단예술인 관계로 때로는 어느 스태프가 자기
의 예술적 해석에 대해 고집을 부리더라도 다른 스태프들과 의사소통이
가능하고 함께 협동 작업을 할 수 있는 전문가라야 한다. 그리고 마지막
으로는 ③ 공연 작품에 충분한 시간을 할애하고 마지막까지 최선을 다할
수 있는 전문가라야 한다.

| 스태프 인건비 산정 방법

공연에 참여하는 각 분야의 스태프 인건비를 산정하고 결정해서 계약을

추진하는 것은 생각보다 많은 준비가 필요하다. 또한 인건비를 산정하고 계약을 하기 위해서는 제작자와 스태프 간에 서로 이해를 하기 위한 사전 만남이 꼭 필요하다. 특히 공연 장르, 공연 규모, 연습 및 공연 기간, 공연 지역과 장소, 공연장의 크기와 시설 규모, 무대 작업 환경, 다른 스태프들의 협조 등 모든 작품마다 각기 다른 환경에서 일하기 때문에 공연 작품에 적절한 스태프를 선정하여 계약을 성사시키기 위해서 다음과 같은 준비 과정이 필요하다.

1단계	스태프 명단, 창작 역량, 인지도 등 조사한다. ▶ 스태프 명단과 주로 작업하는 공연 장르와 특징, 창작 역량 등을 조사한다.
2단계	스태프들에게 현재 지급되는 인건비 수준을 조사한다. ▶ 공연 시장에서 통용되는 스태프 개인별, 스태프 분야별, 공연 장르별 일반 인건비와 평균 인건비를 조사한다.
3단계	스태프의 역할과 업무 범위를 결정한다. ▶ 작곡만을 하는지 아니면 편곡과 지휘까지 포함하여 하는지 등을 말한다. ▶ 무대 디자이너만 하는지 또는 무대 제작 관리까지 하는지 등을 정확하게 정해 놓는다.
4단계	스태프 명단을 3배수로 확보하고 순서대로 섭외한다. ▶ 최우선으로 작가와 연출가를 섭외하고 그 다음으로 연출가와 의논하여 예술 스태프의 명단을 작성하여 섭외하고 마지막으로 무대 기술 스태프의 명단을 작성하고 섭외에 들어간다.
5단계	스태프 분야별로 협상용 인건비를 확정한다. ▶ 스태프 분야별로 최저 금액과 최고 금액으로 인건비를 산출하여 최저 금액과 최고 금액 사이에 협상용 인건비를 확정한다.
6단계	스태프를 확정하고 인건비 협상에 들어간다. ▶ 같은 창작 및 무대 기술 분야도 개인의 역량과 인지도에 따라 인건비의 차이가 크다. ▶ 개인 스태프별로 지급되는 인건비는 전체 공연 예산과 스태프들의 역할과 담당 분야, 공연 비중에 따라 결정해야 하고 또한 협상이 잘되지 않을 경우에 대비하여 대치할 수 있는 스태프를 미리 염두에 두어야 한다.
7단계	인건비 확정 및 계약 ▶ 계약서를 마련하여 계약 문구를 확인하고 인건비를 확정하여 계약한다.

1명의 동일한 무대감독이 연극 작품의 무대감독을 할 때와 뮤지컬 작품이나 오페라 작품의 무대감독을 할 때에 제작 규모와 제작비의 차이로

인해 인건비의 차이가 난다. 연극에 비해서 뮤지컬, 오페라의 무대감독의 인건비가 상대적으로 높다.

인건비가 높은 스태프로는 예술 스태프로 작가, 연출가, 작곡가, 안무가 등으로 공연에서 창작을 담당한다. 또한 공연 작품의 무대 부분에서 비중이 높은 영역을 담당하는 스태프들로 무대 디자이너, 조명 디자이너, 의상 디자이너 등이 있다.

스태프의 종류와 역할

대본 작가 Scriptwriter

원작이나 구성 개념, 구성 시놉시스를 해당 공연에 적합하게 대본화하는 사람을 말한다.

극작가 Dramatist

공연을 위한 대본을 쓰는 사람을 말한다.

각색자 Writer adaptation

소설이나 서사시 등을 공연할 수 있도록 희곡으로 고쳐 쓰는 일을 하는 사람을 말한다.

▨ 번역자Translator

외국어 공연 작품을 공연할 언어 또는 모국어로 번역하는 사람을 말한다.

▨ 예술감독Artistic director

예술 단체의 창작과 관리 운영을 책임지는 사람 또는 공연 및 공연장 운영의 예술적 방향성을 제시하고 적용시키는 사람을 말한다.

▨ 연출가Director

대본을 분석하고 연출 콘셉트에 의해 음악, 안무, 연기, 무대 장치, 조명, 의상 등을 통합하고 조정하여 공연을 무대에 올릴 때까지 예술 분야를 책임지고 총괄하는 사람을 말한다.

▨ 조연출Assistant director

연출가를 보조하며, 공연 제작을 돕고, 연습 계획을 세우고 스태프, 배우, 연습장을 관리하는 사람을 말한다. 가장 중요한 것은 연습에 필요한 최적의 환경을 조성하는 일을 책임지는 사람이다.

*제1 조연출, 제2 조연출, 제3 조연출

▨ 협력 연출가Co-director

공연 작품의 연출 콘셉트, 작품 해석, 배우 동선, 디자인 등에 대해 연출가와 협력하는 사람을 말한다.

■ 드라마투르그Dramaturge

연출가가 대본에 관한 충분한 정보와 해석에 입각하여 결정을 내리도록, 극작가 및 공연 작품의 시대와 배경 및 해석상의 문제들을 조사하여 조언하는 역할을 담당하는 사람을 말한다.

■ 배역감독Casting director

한 공연 작품에 등장하는 배역 선정을 계획하고 실행하여 배우를 선발하는 사람을 말한다.

■ 음악감독Music director

공연에 필요한 음악 파트 전체를 감독하고 책임지는 사람을 말한다. 다시 말해 일반적으로 교향악단의 최고 책임자로 작품 선택 및 협연자 선정 등 음악 전반을 관장하는 사람을 말한다.

■ 작곡가Music composer

공연에 필요한 음악을 창작하는 사람을 말한다.

■ 편곡자Music arranger

어떤 악곡을 그 곡 본래의 편성에서 다른 연주 형태로 바꾸는 일을 하는 사람을 말한다.

■ 작사가Lyricist

뮤지컬, 오페라 등에서 노래 말, 즉 가사를 만드는 사람을 말한다.

◾ **보이스 코치**Voice coach

노래를 지도하고 교정을 봐주는 사람을 말한다.

◾ **연습 반주자**Training accompaniment

공연 연습 때에 반주를 해주는 사람을 말한다.

◾ **지휘자**Conductor

뮤지컬이나 오페라에서 오케스트라 또는 창극에서 기악부를 지휘하는 사람을 말한다. 특히 오페라에서는 악보의 수정, 캐스팅을 좌우한다.

◾ **합창 지휘자**Choir conductor

오페라에서 다수의 화음을 아름답게 연출하기 위하여 합창단을 지휘하는 사람을 말한다.

◾ **무용감독**Dance director

안무가가 디자인한 무용 동작을 무용수가 실현하도록 지도하고 감독하는 사람을 말한다.

◾ **안무가**Choreographer

무용 동작을 창작하고 구성하는 사람을 말한다.

◾ **조안무**Assistant choreographer

안무가를 보좌하며 안무가의 지시에 따라 연습 계획을 수립하여 안무 연습을 시키는 사람을 말한다.

■ 연습감독Rehearsal director

공연 연습을 준비하고 감독하는 사람으로 대개 제1 조연출이 담당하는 경우가 많다.

■ 악장Orchestra leader

악단의 인원과 활동을 감독하는 사람을 말한다.

■ 악보계Music librarian

오케스트라에 소속되어 악보를 준비하고 정리 및 보관하는 사람을 말한다.

■ 기술감독Technical director

공연 제작에 필요한 기술 부분을 검토하여 대안을 제시하고 책임지는 사람을 말한다.

■ 기술조감독Deputy technical director

기술감독을 보좌하고 기술감독의 업무를 보조하는 사람을 말한다.

■ 무대감독Stage manager

연출가로부터 리허설 후 공연을 넘겨받아 공연 기간 동안 무대에 올리는 사람으로 공연의 모든 사항에 대해 책임을 진다(무대 연습, 전환 큐(cue) – 무대/조명/음향 등). *전환 큐는 무대나 조명의 변화를 지시하는 명령을 말한다.

■ **무대조감독**Assistant stage manager

무대감독을 보조하는 사람을 말한다. 장치 전환을 감독하고, 소품과 설비를 점검하며, 배우와 무대 팀을 소집하고, 배우들에게 시간을 일깨워주며 막의 오르내림을 감독한다. 주로 무대감독의 반대편에서 일한다.

■ **무대 미술가**Stage art

공연에서 무대 전체의 시각적 구성과 이미지를 책임지는 사람을 말한다. 의상과 조명의 디자인 개념 도출에도 관여한다.

■ **무대 디자이너**Set designer

공연에서 시각적 구성과 이미지를 이끌어 내고 디자인하는 사람으로 보통 디자인 도면에 의한 무대 제작을 책임진다.

■ **무대 디자인 보**Assistant set designer

무대 디자이너를 보조하는 사람으로 시각적 계획을 도면으로 함께 그리고 무대 제작소에서 제작감독과 함께 디자이너의 작업 도면을 분석하여 제작을 관리하는 사람을 말한다.

■ **작화가**Scenic artist

무대 배경을 그리고 채색하며 완성된 세트에 시각적인 효과를 주는 사람을 말한다.

■ **장치 전환수**Shift crew

공연 중 무대 장치의 전환을 맡아서 하는 사람을 말한다.

■ **조명감독**Lighting director

디자인된 조명 계획을 무대 위에 실현하는 작업을 관리하고 감독하는 사람을 말한다.

■ **조명 디자이너**Lighting designer

한 공연의 제작을 위해 무대 위에 빛의 개념을 이끌어 내고 디자인하는 사람을 말한다.

■ **조명 오퍼레이터**Lighting board operator

공연 중 조명콘솔을 조작하고 관리 운영하는 사람을 말한다.

■ **전식**Light effect

무대에서 전기 장식을 담당하는 사람을 말한다.

■ **무빙 프로그래머**Moving programmer

공연 작품을 분석하고 무빙라이트 장비의 프로그래밍을 전문적으로 담당하는 사람을 말한다.

■ **무빙 오퍼레이터**Moving operator

공연 중 무빙라이트 전용 콘솔을 전문적으로 조작하는 사람을 말한다.

■ 팔로우 스폿 오퍼레이터Follow spot operator

공연 중에 무대 위 배우의 동선에 따라 팔로우 스폿Fallow spot을 조작하는 사람을 말한다.

■ 음향감독Sound director

디자인된 음향 계획을 무대 위에 실현하는 작업을 관리하고 감독하는 사람을 말한다.

■ 음향 디자이너Sound designer

한 공연의 제작을 위해 무대 위 소리의 개념을 이끌어 내고 디자인하는 사람을 말한다.

■ 음향 오퍼레이터Sound operator

공연 중 음향 콘솔을 조작하고 관리 운영하는 사람을 말한다.

■ 영상 디자이너Image designer, Picture designer

공연에 사용할 영상을 디자인하고 제작하는 사람을 말한다.

■ 특수효과 디자이너Special designer

공연에 사용할 특수효과를 디자인하고 공연 기간 동안 관리 운영을 책임지는 사람을 말한다.

■ **특수효과 오퍼레이터**Special effects operator

공연 중 특수효과 기기를 조작하고 관리 운영하는 사람을 말한다.

■ **의상 디자이너**Costume designer

공연에 등장하는 인물의 의상 콘셉트와 개념을 이끌어 내어 디자인하는 사람을 말한다.

■ **의상 디자인보**Assistant costume designer

의상 디자이너를 보조하고 자료 수집, 의상 스케치, 의상 제작관리 등의 일을 돕는 사람을 말한다.

■ **의상 전환수**Dresser

공연 중 연기자의 의상 전환을 돕고, 의상을 관리하는 사람을 말한다.

■ **분장 디자이너**Make-up designer

한 공연에 등장하는 인물들의 분장 개념을 이끌어 내고 디자인하는 사람을 말한다.

■ **분장사**Make-up artist

분장 디자인에 따라 배우의 얼굴과 몸에 분장을 해주는 사람을 말한다.

■ **무대 크루**Stage crew

공연작업, 공연 기간 동안에 무대감독의 지시에 따라 무대 운영을 돕고 공연장에서 일하는 분야별 스태프를 칭한다.

■ 무대감독

공연장의 무대 관련 부분을 통합관리하고 대관 공연 팀에게 자문하거나
필요 시 무대감독의 역할을 담당한다.

■ 무대 기계 담당

공연장의 무대 기계 장비를 관리하거나 오퍼레이터를 담당한다.

■ 무대 조명 담당

공연장의 무대 조명 장비를 관리하거나 조명 디자인을 하고 오퍼레이터
를 담당한다.

■ 무대 음향 담당

공연장의 음향 장비를 관리하거나 음향 디자인을 하고 오퍼레이터를 담
당한다.

■ 무대 영상 담당

공연장의 영상 장비를 관리하거나 디자인하고 오퍼레이터를 담당한다.

| 기획 스태프

■ 제작자 Producer

공연을 하기 위하여 작품 선정, 스태프 구성, 배우 섭외 등을 담당하고 공연 기획을 총괄하며, 재정적으로 공연에 따른 제작 예산과 제작 계획 수립을 총괄하는 사람을 말한다.

■ 제작보 Assistant producer

제작자를 보좌하고 제작의 업무를 보조하는 사람을 말한다.

■ 제작감독 Production manager

한 공연의 제작 예산, 제작 일정 등을 책임지고 관리하는 사람을 말한다. 공연 작품의 제작 계획을 수립하는 일을 비롯한 전문적인 준비에 대한 책임과 관리 권한을 갖는다.

■ 제작조감독 Production assistant

제작조감독은 제작감독을 보조하고 제작감독의 지시에 의해 제작 관련 업무를 대행하는 사람을 말한다.

■ 극단 매니저 Company manager

극단의 단원을 감독하고 관리하는 사람을 말한다.

■ 홍보 매니저 PR manager

공연 작품의 특징과 장점을 포함한 다양한 내용을 일반인 및 기자들에게 홍보하는 담당자를 말한다.

■ 마케팅 매니저Marketing manager

공연 작품을 관객들에게 유통시키는 일을 담당하여 판매를 촉진하는 사람을 말한다. ※마케터Marketer

| 공연 장르에 따른 규모별 필요 스태프

장르	규모	필요 스태프
연극	중극장	**국립극단 〈테러리스트 햄릿〉** 2007. 11. 6 ~ 24 국립극장 달오름극장 예술감독/작가/원작 번역/연출가/무대 · 의상 디자인/드라마투르그 · 공연 대본 구성/제작 협력/미술감독/음악/메이크업/조연출 · 통역/탱고 지도/펜싱 지도 등 ※무대 장치 제작, 조명 설치(오퍼 포함), 음향 설치(오퍼 포함), 소품/장신구 제작 등은 국립극장 무대 예술부 직원들이 담당함
무용	대극장	**국립무용단 춤극 〈가야〉** 2009. 9. 19 ~ 23 국립극장 해오름극장 예술감독/총괄안무 · 대본 · 연출/작곡/안무/조연출/무대 디자인/의상 디자인/소품 · 장신구 디자인/조명 디자인/음향 디자인/분장 디자인/소품 제작/장신구 제작/영상 ※무대 장치 제작, 조명 설치(오퍼 포함), 음향 설치(오퍼 포함), 장신구 제작 등은 국립극장 무대 예술부 직원들이 담당함
뮤지컬	중극장	**서울예술단의 뮤지컬 〈로미오와 줄리엣〉** 2005. 5. 17 ~ 29 예술의전당 토월극장 스태프 예술감독/원작/번역/연출/드라마트루그/공동 각색/작곡/편곡/안무/음악감독/무대 디자인/조명 디자인/음향 디자인/의상 디자인/소품 디자인/분장 디자인/헤어 디자인/무대감독/조명감독/펜싱코치/뮤직 어시스턴트/무대조감독/조연출/의상 · 소품/음향 Production 음악제작(체코: 사운드엔지니어, 오케스트라/한국: 리코딩엔지니어, 믹싱, 마스터링)/무대 제작(작화/제작/셋업)/무대 진행Crew/의상 제작/소품 제작/의상 · 소품 진행Crew/조명 운용(조명 콘솔 운영/팔로우 스폿 운영/조명팀장/조명설치)/음향(시스템 엔지니어, RF 엔지니어)/분장/특수효과 등

뮤지컬	대극장	**뮤지컬 〈명성황후〉** 2009. 10. 7 ~ 10. 31 국립극장 해오름극장
		원작/각색/각사/연출/협력연출/작곡/편곡/지휘자/안무/음악감독/무대 디자인/무대 작화/조명 디자인/음향 디자인/특수효과 디자인/의상 디자인/소품 디자인/분장 디자인/무대감독/기술감독/보컬 코치/조연출/무대 디자인보/조명보/음향보/의상 디자인보/연출보/지휘자보/조안무/조안무보/음악조감독/무대조감독/제작감독/제작조감독/연기 트레이너/조명오퍼레이터/음향오퍼레이터/무대 진행Stage crew
오페라	대극장	**국립오페라단의 〈사랑의 묘약〉** 2009. 9. 26 ~ 30 예술의전당 오페라극장
		예술감독 · 연출 · 무대 디자인/지휘/음악감독/합창 지휘/조명 디자인/의상 디자인/영상 디자인/분장 디자인/코디네이터 · 조연출/번역 · 자막/수석피아니스트/아크로바틱 안무/제작감독/무대감독/미술감독/조명감독/무대조감독/조연출/조연출보/연습 반주/ Production 자막 오퍼레이터/무대 진행팀/조명팀/의상 진행팀/분장팀/무대 제작/의상 제작/소품 제작/조명장비 렌탈/전식/영상 프로젝트/영상 제작 등
발레	대극장	**국립발레단의 〈왕자호동〉** 2009. 11. 18 ~ 22 예술의전당 오페라극장
		예술감독/총연출/무대 디자인/작곡/안무/의상 디자인/조명 디자인/지휘/무대 디자인 어시스턴트/분장 디자인/소품 디자인/영상 디자인/음악감독/피아니스트/재활트레이너/무대감독 등 Production 무대 장치 제작/무대 진행/조명/의상 코디네이터/의상 진행/의상 제작/소품 제작/분장/영상 프로젝트/플라잉
창극	대극장	**국립창극단의 〈청〉** 2007. 5. 1 ~ 5. 13 국립극장 해오름극장
		예술감독/대본/연출/작창/작곡 · 지휘/채보/안무/무대감독/무대 디자인/조명 디자인/의상 디자인/소품 디자인/분장 디자인/조안무/조연출/무대조감독 등 ※ 무대 장치제작, 조명설치(오퍼 포함), 음향 설치(오퍼 포함), 소품/장신구 제작 등 국립극장 무대 예술부 직원들이 담당함

〈출처: 각 공연 프로그램〉

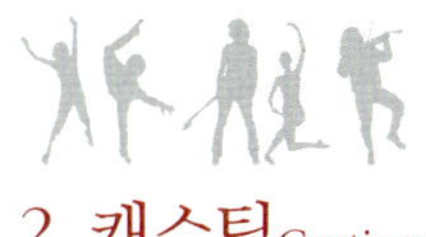

2. 캐스팅Casting

| 배우俳優, Actor, Actress

배우는 연극, 무용, 뮤지컬, 오페라, 발레, 창극 등의 공연 작품에 등장인물로 출연하여 무대 위에서 자기만의 표현 양식과 방법을 통해 연기하는 사람을 말한다. 다시 말해 배우는 연출가나 안무가의 대본 해석에 의한 동선에 따라 등장인물로 변하여, 무대 위에서 대사, 행위, 몸동작, 춤, 노래 등을 연기하는 사람이다.

공연 제작/기획에서 작품에 적격인 배우를 캐스팅하는 것은 공연의 성공을 위한 제1조건에 해당한다. 만약 창작 작품의 대본과 무대 기술 부분이 조금 부족해도, 공연 작품에 적합한 배우를 캐스팅했다면 배우가 공연에 부족한 부분을 어느 정도는 만회를 해줄 수 있다. 물론 공연에서 대본의 완성도가 가장 중요하지만 이미 완성도가 떨어지는 대본으로 제작하여 공연을 앞두고 있는 상황에서는 어쩔 수 없으므로, 오직 배우의 완벽한 연기에 의존할 수밖에 없다.

| 배역 캐스팅의 중요성

최고의 작가, 연출가, 안무가에 의해 창작된 공연 작품이 배우에 의해 무대 위에서 표현되고 형상화되는 과정에서 관객들에게 작품이 가지고 있는 이미지와 느낌을 제대로 전달하지 못했다면 아마도 공연은 실패로 끝날 확률이 아주 높다. 그래서 무대 위에서 관객과의 직접적인 교감을 통해 공연 작품을 최종적으로 완성해 주는 배우의 역할은 매우 중요하다.

배우는 작가, 연출가, 안무가, 작곡가 등의 예술 스태프가 창작한 내용을 자기 나름대로 해석하고 표현하여 관객들이 공감할 수 있도록 전달해야 할 책임이 있다. 그래서 배우는 예술 스태프 및 무대 기술 스태프와 함께 공연 예술의 완성을 책임지는 하나의 중요한 요소이다.

공연에서 관객들로부터 작품 해석이 훌륭한 배우, 연기력이 뛰어난 배우, 춤 실력이 뛰어난 배우, 노래를 잘하는 배우, 소리를 잘하는 배우, 표현력이 뛰어난 배우 등의 평가를 받았다면 그 배우는 무대에서 자기 배역을 충분히 소화하고 자기 역할을 다 했다고 말할 수 있다. 그러므로 반드시 배역에 적합한 배우, 자기 배역을 충분히 소화할 수 있는 배우를 캐스팅해야만 공연의 성공을 기대해 볼 수 있다.

| 배역 캐스팅 시 유의 사항

배역을 캐스팅할 때에 친분, 외모, 학연, 외부 부탁에 의해서 배역이 선정되지 않도록 처음부터 연출가를 비롯한 예술 스태프들과 의논하여 배역에 대한 선발 기준을 만들고 이를 철저히 적용해서 선발해야 한다. 그래야만 잘못 캐스팅한 배우로 인해 공연 작품의 완성도가 현저하게 떨어지는 것을 막을 수 있다.

주연(주인공)이나 역할이 큰 조연인 경우에는 다음과 같은 최소한 선발 기준을 가지고 캐스팅해야 한다.

▶맡은 배역의 적합성과 배역의 소화 여부

▶스태프/배우들과 협력 여부

▶관객들에게 호감을 줄 수 있는지 여부

▶배역에 따른 배우의 상품 가치를 창출할 수 있는지 여부

▶홍보 마케팅을 지원하고 연계시킬 수 있는지 여부

▶배우로서 관객의 티켓 구매력의 강도(관객의 충성도)

▶투자사가 인정하는 배우의 상품성

연주자Musician의 선정과 중요성

음악이 중심인 뮤지컬, 오페라, 창극의 경우에는 연주자들이 차지하는 비중과 역할이 크다. 또한 연주단의 규모, 악기 편성, 연주자의 연주 능력에 따라 공연 작품의 완성도에서 현저한 차이가 난다.

어느 정도의 실력을 가진 연주자로 팀을 구성하느냐에 따라서 예산의 차이가 많으므로 연출가, 음악감독, 작곡가, 지휘자 등과 사전에 협의하여 예산 범위 안에서 최고이면서 최선의 선택을 하여 조금이라도 뛰어난 연주자를 섭외해야 한다.

오로지 각각의 악기로 구성된 연주단, 오케스트라, 기악부 등의 연주만으로도 아름다운 조화를 이루어 낼 수 있어야만 공연에서 배우들의 무대 연기와 완벽한 조화를 이루어 낼 수 있다.

오디션은 배역 경쟁을 통해 배우의 자질과 능력 향상, 능력 있는 신인 배우 발굴, 공연 시장 활성화, 배역에 가장 적합한 배우를 공정하게 캐스팅하는 데 목적이 있다. 부가적으로 오디션은 공연 작품을 사전에 홍보하는 데 큰 효과를 내고 일정한 역할을 한다.

공연 기획사의 제작감독은 예술 스태프인 연출가, 음악감독(작곡자, 지휘자), 안무가 등과 협의하여 공연에 등장하는 주요 배역을 선발하기 위한 오디션 실시 계획을 마련한다. 오디션 내용이 확정되면 곧바로 공연 기획사 홈페이지를 통해 공지하고, 언론, 방송, 인터넷 홍보에 들어간다. 이때에 가능한 한 많은 사람이 오디션에 참가할 수 있도록 최선을 다해 지속적으로 홍보를 해야 한다.

오디션에 참가하기를 원하는 배우들이 공연 기획사 홈페이지에서 오디션 신청서를 다운로드 받고 이를 작성하여 자기소개서와 함께 공연 기획사가 지정한 메일이나 우편을 통해 최대한 쉽고 편리하게 접수할 수 있도록 한다.

공연 기획사는 신청서 접수가 마감되면 오디션 접수자를 대상으로 1차 서류전형을 통해 오디션 접수자 가운데 결격사유가 있는 사람을 추려내고, 2차 실기 오디션에 참여할 오디션 대상자를 확정하여 홈페이지에 공지한다.

실기 오디션은 자유연기, 지정연기, 특기사항, 노래(뮤지컬, 오페라, 창극), 춤(무용, 발레)으로 치러지며 심사위원으로는 공연 프로듀서, 연출가, 작곡자(음악감독), 안무가 등이 참여하고 심사 결과에 따라 오디션 합격자가 결정되면 바로 홈페이지에 공고한다. 캐스팅 못한 배역은 연습을 통해 적합한 배우가 있으면 추가로 캐스팅에 들어간다. 주요 배역은 배우들의 경쟁을 유도하고 배우들의 안전사고에 대비하기 위하여 2배수나 3배수를 선정하여 연습에 들어가고 추후에 그중에서 배우를 캐스팅한다.

| 오디션 공고 내용

▶공연 개요 및 공연 내용
▶오디션 배역
▶오디션 참가자의 자격 요건
▶오디션 진행 일정
▶오디션 항목 및 신청 방법
▶참가자의 준비 사항

| 오디션 준비와 진행

▶오디션 체크리스트
▶오디션 당일 진행 계획
▶연습실 및 탈의실 확보
▶대본(지정 연기), 악보
▶심사위원 섭외 및 확정 심사 시 고려사항: 외모, 발성, 개성, 연기력, 기타
▶진행 요원 확보(2~3명)
▶조연출, 조안무, 피아노 반주자 등 섭외 및 확정
▶오디션 접수자 명단철(명단, 소개서, 연락처, 주소), 안내문, 번호표
▶비품 준비: 테이블(심사위원), 의자(심사위원/오디션 대상자), 탁자(음료용) 등
▶오디션 참가자용 음료와 다과 준비(심사위원용은 별도로 준비)

▶준비 물품: 음향(CD용 플레이어), 피아노(조율), 댄스플로어Dance floor, 의상, 소품 등

공연 기획사는 오디션 공고 전에 오디션 장소를 확보해 놓아야 한다. 오디션 장소는 무용과 같은 장르적 특성을 고려하고, 오디션 규모와 참가 인원에 비례해서 적당한 크기와 찾기 쉬운 장소로 결정한다. 또한 오디션 장소 이외에 대기실과 탈의실도 함께 준비한다.

특히 뮤지컬이나 오페라의 오디션 장소는 어느 정도 방음이 되어야 하고 피아노가 필요할 경우, 꼭 조율을 해서 준비해야 한다. 그리고 처음부터 무용이나 발레 오디션을 위해서는 댄스플로어가 준비되어 있는 무용이나 발레 연습실을 오디션 장소로 섭외하는 것이 좋고 만약 여의치 않을 경우에는 일반 연습실을 임대하고 댄스플로어를 준비해 놓아야 한다.

김PD 메모　　오디션 홍보

공연 장르별로 배우들의 방문이 많은 인터넷 사이트의 자유게시판이나 공지사항(사이트 협조 필요)에 오디션 관련 내용을 2~3일 간격으로 계속 올린다. 예를 들면 한국(연극 · 국악 · 무용 · 뮤지컬 · 오페라 · 발레)협회, 공연장, 기획사, 공연 및 예술 관련 대학교, 공연 단체 등에 오디션 내용을 공지한다.

오디션 비용은 공연 제작비의 일부이기 때문에 오디션 장소, 심사비, 기타 비용도 사전에 충분히 고려해야 결정한다. 특히 보통의 경우 공연에 참여하는 스태프가 심사위원으로 참가할 경우에는 심사비를 별도로 지급하지 않으나, 스태프들의 인건비가 많지 않은 현실을 감안해서 심사위원들에게 양해를 구하고 상징적으로나마, 심사비를 지급하는 것이 앞으로 제작되는 공연을 위해서도 필요하다. 오디션 당일 계획은 다음과

같이 준비하여 진행하면 된다.

| 오디션 시간 계획 및 진행 일정표

■ 오디션 50일 전

▶오디션 일정 및 오디션 배역을 협의한다(공연 기획자, 연출가, 음악감독, 작곡자, 안무가 등).

■ 오디션 40~45일 전

▶오디션 계획을 확정한다(일정, 장소, 심사위원, 예산 등).

■ 오디션 30~20일 전

▶오디션 공지, 홍보 실시, 접수 마감을 마감한다.

■ 오디션 8~9일 전

▶오디션 접수자 대상 1차 서류전형을 실시한다.

■ 오디션 1~7일 전

▶오디션 1차 서류전형 합격자를 공지한다(명단철 작성).

▶오디션 1차 서류합격자 명단철을 심사위원 수만큼 복사하여 준비한다.

▶대본 및 악보도 오디션 참가 인원보다 조금 많게 복사하여 준비한다.

■ 오디션 5시간 전

▶오디션 참가자에게 안내 문자를 발송한다.

■ 오디션 4시간 전

▶심사위원 확인 연락 및 대여업체(피아노, 댄스플로어)에 연락하고 음료와 다과를 구입하여 준비한다.

■ 오디션 3시간 전

오디션 장소에 도착하여 모든 준비를 완료한다. 건물 입구 등에 안내 표지 부착 및 X-배너를 설치한 다음에 대기실 부근 테이블에 음료와 간단한 다과를 준비해 놓는다. 그리고 오디션 장소 내에 비품을 배치(테이블, 의자, CD 플레이어 등)하고 심사위원용으로 별도로 준비한 음료와 다과는 심사용 테이블 위에 놓는다. 그러고 나서 오디션용 소품이나 의상, 기타 대본, 악보, 번호표 등을 준비하고 대기한다. ※음료와 다과는 예상 수량보다 좀 더 충분하게 준비해 둔다.

■ 오디션 2시간 전

▶오디션 진행 방법 체크와 진행 리허설을 실시한다.

■ 오디션 1시간 전

▶심사위원들이 오디션 장소에 도착하면 심사 방법에 대해 최종 협의하고, 오디션 대상자들이 도착하면 오디션 방법과 진행 순서에 대한 간단

한 설명을 해주고 순서와 부착용 번호표를 나누어 준다.

■ 오디션 0~3시간 후

▶오디션 실시

▶오디션 순서: 입장 → 자유 연기(춤, 노래) → 지정 연기(춤, 노래) → 질문 → 퇴장

▶오디션은 배역에 따라 여자, 남자 순서로 진행하여 10명 씩 나누어 대기를 시키고 1인당 최소한 10분 정도를 오디션 시간을 확보하여 진행해야 하고 또한 오디션 참가자들은 현재 및 미래의 배우이므로 최대한 친절하고 프로답게 대우해 주어 이들을 통한 공연 홍보에도 신경을 써야 한다.

■ 오디션 4시간 후

▶오디션 심사 완료

■ 오디션 경과 1일

▶오디션 참가자에게 감사 문자나 감사 메일을 발송하고 합격자 공지에 대한 내용을 알린다.

■ 오디션 경과 2~5일

▶오디션 합격자 공고

※ 오디션을 실시하다 보면 배역에 맞는 사람을 캐스팅하지 못해서 오디션 결과에 대한 공지를 미루거나 연기하는 경우가 생기는데, 이때에도 반드시 문자나 메일로 공지를 해주어야 한다.

▶오디션 합격자들과 만남: 계약 내용, 연습 일정 등에 대해 안내를 해준다.

김PD 생각　스태프 선정과 배역 캐스팅에 대한 생각

공연 기획자는 스태프/배우 선정 시에 사전에 철저히 검증해서 신중하게 결정하고, 선정 이후에는 무한 신뢰와 함께 지원을 하여 구상하고 상상하는 것을 무대화할 수 있도록 해야 한다. 만약에 스태프/배우들을 잘못 선정했다면 그것은 전적으로 공연 기획자의 잘못이지, 그들의 잘못이 아니기 때문이다.

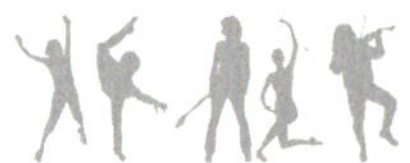

3. 공연 지원업체

공연 지원업체는 공연 제작/기획에 직·간접적으로 연관된 업체들로 무대 기술의 완성도를 높이고, 홍보 마케팅을 지원한다. 보통 크게 무대 기술 지원업체와 홍보 마케팅 지원업체로 나누어 볼 수 있다.

| 무대 기술 지원업체

무대 기술 지원업체는 공연이 가능하도록 무대와 관련된 기술부분과 배우 연기를 지원하기 위한 도구를 제작하거나 임대해 주는 일을 담당하는 업체를 말한다. 여기에는 무대 장치, 조명, 음향, 영상, 특수효과, 의상, 소품, 장신구, 분장/헤어, 악기, 무대 인력 등의 제작, 임대, 섭외가 포함된다.

　공연 작품의 무대 완성도에 직접적으로 큰 영향을 미치고 많은 비용이 발생하므로 업체를 선정할 시에 충분히 검토하여 신중하게 결정한다. 제작 및 임대비용은 업체의 명성과 신뢰도, 제작업체의 규모, 제작 기간,

임대 시기 및 기간, 제작 방식, 제작 능력 등에 따라 5~30% 정도의 제작
비 차이가 난다.

▩ 무대 제작업체

무대 디자이너가 디자인한 도면에 따라 무대를 제작하여 공연장에 설치
하고, 공연 기간 중 무대 장치를 관리 운영하며, 공연 종료 후에 철수를
담당하는 업체를 말한다. 여기에는 무대 장치, 무대 작화, 대도구 제작이
포함된다(지방 공연도 포함).

▩ 조명 장비 임대업체

조명 디자이너가 디자인한 조명 계획에 따라 조명 장비를 임대해 주고
조명 장비의 설치, 공연 기간 중 조명 장비의 관리운영, 공연 종료 후에
철수를 담당해 주는 업체를 말한다. 여기에는 조명 장비 대여, 조명 작업
인력지원, 조명장비 운반, 소모품 구입 등이 포함된다.

▩ 음향 장비 임대업체

음향 디자이너가 디자인한 음향 계획에 따라 음향 장비를 임대해 주고,
음향 장비의 설치, 공연 기간 중 음향 장비의 관리운영, 공연 종료 후에
철수를 담당해 주는 업체를 말한다. 여기에는 음향 장비 대여, 음향 작업
인력지원, 음향장비 운반, 소모품 구입 등이 포함된다.

▩ 영상 장비 임대업체

영상 디자이너가 구상한 영상 계획에 따라 영상 장비를 임대해 주고 영

상 장비의 설치, 공연 기간 중 영상 장비의 관리운영, 공연 종료 후에 철수를 담당해 주는 업체를 말한다. 여기에는 영상 장비 대여, 영상 작업 인력지원 등이 포함된다.

■ 특수효과 임대업체

특수효과 디자이너가 디자인한 특수효과 계획에 따라 특수효과 장비를 임대해 주고 특수효과 장비의 설치, 공연 기간 중 특수효과 장비의 관리운영, 공연 종료 후에 철수를 담당해 주는 업체를 말한다. 여기에는 특수효과 장비 대여, 특수효과 작업 인력지원, 소모품 구입 등이 포함된다.

■ 의상 제작업체

의상 디자이너가 디자인한 의상을 제작하고 공연 기간 중 의상을 관리운영해 주는 업체를 말한다. 여기에는 의상 제작/임대, 의상 운영 인력지원 등이 포함된다.

■ 소품 제작업체

소품 디자이너가 디자인한 소품을 제작 또는 임대해 주고 공연 기간 중 소품을 관리운영해 주는 업체를 말한다. 여기에는 소품 제작/임대, 소품 운영 인력지원 등이 포함된다.

■ 장신구 제작업체

장신구 디자이너가 디자인한 장신구를 제작 또는 임대해 주고 공연 기간 중 장신구를 관리운영해 주는 업체를 말한다. 여기에는 장신구 제작, 장신구 운영 인력지원 등이 포함된다.

■ 분장/헤어업체

분장 디자이너가 디자인한 분장/헤어 계획에 따라 리허설, 공연 기간 동안에 분장/헤어를 담당해 주는 업체를 말한다. 여기에는 분장디자인, 가발대여, 분장/헤어 인력지원, 재료구입(분장/미용)이 포함된다.

■ 영상 제작업체

영상 디자이너(영상감독)가 구상한 영상 계획이나 시나리오에 따라 공연에 사용될 영상 촬영, CG 작업, 영상 편집, 영상 소스 등을 전문적으로 제작하는 업체를 말한다.

■ 악기 대여업체

공연에 사용되는 여러 가지의 악기를 대여해 주는 업체를 말하고 보통 악기 수리, 피아노 조율 등도 담당한다.

■ 무대 인력 용역업체

공연에 필요한 무대 인력을 지원해 주는 업체로서 여기에 무대 전환수, 무대 조명, 무대 음향 등의 인력 용역이 해당한다. 특히 뮤지컬, 오페라, 발레 등의 공연에서 꼭 필요하다.

│ 홍보 마케팅 지원업체

홍보 마케팅의 여러 분야를 담당하여 관객을 개발하고 유치하는 일에 가장 중점을 두는 업체로 홍보 마케팅을 직·간접적으로 지원하거나 대행한다. 여기에는 인쇄 홍보물 제작, 옥외 홍보물 제작, 홈페이지 관리 대행, 오프라인/온라인 홍보 마케팅 대행, 티켓 예매 대행, 티켓 단체판매 대행, 인쇄 홍보물 배포/부착, 협찬 대행 등이 포함된다.

■ 인쇄 홍보물 제작업체

인쇄 홍보물을 기획·디자인하고 제작하는 업체로 포스터, 전단, 브로슈어, 할인 티켓, 프로그램, 초청장, 봉투 등을 제작하여 납품한다.

최근에는 공연 기획사나 공연 단체에서 인쇄 홍보물의 제작비를 줄이기 위해 디자인과 인쇄를 분리하여 의뢰하는 경우가 많다. 여기에는 기획, 디자인, 시안제작, 인쇄, 제본, 발송 등이 포함된다.

■ 옥외 홍보물 제작업체

옥외 홍보물을 디자인하고 제작하는 업체로 현수막, X-배너, 가로등 배너, 육교 현판, 홍보탑(광고탑) 등을 설치한다. 일반적으로 제작비에는 설치비와 시공비가 포함되어 있다.

■ 홈페이지 관리 대행업체

공연 기획사의 홈페이지를 관리해 주고 홍보용 웹 배너, 웹 메일 등을 디자인하여 제작해 주는 업체를 말한다.

■ 오프라인/온라인 홍보 마케팅 대행업체

오프라인/온라인에서 홍보 마케팅을 대행해 주는 업체로 프로모션이나 이벤트를 통해 홍보 마케팅을 진행한다.

　▶오프라인: 커피, 화장품 등의 매장과 연계

　▶온라인: 공연 관련 사이트, 카페, 블로그 등

■ 티켓 판매 대행업체

관객들이 공연 티켓을 쉽게 구입할 수 있도록 온라인과 오프라인에서 예매를 대행해 주는 업체를 말하며, 여기에는 인터파크, 티켓링크 등이 있다.

■ 인쇄 홍보물 배포/부착 대행업체

포스터, 전단 등의 부착과 배포를 전문적으로 대행해 주는 업체로 하나기획과 동인기획이 있다.

■ 티켓 단체판매 대행업체

티켓 단체판매를 대행해 주는 업체를 말하고 최근에는 소셜커머스 업체로는 티켓몬스터가 있는데, 주로 단체판매가 이루어지고 있고, 판매수수료는 매우 높다. ※티켓 할인율과 수수료가 너무 높아서 공연 수익에 전혀 도움이 되지 않는다.

■ 협찬대행 업체

보통 광고 대행사나 능력 있는 개인들이 담당하고 추진한다.

■ 기타 업체

지하철 광고 대행, 방송 스폿Spot 제작, 텔레비전/라디오 광고 대행사 등이 있다.

4. 계약契約, Contract

| 계약

계약契約이란 복수의 계약 당사자가 청약請約과 승낙承諾이라는 서로 대립하는 의사표시를 하고, 그 합치合致로 성립하는 법률행위를 말한다. 다시 말해서 계약은 신의를 바탕으로 계약 당사자 간에 권리와 의무를 명확하게 하기 위한 일종의 법률행위이며, 이를 통해 계약 당사자 간에 법적인 구속력이 발생하게 된다.

계약은 어느 한쪽 당사자의 일방적 의사통지에 의해 성립되는 단독행위가 아니라, 계약 당사자인 쌍방이 서로의 필요에 의해 체결하는 쌍무적 행위로 동동한 입장에서 체결해야만 계약에 있어 법적인 효력이 발생한다.

그리고 계약서는 문서로 작성해 놓아야 한다. 계약서를 작성함으로써 당사자가 최선을 다해 준수해야 할 계약상 신의성실의 의무를 정하여 문제가 발생하였을 때 유효한 해결책이 되어 주고, 나아가서는 재판과 같은 경우에 증거 자료로 사용되는 데에 의미가 있다.

따라서 계약서는 후일에 필요한 내용을 확인하거나 분쟁이 발생했을 때 증빙 자료가 되므로 소중하게 보관하지 않으면 안 된다. 쌍방 간에 공증을 하고 받은 1통 이외에 사본(분실에 대비하여)을 만들어 놓아야 한다.

| 계약서 작성

계약서의 형식은 자유이지만, 어떠한 내용의 계약서든지 공통적으로 갖추어야 할 기본적인 형식을 가지고 있으며 이를 바탕으로 작성함으로써 법적 요건을 갖추게 된다.

계약서는 일반적으로 ① 표제부 ② 전문前文 ③ 계약 내용 ④ 성실 조항 ⑤ 후문後文 ⑥ 계약 성립의 연월일 ⑦ 계약 당사자의 서명날인 등으로 구성되어 있다.

① 표제부

계약서식은 일정한 거래 내용을 기재하는 것으로, 그 내용을 파악하기 쉽게 하기 위해서도 일반적으로 먼저 '표제標題'를 기재한다. 예를 들면 "공연계약서", "출연계약서", "대관계약서", "○○○제작계약서", "○○○임대계약서" 등과 같이 기재한다.

② 전문

계약서식의 서두에는 전문前文을 싣는데, 내용은 다음과 같다. "공연 기획사 ○○○○을 갑으로 하고 제작사/스태프/배우/공연장 ○○○을 을로 하여, 갑과 을 사이에 어떤 내용으로 다음과 같이 계약을 체결한다."
※ 어떤 내용: 공동주최, 제작의뢰, 연출/디자인/작곡, 출연, 대관 등

③ 계약내용

계약내용의 작성 방법으로는 그 내용이 제1조 · 제2조라든가, 1 · 2 또는 가 · 나 · 다와 같이 문장을 나누고 부호를 붙이는 것이 일반적이다. 이것은 기재되어 있는 내용을 구분함으로써 알기 쉽게 하기 위함이다. 그리고 기재하는 계약내용의 순서는 보통은 아래와 같다.

- 계약의 목적
  (예: 제작의뢰, 연출/디자인/작곡, 출연, 대관 등)
- 계약의 개요
  (예: 공연개요 ▶ 공연명, 공연 기간, 공연장소 등)
- 계약내용(계약기간/계약금액/계약금 지급 방법 등)
· 계약기간(예: 2010년 12월 3일부터 2011년 12월 31일까지, 계약서에 서명날인을 한 날짜로
  부터 공연이 끝나는 시점)
· 계약금액: 계약당사자에게 지급해야 할 금액(예: 계약금액 1,000만 원)
· 계약금 지급방법
  (예: 한번에 ▶일시금—時金, 나누어서 ▶계약금, 중도금, 잔금 등)
- 갑의 의무
  (예: 계약을 유지하기 위해서 갑이 해야 할 일)
- 을의 의무
  (예: 계약을 유지하기 위해서 을이 해야 할 일)
- 효력발생
  (계약금의 지급이 지체되는 경우를 포함한 분쟁 시 조치사항 등)
- 비밀유지, 양도금지 등
· 계약의 요건 방법과 같이 계약거래의 진행 흐름에 따라 기재하면 좋을 것이다.

④ 성실조항

성실조항은 계약이 성립하고 계약이 이루어지기 위해서 "갑"과 "을"이 성실하게 계약내용을 지킬 것을 다짐하는 내용을 담고 있다.
계약의 내용이 열거되고 나면 계약서의 말미에는 일반적으로 '성실조항'을 기입한다.

⑤ 후문

후문後文은 계약서의 결론 부분을 의미하며, 말문末文이라고 불리기도 한다. 예를 들면 "위 계약을 증명하기 위해 본 계약서를 2통 작성하여, 서명(혹은 기명) 날인한 후, 각자 1통을 소지한다"고 표시하는 것이다.

⑥ 계약 성립의 연월일

계약서를 작성한 날짜를 기재한다. 이것은 '언제 계약했는가'를 증명하는 유력한 증거이다. 예를 들면 '2010년 4월 25일'이다.

⑦ 계약당사자의 서명날인

계약당사자의 서명날인은 가능하면 자필로 쓰도록 하고, 일반도장을 날인하여도 유효하지만 인감도장을 찍는 것이 더욱 안전하다. 여기에 인감증명서(회사의 경우에는 '인감등록증명서')를 첨부하는 것이 가장 안전하다.
예를 들면
· 개인이면 주소/주민등록번호/성명/서명날인㊞
· 법인이면 주소/법인사업자 등록번호/대표/법인인감 또는 대표 서명날인㊞

| 계약 목적과 대상에 따른 계약서의 종류

① 공동제작 계약서

공연을 공동으로 제작/기획하기 위해서 맺는 계약으로 예를 들면 공연 기획사와 공연 기획사, 공연 기획사와 공연장 또는 방송사, 공연 기획사와 티켓 예매처(인터파크, 티켓링크) 등과 함께 계약을 맺어 진행하는 경우가 많다.

계약할 때에 꼭 확인해야 할 주요 내용은 제작비 규모, 제작비 분담액, 제작비 부담 비율, 제작비 부담 시기, 공연 수입금 배분 방식과 지급시기, 공연 결산방법과 일정, 저작권 귀속 등을 자세히 협의하여 결정한다.

- 계약 대상: 공연 기획사 ↔ 공연 기획사
  공연 기획사 ↔ 공연장 또는 방송사
  공연 기획사 ↔ 티켓예매처(인터파크, 티켓링크)
- 계약 내용: 제작비 규모, 제작비 분담액, 제작비 부담 비율, 제작비 부담 시기, 공연 수입금 배분 방식과 지급시기, 공연 결산방법과 일정, 저작권 귀속 등

② 투자 계약서

공연 기획사가 공연 제작비를 투자받을 경우에 투자사와 맺는 계약으로
공연 기획사와 공연 기획사, 공연 기획사와 공연장 또는 방송사, 공연 기
획사와 티켓 예매처(인터파크, 티켓링크), 공연 기획사와 금융권(창업투신사, 은행
등) 등과 투자계약을 추진하여 진행하는 경우를 말한다.

공연장의 경우에는 보통 대관료를 투자하고, 방송사의 경우는 방송 스
폿Spot 비용을 산정하여 지분으로 투자한다. 제작비를 현금으로 투자하
는 경우는 사실상 공연 기획사와 금융권이나 개인밖에 없다. 그리고 금
융권 투자사의 투자 조건이 공연 기획사에게는 매우 불리한 경우가 많으
니, 사전에 충분히 검토해서 추진해야 한다. 계약의 주요 내용은 투자 금
액, 투자 업체수, 투자금 부담시기, 투자금 회수 방법, 공연 수익금 배분
순서/비율/방식/시기 등이 있다.

- 계약 대상: 공연 기획사 ↔ 공연 기획사
           공연 기획사 ↔ 공연장 또는 방송사
           공연 기획사 ↔ 티켓 예매처(인터파크, 티켓링크)
           공연 기획사 ↔ 금융권(창업투신사, 펀드, 은행 등)
- 계약 내용: 투자 금액, 투자 업체수, 투자금 부담 시기, 투자금 회수 방법,공연 수익금 배
           분 순서/비율/방식/시기 등

③ 대관 계약서

공연 기획사가 공연을 위하여 공연장을 일정한 기간 동안에 빌리는 계약
으로 공연 기획사와 공연장간에 이루어진다. 계약의 주요 내용은 대관
작품, 대관 기간, 대관료, 대관료 지급 시기 등이 있다

- 계약 대상: 공연 기획사와 공연장
- 계약 내용: 대관 작품, 대관 기간, 대관료, 대관료 지급 시기 등

④ 예술 스태프 계약서

공연 기획사와 예술 스태프가 맺는 계약이며, 계약 분야로는 작가, 연출자, 작곡가, 작사가, 안무가, 지휘자, 무대 디자인, 조명 디자인, 음향 디자인, 영상 디자인, 특수효과, 의상 디자인, 소품 디자인, 장신구 디자인, 분장/헤어 디자인 등이 있다. 보통 무대 기술 스태프보다는 계약이 먼저 이루어지고 계약의 주요 내용은 계약 금액, 계약금 지급 시기, 계약 기간, 창작물 납품 시기(곡수), 공연 제작 계획(연습 계획, 악단 구성), 공연권 양도, 저작권 사용 조건, 디자인 및 납품 기간, 디자인 수정 사항, 첨부 내용(도면, 시방서, 디자인 내용, 스케치, 미니어처 등) 등이 있다.

- 계약 대상: 공연 기획사와 예술 스태프(작가, 연출자, 작곡가, 작사가, 안무가, 지휘자 무대 디자인, 조명 디자인, 음향 디자인, 영상 디자인, 특수효과, 의상 디자인, 소품 디자인, 장신구 디자인, 분장/헤어 디자인 등)
- 계약 내용: 계약 금액, 계약금 지급 시기, 계약 기간, 창작물 납품 시기(대본, 곡수), 공연 제작 계획(연습 계획, 악단 구성), 공연권 양도, 저작권 사용 조건, 디자인 및 납품 기간, 디자인 수정 사항, 첨부 내용(도면, 시방서, 디자인 내용, 스케치, 미니어처) 등

⑤ 무대 기술 스태프 계약서

공연 기획사와 무대 기술 스태프가 맺는 계약이며, 계약 분야로는 기술감독, 무대감독, 조명과 음향, 영상의 엔지니어와 오퍼레이터 등이 있다. 계약의 주요 내용은 계약 금액, 계약금 지급 시기, 담당 업무, 작업 일정, 공연 준비, 업무시간 등이 있다.

- 계약 대상: 공연 기획사와 무대 기술 스태프(기술감독, 무대감독, 조명과 음향, 영상의 엔지니어와 오퍼레이터 등)
- 계약 내용: 계약 금액, 계약금 지급 시기, 담당 업무, 작업 일정, 공연 준비, 업무 시간 등

⑥ 출연 계약서

공연 기획사와 출연 배우 또는 매니지먼트사와 공연 출연을 목적으로 하여 맺는 계약이며, 계약 대상으로 배우, 무용수, 오페라가수, 연주자(악사) 등이 있다. 계약의 주요 내용은 연습 기간, 출연 기간(출연 횟수), 출연료, 출연료 지급 시기, 배역, 초상권 등이 있다.

- 계약 대상: 공연 기획사와 출연 배우 또는 매니지먼트사
- 계약 내용: 연습기간, 출연 기간(출연 횟수), 출연료, 출연료 지급 시기, 배역, 초상권 등
  ※ 뮤지컬 배우나 연주자(악사)의 경우에는 연습비+1회 출연료를 합산하여 지급받는 경우도 많다.

⑦ 무대 기술 지원업체

공연 기획사는 무대 기술 지원업체와 제작, 임대, 용역 제공에 대한 계약을 맺는다. 무대 기술 업체는 제작 분야로 무대 장치, 의상, 소품, 장신구 등, 임대 분야로 조명, 음향, 특수효과 등을, 용역 분야로 분장/헤어, 무대 지원인력Crew 등을 공연기획사에게 제공한다.

계약의 주요 내용은 구체적이어야한다. 즉 제작 분야는 계약금, 계약금 지급 시기, 제작 내용, 납품 시기(설치), 하자 보수, 무대 운영(공연 기간), 철수, 파손 및 안전사고(보험), 임대 분야는 계약금, 계약금 지급 시기, 임대

내용(장비 종류와 수량), 무대 설치 시기, 리허설 일정, 장비 운영(공연 기간), 철수, 파손사고(보험), 용역 분야는 계약금, 계약금 지급 시기, 용역 내용(인원과 담당), 리허설 일정, 용역 운영(공연 기간), 재료(분장)비 부담, 철수, 안전사고(보험) 등에 관한 발주와 수주내용이 들어있어야 한다.

　단기 또는 하루 공연하는 무용 작품(오페라 등)의 경우에는 의상, 소품, 장신구 등을 제작하지 않고 빌려서 사용하기도 한다.

■ 주체: 공연 기획사와 무대 기술 지원업체의 발주와 수주 분야
· 제작 분야: 무대 장치, 의상, 소품, 장신구, 영상 등
· 임대 분야: 조명, 음향, 특수효과 등
· 용역 분야: 분장/헤어, 무대 지원인력Crew 등
■ 계약의 주요 내용
· 제작 분야: 계약금, 계약금 지급 시기, 제작 내용, 납품 시기(설치), 하자 보수, 무대 운영(공연 기간), 철수, 파손 및 안전사고(보험) 등
· 임대 분야: 계약금, 계약금 지급 시기, 임대 내용(장비 종류와 수량), 무대 설치 시기, 리허설 계획, 장비 운영(공연 기간), 철수, 파손사고(보험) 등
· 용역 분야: 계약금, 계약금 지급 시기, 용역 내용(인원과 담당), 리허설 계획, 운영(공연 기간), 재료(분장)비 부담, 철수, 안전사고(보험) 등

⑧ 홍보 마케팅 지원업체

공연 기획사가 홍보 마케팅 지원업체와 맺는 계약이며, 계약 분야로는 인쇄 홍보물 제작, 옥외 홍보물 제작, 홈페이지 관리 대행, 오프라인/온라인 홍보 마케팅 대행, 티켓 예매 대행, 인쇄 홍보물 배포/부착 대행, 티켓 단체판매 대행, 협찬 대행 등이 있다.

■ 계약 대상: 공연 기획사와 홍보 마케팅 지원업체
· 제작 분야: 인쇄 홍보물, 옥외 홍보물 등
· 대행 분야: 홈페이지 관리, 티켓 예매판매, 티켓 단체판매, 인쇄 홍보물 배포/부착, 협찬 등
■ 계약 내용
· 제작 분야: 계약 금액, 계약금 지급 시기, 제작 내용, 납품 수량, 납품 시기, 납품 장소, 설치 장소(옥외 홍보물) 등
· 대행 분야: 대행 기간, 대행 수수료, 대행 조건(광고, 초대권 등)

⑨ 지방 공연

공연 기획사가 지방 공연 기획사 또는 지방기관(공연장, 방송국)과 맺는 계약이며 계약의 주요 내용으로는 공연 작품, 공연 시기, 공연 횟수, 주요 출연자, 공연 초청 조건(초청금액, 초청금액 지급 시기, 초청금액 지급 방법), 무대 설치와 철수 기간, 기타('갑'과 '을'의 책임과 역할) 등이 있다.

- 계약 대상: 공연 기획사와 지방 공연 기획사 또는 지방기관(공연장, 방송국) 등
- 계약 내용: 공연 작품, 공연 시기, 공연 횟수, 주요 출연자, 공연 초청 조건(초청금액, 초청금액 지급 시기, 초청금액 지급 방법), 무대 설치와 철수 기간, 기타('갑'과 '을'의 책임과 역할) 등

│ 계약서 양식(예)

대관 계약서

공 동 주 최 계 약 서

국립중앙극장(이하 '갑'이라 한다)과 (주)○○○인터내셔날(이하 '을')은 "○○황후"(이하 '공연')를 공동 주최함에 있어 다음과 같이 계약을 체결한다.

제 1 조 (목적)
본 계약은 갑과 을이 공연을 공동 주최함에 있어서 그 중요성을 상호 인지하여 합리적인 방법으로 각각의 권리와 의무를 성실히 이행함으로써 공연을 성공적으로 수행하는 것을 그 목적으로 한다.

제 2 조 (계약 기간)
본 계약은 갑과 을이 계약서에 서명날인을 한 일자로부터 유효하며 '을'의 공연이 끝나는 시점에 종료된다.

제 3 조 (대관 기간)
본 공연을 위한 대관 기간은 20××.11.××(수) ～ 12.××(월)로 한다. 단, 대관 시간은 09:00～22:00까지이다.

제 4 조 (행사 개요)
- 공 연 명: "○○황후"
- 공연일시: 20××.11.××(토) ～ 12.×× (일) (총 40회 공연)
- 행사장소: 국립극장 해오름극장
- 입 장 료: VIP석 120,000원, R석 100,000원, S석 80,000원, A석 60,000원, B석 40,000원

제 5 조 (갑의 의무)

1. '갑'은 '을' 에게 공동 주최사로서 명의사용을 허가한다.
2. '갑'은 '을' 에게 극장 보유품(의상, 소품 등)을 지원한다. 단, 사용 내역에 따른 비용은 을이 지불한다.
3. '갑'은 행사의 원활한 진행을 위해 무대 전문요원(무대감독, 조명, 음향) 1인을 배치한다.
4. '갑'은 '을'의 행사와 관련하여 인터넷 및 언론 홍보(월간 「미르」 등), 옥외 홍보, 게시판 사용 등을 지원한다.
5. '갑'은 '을'의 행사와 관련하여 공연 전 셔틀버스를 운행하며, 공연 진행 안내원을 배치한다 (단, 낮 공연 귀가 버스 없음).

제 6 조 (을의 의무)

1. '을'은 시설과 행사를 위한 대관료(금 1××,×××,200원–부가세 포함)를 '갑'이 발행하는 납부고지서에 의거 20×× 년 9월 25일까지 납부한다. 단, 납부기간 내에 납입하지 않았을 경우, 3%의 가산금이 부과되며, 20××년 ××월 5일까지 완납하지 않을 경우 대관을 취소한다.
2. 을은 극장을 사용함에 있어 선량한 관리자의 주의의무를 다하여 시설 및 설비 등을 사용하여야 하며, 을이 이를 위반하여 제3자에게 손해가 발생한 경우에 을은 이에 대하여 민 · 형사적 책임을 진다.
3. '을'은 국립극장 장비를 사용하는 경우 장비 사용료를 납부한다.
4. '을'은 행사 7일 전까지 무대 설치 계획서를 제출한다.
5. '을'은 작품 제작과 관련한 일체의 비용과 책임을 진다.
6. '을'은 작품과 관련한 일체의 홍보를 책임진다.
7. '을'은 작품 제작에 관련된 출연자 및 스태프의 사례비를 지급한다.
8. '을'은 행사와 관련하여 무대설치, 음향설치 및 운영인력, 조명설치 및 운영인력을 부담한다.
9. '을'은 장비 소모성 재료 및 의상 세탁비를 부담한다.
10. '을'은 자체 홍보 인쇄물 제작 시, '갑'이 공동주최자임을 명기하고 이를 적극 홍보하여야 한다.
11. '을'은 홍보인쇄물에 '갑'이 공동주최자임을 명기함에 있어 '갑'이 제공한 로고 및 심벌을 사용하여야 한다.
12. '을'의 귀책사유로 인해 행사가 취소되는 경우 '을'은 '갑'에게 본 공연의 대관료(국립극장 대관 규정에 의한 산정금액)의 200%를 '갑'에게 변상하여야 한다.
13. '을'은 〈국립중앙극장 대관시설 사용지침〉을 성실히 이행하여야 하며, 대관규칙 및 대관운영규정은 본 계약의 일부가 된다.

제 7 조 (수익 배분)

1. '갑'은 순 입장수익금(총 입장수입 중 수수료(카드/티켓수수료) 및 부가세를 제외한 금액)에서 다음의 일정 비율을 배분받는다. 단, '을'이 공연 티켓을 단체로 판매하고 이를 초대권으로 발권한 경우에는 반드시 '갑'에게 알리고 이를 합산하여 정산하여야 한다.

※ 배분 내역: 총 징수금은 1)+2)의 값

1) 1회~30회(30회): 순 입장수익금의 ○%
2) 31회~40회(10회): 순 입장수익금의 ○%
2. '을'은 행사 종료 후 30일 이내에 정산을 완료하여 '갑'이 발행한 납입고지서에 의거 '갑'의
  수익을 세입 조치한다.

제 8 조 (초대권의 발행)
1. 초대권의 발행은 '갑'과 '을'이 협의하여 발행 매수를 결정한다.
2. '을'은 '갑'에게 매회 00석의 유보석을 제공하여야 한다. 단, 객석이 유료관객으로 만석일
  경우에는 '갑'과 '을' 이 상호 협의하여 유보석을 조정할 수 있다.
3. '갑'과 '을'은 언론홍보, 마케팅 등의 용도로 사용되는 초대권은 별도로 한다.

제 9 조 (행사의 변경 및 금지)
1. 천재지변 또는 불가항력적 사유로 인하여 행사의 변경사항이 발생할 때에는 '갑'과 '을'이
  상호 협력하여 처리함을 원칙으로 한다.
2. 본 계약서에 명기되지 않은 사항이나 계약서 내용을 변경할 필요가 있을 경우 '갑'과 '을'의
  합의 하에 변경할 수 있다.

제 10 조 (분쟁의 해결)
1. 본 계약에 있어 발생하는 문제에 관한 분쟁은 계약 당사자의 합의에 의하여 해결한다.
2. '1' 항의 합의가 성립되지 못할 때는 '갑'의 소재지를 관할하는 법원의 판결에 따른다.

제 11 조 (이행)
1. 본 계약서는 2부 작성하여 기명날인 후 각각 1부씩 보관하며 상기 조항을 '갑'과 '을'이 공히
  최대한 성실히 이행한다.

20×× 년 ×× 월 ×× 일

갑: 서울시 중구 장충단길 158번지   을: 서울시 ○○구 ○○동 8-2
                                  ○○빌딩 2층

  203-83-×× 465   215-× 6-×× 305

  국 립 중 앙 극 장   (주)○○○인터내셔날
  극장장 ○ ○ ○ (인)   대 표 ○ ○ ○ (인)

국립중앙극장 대관 시설 사용 지침

'을 (주)○○○인터내셔날'은 아래 제1조에서 표시한 '갑 국립중앙극장'의 시설을 사용함에 있어 제2조 내지 제8조의 사항을 지켜야 하며, 이 지침은 공연 계약서의 일부가 된다.

제 1 조 (대관의 표시)

대관시설	공연(행사)명 및 피대관자 인적사항	대 관 일 정	대 관 료(원)	
■ 해오름 □ 달오름 □ 별오름 □ 하 늘 □ 기타( )	공연(행사)명 "○○○후"	대관기간: 20××.11.×× −12.×× (30일간)	공연, 행사, 냉방, 난방	
			합계(VAT포함)	1××,873,200
	피대관자 (주)○○○○인터내셔날 (☎02−2250−××00)	장치 · 연습: 11.2×∼11.2×, 9:00∼22:00	합계	××,612,000
			장치 · 연습	××,719,000
		리셉션(−시간)	리셉션 (−시간)	−
	주소 서울시 ○○구 ○○동 8−2 ○○빌딩 2층	공연(00회): 11.××∼12.××	공연비	××,320,000
			가 산 금	−
	피대관자 사업자 등록번호 215−×6−××305	난방(−시간)	난 방 비	−
		철거(11시간) 12.××, 9:00∼22:00	철 거 비	3,××3,000

제 2 조 (대관료) ① '을'은 대관료(공동주최 분담금)를 '갑'이 발행하는 납입고지서에 의거 지정 기한 내에 납부하여야 한다.
② '을'이 지정 기한 내에 대관료를 납부하지 않을 경우 '갑'은 국세징수법 제21조 규정에 의거 가산금을 징수한다.

제 3 조 (피대관자의 의무) ① '을'은 서약하여 제출한 국립중앙극장 시설대관 승인조건을 충실히 이행하여야 하며 '갑'의 사전승인 없이 시설대관 승인조건, 신청인 또는 공연자, 공연물의 종류, 공연 작품 및 행사내용 등을 변경하지 못한다.
② '을'은 시설 사용일 7일 이전에 극장 시설 이용 및 무대 설치 계획서(소정양식)를 제출하여야 하며, 공연 또는 행사를 위하여 '갑'이 지원하는 인력 이외에 추가로 인력이 필요할 경우에는 '을'은 자신의 책임 및 비용 부담으로 직접 채용하여 사용한다.
③ '을'은 다음 각 호의 사항을 반드시 준수하여야 하며, 안전사고를 유발할 위험이 있다고 판단하여 '갑'이 그 시정을 요구할 때에는 즉시 이에 응해야 한다.
1. '갑'이 정한 안전수칙 및 사용자 준수사항
2. 공연장 내 화환반입 및 허가받지 않은 홍보물(현수막, 현판, 배너 등) 설치 금지
3. 대관이 종료되거나 해약 및 정지된 경우에는 시설물 등을 반드시 원상회복 조치

4. 피대관자는 자체 매표원을 배치하고 극장 근무규정(국립중앙극장 안내원 및 매·수표원 근무규정)을 충실히 수행

제 4 조 (계약의 해지 및 정지명령) ① '갑'은 '을'이 다음 각호에 해당하는 경우에는 본 계약을 일방적으로 해지하거나 공연의 정지를 명할 수 있다.
1. 대관료 납부고지서의 가산금 납입기한 내에 대관료(공동주최 분담금)를 납부하지 아니한 때
2. 대관받은 시설물을 제3자에게 양도한 때
3. 그 밖의 관련법령 및 본 계약사항을 위반한 때

제 5 조 (피대관자의 협조) '을'은 정부의 주요행사 및 공연 또는 '갑'의 부득이한 사정으로 '갑'이 대관 변경 등을 요청할 경우 최대한 협조하여야 한다.

제 6 조 (책임의 한계) 극장 사용과 관련하여 '을'의 귀책사유로 발생한 사고에 대하여 '을'은 민·형사상의 모든 책임을 진다.

제 7 조 (손해배상) ① '을'이 계약사항이나 관련법령을 위반하여 해약 또는 정지명령을 받음으로써 '을'에게 손해가 생기더라도 '갑'은 그 손해를 배상하지 아니한다.
② '을'이 승인조건을 위반하거나 그 이행을 태만히 함으로써 '갑'에게 손해를 끼친 때에는 그 배상의 책임을 진다.

제 8 조 (부관) ① "국립중앙극장 대관규칙" 및 "국립중앙극장 대관운영규정"은 이 계약의 일부가 되며, 관련 법령 및 본 계약에 명시되지 않은 사항은 '갑'이 정하는 바에 따른다.
② 본 계약조항에 관하여 의문이 있는 경우에는 '갑'의 결정에 따른다.

〈출처: 국립중앙극장〉

공동주최계약서

공 동 주 최 계 약 서

국립극장(이하"국립"이라고 한다)과 명동예술극장(이하"명동"이라고 한다)은 '국립극단 〈세자매〉' 공연을 공동으로 추진함에 있어 아래와 같이 계약을 체결한다.

제 1 조 (목적)
본 계약은 "국립"과 "명동"이 '국립극단 〈세자매〉'의 공연(이하 "본 공연"이라고 한다)을 수행하는 데 있어 "본 공연" 수행과 관련한 양 당사자의 협조 사항과 업무 범위를 정하는 데 그 목적이 있다.

제 2 조 (공연의 개요)
가. 공 연 명: 세자매
나. 공연일시: 20××년 ×월 4일(금) − ××일(일), 총 00회 공연
　　ㅇ 무대 및 장치 설치: 20××년 × 월 25일~×월 30일(6일간)
　　ㅇ 무대연습: × 월 31일~× 월 3일(4일간)
　　ㅇ 공연: × 월 4일~× 월 13일

– 공연시간: 화, 목 7:30pm / 수, 금, 토 2:00pm, 7:30pm /
　일 4:00pm(9월 4일은 7:30pm 1회)
　○ 철수: × 월 13일 (7:00pm ～ 11:00pm)
다. 공연장: 명동예술극장
라. 주최: 국립극장, 명동예술극장
마. 주관: 국립극단

제 4 조 (공연의 표시)
"본 공연"의 공식 타이틀은 '(국립극단) 명동예술극장 초청공연'으로 하고, '국립극단 특별기획공연'과 '세계국립극장 페스티벌 국내 참가작'을 병기한다.

제 5 조 (계약기간)
본 계약의 유효기간은 쌍방이 합의하여 계약을 체결한 날로부터 모든 정산이 완료된 시점까지로 한다.

제 6 조 (일반의무)
"국립"과 "명동"은 본 계약을 수행함에 있어 필요한 모든 지식과 능력을 최대한 활용하여야 하며 본 계약의 조건을 신의성실의 원칙에 입각하여 준수하여야 한다.

제 7 조 (공연준비)
가. "국립"과 "명동"은 상호 협의하여 "본 공연"의 공연 제작비를 산출하여 비용 부담 범위와 역할을 확정하고, 확정한 내용을 진행한다.
나. "국립"과 "명동"은 사전협의를 통해 공연 제작, 홍보 및 마케팅, 무대작업, 리허설을 진행한다.
다. "국립"과 "명동"은 공연 전 1회 이상 기술적인 장비 리허설과 드레스 리허설을 한다.
라. "국립"과 "명동"은 최대한 협조하여 9월 3일까지 공연을 위한 모든 준비를 마무리 한다.

제 8 조 (공연 제작비 산출 및 부담금 배분)
가. "국립"과 "명동"은 "본 공연"의 공연 제작비를 일금 ○억 ○천만 원정(₩×××,× 00,000)으로 하며 "국립"의 부담금은 일금 ○억 ○천○○만 원정(₩×××,×00,000), "명동"의 부담금은 일금 ○천 ○○만 원정(₩ ××,000,000원)으로 한다.
나. "국립"과 "명동"은 별도 첨부한 공연 제작비 및 부담금 세부 내역에 따라 독립적으로 지출하고 관리한다.
다. "국립"과 "명동"은 "본 공연"을 위해 발생하는 비용 중 다음 비용은 서로 합의하에 제외하고 공연 제작비에 포함하지 않는다.
　① 국립: 공연 기획팀 인건비, 공연 제작부(국립극장 스태프) 인건비, 사무실 운영비(소모품, 통신비 등), 국립극장 연습실 사용료, 기존 소품 사용료
　② 명동: 공연 기획팀 인건비, 무대 예술팀 인건비, 사무실 운영비(소모품, 통신비 등)
라. "국립"과 "명동"은 "본 공연"을 위해 발생하는 비용 중 다음 비용은 서로 합의하에 상계처리하고 공연 제작비에 포함하지 않는다.
　① 국립: 국립극단 출연자 인건비(수당만 반영) 일금 ○천○백이십오만 원정(₩×× ,250,000)과 공연 장비(조명등) 및 소품(장신구)대여료 일금 ○백○○만 원정(₩ ×,× 00,000)
　② 명동: 공연장 대관료 일금 ○천○십사만 원정(₩×× ,440,000)과 부대장비사용료 일금 ○백○○만 원정(₩ ×,× 00,000)

제 9 조 (공연수입 배분 및 비용정산)
가. 공연수입금은 제9조 제가항의 공연 제작비 부담금 비율에 따라 "국립"과 "명동"이 각각 공연수입금의 ○○오퍼센트(× 5%)와 ○○오퍼센트(× 5%)를 배분한다.
나. 공연수입금은 각종 매표수수료와 카드수수료를 포함한 총매출금액과 프로그램 판매대금을 포함한 금액을 의미한다.

다. 수입정산은 공연종료 후 10일 이내에 완료하고, 수입정산 후 20일 이내에 배분하여 각각의 지정
　　계좌로 입금한다.
라. 각각의 투자분에 대한 비용정산은 하지 않는다.

제 10 조 ("국립"의 분장업무)
본 공연과 관련하여 "국립"의 분장업무 및 의무사항은 다음과 같다.
가. 공연 작품 제작에 관련한 모든 업무
나. 출연자와 스태프의 섭외 및 연습, 관리
다. 무대, 의상, 분장, 소품제작과 관련된 제반업무
라. 인쇄물 및 홍보물 제작, 배포
마. "국립"에서 판매하는 입장권 판매 및 정산
바. 언론홍보 및 마케팅

제 11 조 ("명동"의 분장업무)
본 공연과 관련하여 "명동"의 분장업무 및 의무사항은 다음과 같다.
가. 공연장 및 부대시설 제공
나. "명동"에서 판매하는 입장권 판매 및 정산
다. 공연 당일 진행
라. 명동지역을 중심으로 한 인쇄물 및 홍보물 배포
마. 서울시내 주요판 인쇄물 및 배너 제작 및 게재
바. 언론홍보 및 마케팅

제 12 조 (기타 합의사항)
가. "국립"과 "명동"은 공연이 원만히 이루어지도록 하기 위하여 공연 전반에 관한 정보와 자료를 공
　　유한다.
나. "국립"은 "명동"이 "본 공연"을 위하여 제공하는 조명, 음향, 기본 무대 지원인력을 제외한 일체의
　　공연 준비물을 준비한다.
다. "국립"과 "명동"과 협의된 일정에 따라 무대 장치, 조명, 음향 등 작업을 진행하고, 무대 작업 시
　　중대한 문제가 발생할 경우 "국립"과 "명동"이 각기 지정한 무대감독이 협의하여 결정하고, 결정
　　하기 어려운 부분이 있을 경우 상호 합의하여 결정한다.
라. "국립"과 "명동"은 "본 공연"의 홍보 마케팅을 공동 책임지며 성실히 준비하고, 기획 및 홍보업무
　　에 따른 일체의 자료를 서로 공유한다.

제 13 조 (비밀유지)
"국립"과 "명동"은 본 계약에 따른 업무수행 중 공연 사업에 관한 기밀사항을 제3자에게 누설해서는
안 된다.

제 14 조 (양도금지)
본 계약의 체결 이후 계약기간 내 "국립"과 "명동"은 각각 상대방 이외의 제3자에게 본 계약과 관련
한 권리를 양도할 수 없다.

제 15 조 (손해배상)
가. "국립"과 "명동"은 계약 체결 이후 상호간에 준수해야 할 사항 위반 시 이로 인해 발생하는 민형
　　사상의 책임과 함께 배상의 의무를 진다.
나. 천재지변, 전쟁, 정부의 명령 등 불가항력적인 사유로 공연을 지속할 수 없을 경우 "국립"과 "명
　　동"은 서로 간에 책임을 지지 않는다.
다. "국립"과 "명동"은 공연 중 사고로 공연단 및 관객이 부상을 당하지 않도록 주의를 촉구하여야 하
　　며 만일 공연 중 부득이 하게 부상이 발생할 경우, 귀책사유에 따라 "국립"과 "명동"이 상호 협의
　　하에 결정한다.

제 16 조 (분쟁해결)
가. 본 계약에 명시되지 아니하거나 해석에 이견이 있는 경우에는 공기업 준정부기관 계약사무규
    칙·회계사무규칙 및 국가를 당사자로 하는 계약에 관한 법률 등 관련 법령에 따라 상호 협의하여
    처리하기로 한다.
나. 본 계약과 관련하여 분쟁이 발생하는 경우에는 서울중앙지방법원을 합의관할로 한다.

"국립"과 "명동"은 본 계약이 완전 합의에 의한 것임을 증명하고 각 조항을 성실히 준수하기 위하여
각기 서명날인하고 각 1부씩 보관한다.

[붙임]
1. 국립극장 및 명동예술극장 공연 제작비 및 부담금 세부내역
2. 국립극장 및 명동예술극장 간접비용 산정

200× 년 × 월 × 일

"국립" 주　　소: 서울시 중구 장충단길 158
　　　　단　　체: 국립극장
　　　　대 표 자: ○ ○ ○ 극장장(인)
　　　　등록번호: 201–82–×××××
　　　　전화번호: (02) 2280–4×××

"명동" 주　　소: 서울시 중구 명동 1가
　　　　단　　체: 명동예술극장
　　　　대 표 자: ○ ○ ○ 극장장(인)
　　　　등록번호: 201–82–×××××
　　　　전화번호: 02)727–0×××

〈출처: 국립중앙극장〉

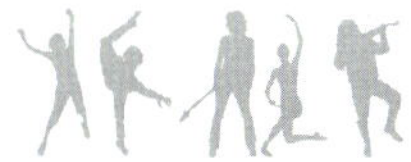

5. 공연 제작회의 Performing production meeting

| 공연 제작회의

공연 제작회의는 공연 프로듀서, 작가, 연출가, 안무가, 작곡가, 무대감
독, 조연출, 그리고 무대 장치, 조명, 음향, 특수효과, 의상, 소품, 장신

구, 분장/헤어 등 각 분야의 스태프들이 참석하여 작가가 쓴 대본을 창조적으로 무대화하기 위한 구체적인 제작 방법을 논의하는 회의를 말한다.

공연 제작 초기에는 무대 장치(무대 미술)을 중심으로 하여 제작회의를 진행하고, 어느 정도 무대 장치 디자인이 완성되면 그 다음에는 모든 스태프를 대상으로 하여 정기적으로 제작회의를 개최한다. 그리고 공연이 임박하면 각 부분별로 회의를 진행하기도 한다. 예를 들면 무대 장치, 조명, 음향, 특수효과 등의 기술회의, 또는 의상, 소품, 장신구, 분장/헤어 등의 디자인 회의를 별도로 개최하기도 한다(※무대 비주얼관련 회의는 무대, 조명, 의상디자인 등 참석).

공연 제작회의가 중요한 이유는 공연 기획사에서 만든 공연 사업 계획서를 바탕으로 하여 공연 제작에 대한 종합적인 검토를 통해 구체화된 공연 제작 밑그림을 제시함으로써 비로소 공연 기획이 시작되기 때문이다. 공연 제작회의 주요 협의 내용은 다음과 같다. ① 대본 분석을 통해 공연 콘셉트를 도출하여 확정한다. 그리고 ② 각 스태프들은 공연 콘셉트를 구체화하여 각 부분별로 디자인 콘셉트를 확정한다. 그리고 나서 ③ 공연 제작회의를 통해 제작 예산, 제작 일정, 제작 업체 등을 결정한다.

공연 제작회의는 공연 프로듀서, 연출가, 무대감독이 협의를 통해 회의 개최 시기, 협의 내용, 회의 참석자 등을 결정하고 조연출이 연락하여 개최한다.

| 공연 제작회의 주요 협의 내용

▶대본 분석을 통해 공연 콘셉트를 도출하여 확정한다.

▶공연 콘셉트를 구체화하여 각 부분별 디자인 콘셉트를 확정한다(무대, 조

명, 음향, 의상, 소품, 장신구, 분장 등).

▶공연 제작회의를 통해 제작 업체, 제작 예산, 제작 일정을 결정한다.

　　창작 공연일 경우에는 공연 제작회의에 대체로 홍보 담당자와 마케팅 담당자는 처음부터 참석하지 않고 공연 콘셉트가 확정되고 어느 정도 공연에 대한 밑그림이 그려지고 디자인이 확정되었을 때 참석하여 공연에 대한 홍보 마케팅 아이디어와 의견을 나누고 협의한다.

　　특히 최근에는 공연 제작회의에서 바로 공연 홍보 마케팅 콘셉트를 도출할 수 있도록 예술 및 무대 기술 스태프들과 홍보 마케팅 담당자를 참여시켜서 심도 있는 의견을 나누고 협의한다.

　　그러나 공연 작품이 재공연 작품, 라이선스 작품, 해외 초청 작품일 경우에는 이미 충분한 공연 자료를 확보하고 있기 때문에 공연 콘셉트에 대한 협의가 필요 없으므로 처음부터 참석하지 않고 이미 확보한 공연 자료를 통해 홍보 콘셉트를 직접 도출하고 홍보 마케팅 계획을 수립하여 바로 공연 기획에 들어간다.

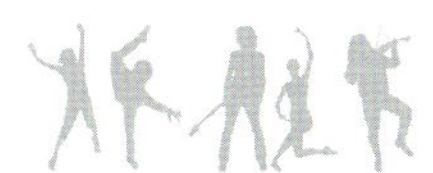

6. 공연 기획회의 Performing planning meeting

| 공연 기획회의

공연 기획회의란 공연 제작회의에서 결정된 공연 콘셉트와 각 부분별로 구체화된 디자인 콘셉트를 바탕으로 하여, 기획 부분에 중점을 두고 세부 내용을 점검하는 회의를 말한다. 즉 공연 기획을 구체화하고 실행하기 위해 진행하는 회의를 말한다.

공연 제작회의에서 구체화된 것 중, 공연 콘셉트를 기초로 하여 공연 제작/기획, 홍보 마케팅 실행, 수익화 방안, 협찬 계획, 추진 일정, 예산 계획 등에 대해 세부적으로 협의하는 회의로서 각 부분별 담당자가 중심이 되어서 회의를 진행하게 된다. 공연 기획회의의 주요 참석자로는 프로듀서, 제작감독, 홍보 담당, 마케팅 담당, 재무 담당 등이 포함된다.

| 공연 기획회의를 실시하는 목적

▶공연 기획과 관련된 아이디어, 의견, 내용을 협의하여 실행 계획을 마련한다.

▶공연 기획의 목표를 제시하고 함께 목표를 달성할 수 있는 방안을 마련한다.

▶홍보 마케팅과 관련된 구체적인 방안을 마련하고 추진계획을 수립한다.

▶공연 기획과 관련된 기획 내용, 추진 일정, 집행 예산을 함께 점검하고 검토한다.

▶공연 기획 때 발생되는 여러 가지 문제에 대해 우선순위를 두고 함께 해결한다.

| 공연 기획회의 주요 협의 내용

공연 기획회의에서 협의하는 주요 내용으로 제작 관리, 기획 관리, 홍보 관리, 마케팅 관리, 예산 관리 등이 있다.

① 제작 관리 내용으로는 제작 일정, 제작 예산, 계약 관리 등, ② 홍보 관리 내용은 홍보 콘셉트 개발, 홍보 계획 수립(구체화), 홍보 계획 실행, 광고 실행 등 ③ 마케팅 관리 내용은 마케팅 콘셉트 개발, 마케팅 계획 수립(구체화), 마케팅 계획 실행, 협찬/투자 유치 등 ④ 예산 관리 내용은 예산 계획 수립, 시기별 예산 조달, 예산 집행 등이 있다.

공연 기획에 필요한 경우에는 연출가를 비롯한 주요 스태프를 공연 기획회의에 참석시켜 공연 작품에 대한 구체적이고 세부적인 사항에 대해 물어 본다. 또한 기획 부분에서는 추가로 세부 업무 분담을 실시하고 각 부분별 진행 사항을 매일 점검하여 진행된 내용과 결과를 각 부분별 담당자가 공유함으로써 추진이 계획대로 되지 않은 부분이나 미약한 부분에 대해서 서로 간에 협조를 통해 다시 추진할 수 있도록 한다.

공연 기획회의가 끝나면 서로 간에 있을 수 있는 스트레스를 해소하고 심기일전하기 위하여 식사를 같이하거나 또는 간단하게 맥주 파티를 가지는 것이 필요하다. 공연 기획 중에 서로 간에 있을 수 있는 쓸데없는 오해를 풀거나 또는 다른 부분 담당자에게 부탁하거나 협조가 잘되지 않는 부분을 이런 자리에서 편하게 이야기를 꺼내 상호 이해를 바탕으로 다시 함께 추진할 수 있는 기회를 제공할 수 있기 때문이다.

| 공연 기획회의 중요성

공연 기획회의에서 논의되었던 부분 중에서 앞으로 문제가 되거나, 공연 기획 시 장해가 될 소지가 있는 부분, 진행이 매우 미진한 부분을 점검하는 아주 중요한 회의이다. 이때에 공연 프로듀서(CEO)에게 문제점들을 정리하여 보고하고 대안을 마련하여 공연 기획이 차질 없이 추진될 수 있도록 한다. 그래야 성공적인 공연으로 한걸음씩 나아갈 수 있으며, 공연 수익을 기대할 수 있다.

만약에 이때 문제가 되었던 부분을 해결하지 않고 지나칠 경우 공연이 끝날 때까지 두고두고 문제가 될 소지가 매우 높다. 특히 저작권 계약의 세부 사항에 대한 협의, 재공연이나 지방 공연을 추진할 때에 스태프/배우들의 재계약과 공연 일정에 대한 내용 등은 최대한 빠른 시간 내에 심도 있게 검토하고 바로 결정해서 스태프/출연 배우, 투자자 등 공연에 참여하고 있는 관계자에게 알려서 협의를 사전에 끝마쳐야 한다.

| 공연 기획회의 세부 점검 사항(예)

구분	내용
실시 시기	매주 화요일과 금요일에 실시하고 문제 발생 시에는 긴급회의를 개최한다.
참석자	각 부분 담당자(제작감독, 마케팅 담당, 홍보 담당, 재무 담당)가 참석하고 필요할 경우에만 스태프를 참석시킨다. ※공연 프로듀서가 매주 한 번 참석할 수 있도록 하고 기획에 대한 업무 파악에 차질이 없도록 보고서로 서면보고 한다.
점검 사항	▶ 제작 일정, 오디션, 스태프/배우 계약, 연습 계획 ▶ 무대 기술 지원업체 관련 추진 내용 ▶ 홍보 일정, 홍보 및 광고물 제작, 광고 계획 ▶ 홍보 마케팅 지원업체 관련 추진 내용 ▶ 기자 간담회, 신문보도와 기자 인터뷰 ▶ 마케팅 일정, 티켓 판매 현황, 협찬 유치 ▶ 예산 조달과 집행

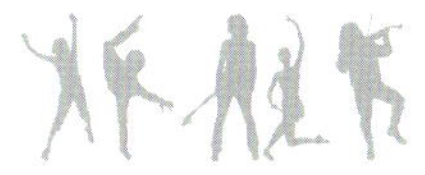

7. 공연 홍보 公演弘報

홍보 弘報, Public Relations

홍보의 사전적인 정의는 '널리 알리는 것'이다. 즉 '공중公衆과의 좋은 관계를 추구하기 위한 활동'을 말한다. 오늘날 홍보의 정의와 내용은 더욱 구체화되어 '기업(조직)이 대내외적으로 공중을 이해시키는 일'과 '공중과 좋은 관계를 형성하고 유지하려는 커뮤니케이션 활동'으로 이해되고 있다. 위에서 언급된 '공중公衆'은 기업(조직)과 직·간접적으로 연결되어 있는 소비자, 거래처, 내부직원, 투자자, 금융기관, 정부, 지역사회, 압력단체 등을 말한다. 기업에서 공중을 대상으로 하는 일반 홍보와 공연 기획사에서 관객을 대상하는 공연 홍보는 공통점도 있지만 차이점도 가지고 있다.

일반 홍보와 공연 홍보의 공통점과 차이점

구분		일반 홍보	공연 홍보
공통점		▶ 널리 알리는 것을 목적으로 한다. ▶ 홍보 대상과 목표가 설정되어 있다. ▶ 방송, 언론 등 모든 매체를 대상으로 한다.	
차이점	홍보 주최	기업(조직)	공연 기획사
	홍보 대상	공중	소비자인 관객
	전달 내용	사실, 정보	공연 이미지, 공연 정보
	홍보 성격	상업성이 강함	공공성이 강함
	홍보 범위	전국 또는 일부지역	공연장 주변, 지역생활권

| 공연 홍보公演弘報

공연 홍보는 공연 관련 정보와 내용을 활자화하고 이미지화하여 관객들에게 널리 알리기 위한 활동으로 인쇄, 방송, 인터넷, 옥외홍보물 등의 매체를 매개로 한다. 공연 홍보의 대상은 단지 공연 자체만을 의미하지는 않으며, 공연을 준비하는 과정에서 관객들에게 꼭 알리고 싶은 내용, 공연을 직 · 간접적으로 홍보하기 위한 세미나, 이벤트, 프로모션 등도 포함된다. 다시 말해 공연이 확정되어 공연이 종료되는 시점까지 공연 기획사가 관객을 대상으로 진행하고 추진하는 거의 모든 활동이 공연 홍보에 연관되어 있다.

최근 IT 분야가 비약적으로 발전함에 따라 인터넷 기반의 1인 방송국도 가능한 세상이 되었다. 오늘 공연 홍보 담당자와 만난 고객이 공연 내용에 공감하여 자기 스마트 폰으로 트위터Twitter를 통해 공연 자료를 친구에게 보내고, 또한 다음 달 친구 모임 장소를 호프집에서 공연장으로 변경할 수도 있는 세상이 되었다. 그러므로 공연 홍보는 홍보 담당자뿐만 아니라 공연에 참여한 모든 사람(스태프/배우)들이 관심과 책임을 가지고 추진하는 일련의 활동으로 바뀌고 있다.

그리고 오늘날 대다수 사람들은 인터넷이 되는 컴퓨터와 스마트 폰을 가지고 있으므로 20년 전의 홍보 담당자가 했던 일들보다 훨씬 많은 홍보 활동을 수행할 수 있는 세상이 되었다.

공연 홍보	공연 관련 정보와 내용을 활자화하고 이미지화하여 관객들에게 널리 알리는 활동으로 인쇄, 방송, 인터넷, 옥외 홍보물 등의 매체를 매개로 한다.
1차 홍보 목표	각 홍보 매체에 공연이 처음 보도되는 것을 목표로 추진한다.
2차 홍보 목표	각 홍보 매체에 공연이 첫 번째로 보도된 후 공연 관련 이슈나 내용이 두 번째로 보도되는 것을 목표로 추진한다.

| 공연 홍보의 특징

▶공연 예술 장르 간에 홍보의 차별화가 매우 어렵다.

▶공연 기간이 짧아서 주로 단기 홍보에 치중한다.

▶온/오프라인의 모든 홍보 매체를 대상으로 하는 총력전의 성격이 강하다.

▶광고 예산 부족으로 인해 홍보 경쟁이 매우 치열하다.

▶공연 제작비에 대비하여 홍보 예산의 비율이 너무 낮다.

▶홍보 인력이 부족하고 아직 전문화되어 있지 못하다.

▶일반적인 상품처럼 체계적으로 홍보 계획을 수립하여 추진하는 데 한계가 많다.

| 공연 홍보 분야 예산 항목

① 인쇄물 제작비

▶포스터, 전단, 프로그램, 초청장, 할인 쿠폰 등의 제작비

② 옥외 홍보물 제작비

▶현수막, X-배너, 가로등 배너, 홍보탑 등 제작비

③ 인터넷(온라인) 홍보 제작비

▶인터넷용 웹 배너, 웹 메일 등의 제작비 등

④ 기자 간담회비

▶현수막, X-배너, 장소 사용료, 식사비, 기념품, 음향 장비 등

⑤ 프리뷰 진행비

▶음료비, 식사비 등

⑥ 보도 자료 제작비

▶인쇄비, CD 제작비(사진, 동영상 등)

⑦ 사진 촬영비

▶촬영인건비, 사진인화 및 판넬 제작비 등

⑧ 공연 비디오 촬영비

▶촬영인건비, 편집비, 복사 등

⑨ 광고비

▶오프라인: 신문광고, 잡지광고, 버스광고, 지하철광고, 텔레비전/라디오 광고 등

▶온라인: 배너 광고, 웹 광고 등(가장 중요: 티켓 예매 사이트 배너 광고) 등

⑩ 홍보물 부착/배포비

▶게시판(포스터)

　시청/구청 시민 게시판

　대학로 게시판: 서울연극협회, 한국소극장협회

▶게시대(현수막, 가로등 배너): 각 구청의 현수막 게시대, 도로 등

⑪ 텔레비전/라디오 광고 제작비

▶텔레비전 광고 제작비: 인건비, 촬영비, 편집비, CG 제작비 등

▶라디오 광고 제작비: 성우료, 녹음 및 편집비 등

⑫ 발송비

▶우편 발송비, 퀵서비스 등

⑬ 홍보 진행비

▶음료비, 식사비, 교통비, 유류비, 주차비, 선물 구입비 등

| 공연 홍보 매체의 종류와 특징

① 인쇄 매체Print media

인쇄 매체는 인터넷이 대세인 요즘 과거에 비하여 홍보 분야에서 차지하는 비중이 많이 줄어들긴 했어도 홍보 및 광고 예산이 거의 없는 공연 분야에서는 아직까지도 매우 중요한 매체로 여기고 있다. 인쇄 매체는 언론 매체인 일간지, 주간지, 월간지, 그리고 최근 일간 타블로이드 형태로 새로 탄생하여 인기를 끌고 있는 무가지無價紙 신문이 있다.

일간지는 아직까지 언론 홍보의 가장 많은 비중을 차지하고 있는 인쇄 매체이고, 언론사별로 구독률의 차이가 매우 크다. 그러나 최근 구독률이 매우 높은 무가지 신문의 보급으로 인해 홍보 인쇄 매체로서의 가치를 점점 상실하고 있다.

공연 기획사 홍보 담당자는 각 언론 매체의 문화/공연 담당기자를 파악해서 기자 명단, 기자 특징, 기사 성향, 기사보도 일자 등을 정리해 놓아야 한다. 또한 담당기자가 자주 바뀌므로 기자 명단을 꾸준히 업데이트해야 다음 공연에 바로 사용할 수 있다.

그리고 보도된 공연 기사는 재공연, 지방 공연, 투자 유치 때에 아주 중요한 자료로 사용되므로 신문 발행 형태로 스크랩을 꼭 해놓아야 한다. 기사

는 보통 보도 기사, 프리뷰 기사, 리뷰 기사로 나뉜다. 보도 기사는 공연 기획사에서 제공한 보도 자료를 기초로 하여 작성한 기사를 말한다. 프리뷰 기사는 공연이 시작되기 전 프리뷰 공연, 최종 리허설을 기자나 평론가가 직접 보고 쓰는 기사를 말하며, 리뷰 기사는 공연 기간에 기자나 평론가가 직접 관람하고 공연평을 쓰는 것으로 공연을 평가하는 중요한 자료로 사용된다.

일간지|Daily newspaper

정의	일간지는 월요일부터 토요일까지 매일 발행하는 신문으로 중앙지와 지방지가 있다. 특히 중앙일간지는 서울에서 매일 발행하여 전국으로 판매하는(전국의 뉴스를 다루는) 신문들로서 종합지, 경제지, 스포츠지, 영자지가 있다. ▶ 종합지: 조선일보, 중앙일보, 동아일보 등 ▶ 경제지: 매일경제신문, 한국경제신문 등 ▶ 스포츠지: 스포츠서울, 스포츠조선 등 ▶ 영자지: 코리아헤럴드, 코리아타임즈 등 ※ 어린이신문: 소년조선, 어린이동아, 소년한국 등
특징	일간지는 신문사에 따라 공연 장르, 공연 소개 요일曜日, 공연 소개 지면 분량 등이 다르니 신문사의 기사와 지면의 구성 특성을 파악하여 정기적으로 보도 자료를 보내는 것이 좋다.

주간지|Weekly

정의	주간지는 주1회 발행되는 잡지로 독자층들이 가볍게 읽을 수 있는 내용으로 시사지, 경제지, 영화지 등이 있다. ▶ 시사지: 주간조선, 주간동아, 한겨레21 등 ▶ 경제지: 매경이코노미, 한국경제매거진 등 ▶ 영화지: 무비위크, 씨네21, 프리미어 등
특징	주간지는 종류가 매우 많고 일주일 단위로 제작되기 때문에 공연 기획사에게는 홍보용으로 좋은 잡지이나 보통 문화면 지면이 제한되어 있다. 공연의 단순 정보를 알리는 단발성 기사보다는 장르별, 시즌별 공연을 묶어 기획기사로 보도하는 경우가 많다. 그리고 심도 있는 독점 공연 기사를 다룰 경우에는 2~3쪽 분량으로 공연 작품 소개, 연출 및 배우의 인터뷰, 무대 관련 사항 등을 세세하게 다루고 있어 독자들에게 공연에 대한 흥미를 유발시킨다.

월간지|Magazine

정의	월간지는 월 1회 발행되는 잡지로 분야별로 매우 종류가 많고 다양하나 공연 기획사에서 관심을 가지고 있는 잡지 분야는 여성, 문화/예술, 교양, 시사, 기타 전문지 등이다. ▶ 여성: 우먼센스, 여성동아, 레이디경향 등 ▶ 패션: 쎄씨, 싱글즈, 에스콰이어 등 ▶ 시사: 월간조선, 월간중앙, 월간동아 등 ▶ 럭셔리: 노블레스, 보그, 오뜨 등 ※공연 전문 월간지 공연 전문 월간지는 공연 예술 관계자나 지망생들이 주로 보는 잡지로 공연에 대해 심도 있고 전문적인 내용을 다루고 있지만 소수의 제한된 독자층만을 가지고 있다. 따라서 공연의 홍보 효과는 매우 뛰어나지만 마케팅으로 활용하기에는 분명한 한계가 있다. 공연 전문가나 평론가들이 원고를 기고하는 잡지들로 주로 다루는 기사는 전문적 공연 소개 기사, 프리뷰 기사, 리뷰 기사 등이 있다. ▶ 연극: 한국연극 ▶ 무용: 춤, 춤과 사람들, 댄스포럼, 몸 ▶ 뮤지컬: 더 뮤지컬 ▶ 종합: 객석 ▶ 공연장 발행 　미르(국립극장), 뷰티플 라이프(예술의전당), 문화 공간(세종문화회관), 아트뷰(성남아트센터) ▶ 기타: 서울스코프, 플레이빌
특징	잡지 분야별로 지명도, 독자층, 발행 부수 등을 사전에 파악하고, 공연의 장르, 특징, 타깃 관객 등을 고려한 뒤 잡지를 선택해서 적어도 3개월 전부터 접촉해야 한다. 잡지 기사는 기획 기사 형식으로 공연이 소개되고, 특히 뮤지컬, 오페라, 발레 등에서 남녀 주인공에 대한 소개, 이번 공연에 기대되는 것들과 특별히 참여하게 된 스태프의 사연 등을 통해 공연을 간접 홍보하는 기사가 많이 작성된다.

무가지

정의	무가지는 무료로 배포하는 정기 발행의 신문이나 잡지를 말하고 정부 및 공공기관 또는 기업에서 제작하여 무료로 배포하는 기관지나 사보 또한 여기에 해당된다. 특히 여기서 말하는 무가지는 일간지로서 매일 출퇴근 시간대에 도시철도(전철, 지하철)역 부근에서 배포하는 무료 신문을 지칭한다. 무가지의 종류는 메트로, 포커스, AM7, 노컷뉴스, 스포츠한국, 시티 등이 있다.
특징	무가지는 지하철역을 중심으로 출퇴근 때 무료로 배포되어 구독률이 매우 높다. 그래서 최근에는 공연 기획사들이 공연 광고를 무가지에 많이 의뢰하고 있고, 또한 이벤트성 프로모션도 함께 진행하고 있다. 광고 효과는 주요 중앙일간지에 비해서 많이 떨어진다. 구독자가 읽고 싶은 기사나 부분만을 집중적으로 읽고 버리기 때문이다.

② **방송 매체**放送媒體, Broadcasting media

방송 홍보는 TV, 라디오, 케이블 등을 매체로 사용한다. 신문, 잡지 등의 인쇄 매체보다 대량의 정보를 동시에 신속하게 넓은 지역에 전달할 수 있다는 특징을 지닌다. 또한 방송 매체는 인쇄 매체에 비해 대중들의 접근이 쉬운 오락 프로그램이 많이 편성되어 있어 대중성, 접근성, 친근성이 매우 뛰어나다. 그렇지만 방송 매체는 방송 채널의 수가 제한되어 있어 공연 홍보 경쟁이 치열하고 또한 방송사의 입맛에 맞아야 홍보가 가능하다.

대형 공연이거나 장기 공연을 하는 뮤지컬, 오페라, 발레, 오페라 등에 방송사가 공동 주최 투자사로 참여한 경우에 5월 어린이의 달 특별 공연, 12월 연말연시 공연, 크리스마스 시즌 공연 때에는 특집방송을 통해 홍보를 지원하기도 한다. 텔레비전을 통한 전파 매체에는 지상파TV, 케이블TV, 위성TV가 있으며, 지상파TV 방송에는 KBS, MBC, SBS가 있고, 라디오 매체로는 KBS, MBC, CBS, SBS 등이 있다.

케이블TV로는 장르별로, Mnet/Etn연예채널 등이 있고 위성TV는 스카이라이프가 있고 최근 종합편성채널로 인가받은 JTBC(중앙일보), TV조선(조선일보), 채널A(동아일보), MBN(매일경제), 연합뉴스TV(연합뉴스) 등이 있다.

구분	공연 관련 프로그램과 특징
텔레비전	뉴스, 오락방송 프로그램(연예뉴스, 오락방송 등)
	텔레비전 홍보에는 뮤지컬, 오페라, 발레 등이 많이 소개되고 유명 예술가나 유명 배우가 출연할 경우에는 공연 장르에 관계없이 홍보 기회를 가질 수 있으나, 일반적으로 지명도 낮은 공연 작품이 텔레비전에서 홍보 기회를 가지기는 매우 어렵다.
라디오	교양방송, 음악방송, 오락방송 등에 단신으로 공연을 소개하거나 공연 제작자, 연출가, 배우를 초청하여 진행자와 대담 형식으로 진행하면서 중간에 공연을 취재한 리포터가 설명해 주는 방식으로 방송된다.
	스태프/배우들이 출연하지 않는다면 라디오 방송을 통한 홍보가 어렵다.
케이블TV	연예뉴스, 오락방송 등
	최근에 연예뉴스, 오락방송을 통해 지상파TV보다 심도 있게 홍보를 해주기도 하지만 지명도가 있는 스태프나 유명 연예인 출신 배우가 출연할 경우에만 해당된다.

③ 인터넷 매체Internet media

정보 및 IT 기술의 발달로 새롭게 부각되어 매우 활성화된 인터넷 매체는 인쇄 매체, 방송 매체에 비해서 많은 장점을 가지고 있어 크게 각광을 받고 있다. 공연 기획사는 포털 사이트, 공연 관련 전문 사이트, 티켓 예매 사이트, 각종 카페나 블로그를 통해 적극적으로 공연을 홍보하고 있다.

왜냐하면 인터넷 매체는 무료나 저렴한 비용으로 홍보가 가능하고 또한 공연 정보와 홍보 자료를 지속적으로 수정하여 게시할 수 있기 때문이다. 그래서 현재는 인터넷 매체를 통한 홍보가 거의 대세를 이루고 있다.

■ 공연 기획사 홈페이지

공연 기획사의 홈페이지는 어느 사이트보다 공연에 관련된 다양하고 심도 있는 공연 정보의 제공이 가능하고, 공연 기획사가 기획의도대로 홍보할 수 있는 유일한 공간이다. 그래서 홈페이지를 평소에 체계적으로 관리하고 항상 새로운 공연 정보를 업데이트하여 방문객이 지속적으로 증가할 수 있도록 이벤트, 프로모션 등을 활용해야 한다.

공연 기획사의 홈페이지는 비전과 미션, 조직도, 제작하거나 제작 중인 공연자료, 이벤트, 회원에 대한 혜택 사항 등의 내용으로 구성되어 있다. 특히 정회원으로 가입한 사람들은 공연 티켓 할인, 초대 이벤트, 연습실 공개 행사 등을 중심으로 보다 많은 혜택이 주어진다.

▶장점: 공연 정보의 전달에 거의 한계가 없다.

▶단점: 회원 가입자만을 대상으로 할 수 있다.

서울을 비롯한 전국에 있는 대형 공연장 홈페이지는 지역 주민들에게 공연을 소개하고 공연과 관련된 세미나, 워크숍, 예술 교육 프로그램의 정보를 제공하는 공간으로 대관 공연 시 매우 중요한 홍보 공간이다.

특히 경기도문화의 전당, 성남아트센터, 전주소리의 전당 등의 지방 공연장들은 지역 주민들이 문화 예술에 참여할 수 있도록 하는 커뮤니케이션 역할을 하고 있다.

특히 지방 공연장 홈페이지는 많은 회원이 가입되어 있고 지역 중심, 공연 중심, 프로그램 중심으로 홍보가 진행되고 있어 대관 공연 시 지역 공연장의 홈페이지를 통한 공연 홍보도 비중 있게 다루어야 한다.

■ 포털 사이트

포털 사이트는 네이버, 다음, 네이트, 야후 등을 말하고, 주로 무료로 홍보를 추진할 수 있는 방법을 찾아서 홍보를 하면 효과적이다.
▶장점: 전국적인 홍보가 가능하다.
▶단점: 홍보 비용이 발생한다.

■ 티켓 예매 사이트

인터파크, 티켓링크 등의 티켓 예매를 전문적으로 대행해 주는 사이트를 말하고 대부분의 관객들은 공연 관람 당일에 공연장 매표소에서 공연 티켓을 직접 구입하지 않고 사전에 티켓 예매 사이트를 통해 티켓 등급과 좌석 위치를 직접 확인하고 구입하기 때문에 예매처 선정에 신중을 기하여 결정하고 홍보 문구와 내용도 관객 입장에서 웹디자인하여 제작해야 한다. 그리고 할인 카드와 제휴업체 할인율과 할인 기간에 대해 자세하게 설명해 놓아야 한다.

어느 정도 지명도가 있는 공연이 티켓 예매 사이트의 첫 화면에 웹 배너 광고를 하면 광고 효과가 상대적으로 크고 티켓 매출에 많은 도움이 된다.

■ 인터넷 카페

인터넷 카페는 동일한 취미나 동일한 목적을 가진 사람들이 인터넷상에서 활동하는 사이버 모임을 말한다. 공연 기획사 입장에서 보면 특별히 많은 비용을 들이지 않고 공연을 홍보할 수 있는 매우 유용한 공간이다. 그러나 인터넷 카페 수가 너무 많고 또한 활동이 거의 없는 인터넷 카페도 많으니, 사전에 충분히 조사하여 선별한 인터넷 카페에 집중적으로 홍보를 해야 한다. 또한 인터넷 카페 홍보는 충분히 시간을 두고 순차적으로 진행하는 것이 좋다.

> **김PD 메모**　인터넷 카페 홍보 추진 순서
>
> 공연 예술 관련 카페 → 문화 관련 카페 → 각종 동아리 모임 → 전문직종 관련 카페 → 주부/아버지 모임 카페 등으로 순차적으로 확대하여 홍보를 진행한다. 이때 단순히 공연 내용만을 홍보하지 말고 카페의 특성에 맞는 문구, 내용, 이벤트 등을 충분히 구상해서 집중 홍보해야 한다. 단, 초대이벤트를 위주로 하는 홍보는 되도록이면 지양해야 한다. 스스로 공연의 가치를 낮추는 일이다.

■ 블로그

블로그는 개인이 관리하는 혼자만의 사이버 공간으로 카페처럼 회원을 모집할 필요가 없으며, 개인의 취미 활동을 통해 활성화된 블로그에 공연을 홍보하는 것을 말한다. 최근에는 인터넷 카페보다 블로그를 통해 활동하는 사람들이 점점 늘어나고 있으며, 콘텐츠가 우수한 블로그에는 하루에도 수많은 사람들이 방문하기 때문에 카페보다 홍보 범위가 넓고 홍보 효과가 크다.

■ **스마트 폰**(캘럭시 탭, 아이패드)

휴대용 컴퓨터 역할을 하는 스마트 폰(캘럭시 탭, 아이패드)을 대상으로 홍보를 할 수 있는 방안을 수립해 놓아야 한다. 사용자가 계속 늘어나고 있는 스마트 폰에 맞는 공연안내 웹 전단, 할인 티켓, 웹 카드 등을 통해 오프라인과 인터넷 홍보를 보강할 수 있도록 해야 한다.(※트위터, 페이스북)

| 공연 홍보 담당자가 갖추어야 할 요건

① 공연 전문가이어야 한다.

공연에 대해 이해도 높고 예술가가 공연을 통해 관객들에게 전달하고자 하는 내용을 정확히 읽어 낼 수 있어야 한다. 특히 공연마다 공연의 특징, 성격, 의미, 가치 등을 정확하게 파악할 수 있는 공연 전문가라야 한다.

② 커뮤니케이션 전문가이어야 한다.

공연과 관객 사이에서 커뮤니케이션할 수 있도록 연결해 주는 보도 자료, 뉴스레터, 홍보물에 정통한 커뮤니케이션 전문가라야 한다.

③ 매체 전문가이어야 한다.

언론, 방송, 인터넷 등의 매체 특성을 알고 특성에 맞게 매체 홍보 계획을 수립하여 추진할 수 있는 매체 전문가라야 한다.

| 공연 홍보 담당자에게 필요한 자질

기업이 소비자의 욕구를 충족시키기 위한 무한경쟁은 이미 상품 개발 이전부터 시작되고 상품을 개발하여 다양한 홍보/광고 활동으로 판매 기회를 마련하고 마케팅을 통해 성과를 창출하는 과정이 더욱 세분화되어 확대되고 있다.

그러므로 기업이나 공연의 홍보 담당자는 언제나 전투에서 바로 코앞에 있는 적과 대치하고 있는 최일선 부대의 소대장 역할을 담당하는 아주 중요한 사람들이다. 공연 홍보를 비롯한 홍보에서 이들에게 무엇보다 다양하고 많은 전문성들을 요구하고 있다. 공연 기획자와 마찬가지로 공연 홍보 담당자가 기본적으로 갖추어야 능력으로는 ① 공연 예술에 대한 이해력, ② 누구나 공감하는 글쓰기 능력, ③ 다양한 사람들과 어울릴 수 있는 원만한 성격과 대인관계, ④ 상대방 누구라도 설득할 수 있는 대화 기술, ⑤ 영어를 자유자재로 말하고 문서를 작성할 수 있는 능력, ⑥ 세상의 변화에 뒤처지지 않고 스마트 폰을 비롯한 IT기기를 사용할 수 있는 능력 등이다. 마지막으로 이 모든 것을 바탕으로 홍보 콘셉트, 홍보 전략, 홍보 타깃 등을 결정하고 추진할 수 있는 ⑦ 전략적이고 종합적인 사고 능력이 필요하다.

| 공연 홍보 담당자의 세부 업무 영역

▶홍보 계획(오프/온라인)수립/추진/평가

▶매체 관리(인쇄, 방송, 인터넷 등)

▶보도 자료 작성/배포

▶제작 발표회/기자 간담회/프리뷰 실시

▶사진 및 비디오 촬영/관리

▶인쇄 홍보물 제작/관리

▶홈페이지 및 인터넷 홍보물 제작/관리

▶옥외 홍보물 제작/관리

▶기타 홍보물 제작/관리

| 공연 홍보 자료

공연 기획사에서 만드는 공연 홍보 자료는 과거와 별 차이가 없지만, 홍보 자료의 전달 방법과 저장 방식에는 많은 변화가 생겼다. 인터넷이 일상화되기 전에는 홍보 담당자가 보도 자료를 프린터로 출력하여 보도 사진, 포스터, 전단을 함께 가지고 언론사를 방문하여 기자들에게 직접 전달하였다. 그러나 현재는 과거와 똑같은 공연 자료를 기자들에게 메일이나 웹하드를 통해 보낸다.

그렇지만 기자들과 호의적 관계를 지속적으로 유지하고 싶은 경우나 신생 공연 기획사인 경우, 기자와 약속을 잡고 직접 방문하여 USB나 CD에 담긴 공연 자료를 전달하고 식사를 함께하면 된다. 하지만 기자들이 너무 바빠서 약속을 잡기는 쉽지 않다.

공연 홍보 자료에는 포스터, 전단, 보도 자료, 보도 사진, 공연 동영상, 음악 CD, 기념품, 전 공연 프로그램 등이 있다. 보도 자료는 공연을 홍보하는 가장 핵심적인 역할을 하고, 보도 사진은 공연 텍스트 중심으로 작성된 보도 자료의 단점을 보완해 주는 역할을 한다. 특히 현대무용 공연의 경우에는 작성한 보도 자료로 기자나 관객들에게 공연을 설명하는 데 한계가 있으므로 보도 사진이 매우 중요하다.

보도 사진에는 연습 사진, 이미지 사진, 리허설 사진, 공연 사진 등이 있고, 첫 공연인 경우에는 보도용 이미지 사진과 연습 사진밖에 없으므로 공연 이미지를 시각적으로 보여주는 데 한계가 있다. 보도 자료와 사진을 인쇄 매체 중심으로 홍보한다면, 공연 동영상과 음악 CD는 방송 매체와 인터넷 매체를 중심으로 하여 홍보 도구로 사용된다.

최근에는 음악 CD와 함께 공연 동영상을 DVD로 제작하여 홍보용이나 판매용으로 사용한다. 또한 공연을 홍보하기 위한 만든 티셔츠나 가방, 핸드폰 고리 같은 기념품도 언론사 등에 좋은 홍보 자료로 사용된다.

> **김PD 메모**　공연 동영상 자료
>
> 공연 동영상 자료는 국내에 해외 공연 작품을 초청하여 공연하는 경우, 공연 기획사가 서울 공연에 이어 지방 공연을 추진하는 경우에 지방 공연장이나 기획사에게 공연을 소개하는 유용한 자료로 사용된다.

| 홍보 기획서 작성

홍보 기획서를 작성하기 위해서는 먼저 공연 작품에 대한 기초 분석을 철저히 해야 한다. 그리고 공연 제작에 참여하는 스태프/배우에 대한 자료를 충분히 확보하고 조사와 분석, 인터뷰 등을 통해 무대화되는 공연의 특징을 사전에 파악하고 있어야 한다. 또한 홍보 콘셉트와 방향을 설정하고 홍보 SWOT 분석에 따른 홍보 타깃층 선정, 홍보 타깃 매체 선정, 홍보 타깃별 실행 방안 수립, 홍보 예산 계획 등을 포함하는 홍보 기획서를 작성해야 한다.

| **홍보 기획서 작성 순서(목차)**

① 공연 작품 분석

대본 분석, 스태프/배우 분석, 기타 자료 분석(평론, 기사)이 포함된다.

② 홍보 콘셉트/홍보 방향

공연과 관객들이 만날 수 있는 홍보 콘셉트, 홍보 방향을 수립한다.

③ 홍보 타깃 분석과 홍보 목표

공연 작품이 공연 시장에서 가지고 있는 강점Strength, 약점Weakness, 기회 Opportunity, 위협Threat을 통해 홍보 타깃을 분석하고 홍보 목표를 수립한다.

④ 홍보 타깃 선정

공연 작품의 남녀별, 연령별, 지역별, 직업별, 모임별 타깃 홍보층을 선정한다.

⑤ 홍보 타깃별 매체 선정

타깃 관객층이 주로 접하는 홍보 매체를 선정하고 매체별 홍보 방안을 결정한다.

⑥ 홍보 타깃별 실행 방안 수립

홍보 타깃별로 매체에 따른 세부 실행 방안을 수립한다.

⑦ 홍보 추진 일정

홍보 실행 계획에 따른 구체적인 추진 일정을 마련하고 담당자를 지정한다.

⑧ 홍보 예산 계획

홍보와 관련 예산의 지출 계획을 구체적으로 작성해 놓은 것으로 광고 예산을 포함시켜 작성한다.

보도 자료란, 공연 기획사(홍보 대행사)가 공연의 홍보(보도)를 목적으로 일정한 형식으로 만들어 언론, 방송, 인터넷 등의 매체에 배포하는 문서를 말한다. 보도 자료는 기자나 매체를 통해 관객에게 정확한 공연 정보를 알리기 위해 작성되며 공연 홍보를 하는 데 없어서 안 되는 핵심 자료로서 언론, 방송, 인터넷 매체의 기자나 홍보 담당자에게 보내진다.

각 매체에 보낸 보도 자료는 문구나 내용이 수정되지 않은 채로 사용되거나 또는 매체 특성에 맞게 문구나 내용이 수정되고 재구성되어 사용된다. 공연 기획사가 차별화된 공연 홍보를 하기 위해서 창의적인 홍보 기획서를 작성해서 홍보를 추진하고, 동시에 보도 자료로 다른 공연과 차별성을 주어 기자와 관객들의 주의와 흥미를 끌 수 있어야 한다. 더 세부적으로 말하면 보도 자료는 홍보 매체의 특성과 사용 목적에 따라 언론용, 방송용, 마케팅용, 인터넷용 등으로 나누어 작성해야 효과적이다.

보도 자료 작성 전에 꼭 확인해야 할 사항

▶기자/보도 담당자 리스트 작업

▶스태프/배우에 대한 자료 확보

▶공연 관련 자료 확보

▶공연 작품에 대한 이해

▶보도 자료 형식과 틀 마련

▶보도사진 촬영

1) 표지

표지는 공연 포스터를 축소시켜 집어넣고 공연명, 제작자, 담당자 연락
처와 메일 주소를 집어넣는다.

2010년 민중극단 특별공연
6·25전쟁 60주년 기념공연

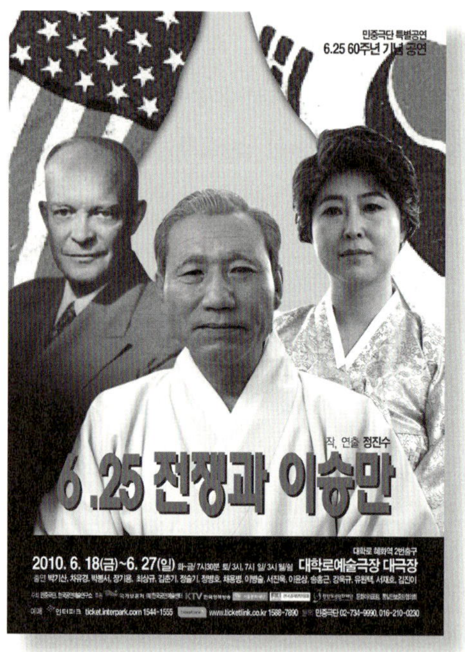

담당자: 김순국 010-3××0-02×0
skook016@naver.com

〈출처 : 민중극단〉

2) 본문

① 공연 개요

공연에 대한 전반적인 내용을 파악할 수 있도록 구성함

▷ 공연명	6 · 25 60주년 기념 공연 「6 · 25 전쟁과 이승만」(정 ○ ○/작. 연출)
▷ 공연 일시	2010년 6월 18일~27일(화~금/7시30분, 토/3시, 7시, 일/3시, 월/쉼)
▷ 공연 장소	대학로예술극장 대극장(대학로 혜화역 2번 출구 KFC골목 안)
▷ 주　최	민중극단, 한국공연예술연구소
▷ 후　원	국가보훈처, 한국공연예술센터, 서울문화재단, 전국경제인연합회, 한반도선진화재단, 문화미래포럼, 통일안보중앙협의회
▷ 티켓 가격	R석: 30,000원, S석: 20,000원 ※국가유공자, 군인, 학생 및 단체 특별관람: 50% 할인
▷ 관람 연령	만 17세 이상(고등학생 이상 관람 가)
▷ 티켓 예매처	인터파크 1544–1555, 티켓링크 1588–7890
▷ 공연 예약 단체 관람 문의	○ ○극단 전화/ 02–734–××××, 010–3××0–0××30

② 공연 특징

관객들에게 이번 공연을 요약 설명하는 부분으로 메인 카피, 설득하고자 하는 내용이 들어간다.

◇ 6 · 25 전쟁은 이승만과 아이젠하워의 싸움이었다! ◇

▶ 전시작전 지휘통제권과 한 · 미 상호방위조약의 역사적 의의와 천안함 사태 이후 국가 안보 의식을 일깨울 단 한 편의 연극!

▶ 대한민국 건국 대통령 이승만에 대한 올바른 이해와 평가를 위하여
－ 이승만이 없었다면 대한민국도 없었다!

③ 공연 줄거리(시놉시스)

전체 공연 내용을 요약/설명한 글을 작성한다.

④ 주요 스태프

주요 스태프의 경력과 출연 작품을 간략하게 소개한다(사진 포함).

⑤ 주요 출연배우

출연 배우들의 배역과 주요 경력과 출연 작품을 간략하게 소개한다(사진 포함).

⑥ 공연 기획사나 공연단체 소개

공연 기획사나 극단의 비전과 미션, 구성원, 공연 연혁 등을 간략하게 소
개한다.

⑦ 과거 공연이 보도된 신문/잡지 자료

▶재공연 시

▶해외 초청공연 시 해외 관객의 반응, 실적 등

| 공연 보도 자료 작성 시 유의 사항

▶6하 원칙에 따라 체계적이고 논리적으로 작성한다.

▶공연을 한눈에 파악할 수 있도록 핵심적인 내용부터 작성한다.

▶각 문단(항목)마다 소제목을 붙여서 이해하기 쉽고 간결하게 작성한다.

▶정확한 사실이나 내용에 중점을 두고 작성한다.

▶기사용 메인 카피를 여러 개 작성하여 기사 제목으로 쓸 수 있도록 한다.

▶매체 특성을 고려하여 목적에 맞게 보도 자료를 준비한다.

▶공연명, 주요 스태프/출연 배우 성명, 용어 등 오자를 1번 이상 체크한다.

▶포스터, 사진 등 시각 자료를 첨부하여 공연에 대한 이해도를 높인다.

▶재공연 시에는 기사화를 유도할 수 있는 흥미 내용(공연 실적, 수정 사항)을 첨 부한다.

| 사진 촬영과 보도용 사진의 중요성

초연 창작 공연으로 제작하는 경우, 보도 자료와 함께 기자들에게 제공되는 보도 사진 가운데 무대 의상이 제대로 준비되지 않은 상태에서 촬영된 보도 사진은 공연이 가지고 있는 이미지를 기자 및 관객들에게 제대로 전달할 수 없는 경우가 대부분이다.

무대 의상은 공연 제작/기획이 어느 정도 완료된 후에 의상 디자이너가 디자인하여 제작하는 경우가 대부분이어서 무대 의상이 보도 사진 촬영에 크게 기여하지 못해 원하는 사진을 촬영할 수 없다. 그래서 공연 콘셉트가 확정되면 공연 기획자는 연출가 및 의상 디자이너들과 협의해서 주인공의 무대 의상을 다음에 추가로 제작하더라도 보도 사진 촬영을 위한 무대 의상을 사전에 꼭 제작해야 한다.

또한 보도 사진은 포스터 디자인용 사진으로 사용되기 때문에 더욱 중요하다. 공연에서 보도 사진은 기자들에게 공연이 갖는 이미지와 미적 가치를 알게 해주고, 배우에게는 배역에 따른 이미지 변신을 통해 상품적 가치를 평가받게 하고, 공연 기획사는 보도 사진을 통해 공연 기획 능력을 평가받는 첫 번째 시험 무대가 된다.

| 보도 사진 촬영 시 고려 사항

홍보 계획이 어느 정도 수립되면 먼저 홍보 콘셉트를 반영하여 사진 촬영을 해줄 수 있는 있는 적절한 사진작가를 섭외해야 한다. 사진 촬영은 인쇄물 디자인과 함께 매우 쉽고도 어려운 일이므로 공연 콘셉트, 공연 특징, 홍보 마케팅 방향, 이 공연이 관객들에게 보여 주고자 하는 내용, 즉 작품 이미지를 이해하고 공연 기획자 및 스태프들과 커뮤니케이션이 가능한 사진작가를 섭외하는 것이 중요하다.

보통 한 명의 사진작가가 프로필 사진, 보도 사진, 이미지 사진(인쇄물, 인터넷 등), 공연 사진을 모두 촬영한다. 경우에 따라서 포스터 사진만 전문적으로 촬영하는 사진작가를 섭외하여 촬영하기도 하나, 비용상의 문제로 인해 특별한 경우가 아니고는 한 명의 사진작가가 공연과 관련된 모든 사진을 촬영한다고 보면 된다.

홍보 담당자는 제작감독과 협의하여 보도 사진 촬영 계획을 수립하고 바로 사진 촬영 장소 섭외에 들어간다. 제작감독은 이때 조연출을 통해 스태프/배우들의 촬영 일정을 조율하여 결정한다. 스태프들과는 공연 콘셉트, 즉 공연이 관객에게 주는 이미지에 대해 충분히 협의하고 나서 사진작가와 사진 촬영 콘셉트에 대해서 협의한다.

보통 조명을 많이 필요로 하는 사진을 촬영하는 경우에는 공연장을 선택하고 공연이 없는 월요일이나 공연이 있는 날은 오전에 촬영한다. 현대적 이미지가 중심이거나 무대 의상이 많이 준비되어 있고, 배역을 맡은 배우를 중심으로 촬영하는 경우에는 스튜디오를 빌려서 촬영을 하지만, 비용이 많이 발생하기 때문에 협찬을 받아서 보통 진행한다.

보도 사진을 촬영하는 데에는 무대 의상(소품, 장신구 포함)**의 준비가 사진 촬영의 성공을 좌우하므로 사전에 연출, 의상 디자이너, 분장 디자이너, 조명 디자이너 등과 충분히 협의하고 준비해야 한다.** 그리고 전체 진행은 홍보 담당자가 담당하고 제작감독과 조연출이 준비와 진행을 지원한다. 홍보 담당자는 공연 홍보 콘셉트와 방향에 대해 연출가와 폭 넓게 협의하여 보도 사진 촬영의 콘셉트와 방향에 대해 어느 정도 공감대를 형성해 놓아야 한다. 반드시 사진 촬영 일주일 전에는 홍보 담당자, 연출가, 사진작가, 의상 디자이너, 분장 디자이너, 조명 디자이너가 함께 만나서 공연에 대한 생각, 의견, 이미지 등에 대해 대화를 나누고 준비된

콘티를 가지고 사진 촬영에 임할 수 있도록 해야 한다. 그렇지 않으면 촬영 당일, 아무런 준비 없이 즉흥적인 장면 사진을 촬영하게 된다.

보도 사진 촬영의 노하우

▶ 사진 촬영은 보통 분장을 포함하여 최소 5시간 이상이 소요되고 출연 인원이 많을 경우에는 더 많은 시간이 소요된다.

▶ 의상을 대여할 경우에는 촬영 2~3일 전에 의상을 대여하고 세탁하여 당일 촬영에 차질이 없게 한다. 의상을 제작하는 경우에는 사진 촬영을 하는 배우들의 몸 치수를 정확히 재어서 제작에 들어가고 촬영 2~3일 전에 미리 입어보고 수정 사항이 있을 경우 바로 수정하도록 한다.

▶ 보도사진 촬영용 콘티를 만들고 촬영 당일 문제가 생기면 제작감독, 연출가, 사진작가, 의상 디자이너, 분장 디자이너, 조명 디자이너, 홍보 담당자가 협의하여 결정한다(예: 추가 촬영 등).

▶ 사진 촬영은 개인 프로필 촬영, 공연 이미지 촬영 순으로 진행한다.

▶ 사진작가에게도 사전에 공연 대본을 배포하여 공연에 대한 이해가 있는 상태에서 사진 촬영에 임할 수 있도록 한다.

김PD 메모　고전 작품 사진 촬영 시 주의 사항

고전극이나 사극 공연의 보도 사진을 촬영할 경우에는 모자, 가발, 수염, 소품, 장신구 등의 준비가 소홀하여 다음에 추가로 촬영하는 경우가 많으므로 사전에 철저히 준비해야 한다. 왜냐하면 추가 촬영 시 추가 비용 문제가 있고, 또한 배우들의 촬영 일정을 다시 잡는 것이 결코 쉽지 않기 때문이다.

| 보도 사진 촬영 시기별 고려 사항

■ 공연 연습 과정에서 찍는 사진

연습 장면 중 사전에 연출한 여러 개의 장면을 촬영하는데, 이때에 관객들에게 쉽게 전달될 수 있는 공연 이미지의 촬영에 초점을 두어야 한다.

■ 공연 리허설 때 찍는 사진

최종적으로 촬영하는 홍보 사진이다. 공연 작품의 완성도, 미적 가치, 상품 가치를 관객들에게 알릴 수 있는 이미지 촬영에 초점을 두어야 한다.

■ 공연 기간 중에 찍는 사진

공연 작품의 기록, 리뷰 기사, 결과 보고 등에 사용되는 사진 성격이 강하므로 공연의 사실적인 면을 촬영하는 데 초점을 맞추어야 한다.

| 보도 자료 배포 관련 내용

▶보도 자료 구성: 보도 자료, 사진, 포스터/전단, 기념품 등

▶배포 방법: 메일, 퀵 서비스, 팩스, 직접 배달 등

▶배포 시기: 매체별 마감 시간 및 마감 일자를 최우선 고려(단, 기획기사 및 기획 면, 사전제작 면은 미리 파악하기)

▶적기 전달: 담당 부서, 담당 기자를 찾아서 적기에 전달하기

▶기타: 각 매체에 공평하게 전달하기

| 제작 발표회/기자 간담회Press conference

공연을 본격적으로 홍보하기 위해 마련되는 제작 발표회와 기자 간담회

는 홍보 담당자에게는 있어 매우 중요한 일 가운데 하나이다. 제작 발표회는 공연 기획사가 오랜 준비 과정을 거쳐서 많은 제작비를 투여하거나 심혈을 다해 제작하는 공연인 경우에 실시하는 경향이 많다.

예를 들면 유명 연예인을 캐스팅한 국내 초연 대형 뮤지컬 공연, 유명 성악가를 캐스팅한 오페라 공연, 유명 발레리스트가 출연하는 발레 공연 등이다. 또한 기자 간담회는 기자 및 관객에게 있어 제작 발표회보다는 신선감과 관심이 많이 떨어진다. 말 그대로 기자 간담회는 일정 규모 이상의 공연을 제작하는 공연 기획사들이 본격적인 보도 자료의 배포를 앞둔 시점이거나 공연을 10일에서 30일 정도를 앞두고 집중적으로 홍보하기 위해서 전격적으로 추진하는 경우가 많다. 제작 발표회와 기자 간담회는 신문사가 많은 광화문이나 신문로 주변의 호텔과 대형 식당(요리 전문점) 또는 프레스센터를 예약하여 실시한다.

| 행사 추진 전에 고려해야 할 사항

■ 행사 취지/목적 확인(왜 실시하는가?)

■ 다른 공연 기획사나 예술 단체들과 행사 중복 여부 확인

■ 주최 측 참석자 확인

■ 초청 기자 범위와 인원수 확인: 장소 수용 인원의 한계 때문

■ 행사 장소의 확인

접근성, 사용료, 수용 규모, 음식 메뉴, 식사비, 테이블, 음향 시설, 주차 등으로 적당한 규모의 호텔 및 대형 식당(요리 전문점)에서 추진하는 경우가 많다.

■ 행사 진행 방법 확인

사회자, 진행 방식, 순서, 발표 내용, 행사장 레이아웃 등을 검토 확인

■ **주최 측 참석자**

▶ 스태프로는 작가, 연출가, 안무가, 무대 디자이너 등

▶ 배우로는 남녀 주인공, 지명도나 연륜이 있는 배우 등

▶ 공연 기획사에서는 프로듀서, 제작감독, 홍보 담당자 등

■ **초청자**

▶ 주요 언론 매체, 방송 매체, 인터넷 매체 등의 기자나 홍보 담당자

■ **준비 사항 체크리스트**

▶ 기자 연락, 보도 자료, 현수막, 현장 음향 시설 등

▶ 진행 계획에 따른 콘티 체크

▶ 주최 측 참석자 도착시간 확인(행사 담당자 2시간 전, 스태프/배우 30분 전)

구 분	실시 목적	실시 시기
제작 발표회	정보 전달 〉 공연 홍보	공연 작품의 제작을 앞둔 시기
기자 간담회	공연 홍보 〉 정보 전달	공연을 앞둔 시기

| 공연 홍보물

공연 홍보물이란 관객들에게 공연 홍보를 목적으로 제작하는 인쇄 홍보물, 옥외 홍보물, 방송 홍보물, 인터넷 홍보물 등을 말한다. 공연 홍보물은 공연 기획사가 관객들에게 공연에 대해 전달하고자 하는 내용으로, 공연 개요, 공연 특징 소개, 스태프 및 배우 소개, 티켓 구입 방법 등이 포함되어 있어 관객들에게 흥미를 유발하여 관심을 끄는 역할을 한다.

그래서 공연 홍보물 제작 시에는 홍보/마케팅 콘셉트에 따라 목표타깃을 유인할 수 있는 홍보물의 종류를 선택하여 문구 작성, 사진과 이미지 선택, 최종 디자인을 확정하여 제작하면 된다. 이때에 제작하는 각 홍보물에는 공연에 대한 동일한 이미지를 관객들에게 전달할 수 있도록 색

상, 글자체, 문구를 어느 정도 통일시켜야 한다.

| 공연 홍보물의 종류와 특징

① 인쇄 홍보물Print materials

인쇄 홍보물은 공연에서 가장 많이 사용하는 홍보물로 포스터, 전단, 브로슈어, 할인 쿠폰, 프로그램 등을 말한다. 과거에는 소규모 공연 단체나 공연 기획사가 할 수 있는 유일한 홍보 방법이 인쇄 홍보물의 대량 배포였다. 그러나 최근 옥외에 불법으로 부착되고 배포되는 포스터와 전단에 대한 단속으로 인해 인쇄 홍보물의 부착 및 배포 장소가 주요 공연장, 공연장 주변 식음료시설, 허가받은 게시판 등으로 축소되었다.

또한 인터넷의 대중화로 인해 과거 인쇄 홍보물이 가졌던 역할과 효과가 점점 감소되고 제작 수량도 과거에 비해 1/5 내지 1/10로 축소되어 제작되고 있다. 그럼에도 불구하고 인쇄 홍보물은 관객에게 공연 이미지와 느낌을 구체적이고 직접적으로 전달하기 때문에 아직까지도 중요한 홍보 수단임에는 틀림없다. 그러므로 충분한 시간적 여유를 가지고 공연에 부합되는 창조적인 디자인으로 만들어진다면 공연 홍보에서 상당한 효과를 발휘할 수 있다.

공연 홍보에서 보도 자료가 기자를 대상으로 하는 것이라면 인쇄 홍보물은 일반 관객을 대상으로 하고 있다. 인쇄 홍보물을 제작할 때 디자인 기간, 제작 기간, 배포 기간 등을 고려하여 최소 6개월에서 1년 전에 제작에 들어가야 한다. 또한 **인쇄 홍보물의 디자인 시안을 바탕으로 인터넷 홍보물**(웹 배너, 웹 전단), **옥외 홍보물**(현수막, 지하철 광고) **등이 디자인된다는 사실을 명심하고 최선을 다해 인쇄 홍보물을 제작해야 한다.**

공연은 무대에서만 보여주는 것이 아니라 공연장 밖에서 포스터를 통해 관객의 시선을 고정시키고 전단으로 하여금 관객의 마음을 설득할 수 있어야 한다. 한번 제작된 인쇄 홍보물은 추가로 제작되거나 그 공연이 끝날 때까지 홍보를 수행하기 때문에 공연 기획자들이 가장 심혈을 기울여서 만들어야 하는 것이 인쇄 홍보물이다.

| 인쇄 홍보물 제작 과정

① 예술 스태프와 협의를 통해 공연 콘셉트 도출
② 공연 기획회의(홍보 기획회의)에서 홍보 마케팅 콘셉트 확정
③ 홍보 마케팅 콘셉트의 구체화 작업
④ 디자인 의뢰용 홍보 마케팅 콘셉트 정리
⑤ 디자인 콘셉트를 협의하고 디자인을 의뢰함
⑥ 디자인 1차 및 2차 수정 작업
⑦ 인쇄 홍보물 제작 작업

| 포스터Poster

포스터는 공연을 통해 관객에게 궁극적으로 전달하고자 하는 내용과 공연에 대한 이미지를 구체화하고 시각화하여 공연을 보고싶은 충동이나 관심을 유발하는 역할을 한다. 오프라인에서 포스터는 가까운 거리에서 관객에게 가장 기초적인 공연 정보를 전달하는 홍보 도구로 활용되어 왔다.

포스터는 시각 디자인의 한 형태로 색은 원색(4도 이상 컬러)으로, 크기는 4절 크기를 일반적으로 많이 사용한다. 아트 포스터나 특별한 목적으로 제작되는 포스터는 원색 2절 크기로 제작되는 경우가 있으나, 포스터 부

착 장소가 4절 크기로 규격화되어 있어서 대개는 제작하지 않지만, 대형 뮤지컬, 오페라, 발레 공연의 경우 이벤트 및 판매용으로 제작하기도 한다. 한편 예산 절감이나 특별한 효과를 위해서 2도 인쇄로 포스터를 제작하는 경우도 있다.

포스터를 제작할 때에는 크기, 제작 수량, 부착/배포 장소, 제작 시기를 충분히 고려하여 제작한다. 포스터에는 공연 제목, 공연 일시, 공연 장소, 예매 방법, 문의처, 주최/주관/후원/협찬, 주요 스태프/배우, 메인 카피/타이틀/슬로건 등의 문구文句가 시각적 이미지 위에 적절하게 위치하도록 디자인하여 제작한다.

주최/주관/후원/협찬 등을 포스터에 표기할 때 반드시 지정 로고와 글씨체를 사용하도록 해야 한다. 왜냐하면 그렇게 해야만 기업이나 단체의 브랜드와 특성을 관객들에게 정확히 알릴 수 있고 또 기업이나 단체의 지원을 기대할 수 있기 때문이다.

종이 재질은 아트지이고 종이는 100~180g/m² 정도의 평량坪量을 사용하고, 기본 제작 수량은 장기 공연이나 대형 공연 작품의 경우 대개 1,000~5,000장, 단기 공연이나 소극장의 경우에는 100~1,000장 내외다. 포스터의 부착 장소는 정부나 공공기관에서 운영하고 있는 시민 게시판이나 지정 게시판, 공연장, 대학교 캠퍼스, 예매처 등이 있다. 또한 프로모션이나 제휴를 통해 지하철역, 대형 서점, 카페(체인점), 패밀리 레스토랑, 주유소, 은행 등 사람들의 출입이 많은 곳에 부착할 수 있다. 이 경우에는 반드시 사전에 협의가 되어야 가능하다. 기타 방법으로는 포스터와 전단을 전문으로 부착/배포해 주는 용역 대행사가 있는데, 서울의 주요 공연장과 대학교를 중심으로 부착과 배포를 대행한다.

포스터 부착 및 배포

크기	보통 4절(특별한 경우 2절도 제작)
색상	4도 이상의 컬러(특별한 경우 2도 인쇄)
종이 재질	아트지(특별한 한지 등도 사용)
종이 평량	100∼180g/m²
제작 수량	단기 공연이나 소극장 100∼1,000장 내외 장기 공연이나 대형공연 작품 1,000∼5,000장 내외 ※공연 장르, 공연 장소, 공연 기간, 공연 규모, 홍보 마케팅 계획 등에 따라 변수가 많다.
부착 장소	주요 공연장 등
	대학(학과/동아리, 학교 매점 등)
	악기 판매점, 슈즈 판매점, 무대 의상 판매점
	지정 게시판: 서울연극협회, 한국소극장연합회 등
	시민 게시판: 시청이나 구청의 게시판
	지하철역, 대형 서점, 카페, 패밀리 레스토랑, 주유소, 은행 등

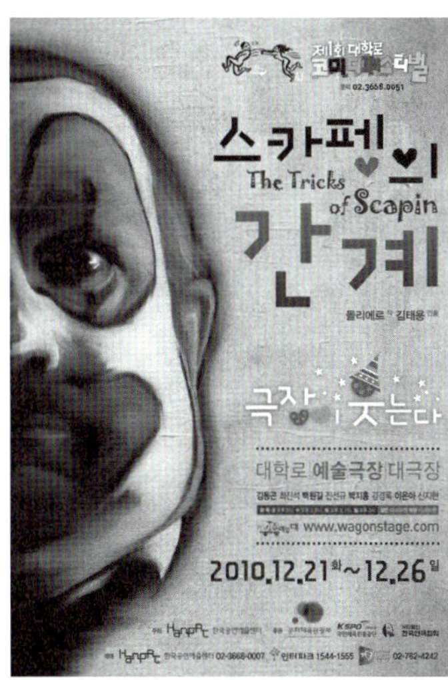

〈출처 : 극단 수레무대〉

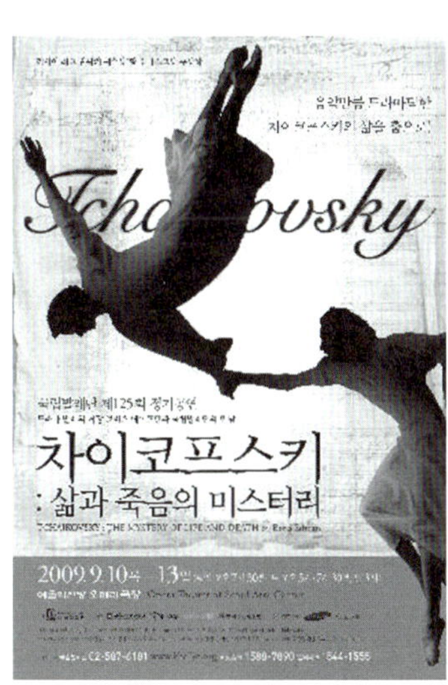

〈출처 : 국립발레단〉

전단은 포스터보다 심도 있는 공연 정보와 공연 이미지를 관객들에게 알리는 홍보 도구이다. 포스터를 통해 공연에 관심을 갖게 된 관객들이 전단을 통해 공연의 정보와 내용을 자세히 확인하고 관람 여부를 결정한다. 그러므로 전단은 공연에 대한 정확한 정보와 내용이 전달될 수 있도록 관객 입장에서 문구를 쉽게 작성하고 디자인하여야 한다. 전단의 첫 표지는 보통 포스터의 축소판으로 생각하면 된다.

전단에 포함되어야 할 주요 내용으로는 공연 개요(메인 카피, 공연 제목, 공연 일시, 공연 장소, 티켓 가격, 예매처, 문의), **공연 특징과 줄거리, 주요 스태프/배우, 공연장 위치와 약도, 티켓 할인율과 할인 구입 방법 등이 있다.** 전단의 크기는 엽서 크기부터 포스터 크기까지 매우 다양하고 여러 가지 형태로 변형되어 디자인된다. 전단 제작에 사용하는 종이로는 아트지, 스노지, 모조지 등이 사용되며 종이는 $100 \sim 180 g/m^2$ 정도의 것을 사용하는데, 종이 평량이 너무 큰 것을 사용하면 무게로 인해 우편 발송 때에 추가 비용이 발생할 수 있다. 공연장이나 공공장소에 있는 대부분의 홍보용 전단 꽂이대가 규격화되어 있는 것을 감안해야 하고 또한 포스터, 전단, 보도 자료 등의 홍보물을 우편 발송할 때에 우편 봉투의 규격을 고려하여 제작해야 한다.

전단의 제작 수량은 공연 장르, 공연 기간, 공연 장소, 공연 규모, 배포 장소의 수, 우편 발송 물량, 홍보 마케팅 계획, 목표 수입 등에 따라 제작 수량은 최소 1,000장에서 최대 10만 장까지 제작하므로 적절한 수량을 파악하여 제작한다. 전단의 추가 제작 시에는 종이값과 인쇄비만 추가된다.

크기	정해진 크기는 없으나 보통 A4 크기의 접지
색상	4도 이상의 컬러(특별한 경우 2도 인쇄)
종이재질	아트지/스노지/ 모조지
종이평량	100~180g/m²
제작수량	단기공연이나 소극장 1,000~5,000장 내외 장기공연이나 대형공연 작품 1만~10만 장 내외 ※공연 장르, 공연 기간, 공연 장소, 공연 규모, 홍보 마케팅 계획 등에 따라 변수가 많다.
배포 장소	주요 공연장 등
	대학(학과/동아리, 학교 매점 등)
	악기 판매점, 슈즈 판매점, 무대 의상 판매점 등
	지하철역, 대형 서점, 카페, 패밀리 레스토랑, 주유소, 은행 등

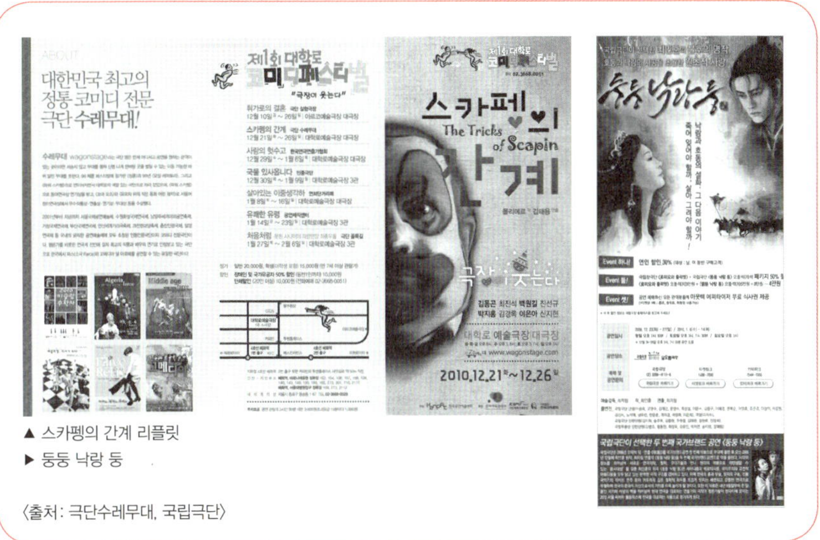

▲ 스카펭의 간계 리플릿
▶ 둥둥 낙랑 둥

〈출처 : 극단수레무대, 국립극단〉

| 할인 쿠폰Discount coupons

할인 쿠폰은 단기간에 공연을 홍보하고 공연에 관심을 가진 관객을 유치하기 위한 목적으로 제작하여 배포한다. 할인 쿠폰은 배포 대상과 목적

에 따라 다양하게 제작된다. 예를 들면 할인 쿠폰은 모든 계층을 대상으로 하는 할인 쿠폰, 대학생을 대상으로 하는 할인 쿠폰, 사회복지기관에 근무하는 사람을 대상으로 하는 할인 쿠폰, 일정 기간만 할인해 주는 할인 쿠폰, 배우들이 배포하는 할인 쿠폰 등이 있다.

할인 쿠폰을 가지고 있는 관객은 티켓 예매 사이트에서 쿠폰 할인을 선택하여 예매하거나 공연 관람 당일 현장 매표소에서 할인 쿠폰을 제시하고 티켓을 구입하면 된다.

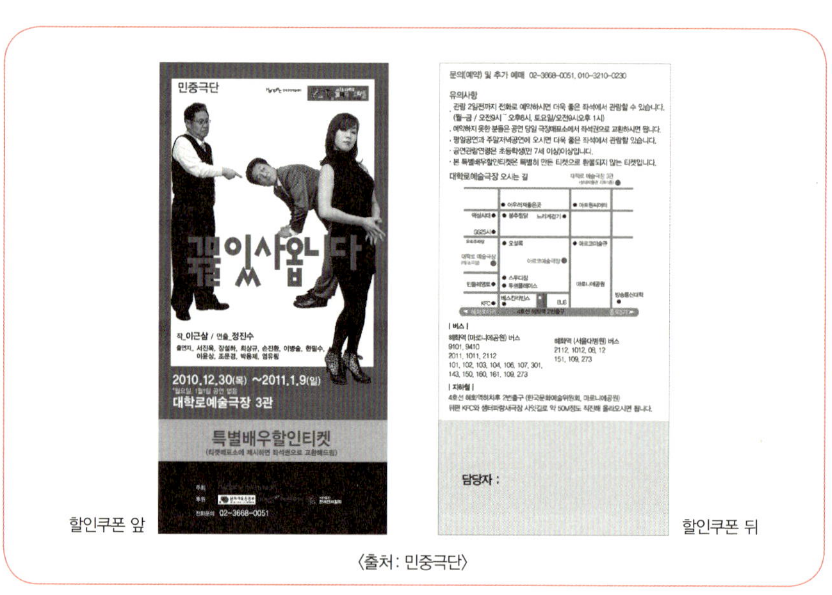

〈출처: 민중극단〉

프로그램Program

프로그램은 보통 팸플릿Pamphlet이라고도 하는데, 공연을 관람하는 관객들에게 공연 작품의 이해를 돕고 올바르게 감상할 수 있도록 하기 위해 만든 일종의 공연 안내서이다. 프로그램은 공연 장르, 공연 규모, 공연 주최/주관 등에 따라 종이 재질은 최고 고급지부터 아트지까지 사용 가능하고, 종이 평량은 100~180g/㎡ 정도의 것을 많이 사용한다. 프로그램 쪽수는 규모가 아주 작은 공연은 4쪽부터 장기 대형 뮤지컬 공연은 60쪽에 이르기까지 다양하게 제작되어 무료로 제공하는 것부터 1만 원 정도에 판매되는 것까지 있다.

대형 공연이나 티켓 가격이 고가인 뮤지컬, 오페라, 발레 등의 공연들은 대부분 공연 작품의 고급적인 면을 강조하기 위해서 고급지를 사용하고 쪽수가 많은 프로그램을 제작한다. 프로그램의 제작 수량을 결정할 때에 대관 공연장, 스태프/배우, 후원/협찬사, VIP, 결과 보고 등에 기본적으로 200~500부가 제공되는 것을 고려해야 한다. 프로그램을 판매할 경우에는 총판매좌석을 기준으로 최소 5~10% 수량을 제작하면 된다.

그러나 외국에서 크게 성공한 뮤지컬이나 유료 관객이 많은 공연의 경우에는 관객들이 프로그램을 구입하는 비율이 높기 때문에 더 많은 수량을 제작해야 한다.

프로그램 구성은 대개 포스터 표지, 주최/주관/제작 측 인사말(제작자, 연출가, 음악감독), **투자/후원/협찬사 인사말, 공연 소개**(특징, 연혁, 작품 줄거리, 뮤지컬 넘버, 무대/의상/소품 스케치, 공연 보도 기사 등), **주요 스태프 및 배우 프로필, 제작팀 소개**(담당과 성명), **제작사 소개 광고, 후원사/협찬사 광고 등으로 구성된다.** 프로그램 쪽수는 4, 8, 12, … 24, … 60처럼 4쪽씩 늘어나기 때문에 디자인을 할 때에 충분한 협의를 거치고 제작예산을 검토해서 프로그램을 구성해야 한다. 그렇지 않으면 제작비가 많이 증가할 수 있다.

프로그램을 잘 만들기 위해서는 비주얼 자료(포스터, 무대 스케치, 악보 등), 원고(인사말, 연출의 글 등), 기타 자료들을 사전에 확보하여 문구를 작성해 놓아야 시간을 절약할 수 있다.

프로그램 광고는 메인 협찬사, 후원사, 프로그램 광고 협찬사에게 제공되지만 메인 협찬사를 제외하고 프로그램 광고수입은 1쪽당 100~500만 원 내외이고, 보통 프로그램 광고 면이 4면 이상 유치가 어렵기 때문에 수입에 크게 도움이 되지 않는다. 다만, 후원이나 협찬에 대한 대가로 광고 면을 제공할 수 있다는 점이 중요하다.

프로그램은 보통 제작이 완료되어 공연 당일이나 공연 전날에 공연장에 도착하는데, 홍보 마케팅을 강화하기 위해서 드레스 리허설이나 포토콜Photo call 전에 제작이 완료되어 기자들에게 나누어 줄 수 있어야 한다. 그리고 후원사, 협찬사, 주요 평론가에게도 공연 전에 보내주면 매우 효과적이다.

> **김PD 메모**　인쇄물 제작 기간을 줄이는 방법
>
> 스태프와 배우들의 이력서와 자기 소개서는 계약할 때 첨부해서 받아 놓아야 보도 자료를 작성할 때나 인쇄 홍보물(전단, 프로그램)을 제작할 때에 시간에 쫓기지 않고 제 시간에 제작할 수 있다.

프로그램 광고면

표1면 프로그램 표지	광고면		
	표2면	표3면	표4면
	표지 안쪽 면	뒤표지의 안쪽 면	뒤표지의 겉면

※광고가 많을 경우에는 프로그램 뒷부분부터 배치하거나 또는 중간 중간 사이에 광고를 배치한다.

프로그램 제작 기간(60일)

공연 자료 수집	디자인(1차/2차)	최종 수정(1차/2차)	인쇄	배포
20일	최소 30일 이상	최소 2일 이상	최소 3일	1일

| 프로그램 쪽 구성(예)

쪽수	쪽 구성 내용	비고
1	표지(포스터시안)	
2	광고 또는 프로그램 순서	
3	공연 개요	
4~8	제작사 대표이사 인사말, 공동 주최사 대표이사 인사말, 투자사 대표이사 인사말, 작가/연출가/작곡가/안무가의 변	
9~13	공연의 특징, 무대 스케치 도면, 악보, 뮤지컬 넘버 등	
14~17	출연 배우(주연/조연/코러스) 전체 소개	
18~21	연주자(뮤지션) 소개, 스태프 전체 소개	
22	공연 기획사 또는 공연 단체 소개	
23	광고 또는 투자사 소개	
24	광고 또는 공면	

② 옥외 홍보물Open-air promotions

공연 분야에서 말하는 옥외 홍보물은 보통 포스터를 제외한 거리와 도로에 부착하거나 설치하여 관객들에게 홍보하는 현수막, X-배너, 가로등 배너, 육교 현판, 홍보탑 등을 말한다. 옥외 홍보물도 옥외 광고물의 일종이므로 옥외 광고물과 거의 같은 개념으로 사용되는 용어이다.

옥외 홍보물은 대개 옥외 광고물 전문업체에서 제작한다. 옥외 홍보물 업체별로 제작비의 차이가 많으니, 평소에 단골 옥외 홍보물 업체를 지정하여 거래하면 가격 할인, 빠른 제작, 옥외 홍보물 시공(설치), 옥외 홍보물 설치 허가 대행 등 많은 편리를 제공받을 수 있다.

옥외 홍보물의 디자인은 보통 포스터 시안을 기초하여 디자인되는 만큼 미리 종류, 크기, 수량을 파악하여 한번에 디자인을 해놓으면 시간과 비용을 절감할 수 있다. 또한 지방 공연을 추진할 경우에는 포스터 시안과 옥외 홍보물 디자인 시안을 일러스트레이터Illustrator AI파일로 받아 놓으면 지방 공연 기획사들이 별도로 디자인하는 수고를 덜고 관객들에게 서울 공연과 동일한 공연 이미지를 전달할 수 있다.

옥외 홍보물의 설치와 관리는 시, 군, 구청에서 허가 및 관리를 하므로 직접 신청하여 게시하는 것보다 옥외 홍보물 전문업체를 통해서 하는 방법이 비용은 조금 더 발생하더라도 수고와 시간을 절약해 주어서 다른 홍보 부분에 시간을 투자할 수 있게 해준다. 옥외 홍보물의 부착 시기와 부착 장소에 따라서 신청자간에 경쟁률이 매우 높으므로 부착 일정을 미리 파악하고 신청을 해야 한다. 옥외 홍보물의 제작비에는 제작비, 시공비, 철거비, 장소 사용료 등이 있다.

■ 현수막

유동인구가 많은 장소(허가지역), 공연장 주변 장소나 공연장 외벽, 공연장 로비, 기자 간담회(제작 발표회) 장소 등에 주로 부착한다.

※ 순수 제작비, 시공비(외벽), 철거비(외벽) 등

■ X-배너

공연장 내 로비에 설치하거나 제휴업체 매장 내에 주로 설치한다.

※ 순수 제작비, 받침대 구입비 등

■ 가로등 배너

공연장 주변이나 도로 주변에 설치한다.

※ 순수 제작비, 시공비, 철거비, 장소사용료 등

■ 육교 현판

육교가 설치되어 있고 유동 인구와 차량 이동이 많은 허가 지역에 설치한다.

※ 순수 제작비, 시공비, 철거비, 장소 사용료 등

■ 홍보탑(광고탑)

설치할 일정한 공간이 있으면서 유동 인구와 차량 이동이 많은 허가 지역에 설치한다.

※ 순수 제작비, 시공비, 철거비, 장소 사용료 등

■ 현판

중심가에 위치한 호텔의 출입구 정면, 공연장 입구 등에 공연을 알리는 현판을 부착한다. 호텔의 경우에 공연과 관련하여 제휴가 되어 있어야 한다(예: 해외 공연 팀의 호텔 사용 등).

※ 순수 제작비, 시공비, 철거비, 장소 사용료 등

현수막	X-배너	가로등 배너
육교 현판	홍보탑	홍보물 게시대

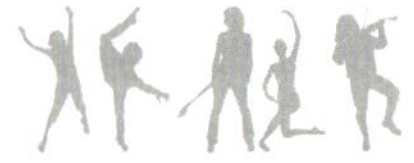

8. 광고廣告, Advertisement

| 광고

광고란 기업이나 개인이 상품과 서비스에 대한 정보를 소비자들에게 매체를 통해 전달하여 구매를 유도하는 활동을 말한다. 다시 말해 기업 등의 스폰서가 상품과 서비스를 알리고 촉진하기 위해 비용을 지불하는 비개인적 형태의 커뮤니케이션이다.

광고는 대부분 짧은 시간 안에 많은 소비자들의 인식과 구매에 영향을 주려는 의도를 가지고 제작되는데, 특히 소비자들이 갖고 있는 상품이나 상표에 대한 지식, 이미지, 믿음, 태도에 영향을 미치려는 광고를 일상생활에서 많이 볼 수 있다. 광고는 신문이나 잡지와 같은 인쇄 매체, 텔레비전이나 라디오와 같은 방송 매체, 현수막, 지하철, 버스와 같은 옥외 매체 등의 다양한 매체를 활용한다.

그리고 광고에서 상품의 특성에 따라 정보를 효과적으로 전달하기 위해서는 매체 선택이 매우 중요하다고 할 수 있다. 아무리 명성이 있고 유명한 광고 대행사를 선정하고 창조적이고 참신한 광고 기획을 구상하였다 하더라도 타깃 소비자에 맞는 매체를 선택하지 않으면 그 효과를 크게 기대하기 어렵다. 흔히 광고 매체는 광고 내용을 매개하는 수단이 될 뿐만 아니라 광고 내용의 일부로서 어떤 메시지를 상징하고 의미하기 때문이다. 즉 광고 매체가 가지는 상징적 특성 때문에 소비자는 광고에 대한 정보를 처리할 때 광고 매체의 특성에 따른 의미도 함께 처리한다.

일반인들에게 친숙한 텔레비전, 라디오, 신문, 잡지 등과 같은 대중 매체는 소비자를 대상으로 하는 광고 매체로서는 매우 적절하고 대표적인 매체에 속한다고 할 수 있다. 그러나 최근에 인터넷 광고가 일반화되고 대량으로 스마트 폰이 보급됨에 따라 기존 광고 매체에 대한 사람들의 생각도 많이 달라지고 있다.

광고는 홍보와 달리 비용의 지출이 발생하므로 공연 작품의 특성, 장르, 지역에 따른 타깃 광고층을 선택하여, 타깃 광고층에 따른 광고 매체를 선택하고, 광고비용에 따른 광고 효과 등을 충분히 검토하여 최대한 효과를 낼 수 있도록 해야 한다.

공연 기획사는 최근 새로운 광고 매체가 지속적으로 생김에 따라 평소에 각 매체의 특성과 장단점, 비용, 효과 등을 사전에 충분히 파악하고 있어야 한다. 더욱이 최근에는 휴대폰이 일반적인 피처 폰Feature phone에서 정보 전달 능력이 컴퓨터와 같은 스마트 폰Smart phone으로 옮겨감에

따라 기존의 대중 매체인 방송, 신문, 잡지, 인터넷을 중심으로 한 광고
로는 한계가 있을 수밖에 없다.

구분	사용 매체	후원자 공개 여부	비용 지불
광고	TV, 라디오, 신문, 잡지, 인터넷 등 대중 매체	후원자를 밝힘	매체 사용료 지불함
PR Public relations		후원자를 밝히지 않음	매체 사용료 지불하지 않음 (보도 기사로 편성)

| 광고의 기능

▶ 기업과 상품에 대한 정보 전달 기능
▶ 기업의 상품을 구매하게 하는 설득 기능
▶ 기업의 상품 구매에 대한 사후지지 기능
▶ 기업의 홍보 마케팅 활동을 지원하는 기능
▶ 기업의 시장 점유율 및 수익을 확대시키는 기능
▶ 기업의 브랜드 가치와 기업 이미지를 개선시키는 기능

| 광고의 특성

▶ 효과 대비 저비용으로 일시에 많은 사람들에게 상품을 노출시킨다.
▶ 접촉이 불가능한 지역의 잠재 고객에게도 메시지를 전달한다.
▶ 짧은 시일 내에 신제품을 시장에 진출시킨다.
▶ 소비자는 광고에서 주장하고 있는 일방적 내용을 신뢰하지 않는 경향이
강하다.

| 광고물의 물리적 특성

▶ 소비자는 광고물의 크기가 클수록 더 많이 주목한다.

▶ 소비자는 동적인 광고물에 더 많이 주목한다.

▶ 소비자는 어느 정도까지는 강한 광고 자극에 더 많이 주목한다.

▶ 소비자는 신기하거나 예외적인 광고물에 더 많이 주목한다.

▶ 소비자는 흑백 광고물보다 컬러 광고물에 더 많이 주목한다.

▶ 소비자는 폭보다 높이가 큰 광고물에 더 많이 주목한다.

▶ 소비자는 복합적으로 자극하는 광고물에 더 많이 주목한다.

(1) 텔레비전 광고Television commercial

텔레비전 광고는 창의적인 아이디어 수용이 매우 쉬운 편이며 또한 광고 도달 범위의 제한이 거의 없어서 많은 시청자를 대상으로 짧은 시간에 많은 광고가 전달될 수 있다는 점에서 매우 강점이 있다. 더군다나 여가 시간의 많은 부분을 텔레비전 시청에 의존하는 우리나라 사람들의 속성상 중요한 광고 매체이다.

공연 기획에서 텔레비전 광고를 하는 경우는 매우 제한되어 있다. 텔레비전 스폿Spot 광고비용이 고가이므로 대형 공연이나 라이선스 공연(뮤지컬, 오페라, 발레), 또는 일정 규모 이상의 해외 유명한 초청 공연과 장기 공연인 경우에 보통 추진한다.

최근에는 기존의 텔레비전 광고, 케이블TV 외에 새로 생긴 종합편성채널 방송 등을 통해 광고 수와 광고 시간이 증가함에 따라 방송을 통해 상품이나 서비스를 광고하는 데는 비용 대비 효과면에서 한계가 있다.

국내 텔레비전 프로그램은 주간 단위로 편성되며 주중과 주말로 다시 구분된다. 텔레비전 광고 종류는 프로그램 광고, 토막 광고, 자막 광고 등이 있다.

| 텔레비전 광고의 종류

■ 프로그램Program 광고

광고주(기업이나 개인)가 특정 프로그램에 스폰서로 참여하여 프로그램 시작 전과 끝난 후에 방송되는 광고를 말하며, 흔히 전 CM과 후 CM으로 나누어 있으며 방송 판매 초수는 15초로 정해진다. 방송법에 방송 시간의 10/100만큼 광고하도록 정해져 있다.

■ 스폿Spot 광고

방송 프로그램과 방송 프로그램 사이에 나가는 광고로 보통 SBStation Break 광고라고도 말한다. 스폿 광고는 1회당 90초 이내, 4건의 광고만 허용되기 때문에 보통 20초 광고 3개, 30초 광고 1개로 구성하여 광고한다.

■ 자막 광고

자막 광고는 방송사 명칭 고지나 방송 순서의 고지 때에 자막으로 표현되는 광고를 말하며, 보통 1회 10초 이내에 화면의 1/4 크기로 자막이 나간다.

유형	허용량	초수	특징
프로그램 광고	프로그램의 10/100	15초	프로그램의 스폰서로 참여하여 본방송 전·후에 방송되는 광고
스폿 광고	매시간 2회, 매회 4회 1분 30초 이내	20초, 30초	방송 프로그램과 방송 프로그램 사이에 광고
자막 광고	매시간 4회, 1회 10초 화면의 1/4 이내	10초	방송 순서 고지(곧이어), 방송국 명칭 고지(ID) 때 화면 하단의 자막 광고
시보 광고	매시간 2회, 1일 10회 1분 10초 이내	10초	현재 시간 고지 때 함께 방송되는 광고

텔레비전 스폿Spot 광고비용은 광고 제작비와 방송 송출비용으로 구성되어 있으며, 스폿 광고 제작비는 기존 자료를 단순 편집할 경우와 새로 촬영하여 제작할 경우에 따라 비용의 차이가 많이 난다. 최근에는 컴퓨터를 활용한 편집 기술의 발달로 과거에 비해서 비용이 매우 저렴해졌다.

텔레비전 스폿Spot 광고비용도 공연 기획사 입장에서는 고비용이므로 공연 기획사는 공연 작품이 흥행 가능성이 높아서 일정 이상의 공연 수익이 기대될 때에는 방송사를 상대로 방송 스폿 광고를 투자하는 조건으로 공동 주최 제안을 하게 된다. 방송국은 공연 기획사가 제안한 내용을 검토하여 흥행 가능성이 있다고 판단되면, 공익적인 부분도 감안해서 공동 주최사로 참여한다. 이 경우에 방송용 스폿 광고는 방송사에서 제작을 해주는데 단순 편집 수준인 경우가 대다수이고 20초 또는 30초 분량으로 제작한다.

공연 작품에 할당된 방송 스폿 광고 송출 시간은 100%로 정해진 것이 아니라 방송사의 스폿 광고 송출 계획에 따라 진행하므로 새벽 시간대에 방송 광고를 내보내는 경우도 있다.

한편으로는 공연 기획사가 방송사와 함께 공동 주최를 하지 않고 직접 방송 광고 대행사를 통해서 광고를 구입하거나 이미 확보한 광고를 구입하여 방송 광고를 하는 경우도 있으나 방송사와 공동주최할 경우보다는 비용 대비 효과 면에서 불리하다.

또한 공연이 서울 공연에 이어서 지방 공연까지 추진할 경우에는 지방 공연 기획사가 공연 추진에 따른 위험 부담을 분산시키고 단기간에 지역 주민에게 홍보하기 위하여 지역 방송국을 공동 주최사로 섭외한다. 이때 공연 기획사는 지방 방송국에 저렴한 비용으로 스폿 광고를 제공하거나 방송 스폿 광고를 투자하는 조건을 제안하고, 지방 방송사는 공연의 흥행 가능성을 검토하여 방송 스폿 광고비용을 투자하고 공연 수입에서 방송 스폿 광고비용과 투자 지분을 우선적으로 지급받는다.

텔레비전 광고의 장점과 단점

장점	▶ 아이디어에 의한 광고 표현 방법이 다양하다(창의성). ▶ 상품이나 서비스의 직접 시연이 가능하다. ▶ 시청각을 호소하는 매체로 효과가 크다. ▶ 광고 도달 범위가 넓다(전국적 범위). ▶ 상대적으로 신뢰도가 높다. ▶ 광고 메시지의 집중 스폿Spot이 가능하다(반복성).
단점	▶ 광고 제작비용과 광고 단가가 비싸다. ▶ 광고 생명이 매우 짧다(일회성). ▶ 광고 메시지들 간의 경쟁이 심하다. ▶ 시청률에 따라 광고 효과가 좌우된다. ▶ 많은 양의 정보를 전달할 수 없다.

케이블 TV 광고는 최근 케이블 TV에서 제작한 드라마를 비롯한 오락 프로그램들이 시청자들에게 좋은 반응을 얻으면서 서서히 활성화되고 있다. YTN이나 MBN을 비롯한 경우에는 시청률이 높지만 공연 광고 효과가 매우 제한적이다.

※ 케이블 TV 광고의 장점과 단점

장점	▶ 특정 프로그램 시청자에게 특화된 광고가 가능하다. ▶ 지상파에 비해 광고비용이 저렴하다. ▶ 지상파에 비해 광고 시간이 길다.
단점	▶ 지상파보다 광고 도달률이 낮다. ▶ 여러 프로그램에 광고해야 효과적이다.

(2) 라디오 광고Radio Advertising

라디오 프로그램은 텔레비전 방송과 같이 주간 단위로 편성되며, 이용할 수 있는 광고의 종류도 텔레비전 방송과 유사하다. 다만 텔레비전 광고와는 달리 프로그램 광고의 경우 40초, 60초, 80초, 120초 등의 다양한 광고 편성이 가능하다. 라디오 광고의 경우는 광고 가격이 한국방송광고공사에서 프로그램별로 정해져 있으며, 라디오 광고를 의뢰할 때 드는 비용은 크게 나누어 대행료, 광고제작비, 매체 비용으로 구성되어 있다. 자체에서 직접 광고를 추진할 경우에는 대행료가 발생하지 않는다. 통상적으로 '광고 제작비 100만 원 + 성우료'로 진행이 되며, 작곡이 필요한 싱글Single이나 풀송Full song은 각각 별도의 비용이 들어간다. 이 가운데에서 매체 비용은 한국방송광고공사에 지급되는 사용료로 어느 대행사에서 대행하더라도 같은 비용이 든다.

라디오 광고의 종류는 텔레비전 광고와 유사하며 스폿 광고, 프로그램 광고 등이 있다.

텔레비전 광고에 비해 광고비가 적게 들지만 광고 효과는 많이 떨어진다. 하지만 공연 성격에 맞는 라디오 프로그램 전후에 광고 편성이 이루어진다면 공연 광고 효과에 크게 도움이 된다. 또한 공연의 홍보마케팅 타깃이 맞는 라디오 프로그램을 섭외하여 배우들의 출연을 통한 공연 홍보기회가 주어진다면 공연 광고 효과는 배가될 것이다. 하지만 라디오 프로그램에 따라 청취자(층)가 한정되어 있다는 것이 큰 단점이다.

| 라디오 광고의 장점과 단점

장점	▶ 광고 제작 비용과 광고 비용이 저렴하다. ▶ 청취자의 세분화가 가능하다(타깃 선별 능력). ▶ 특정 청취자에게 반복 도달 효과 가능성이 높다(청소년, 직장인, 운전기사, 여성 등). ▶ 광고 도달 범위가 넓다(전국적). ▶ 상품 이미지의 상상을 유도할 수 있다.
단점	▶ 청각에만 의존한다(시각적 효과를 사용 못함). ▶ 프로그램에 따라 청취율의 차이가 많이 난다. ▶ 많은 정보를 한 번에 전달할 수 없다.

(3) 신문 광고新聞廣告, Newspaper advertising

신문 광고의 유형은 광고가 실리는 위치에 따라 광고면 광고, 돌출 광고, 변형 광고로 나누어 볼 수 있다.

광고면 광고	신문 하단에 지정된 광고 면을 말한다.
돌출 광고	제호 밑, 만화 밑, 증권면, 바둑 면 등에 돌출되는 형태의 면 광고를 말한다.
변형 광고	가운데 면에 양면으로 집행되는 브리지Bridge 광고, 한 면을 모두 광고지면으로 사용하는 전단광고 등이 있다.
사고社告 광고	신문사에서 알리는 광고를 말한다.

신문광고 1단은 가로 1cm×세로 3.4cm를 기준으로 하여 계산되며 5 단, 7단, 8단, 10단, 15단식으로 구분되며 신문 광고 단가는 지면, 색도, 광고 종류, 크기에 따라 결정된다.

신문 광고도 텔레비전 광고처럼 대규모의 뮤지컬, 오페라, 발레, 또 는 일정 규모 이상의 해외 유명한 공연 작품인 경우에만 추진하는 경우 가 많다. 공연 기획사가 특별 기념 작품(예: 6·25 60주년 기념 공연)을 준비하는 경우에는 신문사를 공동 주최자로 섭외하여 사고社告를 통한 광고를 많이 추진하지만 신문사별로 사고를 허락하는 조건이 까다로워서 쉽지 않다. 하지만 성사가 되었을 때에 언론사의 명성으로 인해 공연의 품격을 높여 주어 관객들에게 신뢰감을 주고 특정 신문사 독자를 관객화할 수 있는 기회를 가 진다. 중앙 일간지에 하는 사고 광고도 비용이 발생한다.

신문 광고의 장점과 단점

장점	▶ 독자층이 안정적이며 주목도가 높다. ▶ 정보를 대량으로 전달할 수 있다. ▶ 광고 도달 범위가 넓다(배포 지역이 전국). ▶ 주일만 빼놓고 매일 발행된다. ▶ 다양한 크기의 광고가 가능하다. ▶ 보도 기사화와 광고가 동시에 가능하다. ▶ 총 광고 비용이 비교적 저렴하다.
단점	▶ 잡지에 비해 광고 생명이 매우 짧다. ▶ 광고를 보지 않을 가능성이 높다. ▶ 타깃의 선별 능력이 비교적 낮다. ▶ 젊은층은 무관심한 경향이 있다. ▶ 신문사별로 광고효과 차이가 크다.

※ 최근 신문 광고의 흐름은 무가지(매트로, 포커스, AM7 등)를 중심으로 광고가 진행되고 있다는 점이다. 이는 중앙 일간지들이 인쇄 매체로서 많은 영향력이 상실됨을 의미하기도 한다. 하지만 무가지는 기사의 정확성, 신속성, 신뢰 면에서 많은 단점과 문제점을 가지고 있어서 광고지로서 분명한 한계 가 있다.

(4) 잡지 광고Magazine advertising

잡지는 종류나 독자층에 따라서 구독률에 많은 차이가 난다. 우리 사회가 더욱 다양화되고 전문화됨에 따라 잡지도 더욱 전문화되어 발간되고 있다. 최근에는 고품격 여성지, 귀족형 잡지, IT 관련 전문 잡지 등이 많이 발행되고 있다.

잡지는 일반인을 대상으로 한 일반 잡지와 전문가 그룹을 대상으로 한 전문 잡지로 나누어 볼 수 있다. 공연 기획사는 잡지 광고를 할 때에 주로 문화예술 전문지, 귀족형 잡지, 여성지 등에 광고를 낸다. 이들 잡지의 구독자들은 어느 정도 공연 티켓에 구매력이 있는 사람들로 공연, 여가, 패션 등에 관심이 많다.

특히 공연 예술 전문 잡지는 공연 예술 종사자나 애호가들이 애독하는 잡지이므로 공연 광고를 통해 직접적인 광고 효과를 기대할 수 있다. 전문 잡지이므로 공연 내용을 상당히 자세하고 전문적인 수준에서 기사화하는 장점이 있는 반면 전문 잡지이므로 독자층이 한정되어 있다는 단점이 있다. 하지만 공연에 대한 광고나 홍보는 이들 공연 예술 종사자나 애호가들을 통해 전달될 때 자연스럽고 매우 효과적일 수 있다.

대형 뮤지컬이나 오페라가 여성지나 귀족형 잡지에도 광고를 하는 경우를 볼 수 있는데 광고 단가가 광고 효과에 대비하여 고가이고 광고 면이 너무 많아서 광고 매체로 효과적이지 못하다. 하지만 규모가 크고 장기 공연인 경우 여성과 부유층 대상으로 잡지 광고를 추진하는 경우가 많다. 잡지 광고비는 잡지마다 천차만별이며 또한 컬러, 배정(표2면, 표2대면, 표3면, 표4면, 내지), 크기(1/2, 1, 2)에 따라서 가격이 달라진다. 보통 잡지 광고를 추진할 경우에는 몇 달 전에 공연 광고와 특집 기사를 묶어서 집행하여 광고 효과가 배가될 수 있도록 하는 것이 중요하다.

| 잡지 광고의 장점과 단점

잡지 광고	장점	▶ 구독층이 세부화되어 있다(여성, 직장 등). ▶ 장기간 반복해서 구독된다(광고 수명이 길다). ▶ 구독층의 탐독률이 높다. ▶ 광고 상품에 관심도가 높다.
	단점	▶ 신속 적시에 광고가 어렵다(월 단위). ▶ 잡지 쪽수가 많아서 단순 탐독으로는 주목성이 많이 떨어진다. ▶ 구독자 한 명당 도달하는 비용이 크다(도달 범위가 낮다).
전문 잡지	장점	▶ 타깃 고객들에게 노출하기 쉽다. ▶ 광고의 집중도 높다 ▶ 광고 상품에 관심도가 높다.
	단점	▶ 경쟁사 광고가 매우 많다.

(5) 옥외 광고Outdoor advertising

불특정 다수의 사람을 대상으로 옥외의 특정한 장소에 있어 일정기간 계속해서 자극을 주는 광고물을 말한다. 공연 기획사 입장에서 보면 공연 광고 효과에 따른 구매력은 적지만 소비자들에게 보이는 시각적 효과는 크다. 옥외 광고로는 현수막, 네온사인, 광고탑, 고속도로, 빌보드, 전광판 등이 있다.

| 옥외 광고의 장점과 단점

장점	▶ 구매 장소에 근접하여 노출이 가능하다. ▶ 광고 도달률과 광도 빈도가 높고 잠재성이 강하다. ▶ 유동 인구가 많은 지역에서 반복성이 높다. ▶ 비교적 적은 비용으로 노출이 가능하다.
단점	▶ 심도 있는 내용을 전달할 수 없다(메시지 간결함). ▶ 장소의 선택에 제한이 있고 법적 규제가 크다. ▶ 도시 미관을 해쳐서 부정적 이미지를 줄 수 있다. ▶ 지역을 대상으로 할 때는 경쟁이 치열하다.

(6) 교통 광고Transportation advertising

교통수단과 그것에 수반되는 부대시설을 이용하여 행해지는 각종 광고를 말한다. 교통 광고의 종류에는 비스 광고, 택시 광고, 터미널 광고, 지하철 광고, 공항 광고 등이 있다. 공연 기획사에서 많이 이용하는 광고는 지하철 광고, 버스 광고가 있다. 지하철 광고의 경우, 전동차 안과 지하철 역사로 구분할 수 있는데, 특히 연극 공연장이 많은 대학로 혜화역의 경우에는 각 출구에 수많은 공연 광고로 도배를 하고 있다. 광고비용은 다른 매체에 비하면 저렴한 편이지만 소규모의 공연을 기획하는 공연 기획사 입장에서 보면 결코 작은 비용이 아니다.

| 교통 광고의 장점과 단점

장점	▶ 상대적으로 비용이 저렴해서 경제적이다. ▶ 반복적인 효과가 크다. ▶ 무의식적 수용자 주목 유도가 가능하다. ▶ 지속적인 광고 노출이 가능하다.
단점	▶ 수용자의 단시성으로 심도 있는 주목이 어렵다. ▶ 광고물의 보존상 어려움과 훼손 가능성이 있다. ▶ 광고를 통한 전체 수용자의 구매력이 높지 않다.

(7) DM 광고Direct mail advertising

DM 광고는 DB화되어 있는 소비자를 대상으로 사본, 팸플릿, 카탈로그, 브로슈어, 서신, 무료 간행물 등을 발송하는 광고를 말한다. 과거에는 공연 기획사에서 보통 우수 고객이나 단체 구매자들을 대상으로 공연 소개와 함께 할인 쿠폰을 보내는 경우가 많이 있었으나, 최근에 인터넷 웹 메일로 대체되고 있다. 하지만 대학 등 단체 관객을 대상으로 하는 DM 광고는 효과가 있다.

| DM 광고의 장점과 단점

장점	▶ 예상 고객을 선별할 수 있다. ▶ 기기와 빈도를 조절할 수 있다. ▶ 표현의 자유가 보장된다. ▶ 광고주와 소비자만 알 수 있다.
단점	▶ 예상 고객을 수집 · 관리하기가 어렵다(CPM). ▶ 고객 주소록을 계속해서 수정해야 한다. ▶ 주목성 및 오락성이 떨어질 수 있다.

(8) 인터넷 광고Internet advertising

인터넷 광고는 넓은 의미로는 기업이 인터넷을 이용하여 웹 사이트를 구축하고 이를 통해 행하는 고객과의 다양한 커뮤니케이션을 말한다. 좁은 의미로는 특정한 사이트에 자신의 광고용 배너를 게재하여 자신의 사이트로 링크시키거나, 검색 엔진이나 다른 사이트에 자신의 사이트를 링크시키고 그 대가를 지불하는 것을 말한다.

공연 예술 분야는 물론 모든 기업들이 인터넷을 매우 중요한 광고매체로 다루고 있다. 인터넷 광고에는 웹 사이트, 카페, 블로그 등에 게재되는 광고물, 인터넷에서 수행되는 세일즈 프로모션Sales promotion; SP과 PRPublic relations, 페이스 북을 비롯한 온라인 커뮤니티를 통한 커뮤니케이션, 소셜 커머스 등이 있으며, 이들은 모두 인터넷을 기반으로 한다는 특징이 있다.

배너 광고	배너 광고는 웹의 상반부에 위치하여 홈페이지로 사용자들을 끌어 모으는 통로 역할을 한다. 배너 광고의 종류에는 메시지가 제시되는 형태에 따라 고정형, 애니메이션형, 인터액티브형이 있다.
삽입형 광고	삽입형 광고는 사이트의 페이지가 바뀌는 중간에 삽입되는 것으로 팝업Pop up 광고라고도 한다. 삽입형 광고는 무조건적인 노출이 가능하여 광고 주목률이 높다는 장점이 있으나 고객 입장에서는 시간 낭비가 많다.
협찬 광고	협찬 광고란 기업이나 브랜드가 웹 사이트의 특정 콘텐츠나 이벤트의 후원자가 되어 기업 및 브랜드의 인지도와 이미지를 제고하기 위하여 제작된 광고물이다. 협찬 광고의 종류에는 스폰서십 광고, PPLProduct placement 기사형 광고 등이 있다.
이메일 광고	이메일은 인터넷에서 가장 상용화되어 있는 커뮤니케이션 프로그램이다. 많은 기업들이 이메일을 통해 다양한 광고 메시지를 고객에게 보내고 있다.
텍스트 광고	그래픽 기반의 광고와 함께 또 다른 축을 이루는 하이퍼링크 기능을 이용한 온라인 광고 기법의 하나이다.

공연 기획사의 입장에서 중요한 인터넷 광고는 티켓 예매 사이트, 문화예술 관련 사이트, 공연장 내의 홈페이지, 자체 홈페이지를 통한 광고, 공연 관련 카페와 블로그, 다수의 회원을 가지고 활발한 활동을 하고 있는 여성, 문화, 예술, 교육 등의 카페들을 대상으로 하고 있다.

인터넷 포털 사이트를 통한 공연 광고를 추진하기에는 비용이 많이 들고, 대형 장기 공연이 아닌 경우에는 비용에 대비하여 광고 효과가 거의 없기 때문에 공연 기획사에서 추진하지 않고 있다.

보통의 공연 기획사는 개별적으로 인터넷에서 배너 광고, 웹 전단 배포, 웹 편지 발송 등을 진행하고 기업과 연계하여 할인 쿠폰 이벤트, 초대 이벤트 등을 진행하고 있으나 효과는 아직 미지수이다.

특히 공연 기획사는 인터넷 광고의 50%가 이루어지는 티켓 예매 사이트인 인터파크, 티켓링크, 옥션티켓 등에서 배너 광고, 할인 이벤트 등을 반드시 추진해야 한다. 단순히 어떤 사이트에서 공연의 광고가 되었다고 해도 구매로 연결되기에는 매우 어렵지만 인터파크를 방문한 고객을 대상으로 공연 광고 기회를 가짐으로써 쉽게 구매로 연결시킬 수 있다.

프로모션 광고라는 미명 아래 초대권을 남발하는 공연 기획사나 공연 기획자는 공연 예술 분야에 종사할 자격이 없는 사람들이다. 초대권은 유가증권 또는 현금에 해당되는 것이므로 아무에게나 준다면 제정신이 아닌 공연 기획자일 것이다.

| 인터넷 광고의 장점과 단점

장점	▶ 일대일 커뮤니케이션 특성을 가지고 있다. ▶ 시공간적 한계가 없고 광고 범위의 제약이 없다. ▶ 탄력성이 있고 상호 작용한다. ▶ 인터넷 이용률이 높은 타깃 고객에게 집중 노출된다. ▶ 고객 반응과 행동을 바로 측정할 수 있다.
단점	▶ 사용자층이 제한되어 있다(사이트별, 카페별 등). ▶ 고객관계관리CRM에 의존율이 높다. ▶ 클릭률이 낮다.

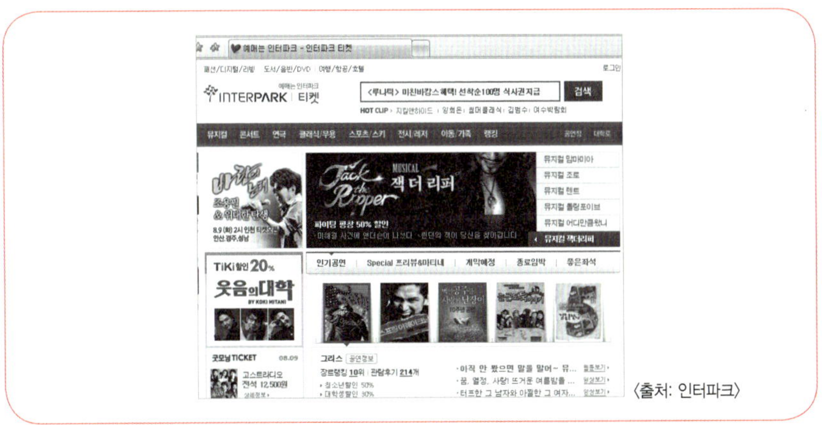

〈출처: 인터파크〉

단기간에 관객에게 공연 작품의 정보를 제공하여 인지도를 높이고 집중적으로 홍보 마케팅을 추진하기 위해서 다음과 같은 경우에 광고가 필요하다.

▶ 대형 공연 작품인 경우
▶ 스타급 연예인이 출연하는 공연 작품인 경우
▶ 마케팅에서 돌파구(전환)가 필요한 경우
▶ 일정 규모 이상의 장기 공연인 경우
▶ 단기 해외 초청 공연이나 라이선스 공연인 경우

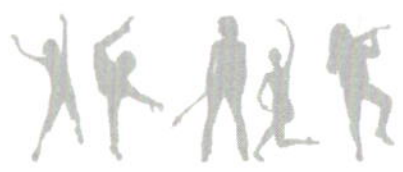

9. 티켓 예매처 선정(티켓 판매사 선정)

| 티켓 예매처 등록(티켓 판매사 선정)

예매처는 사전적 정의로 물건이나 표를 정하여진 때가 되기 전에 미리 파는 곳을 말한다(출처: 네이버 국어사전).

공연 티켓도 하나의 상품이기 때문에 관객에게 판매하고자 한다면 가장 효율적인 유통/판매 경로와 판매업체를 이용해야 한다. 만약 공연 티켓을 판매하기 위한 유통/판매 경로와 판매업체를 확보하지 못했다면 공연 기획사는 관객을 대상으로 공연 티켓을 직접 판매해야 하는 상황에 직면하게 된다. 이런 경우 공연 티켓 판매를 위한 경비와 시간이 많이 소요되고 결국 홍보 마케팅 비용이 증가하여 관객의 부담만 커질 것이다.

　다행히 공연 기획사나 공연 단체를 대신하여 일정 기간에 전문적으로 공연 티켓의 예약 판매를 대행해 주는 업체가 있다. 이를 티켓 예매처라고 하며 인터파크, 티켓링크, 옥션티켓 등이 있다. 티켓 예매처는 공연 기획사와 티켓 판매 대행 계약을 체결하고 온·오프라인에서 공연 티켓의 판매를 대행해 주고 일정 판매 수수료를 받는다.

| 주요 티켓 예매처

구분	특징
인터파크	▶ 인터파크에서 운영하는 티켓 판매업체 ▶ 20대 연령층을 주 고객으로 가지고 있음 ▶ 일반 상품 및 티켓(공연, 영화, 스포츠 등)을 판매함
티켓링크	▶ 가장 오래된 티켓 판매 전문업체 ▶ 30대 이후 연령층을 주 고객으로 가지고 있음 ▶ 공연, 영화, 스포츠 등의 공연 티켓을 판매함
옥션티켓	▶ 옥션에서 운영하는 티켓 판매업체

| 티켓 예매처 선정 방법

티켓 예매처 선정은 공연의 특성에 따라 주 타깃 관객층을 설정하고 티켓 예매처의 주요 고객층을 비교한 다음에, 티켓 예매처에 대한 관객의 인지도와 선호도, 홍보 마케팅 지원 내용, 티켓 판매 점유율, 티켓 판매 대행 조건, 관객에 대한 서비스, 정산 조건 등을 종합적으로 검토하여 결정한다. 그러나 대부분의 공연 기획사는 티켓 예매처를 다수로 선정하여 서로 간에 단점을 보완하기도 한다.

| 티켓 예매처 단수업체(1개 업체) 지정

▣ 장점

▶좌석 배분과 관리가 용이하다.

▶제반 비용이 적게 든다(웹 디자인 제작 비용).

▶지원과 혜택이 상대적으로 많다(홍보, 마케팅, 단체 메일, 배너).

▶고객에 대한 홍보 마케팅 대처가 빠르다.

▣ 단점

▶고객에 대한 유통/판매 채널이 단순하다.

▶티켓 판매에 대한 사각지대가 존재하고 고객의 접근이 용이하지 않다.

| 티켓 예매처 복수업체(2개 업체) 지정

▣ 장점

▶대체로 공연 기획사가 선호하는 방법이다.

▶고객에 대한 판매 사각지대를 줄일 수 있다.

▶좌석 배분을 어느 정도 공평하게 할 수 있다.

▣ 단점

▶단수보다 관리가 어렵다.

▶지원과 혜택이 상대적으로 적다(홍보, 마케팅, 단체 메일, 배너).

| 티켓 예매처 다수업체(2개 업체 이상) 지정

■ 장점

▶ 고객에 대한 유통/판매 채널이 다양하다.

▶ 다수의 유통/판매 채널로 인해 홍보 마케팅의 기회가 많다.

▶ 고객에 대한 판매 사각지대가 거의 없다.

▶ 다양한 티켓 판매를 위한 프로모션을 전개할 수 있다.

■ 단점

▶ 관리가 상대적으로 어렵고 제반 비용이 많이 든다.

▶ 좌석 배분이 쉽지 않고 이로 인해 소외된 업체가 생긴다
(차기 공연 시에 약간의 불이익이 있을 수 있다).

> **김PD 생각**　티켓 예매처 선정
>
> 티켓 예매처를 단수로 선정했으면 선정된 업체에게 전 좌석을 배분하면 되지만, 티켓 예매처를 다수로 선정한 경우에는 좌석의 등급과 구역을 나누어 적절하게 배분하면 된다. 티켓 예매처를 다수로 선정하면 관리에 어려움이 따르고 일정 규모 이상의 단체 관객을 유치한 경우에는 단체좌석 확보에 어려움이 있을 수 있다. 왜냐하면 티켓 예매처에 배정된 좌석을 다시 회수해서 단체좌석을 확보해야 하기 때문이다.
>
> ※ 티켓 박스 오픈
> 공연을 티켓 예매처에 등록하여 티켓 판매를 시작하는 것을 티켓 박스 오픈이라고 한다. 공연 장르와 시기에 따라 공연 티켓 오픈에 대한 전략이 필요하다. 티켓 박스 오픈 전에 사전 분위기를 조성하고, 마니아층에게 관심을 가지게 하여 티켓 오픈 날에 많은 티켓이 판매되어 주목받을 수 있게 한다. 예를 들면 6개월 이상 장기 뮤지컬 공연인 경우에는 한 달 단위로 판매 티켓의 70% 이상이 예매되었을 때에 다음 달 공연 티켓의 판매를 시작한다. 그리고 홍보 마케팅 전략에 따라 월요일에 오픈할 것인지 아니면 화, 수, 목, 금, 토, 일에 할 것인지도 고려 대상이다.

| 티켓 예매처 등록 방법

티켓 예매처 등록은 계약에 의해 진행되고 티켓 예매처의 등록 절차에

따라 등록 양식인 티켓 판매 의뢰신청서를 다운로드받아 작성하여 담당
자에게 메일로 보내거나 또는 직접 티켓 예매처 사이트에서 작성하여 등
록한다.

| 티켓 판매 의뢰신청서를 작성하기 전에 해야 할 일

▶티켓 등록용 공연 자료 확보(공연 설명 자료, 사진 자료, 웹디자인 시안)

▶티켓 등급 및 티켓 가격 결정, 티켓 등급별 좌석 위치 확정(티켓 등급에 따른
좌석 배치는 공연 수익금에 막대한 영향을 미치므로 사전에 충분히 회의를 거쳐서 결정해야 한다).

▶프로모션 관련 업체에 대한 티켓 할인율과 1인당 구입 수량 등
(카드사, 이동통신사, 백화점 등)

▶단체 할인율 확정(단체 적용 인원수/예, 20명 이상)

▶티켓 판매 수입금 전용통장 개설

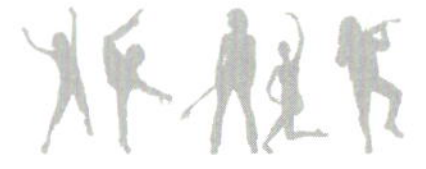

10. 공연 마케팅

공연 분야도 산업화가 진행됨에 따라 공연 제작비가 크게 증가하고 매년
공연 제작 편수가 증가함에 따라 관객을 지속적으로 개발하고 유치하기
위한 수단으로 마케팅을 본격적으로 추진하여 공연 수익을 창출하고자
하였다.

그동안 공연 분야도 마케팅 활동을 매우 중요시하게 생각을 하고는 있

었으나, 공연계 현실을 보면 마케팅에 대한 전문지식과 경험을 가진 마케팅 인력이 거의 없다시피 하다. 단지 과거 공연 기획의 일부나 공연 홍보를 했던 기획자들에게 임시방편으로 공연 마케팅을 담당하게 하였으나, 초기만 반짝 실적을 이루어 내고 지속적으로 성과를 이루어 내지 못하였다. 한마디로 마케팅에 대한 전문지식이 부족한 공연 기획자들이 추진한 마케팅 실적은 그다지 좋은 편은 아니었다.

우리 공연 예술계에서 적극적으로 마케팅 용어를 사용한 지가 벌써 10여 년이 넘었으며, 저자가 2000년부터 2005년까지 근무했던 (재)서울예술단에는 마케팅팀이라는 독립된 부서가 있어 마케팅을 추진하고 있었다. 그러나 한마디로 말해 마케팅팀이라기보다는 업무가 단체 판매, 티켓 운영, 협찬 유치, 지방 공연 등에 한정되어 있었다. 저자 본인도 마케팅팀에 소속되어 있었지만, 마케팅에 대한 전문지식 없이 대학로에 있는 극단 연희단거리패 및 공연 기획사에서 했던 경험을 토대로 단지 단체 판매 활동에 마케팅적 요소를 조금 가미해서 마케팅 업무를 담당한 것이 전부이고 또한 그다지 좋은 실적을 내지 못했다.

현재에도 공연 예술계에서 하는 마케팅이라는 업무는 대부분 중·고등학교 및 대학교 단체 유치, 공연 예술 관련 카페 회원 단체 유치, 연기/무용/뮤지컬 학원을 통한 학원생 단체 유치, 스태프와 출연자를 통한 개인이나 단체 판매 등이 거의 전부이다. 최근 주로 뮤지컬을 제작하는 전문 기획사나 오페라 공연 단체, 대형 극장(공연장) 등이 기업을 상대로 마케팅을 하고 있으나 이벤트성으로 추진되어 단발적인 성과가 많고 지속적인 성과와 효과를 내지 못하고 있다.

무엇보다도 일반 기업이 추진하는 마케팅을 공연 분야에서 적용하기 위해서는 마케팅 전문인력을 통하여 일반 기업 마케팅이 공연 마케팅으로 변형되고 응용되어야만 실제 적용이 가능하고 또한 성과를 낼 수 있다.

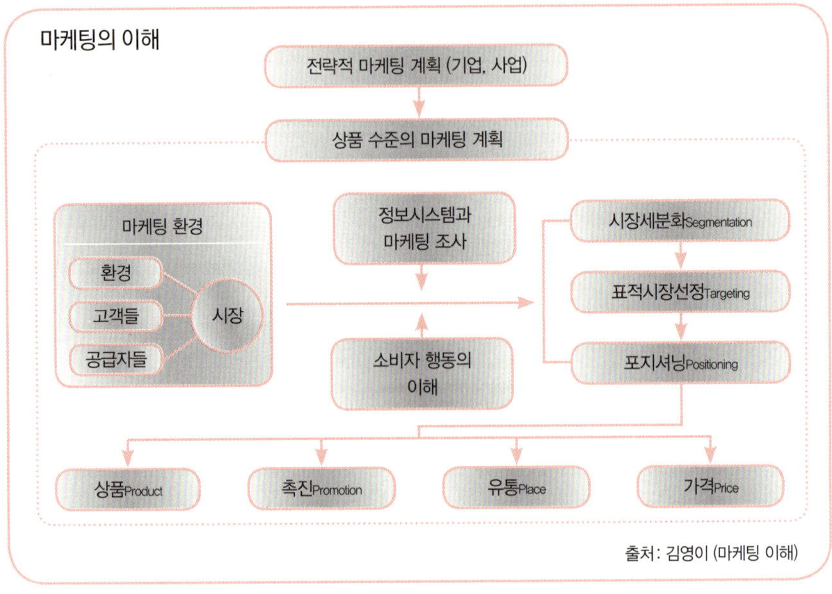

마케팅Marketing

마케팅은 상품이나 서비스를 소비자에게 판매하기 위한 구체적이고 적극적인 기업 활동을 말한다. 즉 "기업이 소비자 지향의 활동을 통해서 고객 욕구를 충족시킴으로써 기업의 이익을 달성하기 위한 제반 활동"이라고 말할 수 있다. 그러므로 마케팅은 소비자에게 상품이나 서비스를 판매하기 위한 활동으로 시장 조사, 소비자 조사, 광고, 판매, PR, 판촉, 다이렉트 메일, 가격 결정 등을 주요 내용으로 하고 있다. 기업은 마케팅 활동을 궁극적으로 통해 매출을 높이고 수익을 창출하여 지속 성장을 목표로 하고 있으며, 부수적으로 소비자에게 기업 브랜드에 대한 인식을 강화시켜 기업 이미지 개선을 목표로 하고 있다.

| 마케팅의 다양한 정의

▶ "마케팅은 개인이나 조직의 목표를 만족(충족)시키는 교환을 창출하기 위하여 아이디어, 재화, 서비스를 정립하는 활동과 가격을 설정하는 활동 및 촉진활동과 유통을 계획하고 집행하는 과정이다."(출처: 미국마케팅학회)

▶ "마케팅은 조직이나 개인이 자신의 목적을 달성시키는 교환을 창출하고 유지할 수 있도록 시장을 정의하고 관리하는 과정이다."(출처: 한국마케팅학회)

마케팅의 궁극적 목표	매출액을 높이고 수익을 창출하여 지속 성장
마케팅의 부수적 목표	기업 브랜드 강화를 통한 기업 이미지를 개선

기업 내에서 마케팅은 처음에는 고유한 업무 영역과 범위에 포함되지 않았으나, 대량 생산으로 인하여 동종 상품을 생산하는 기업 간에 경쟁이 더욱 치열해짐에 따라 판매를 강화하기 위한 일환으로 마케팅에 대한 개념이 서서히 생겨나게 되었다. 그래서 마케팅은 본래 생산, 판매, 재무, 인사 등의 업무와 마찬가지로 기업 업무의 일부분에 지나지 않았으나, 시간이 지날수록 또 다른 경쟁자가 계속적으로 출현하고 수많은 경쟁 상품이 생산되어 시장에서 유통되고 판매됨에 따라 마케팅의 중요성이 점점 크게 부각되었다. 그리고 생산, 판매, 재무, 인사 등의 업무 이상으로 마케팅의 중요한 역할과 필요성을 기업 CEO 및 상품 판매 담당자들이 인식하기 시작하였으며, 오늘날에는 기업 활동 중에 가장 중요하고 핵심적인 위치를 마케팅이 차지하게 되었다.

전략적 마케팅 계획

기업의 참여하고 있는 여러 사업이나 상품을 묶어서 통합적으로 마케팅 계획을 수립하여 추진하는 계획을 말한다. 공연 기획사가 공연 사업, 예술교육 사업, 부대 사업을 전체적으로 묶어서 추진하는 마케팅이 여기에 해당한다.

상품 수준의 마케팅 계획

기업이 생산하거나 판매하고 있는 상품의 개별적인 마케팅 전략을 수립하여 추진하는 것을 말한다. 예를 들면 공연 기획사가 공연별로 추진하는 마케팅이 여기에 해당된다. 공연 상품 수준의 마케팅 계획은 공연 타깃 관객층을 설정하여 타깃에 맞는 STPSegmentation-Targeting-Positioning 전략과 4PProduct, Price, Place, Promotion 전략을 수립하여 추진하는 것을 말한다.

마케팅을 공부하기 전에 알아야 할 것들

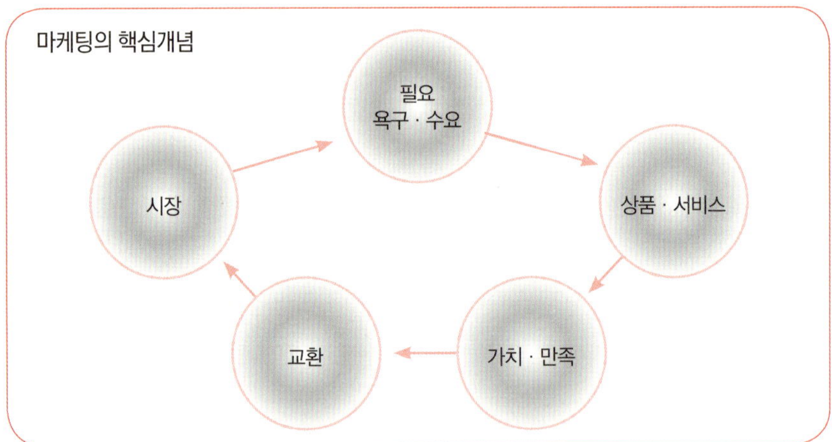

■ 필요Need

인간의 기본적인 생리적 · 본능적 욕구에서 나오는 본원적 욕구(1차적)로 인간이 생존을 위해서 필요한 의, 식, 주, 안전, 존경 등이 결핍되었을 때에 필요를 느낀다. 예를 들면 배가 고프면 무엇인가를 먹고 싶어 하는 것을 말한다.

■ 욕구Want

인간이 갖고 있는 필요Need들을 만족시킬 수 있는 구체적 욕구(2차적)로 개
인의 성향, 가치관, 환경에 따라 다르게 나타난다. 예를 들면 배가 고픈
데 구체적으로 무엇을 먹을 것인가를 말한다.

■ 수요Demand

특정 상품이나 서비스에 대한 소비자의 욕구가 구매 의사와 구매 능력에
의해 뒷받침될 때의 욕구를 수요라고 한다.

■ 고객 가치Customer value

소비자에게 상품이나 서비스를 제공할 수 있는 가치를 말한다.

■ 고객 만족Satisfaction

상품을 구입한 후 소비자들이 상품에 대해 느끼는 만족 또는 불만족을
말한다.

■ 교환Exchange

상품이나 서비스에 대한 대가를 제공하고 획득하는 행위를 말한다.

■ 시장Market

시장은 간단히 말해 상품이나 서비스의 교환이 이루어지는 장소를 의미

한다. 그래서 시장은 마케팅 활동의 대상으로서 마케팅 활동의 본질이라
고 할 수 있는 소비자와 기업 간에 교환이 이루어지는 장소이기도 하다.

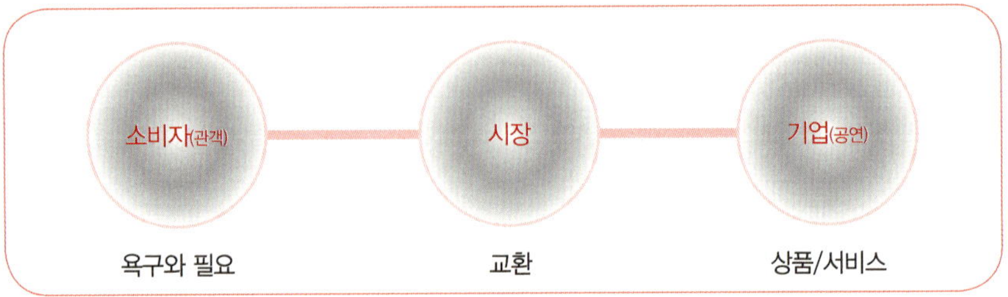

| 마케팅과 판매의 차이

구분	중심	초점	방법	결과
마케팅	시장(소비자)	소비자 욕구	통합 마케팅	고객 만족을 통한 지속 이윤 추구
판매	공장(생산자)	상품	판매/판촉	매출액 증대를 통한 이윤 추구

| 공연 마케팅Performance marketing

공연 마케팅은 공연 시장에서 관객이 어떠한 공연을 원하고 있는지를 조
사하여 관객이 원하는 공연 상품을 개발하고, 그 공연 상품을 효과적으
로 판매하기 위한 방안을 마련하여 실행하고, 관객을 유치하여 손익 분
기점 이상의 공연 수익을 올리고, 최종적으로 공연 상품을 관람한 관객
의 만족도를 평가하는 전체 과정을 말한다.

다시 말해서 공연 마케팅은 예술가(예술 단체, 공연 기획사)가 공연 상품을 생
산하여 공연장이라는 시장을 통해 관객에게 제공하고, 관객은 이들 공연
상품에 대한 일정한 대가(공연 티켓 구입비)를 지불하고, 구매하여 관객 자신
들의 욕구를 충족시키는 전체 과정이다.

공연 마케팅은 한마디로 말하면 공연 상품의 판매를 통해 수익을 창출하는 일체의 모든 활동을 말한다.

■ 공연 기획사가 공연 마케팅 활동을 통해 얻는 것

▶시장 조사를 통해 관객이 어떤 공연 상품을 원하고 있는지를 조사하고 분석한다.

▶조사 결과를 반영하여 관객이 원하는 공연 상품을 개발한다.

▶공연 상품과 관객에게 가장 효과적인 마케팅 기법을 개발하여 실행한다.

▶관객을 개발·유치하여 최소한 손익 분기점 이상의 공연 수익을 올린다.

▶공연상품을 관람한 관객의 만족도를 조사하여 평가하고 차기 작품에 반영한다.

> **김PD 메모**　예술 마케팅
>
> 공연을 포함한 예술 상품을 소비자들에게 어떤 방식으로 어떻게 판매할 것인가의 문제는 예술가를 포함한 모든 공연 관계자가 고민하는 가장 본질적인 문제이다. 소비자에게 예술 상품뿐만 아니라 예술 상품 자체에 내재된 행위, 감정, 의도 등의 미적 가치를 고부가가치의 상품으로 인식시키는 마케팅전략을 말한다.

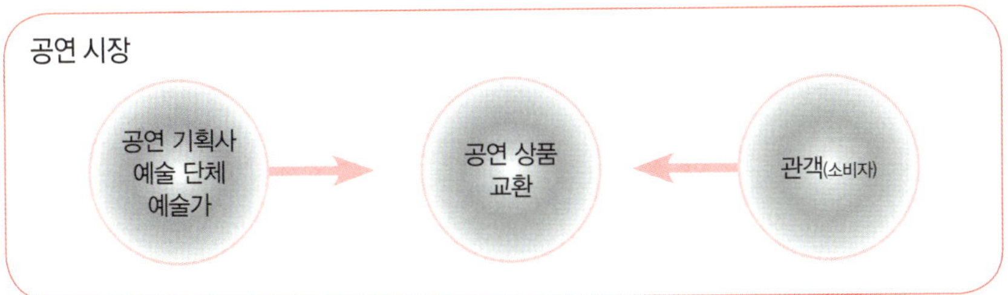

공연 마케팅은 단순히 공연 티켓을 판매하기 위한 공연 기획사의 전사적인 1회용 활동을 넘어서 관객에 대한 부대 서비스 강화, 공연 작품에

대해 지속적인 완성도 확보뿐만 아니라 공연 기획사의 브랜드 강화를 목표로 하고, 궁극적으로는 관객 개발과 확보를 통한 지속적인 수익 창출을 목표로 하고 있다.

공연 기획사는 최근에 공연 마케팅과 관련하여 전문인력을 확보하고자 노력하는 추세에 있으나, 전문인력의 확보는 말처럼 쉬운 일이 아니다. 마케팅 전문지식과 더불어 공연 예술에 대해서도 어느 정도의 전문지식을 가지고 있어야만 공연 예술 분야에 마케팅을 적용하여 실적을 올리고 수익도 창출할 수 있기 때문이다.

> **김PD 생각**   공연 마케팅의 한계
>
> 일반 기업에서 하고 있는 마케팅을 단순히 공연 마케팅에 그대로 적용하기에는 다음과 같은 문제점이 있다.
>
> ■ **공연 상품은 일정 기간에만 판매되는 상품이고 또한 시즌 상품인 경우가 많다.**
> 일부의 상설 공연과 장기 공연을 제외하고는 대개의 공연들은 1일에서 30일 미만으로 공연되어 이 기간 동안에만 공연 시장에서 관객들에게 판매된다. 더욱이 일부 공연은 특별 시즌, 예를 들면, 겨울 시즌, 5월 시즌, 겨울방학 및 여름방학 기간 동안에 공연되어 관객들이 아무 때나 구입할 수 있는 일반 상품과 비교하여 일반 마케팅 이론을 적용하기에게는 시간적인 판매 제약이 따르는 상품이다.
>
> ■ **공연 상품은 공연되는 특정한 장소나 지역을 중심으로 판매가 이루어진다.**
> 공연 상품은 비누와 같이 아무 지역이나 장소에서 판매되지 않고 공연을 하는 공연장을 중심으로 주변 지역의 관객들에게 대부분의 공연 티켓이 판매된다. 부산에서 거주하고 있는 사람은 특별한 공연이 아니라면 서울에 있는 공연장까지 왕복 교통비를 부담하고 관람하지 않기 때문이다. 그래서 공연 상품의 판매는 장소적 제약이 따른다.
>
> ■ **공연 상품은 일반 상품과 같이 생산비 체감의 법칙이 거의 적용되지 않는 문제점을 가지고 있다.** 공장에서 생산되는 상품들은 대량 생산으로 인해 생산품의 평균 비용이 낮아지나, 공연 상품은 재공연(재생산)에도 불구하고 창작 인력과 배우에 대한 인건비의 비중이 높아서 절감되는 것이 고작 무대 장치, 무대 의상, 무대 소품, 무대 장신구 등의 제작비, 일부 연습 진행비 등이다. 그래서 일반 상품같이 재생산시(재공연시)에 생산비 절감 효과가 적어서 가격 인하나 할인판매 등에 한계가 있다.

| 마케팅 개념의 변천

마케팅의 개념은 생산성 향상과 유통 확대가 중심인 생산 지향적 개념, 고품질 상품 생산이 중심인 상품 지향적 개념, 유사 제품으로 인한 판매 강화가 중심인 판매 지향적 개념, 고객 만족 달성이 중심인 마케팅 지향적 개념, 사회적 이해와 균형이 중심인 사회 지향적 개념으로 변천하여 발전해 왔다.

생산 지향 → 상품 지향 → 판매 지향 → 마케팅 지향 → 사회 지향

① 생산 지향적 마케팅 개념

소비자는 시장에서 낮은 가격에 구매할 수 있는 상품을 선호한다는 전제 하에 생산성 향상과 유통 확대에 주력하였다(생산성 향상).

② 상품 지향적 마케팅 개념

소비자는 시장에서 고품질 상품을 선호한다는 전제 하에 상품 생산에 주력하였다(고품질 생산).

③ 판매 지향적 마케팅 개념

기업 간에 상품 판매 경쟁이 더욱 치열해짐에 따라 소비자가 자사상품을 자발적으로 구입하지 않을 것이라는 전제 하에서 판매 강화에 주력하였다(판매 강화).

④ 마케팅 지향적 마케팅 개념

소비자의 각기 다른 욕구를 충족시키기 위해 시장을 세분화하고 이런 각각의 세분 시장에 접근하고자 하는 것을 전제로 고객 만족에 주력하였다(고객 만족).

⑤ 사회 지향적 마케팅 개념

소비자의 욕구와 필요를 만족시키되 사회적 환경과 복지를 해치지 않는 범위 내에서 기업의 이윤, 고객 만족, 사회적 이해가 균형을 이루는 것에 주력하였다(사회적 이해 균형).

김PD 메모　　고객 지향적 사고

공연 마케팅은 일반적으로 기업에서 추진하는 마케팅보다는 더욱 고객 지향적인 사고에 기반을 두고 있다. 공연 상품 자체가 오로지 고객 지향적 사고를 바탕으로 만들어지기 때문이다. 특히 공연 상품은 가격, 유통, 프로모션 등의 활동보다는 공연 상품이 가진 특성으로 인해 고객 지향적 또는 고객 중심적으로 모든 활동이 이루어지고 있다. 이는 공연 마케팅이 공연 예술의 특성을 반영하고 있기 때문이다.

■ **고객 지향적 사고**
▶ 고객의 욕구와 필요를 이해하고 이를 충족시키는 데 초점과 중점을 둔다.
▶ 기업의 조직과 활동을 고객의 욕구와 필요를 해결하도록 통합하였다.
▶ 고객의 욕구와 필요를 충족시킴으로써 기업의 목표인 지속적인 수익 창출을 달성할 수 있는 점을 강조하였다.
▶ 고객의 욕구와 필요를 충족시키는 데에 있어 나타나는 사회적 결과(고객의 욕구가 기업에 의해 다루어지는 방법도 포함)에 관심을 가진다. 다시 말해서 마케팅 지향 개념이 정착되고 마케팅의 중심에 고객이 주인공으로 자리매김하게 됨으로써 고객 지향적 사고를 기업이 하게 되었다.

마케팅 환경 분석

마케팅 환경 분석은 공연 기획사가 무한경쟁의 공연 시장에서 살아남기 위해서 공연 상품의 개발과 제작에 앞서 공연 시장의 외부 환경과 내부 환경을 조사하고 분석하는 것을 말한다. 즉 기업의 마케팅 목표 달성에 영향을 미치는 기업 외부 요인과 내부 요인의 집합이라고 할 수 있다. 마케팅 환경이 중요한 이유는 시장의 위협을 알려주고 또한 시장의 기회를 제공해 주기 때문이다.

외부 환경 분석

공연 기획사의 외부 환경은 크게 사회문화적/정치적/경제적인 환경으로 구분된다. 사회문화적 환경이란 공연 기획사가 공연 활동을 하는 지역의 사회적 혹은 문화적 특성에 기인하는 환경이다. 공연 기획사는 공연 활동을 하는 지역의 문화와 사회적 특성을 반드시 이해하고 이를 전략적으로 반영해야만 한다. 그래야만 지역사회에서 인정받아 사업을 지속적으로 수행할 수 있기 때문이다.

　정치적 환경이란 공연 관계법, 공연 관련 지원기관 혹은 정치적 입장을 가진 예술 단체(한국예총, 민예총)들이 연관된 부분을 말한다. 또 지역 경제 환경도 대형 공연 기획사나 예술 단체의 활동에 큰 영향을 준다.

고객 분석Customer analysis

고객 분석은 고객이 원하고 지향하는 바에 따른 공연 상품 구매 행동 패턴을 조사하여 분석하는 방법이다. 자사 공연 기획사의 강점을 살려서 우수한 공연 상품을 제작하였다 할지라도 고객의 구매 행동으로 이어지지 않는다면 아무런 소용이 없다.

즉 공연에서 고객 분석은 공연 시장 규모, 공연 시장 성장성, 공연 상품 구매자의 욕구, 공연 싱품 구매 인구, 공연 싱품 구매 결정 과정, 공연 상품 구매 결정자, 공연 상품 구매 행동에 영향을 미치는 요인(주로 가격이나 성별 등 요인)을 조사하여 분석하는 방법이다.

■ 경쟁사 분석Competitor analysis

경쟁사 분석은 타 공연 기획사나 공연 단체의 강점과 약점을 파악하는 것으로 인적 자원(직원 수, 직원 능력 등의 요인), 공연 실적, 공연 분야에서의 위치(공연 시장 매출액, 공연 시장 점유율, 공연 수익, 관객 수 등의 요인) 등을 분석하는 방법이다.

연극을 주로 제작하는 공연 기획사가 어린이 뮤지컬 시장에 진출하고자 할 때에 어린이 뮤지컬 공연에 많은 제작 노하우를 갖추고 시장을 점유하고 있는 경쟁 공연 기획사의 강점과 약점을 파악하고 분석하는 방법이다.

| 내부 환경 분석

■ 자사 분석Company analysis

자사 공연 기획사의 강점과 약점을 다른 공연 기획사와 객관적인 비교를 통해 파악하고, 공연 시장 환경에 맞는 마케팅 믹스Marketing mix를 계획한다. 이때에 자사의 강점과 약점을 파악하는 동시에 자사의 비전, 미션, 사업 분야, 경영 전략, 발전 방향도 함께 살펴보아야 한다. 즉 자사 분석은 더 크게 보면 공연 기획사의 구조, 자본, 현금 동원력, 인적 자원, 제작/기획 능력, 현재 추진하고 있는 사업 내용 등이 포함된다.

즉 자사 공연 기획사가 다른 공연 기획사에 비교하여 경쟁 우위에 있는 것을 파악하는 것으로 예를들어 공연 장르 중에서 오페라 제작에 노하우와 강점을 가지고 있고, 오페라에 관심 있는 고객의 DB가 확보되어 있는 경우에는 오페라 공연 분야에 경쟁력이 있는 것이다.

| SWOT 분석

SWOT 분석이란 공연 기획사가 시장 기회가 어디에 있는지를 조사할 때에 활용할 수 있는 분석 방법이다. 공연 기획사를 둘러싼 시장 상황을 조사하고, 어느 곳에 최대의 시장 기회가 있는지를 판단하는 것이다. SWOT 분석을 하면 공연 기획사는 시장의 최대 기회 요소와 최대 위협 요소를 파악할 수 있으므로 이를 확보하거나 대처하는 방법도 미리 찾을 수 있다. 시장 기회를 찾을 때에 고려할 점은 다음과 같이 4가지로 정리할 수 있다.

공연 기획사의 마케팅 담당자는 공연 상품 예상 관객수, 관객의 공연 상품 구매 과정, 공연 상품 구매에 영향을 미치는 요소, 공연 상품 구매 결정권자 등을 파악하고 있어야 한다.

구분	강점Strengths	약점Weaknesses
기회 Opportunities	시장의 기회를 활용하기 위하여 기업의 강점을 사용하는 전략을 선택한다. SO전략(강점-기회전략)	기업의 약점을 극복함으로써 시장의 기회를 활용하는 전략을 선택한다. WO전략(약점-기회전략)
위협 Threats	시장의 위협을 회피하거나 극복하기 위해 기업의 강점을 사용하는 전략을 선택한다. ST전략(강점-위협전략)	시장의 위협을 피하고 기업의 약점을 최소화하는 전략을 선택한다. WT전략(약점-위협전략)

마케팅 조사는 마케팅 관리자의 환경 파악, 전략 수립, 평가 과정에 이르기까지 모든 분야에 중요한 정보를 제공하기 위해 마케팅과 관련된 내용과 문제에 대해 객관적이고 체계적인 방법으로 자료를 수집하고 분석하는 일을 말한다.

즉 마케팅 조사는 마케팅 담당자의 합리적인 의사결정을 위하여 필요한 자료를 수집하고 분석함으로써 그가 보다 나은 의사결정을 내릴 수 있도록 지원하는 것이다.

| 마케팅 조사의 중요성

마케팅 조사는 기업이 상품 판매를 통한 수익의 불확실성을 제거하기 위한 활동으로 특히 마케팅의 효율적인 목표 달성을 위해 반드시 필요하다고 볼 수 있다.

▶글로벌 경영으로 기업 간의 경쟁이 더욱 치열해지고 세계 시장이 하나의 시장으로 통합됨에 따라 시장과 소비자 및 경쟁사에 대한 정보가 더욱 중요하게 되었다.

▶시장의 환경 변화에 창조적으로 대응하고 또한 다양하며 개성화되고 있는 소비자 욕구를 정확히 파악하기 위함이다.

▶비가격 요인에 대한 경쟁이 급격하게 증대되고 경쟁사에 의한 집중 광고가 펼쳐지고 있어 마케팅 조사가 필요하다.

▶그 외 일반적인 시장 환경의 급격한 변화 및 혁신적인 상품 제조 기술의 지속적 발전, 다양한 대체재의 등장, 그리고 소비자 구매 행동의 복잡화 및 다양화 등으로 인해 그 어느 때보다도 마케팅/시장 조사의 필

요성이 증대되고 있기 때문이다.

| 소비자 행동의 이해

소비자 행동은 소비자가 상품이나 서비스를 구입하여 사용하고 소비하는 데 직·간접적으로 관련된 개인의 행동, 즉 탐색하고, 구매하여, 사용하고, 평가하기 위해 나타내는 일련의 의사결정 과정을 말한다.

소비자들은 자신의 욕구를 충족시키기 위해 상품이나 서비스를 구입한다. 그런데 소비자들의 욕구는 매우 다양하기 때문에 파악하기가 쉽지 않다. 욕구를 해결하려는 동기의 발생부터 실제 구매에 이르는 과정도 매우 복잡하며 외부 환경에 많은 영향을 받는다. 급변하는 시장 환경 속에서 소비자에 대한 이해가 없이는 효과적인 마케팅 전략을 수립할 수 없다.

공연 분야도 소비자 지향적 마케팅이 전개되고, 현재도 끊임없이 변화하는 문화적, 사회적, 기술적, 경제적, 법률적 환경 속에서 생활하며 활동하는 소비자가 어떠한 목적과 동기를 가지고 어떠한 태도로 공연 상품의 구매를 결정하고 있는가를 파악하는 것이 공연 기획사의 생존에 직결되기 때문에 소비자 행동을 파악하고 분석하는 것은 매우 중요하다. 소비자 행동에 영향을 미치는 변수로는 개인의 욕구, 인식, 태도, 경험 및 라이프스타일, 그리고 가족을 비롯한 문화적, 사회적 영향이 있다.

| 소비자는 5단계를 거치며 구매결정을 하는 특징이 있다.

① **필요 인식**: 소비자가 필요를 인식함으로써 시작된다.

▶뮤지컬을 보고 싶다.

② **정보 탐색**: 필요인식 이후에 소비자는 좋은 구매결정을 위한 정보를 탐색한다.

▶뮤지컬 공연 관련 정보를 티켓 예매처와 친구, 동료, 인터넷을 통해 탐색한다.

③ **대안 평가**: 상품들 중에 최적의 상품을 선택하기 위해 각 대안 상품을 평가하는 단계이다.

▶여러 가지 뮤지컬 공연 중에 최적의 뮤지컬 공연을 선택하기 위해 대안을 평가한다.

④ **상품 구매**: 대안의 평가를 통해서 상품에 대한 선호 및 구매의도가 형성된다.

▶최적의 뮤지컬 공연 티켓을 구입하여 관람한다.

⑤ **구매 후 행동**: 소비자의 구매 후 행동은 만족, 불만족, 불평 행동 및 인지 부조화의 해소 등으로 나타난다.

▶뮤지컬 공연 관람 후에 느낌 점은 홍보보다는 공연 작품의 완성도가 많이 떨어진다는 것에 대해 만족도가 크지 않았다.

　　소비자 행동은 공연 상품의 구매 활동 그 자체뿐만 아니라 공연 상품의 구매 행동의 앞뒤에 있게 되는 정보 탐색, 공연 관람, 공연 평가까지도 포함한다.

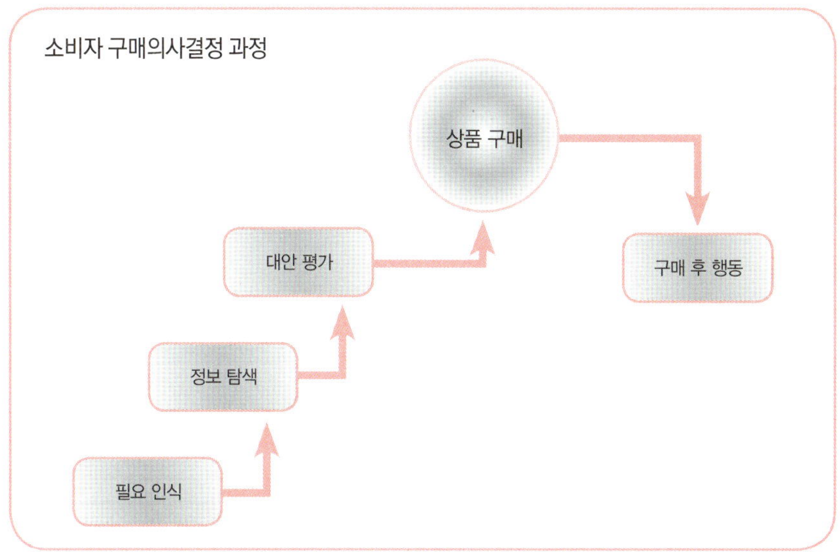

| STP의 개념

과거의 기업들은 소비자들의 욕구가 세분화되어 있다는 사실을 파악하지 못했으며, 실제로 소비자들의 욕구가 지금처럼 세분화되어 있지도 않았다. 따라서 기업들은 한 상품을 모든 소비자를 대상으로 대량 유통시키는 소비 중심의 대량 마케팅 전략이나 구매자들에게 상품의 특성, 스타일, 품질, 크기 등의 다양성을 제공하는 상품 중심의 다양화 마케팅 전략을 사용해 왔다.

그러나 최근에 기업들은 시장 세분화를 통해 마케팅 기회를 더 가질 수 있다는 것을 발견하고 또한 표적 시장 선정과 포지셔닝을 통해 표적 시장에 적합한 마케팅 믹스를 개발하고 있다. 따라서 표적 마케팅을 기업들이 본격적으로 마케팅 전략으로 사용하기 시작하였다. 표적 마케팅은 시장 세분화, 표적 시장 선정, 포지셔닝의 3단계로 구성되어 있다.

대중 마케팅과 표적 마케팅 비교

구분	대중 마케팅	표적 마케팅
기본 과정	소비자는 저렴한 상품을 구입하는 경향이 많이 있다.	소비자는 저렴한 상품보다는 꼭 원하는 상품을 구입하는 경향이 많다.
경쟁 우위	저렴한 가격	차별화된 상품
경쟁 수단	양판에 의한 원가 우위	차별화된 혜택이 있는 포지션
전략	비차별적 마케팅 전략 상품차별화 마케팅 전략	차별적 마케팅 전략 집중화 마케팅 전략
마케팅 방법	가격 경쟁력을 바탕으로 유통, 영업, 촉진함	혜택, 편의, 커뮤니케이션, 시장 조사, 시장 세분화, 표적 시장 선정, 포지셔닝
기대 결과	이익 극대화와 자금 확보	단골 고객 확보와 장기 이익의 극대화

전통적 마케팅과 인터넷 마케팅의 비교

구분	전통적(오프라인) 마케팅	인터넷(온라인) 마케팅
마케팅 패러다임	대중마케팅	1 대 1 마케팅
마케팅 목표	시장점유율/고객만족	고객점유율/고객만족
마케팅 중심	상품 중심	관계 중심
마케팅 과정	거래	관계 구축
미케팅 지향점	상품/판메/고객 지향	고객관리 지향
고객의 의미	표적	동반자
커뮤니케이션 방향	일방향 커뮤니케이션	쌍방향 커뮤니케이션
전달 내용	이미지 중심	정보 중심
고객 형태	수동적 고객	능동적 고객
이용 경로	간접 경로 위주	직접 경로 위주
경제 원리	규모의 경제	범위의 경제
시장 접근법	차별 마케팅/집중 마케팅	고객 자산
시장 형태	물리적 시장	물리적 시장 + 가상 시장

STP 전략

STP 전략은 공연 기획사가 가지고 있는 제한된 자금, 인적 자원, 경영 능력의 한계 속에서 경쟁 우위를 가지고 있는 공연 상품이나 공연 서비스로 가장 유망하고 경쟁력 있는 세분 시장을 선정하여, 공연 기획사의 모든 능력을 투입하는 전략을 말한다.

공연 기획사가 한두 개의 공연 상품으로 공연 시장에서 모든 소비자들이 만족할 수 있는 공연 상품이나 서비스를 제공한다는 것은 거의 불가능하다. 왜냐하면 소비자들은 공연에 대한 욕구나 구매 행동의 다양성, 공연 선호 장르, 시장 상황에 따라 다른 공연 상품을 구매하기 때문이다. 그래서 공연 기획사는 STP 전략을 통해 공연 시장(고객)을 세분화Segmentation하고, 세분화된 공연 시장(고객) 중에 표적 공연 시장(고객)을 결정Targeting하여, 표적 공연 시장(고객)에 자리 잡는Positioning 것이다.

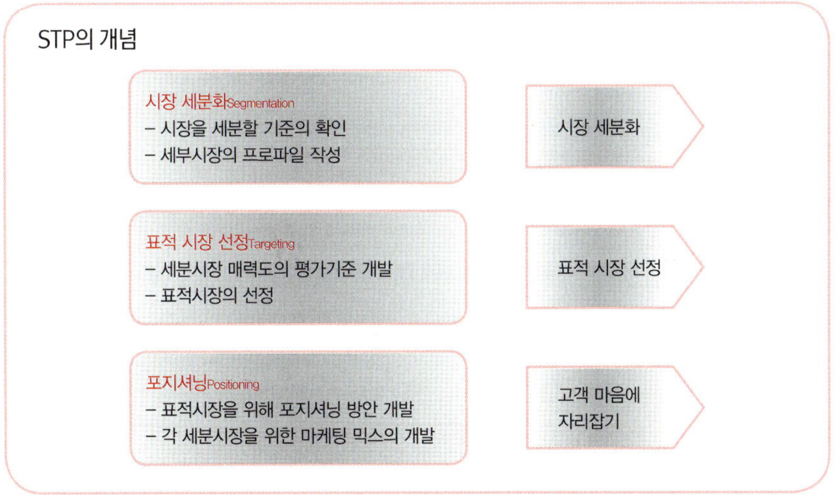

| 시장 세분화Segmentation

한 개의 시장을 기업의 세분화 기준 변수에 의해 유형별로 나누는 것을 시장 세분화라고 한다. 즉 시장을 몇 개의 집단으로 나누는 것으로 예를 들면 카드사가 시장 세분화를 위해 고객 등급을 VVIP, VIP, 우수, 일반으로 나누는 것을 말한다. 기업은 시장(고객)을 세분화함으로써 경쟁 우위 확보, 마케팅 기회 발견, 차별화를 통한 경쟁 완화 등을 달성하여 표적 시장을 찾을 수 있다.

공연 기획사는 공연 마케팅 전략을 수립하기 위해서는 소비자 중 누구를 고객으로 할 것인가를 결정해야 한다. 이는 결국 공연 시장의 선택을 의미하는데, 그렇게 하기 위해서는 우선 공연 시장을 분류해야 한다. 그 다음으로는 각 공연 시장의 크기, 시장 잠재력, 관객의 특성 등을 파악해야 한다. 이렇게 공연 시장을 분류하는 과정을 시장 세분화라고 한다. 즉 공연 기획사가 이질적인 욕구를 가진 다양한 관객들의 집합인 하나의 공연 시장을 특정 공연 상품군에 대해 태도, 의견, 구매 행동 등에서 비슷한 성향을 가진 관객 집단으로 묶는 과정을 의미한다.

다시 말해 이질적인 니즈Needs를 가진 관객들이 모여 있는 하나의 큰 공연 시장을 동질적인 니즈를 가진 관객들끼리 묶어서 몇 개의 세분된 공연 시장으로 쪼개는 것이다.

공연 기획사가 공연 상품의 판매 전략을 수립함에 있어서 모든 소비자를 대상으로 하는 것보다는 자기 공연 상품에 맞는 소비자만을 대상으로 마케팅을 전개하면 그만큼 비용도 절감되고 효율적인 판매 증대를 이룰 수 있다.

시장(고객)의 세분화 방법에는 2가지가 있다. 하나는 상품을 기준으로 하는 공급자 중심의 세분화 방법으로 구체적인 기준은 상품의 크기, 성능, 가격, 기능, 특성 등이다. 다른 하나는 고객의 특성을 기준으로 하는 수요자 중심의 세분화 방법으로 구체적인 기준은 인구통계적 변수, 지리적 특성, 심리·행동 양식 등이 있다. 일반적으로 마케팅에서 말하는 세분화는 고객 세분화를 말한다. 고객 세분화 기준의 적용은 공연 시장 상황, 공연 기획사의 시장 전략, 마케터 인력의 역량에 따라 달라진다.

| 시장 세분화 기준과 변수

① 소비자의 특성에 의한 시장 세분화

■ 인구통계적 기준

다른 변수들에 비해 측정이 용이하며 소비자 욕구와 연관성이 높기 때문에 인구통계적 변수는 소비자 집단을 구분하는 데 가장 널리 사용된다. 인구통계적 특성별로 세분화할 때 사용되는 변수로는 성별, 연령, 소득, 직업 등이 있다.

▶성별: 남/여
▶연령: 10대, 20대, 30대, 40대, 50대, 60대, 70대
▶소득: 월수 150만 원 미만, 150~300만 원, 301~500만 원, 501만 원 이상
▶직업: 학생, 자영업자, 공무원, 직장인, 전문직, 농어민

■ 지리적 기준

소비자가 살고 있는 지역을 대도시, 중소도시, 농어촌 지역 등으로 구분하거나 공연장과 거리가 먼 지역과 가까운 지역으로 구분하는 방법이다. 지리적 기준에 의한 특성에 따라 소비자의 기본적인 욕구와 소비 행위에는 많은 차이가 있다. 예를 들면 어촌에 살고 있는 소비자들은 도시의 소비자에 비해서 수산물의 소비가 훨씬 많다. 대도시에 살고 있는 소비자

는 어촌에 살고 있는 소비자보다 문화적 욕구가 훨씬 강하다.

■ 사이코그래픽스Psychographics 기준

소비자의 사회 계층과 생활 방식, 즉 소비자의 재산 수준, 교육 수준, 활동, 관심사, 의견 등의 변수를 기준으로 구분하는 방법이다.

이와 같이 인구통계적 변수와 지리적 특성은 비교 측정하기 쉽고 객관적인 데 반해 심리·행동 양식은 기준이 주관적이고 정도가 모호하다. 그런데 사이코그래픽스가 중요한 까닭은 인구통계적, 지역·지리적으로 동일한 사람들 간에도 서로 상이한 사이코그래픽스 특성을 가질 뿐만 아니라 인구 통계적, 지역·지리적 요소보다는 사이코그래픽스 요소에 의한 구매, 소비의 영향력이 더 크기 때문이다.

② 상품의 사용 형태와 관련된 변수에 의한 시장 세분화

■ 상품 사용량에 의한 시장 세분화

소비자의 공연 관람 빈도, 공연 관람 동기 등에 따라 구분하는 방법이다.

■ 상표 애호도에 의한 시장 세분화

뮤지컬 공연의 명성에 따라 시장이 세분화된다.

| 표적 시장 선정Targeting, Selection

표적 시장 선정은 공연 기획사가 시장 세분화를 통해 몇 개의 잠재적 공연 세분 시장으로 나눈 다음에 공연 기획사에 가장 유리한 시장을 선택하는 것이다. 공연 분야 중에 연극 시장인지, 무용 시장인지 뮤지컬 시장인지로 구분하고, 또한 공연 시장 중에 일반 관객 대상, 청소년 대상, 어린이 대상으로 나누어 진출할 표적 시장을 선정하는 것이다.

즉 공연 기획사가 공연 시장을 세분화한 다음에 어떤 세분 공연 시장에 진출하여 중점적으로 공략할 것인가를 결정하는 것이 표적 시장 선택이며, 표적 시장 선택으로 선택한 시장을 타깃 마켓이라고 한다. 타깃 마켓, 즉 목표로 한 소비자를 공략하기 위한 전략으로는 무차별 마케팅, 차별화 마케팅, 집중 마케팅 등 3가지가 있다.

표적 시장 선정시 평가 요소

▶ **세분 공연 시장의 적정한 규모**
매출액 규모와 소비자가 많은 시장을 선호
▶ **세분 공연 시장의 수익성**
경쟁 구조 및 경쟁의 정도 파악
▶ **공연 기획사의 비전, 미션, 사업 분야 등과 가용 자원**
▶ **경쟁 공연 기획사의 전략**
시장이 아무리 좋아도 기업의 장기적 목표와 맞지 않는다면 표적 시장으로 부적합하다. 또한 성공에 필요한 한 가지 이상의 역량을 보유하고 있지 못하다면 표적 시장으로 부적합하다.

① 무차별형 마케팅 전략

시장 전체에 대해 단일 마케팅 믹스로 대처하는 전략으로 시장의 다양한 소비자 집단을 인정하지 않고 오직 단일 소비자 집단으로 인정하는 것이다. 소비자의 생활 방식, 가치관, 소비 형태, 개성이 매우 다양해진 오늘날에는 이런 전략으로 소비자를 만족시키기는 매우 어렵다. 특히 공연 시장에서는 여름방학과 겨울방학 동안에 전국의 중고등학생을 대상으로 하는 청소년 음악회가 여기에 해당된다고 할 수 있다,

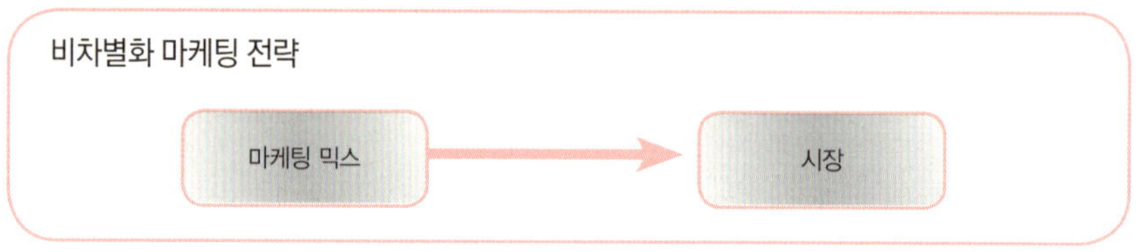

② 차별형 마케팅 전략

시장을 어떤 기준에 따라 몇 개의 집단으로 나누고 각 집단에 대해 개별적인 마케팅 믹스로 대처하는 전략을 말한다. 예를 들어 공연 기획사가 여러 세분된 시장을 대상으로 공연 상품을 공급하는 것을 말한다. 공연을 관람하는 소비자에 대해서 VIP석, R석, S석, A석을 준비함으로써 4개의 마케팅 믹스 전략으로 대처하고 있다고 할 수 있다.

즉 차별화 마케팅은 각기 다른 소비자의 공연 욕구에 소구점을 맞춰, 세분화된 각각의 공연 시장에 다른 마케팅 믹스를 사용하는 전략이다. 소비자들에게 상품의 이미지를 강화할 수 있는 장점이 있지만 각각 세분된 상품, 유통, 촉진을 이용함으로써 비용이 많이 들 수 있다.

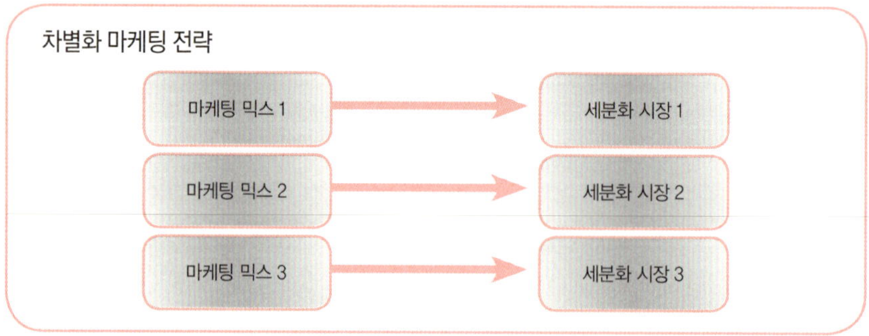

③ 집중 마케팅 전략

공연 시장을 몇 개의 시장으로 나누고 그 중 한 개의 시장에 집중하여 마케팅 믹스를 실행하는 마케팅 전략을 말한다. 소비자의 생활 방식, 가치관, 소비 형태, 개성이 다양해진 오늘날 대부분의 기업들은 특정 시장을 타깃으로 삼는 집중 마케팅 전략을 실시하여 다른 기업과의 차별화를 꾀하는 추세이다.

표적 마케팅 전략이라고도 불리는 집중화 마케팅은 세분된 시장 중 특정 시장에 초점을 맞춰, 기업의 역량을 한 곳으로 마케팅 믹스를 집중시키는 전략이다. 예를 들면 세분화된 공연 시장에서 20대 여성을 타깃으로 공연 상품의 마케팅 믹스를 하는 것을 말한다.

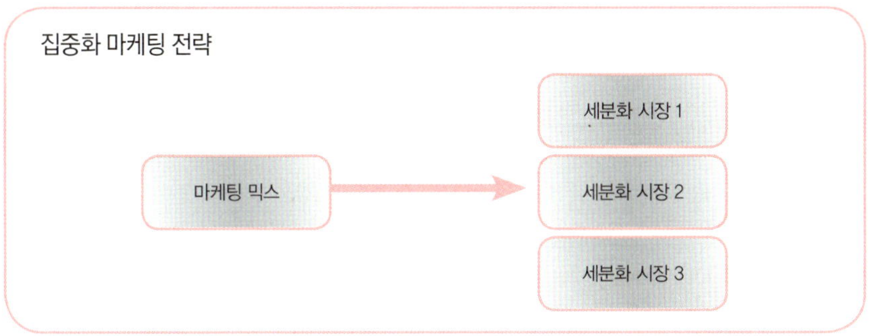

포지셔닝Positioning

포지셔닝은 '위치 차별화'라고도 하는데, 공연 시장에서 공연 기획사의 강점을 살릴 수 있는 위치를 찾아내고, 시장에 투입하는 공연 상품의 위치를 결정하는 것이다. 즉 포지셔닝은 표적 시장인 고객의 마음과 머릿속에 공연 기획사의 상품, 브랜드를 다른 경쟁 공연 기획사보다 우월한 위치에 각인시키는 활동을 말한다. 포지셔닝의 핵심은 차별화이다.

포지션Position	공연 기획사나 공연 상품 등이 잠재고객들의 마음 속에서 그려지는 모습이다.
포지셔닝Positioning	공연 기획사가 소비자의 마음과 머릿속에 공연 상품의 핵심 특성이나 편익에 대한 인식을 심어 주는 노력을 말한다.

즉 다른 공연 기획사의 공연 작품들과 효과적으로 경쟁하기 위하여 마케팅 믹스를 이용하여 소비자의 머릿속에 자사 공연 상품의 정확한 위치를 심어 주는 것이다.

우리가 특정 상품에 대해 생각할 때 각 상품이 가진 특징이나 느낌이 소비자의 머릿속에 자동적으로 떠오르는 경우가 있다. 예를 들면, 음료 중에서 '포카리스웨트'는 운동 후 갈증이 날 때 마시는 이온음료를 연상하게 된다.

특히 오늘날과 같은 공연 상품과 정보의 홍수 시대에는 자사 공연 상품의 위치를 명확히 정하고 일관된 마케팅 전략을 구사하지 않으면 소비자의 마음과 머릿속에 확실하게 각인되기 어렵다. 다시 말해 소비자 마음과 머릿속에 확고한 그 무엇을 심어 주지 못한다면 모든 마케팅 전략이 아무런 효과를 거두지 못하고 실패로 끝날 수 있다.

포지셔닝 방법

공연 기획사가 자사 공연 상품을 포지셔닝하는 방법에는 공연 상품의 속성에 따른 차별화, 공연 티켓 가격에 따른 차별화, 공연 상품의 공연 시기와 공연 시간에 따른 차별화 등이 있다.

■ 공연 상품의 속성에 따른 차별화

▶연극, 무용, 뮤지컬, 오페라, 발레, 창극 등에 공연 장르와 공연의 특성

에 따른 차별화를 말한다.

■ 공연 티켓 가격에 따른 차별화

▶공연 티켓 가격이 고가인지, 중저가인지, 저가인지에 따른 차별화와 티
켓 할인율에 따른 차별화를 말한다.

■ 공연 상품의 공연 시기에 따른 차별화

▶공연 성수기(크리스마스 시즌 등)인지, 비수기인지(1월과 2월)에 따른 차별화를
말한다.

■ 공연 상품의 공연 시간 변경에 따른 차별화

▶공연 시간이 저녁 시간인지 오전 시간인지에 따른 차별화를 말한다.

| 포지셔닝 전략의 절차

포지셔닝 전략은 크게 다음의 5단계 과정을 거치게 된다.

■ 1단계: 관객 분석

해당 공연 상품군에서 관객들이 얻고자 하는 것이 무엇인지, 그리고 기
존 공연 상품들에 대해서는 어떤 불만을 가지고 있는지 등 관객 요구와
기존 공연 상품에 대한 불만족 원인을 파악하는 과정이다.

■ 2단계: 경쟁자 확인

공연 상품의 경쟁 상대를 파악하는 과정인데, 이때 주의할 것은 표적 시

장을 어떻게 선정하느냐에 따라 경쟁자와 경쟁 공연 상품이 달라질 수
있다는 점이다.

■ 3단계: 경쟁 공연 상품의 포지션 분석

경쟁 공연 상품이 관객들에게 어떻게 인식되고 평가받는지 파악하는 작
업이다. 이때 포지셔닝 맵을 작성해 보면 경쟁 공연 상품의 속성과 관객
의 지각 상태를 파악하는 데 매우 유용할 것이다.

■ 4단계: 자사 공연 상품의 포지션 개발

경쟁 공연 상품에 비하여 관객의 욕구를 더 잘 충족시킬 수 있는 적합한
자사 공연 상품의 포지션을 결정하게 된다.

■ 5단계: 포지셔닝의 확인 및 재포지셔닝

포지셔닝 전략이 실행된 후에는 자사 공연 상품이 목표한 위치에 포지셔
닝되었는지 확인하여야 한다. 티켓 매출 성과로도 마케팅 전략의 효과를
알 수 있으나 전문적인 조사를 통해 보다 구체적으로 관객과 공연 시장
에 관한 분석을 해보아야 한다.

| 마케팅 믹스Marketing mix

마케팅 믹스는 기업이 소비자에게 상품의 구매를 유도하는 활동으로 마
케팅 4P인 상품, 가격, 촉진, 유통의 변수들을 효율적으로 배합하는 마
케팅 활동을 말한다.

상품商品, Product

공연 시장에서 소비자의 욕구와 필요를 만족시키기 위하여 소비자에게 제공하는 공연 상품, 즉 공연 자체를 가리킨다. 그래서 공연은 마케팅 믹스의 첫 번째이자 가장 중요한 요소이다. 소비자들은 공연 관람을 통해서 예술적 경험, 여가/취미 생활 영위, 인간 관계 확대, 자기 개발, 사회·문화적 위신, 정신적 욕구 충족 등의 다양한 편익을 추구한다.

공연 상품 전략

공연 상품 전략은 고객들이 만족할 수 있는 완성도 높은 공연을 지속적으로 제공하는 전략이다. 또한 공연 상품 전략은 공연명, 장르, 규모, 스태프/배우 선정 등에 대한 종합적인 전략을 말하고, 생산자인 공연 기획사가 소비자에게 주고자 하는 편익이 아니라 소비자가 받고자 하는 편익이 무엇인지를 분석하여 전략을 세운다.

가격價格, Price

가격은 소비자가 상품이나 서비스를 구입하기 위해서 지불하는 비용, 즉 관객이 공연 티켓을 구입하기 위해 반대급부로 지불하는 가격을 말한다. 마케팅 4P 중 다른 마케팅 요소인 상품, 유통, 촉진에 비해 가격 변동에 따른 효과가 단기간 내에 뚜렷하게 나타나는 특징이 있지만, 공연 상품은 가격 조건에 따른 구입보다는 관객의 취미, 관심, 중요한 구입 배경(이벤트) 등에 따라 구입하기 때문에 다른 상품에 비해서 가격의 영향을 적게 받는다.

| **가격 전략**

공연 상품 가격 전략은 티켓 가격, 티켓 할인율, 티켓 구입 등을 비용면까지 고려해서 결정해 나가는 전략으로 수익의 극대화, 매출의 극대화, 공연 상품 브랜드 강화 등을 목표로 하고 있다.

또한 가격 전략에서 관객이 만족스럽게 생각하고 관객의 관점에서 가격을 책정한다는 것은 이들이 지불하고자 하는 가격을 찾아내어 그것을 관객에게 제시한다는 것이다. 티켓 가격은 공연의 질과 더불어 구매에 영향을 미치는 기본적인 요소이다. 가격 결정 방법은 비용 중심, 소비자 중심, 경쟁 중심 등 3가지가 있다(※ 192쪽, '제5장 공연 기획의 실무 – 10. 좌석 등급과 티켓 가격 결정' 참조).

| **유통**流通, Place

상품, 가격에 이은 마케팅 믹스의 세 번째 요소인 유통은 생산된 상품이 생산자로부터 소비자에게 전달되는 과정을 결정하는 것으로 상품이 적절한 시기에 적절한 장소에서 적절한 양만큼 소비자에게 공급될 수 있도록 하는 것이다. 만약 유통기관이 없어서 모든 생산자가 직접 소비자와 만난다면, 엄청난 비효율을 초래하게 될 것이다. 그래서 생산자는 보다 효과적이고 효율적으로 상품이나 서비스가 고객에게 전달될 수 있도록 하는 것이 중요하다. 즉 공연 상품이나 서비스가 예술가로부터 관객에게 전달되는 과정이 유통이며 유통경로는 유통과정에 개입하는 상호 의존적인 일체의 이해관계 조직을 말한다.

유통 전략

생산자로부터 소비자에 이르기까지 상품이 거쳐 가게 되는 과정을 관리하는 것을 말한다. 공연 상품의 유통은 티켓을 판매하는 장소와 공연 상품을 관람하는 장소인 공연장을 말한다.

공연 티켓의 판매는 오프라인 판매만 할 것인지, 아니면 온라인 판매만 할 것인지, 그것도 아니면 온·오프라인 판매를 병행할 것인지를 결정해야 한다. 현재 공연 분야의 티켓 유통은 온라인 판매가 보편화되어서, 인터파크, 티켓링크 등에서 편리하게 실시간으로 구입할 수 있다.

보통 상품의 경우에 유통 채널은 소비자가 상품을 어떻게 인식하는지에 막대한 영향을 주지만 공연 상품은 거의 모든 유통 채널에서 비슷한 가격에 판매되기 때문에 가격보다는 유통 기관이 확보하고 있는 동일 등급 좌석 위치에 따른 가치가 관객에게 막대한 영향을 준다. 즉 예술의전당에서 공연되는 작품의 R석 경우 VIP석 같은 R석과 S석과 같은 R석이 있다.

▶ 티켓 판매: 티켓을 어디서 어떻게 팔 것인가에 대한 결정
▶ 공연장의 결정: 어디서 공연할 것인가에 대한 결정

촉진促進, Promotion

촉진은 마케팅 믹스에서 소비자 행동에 가장 직접적으로 영향을 미치고 광고, 홍보, 판매 촉진, 인적 판매 등을 포함하는 활동을 말한다. 즉 촉진은 공연 기획사가 마케팅 목표를 달성하거나 공연 상품의 판매를 확산시키기 위해서 펼치는 활동으로 광고, 인적판매, 판매촉진, PR 등을 말한다.

| 촉진 전략

촉진 전략은 관객에게 지속적으로 영향을 주어서 공연 상품에 대해 좋은 이미지를 전달힘으로씨 공연 상품 구매를 유도하고 공언 관람을 통해 관객 스스로가 만족하도록 하는 전략을 말한다.

마케팅 믹스에서 공연 상품, 공연 가격, 공연 유통 전략이 공연 티켓을 관객들이 구입하도록 하는 제반 조건을 만드는 것이라면 촉진 전략은 관객에게 공연 정보를 제공하여 구매하도록 설득하는 역할을 한다. 아무리 훌륭한 공연 상품도 관객에게 전혀 홍보가 되지 않는다면 소수의 관객 이외에는 공연 정보를 알지 못해 티켓을 구입하여 관람할 수 없기 때문이다. 촉진 전략은 잠재적 관객에게 공연 상품에 대한 설득과 주의를 시도하는 커뮤니케이션의 주요 역할로 하는 마케팅 믹스의 모든 수단을 포괄하는 활동이다.

| 촉진 믹스

광고Advertising

광고란 기업이나 개인이 상품과 서비스에 대한 정보를 소비자들에게 매체를 통해 전달하여 구매를 유도하는 활동을 말한다. 다시 말해 기업 등의 스폰서가 상품과 서비스를 알리고 촉진하기 위해 비용을 지불하는 비개인적 형태의 커뮤니케이션을 말한다.

| 광고 관리의 과정

① 표적 관객의 선택

공연에서 타깃으로 삼는 관객을 선택하는 것을 말한다.

② 광고 목표 설정

광고 프로그램 개발을 위한 첫 번째 단계는 광고의 목표를 설정하는 것을 말한다(설득적 광고, 상기 광고, 정보 전달적 광고). 즉 공연 상품의 광고 목표를 설정하는 것이다.

③ 광고 예산 결정

광고 목표를 설정한 후 목표 달성을 위한 예산을 결정한다. 그리고 공연 상품의 매출 목표 또는 수익 목표를 달성하기 위한 광고 예산을 결정한다.

④ 광고 메시지 결정

광고 예산이 성공적 광고를 보장하지 않지만 효과적인 광고 카피 개발이 필요하다(카피의 창출 → 카피의 평가 및 선택 → 카피의 제작). 즉 공연 홍보 및 광고 콘셉트와 타깃층에 맞는 광고 메시지를 결정한다.

⑤ 광고 매체 선정

광고 메시지를 목표 소비자에게 전달하는 수단이나 경로를 결정한다(도달 범위, 노출 빈도, 영향력, 비용). 즉 공연의 장르, 특징, 규모, 공연 기간 등을 고려하여 광고 매체를 선정한다.

⑥ 광고 일정 결정

공연 제작 일정과 공연 기간에 맞추어 광고를 배분하여 광고 일정을 결정한다.

⑦ 광고 효과 측정

공연 기획사가 의도했던 광고 목표를 달성하여 티켓 매출액과 관객의 수
기 증가했는지 여부를 측정한다.

| 인적 판매

인적 판매는 판매원, 즉 공연 기획사 마케팅 담당자가 공연 상품의 판매
를 목적으로 하는 기업 및 단체의 고객에 대한 판매 프레젠테이션 또는
대화 등의 대인적 커뮤니케이션을 말한다. 주로 공연 기획사의 인적 판
매는 기업의 마케팅 부서, 기업과 학교의 동아리나 각종 모임, 문화 공간
의 수강생, 단체 모임 등을 대상으로 하여 추진한다.

| 인적 판매의 주목적

▶관객에 대한 공연 정보 제공
▶공연 상품 소개, 공연 상품의 관람 방법, 티켓 구입 방법 등
▶관객에 대한 판매 후 서비스 제공

| 판매 촉진 Sales promotion

상품이나 서비스의 판매를 촉진하기 위한 단기적인 동기 부여 수단의 일
체를 말한다. 판매 촉진 결정에 있어서 가장 중요한 것은 확실한 목표를
설정하는 것이다. 주요 판매 촉진 방법으로는 가격 할인 행사, 쿠폰 제
공, 경품 행사, 무료 샘플, 사은품 등이 있다. 공연 기획사에서 추진하는
촉진 방법으로 일정 기간에 공연 티켓을 구입하는 사람에 대한 가격 할
인, 프리뷰 공연 관람자를 대상으로 하는 티켓 할인, 레스토랑과 제휴와

공연 할인 쿠폰 제공 등이 있다.

| PR弘報, Public relations

홍보는 사전적인 정의로는 '널리 알리는 것, 즉 공중과의 좋은 관계를 추구하기 위한 활동'을 말한다. 오늘날 홍보 정의와 내용은 더욱 구체화되어 기업(조직)이 대내외적으로 공중을 이해시키는 일과 공중과 좋은 관계를 형성하고 유지하려는 커뮤니케이션 활동으로 이해되고 있다. 위에서 언급된 공중은 기업(조직)과 직·간접적으로 연결되어 있는 소비자, 거래처, 내부 직원, 투자자, 금융기관, 정부, 지역사회, 압력단체 등을 말한다. 기업에서 공중을 대상으로하는 일반 홍보와 공연 기획사에서 관객을 대상으로하는 공연 홍보와는 공통점도 있지만 차이점도 가지고 있다.

| PR의 수립 과정

PR의 수립 과정은 광고 관리 과정과 거의 비슷하다.

① PR 목표의 설정

② PR 메시지와 전달수단 결정

③ PR 계획의 실행

④ PR 효과의 평가

| PR의 주요 수단

언론 보도, 회견, 특별 행사, 공공 캠페인 활동, 간행물 간행 등이 있다.

인터넷 마케팅은 인터넷을 기반으로 개인이나 조직이 상호간에 목적을 충족시키기 위해 마케팅 활동을 전개하는 모든 상업적인 활동을 의미한다. 다시 말하면 인터넷 마케팅은 인터넷상에서 마케팅 주체Maketer와 소비자가 e-커뮤니케이션을 통하여 개인이나 조직의 목적을 달성하기 위하여 아이디어, 상품, 서비스의 개념이 효율적이고 경제적으로 교환 가능하도록 가격, 촉진, 유통 등의 제반활동을 계획하고 수행하는 것을 말한다. 인터넷 마케팅은 기존의 전통적인 마케팅 기본 개념과 동일하나 소비자를 대상으로 하는 마케팅 활동의 이용수단이 인터넷을 도구로 마케팅 활동을 전개한다는 데에 차이가 있다.

인터넷 마케팅의 특징

인터넷 마케팅은 인터넷의 특징을 그대로 가지고 있으며 다음과 같은 특징이 있다.

① 정보기반 마케팅

인터넷 웹사이트 가입자들을 대상으로 하기 때문에 고객 관련 정보의 획득이 용이하고 이들 정보를 기반으로 하여 정확한 타깃 마케팅을 추진할 수 있다.

② 개인화Personalization

개인을 대상으로 하는 일대일 마케팅이다.

③ 측정 가능성과 용이성

인터넷의 특성으로 인해 광고의 노출과 효과 측정이 용이하다.

④ 저렴한 마케팅 비용

인터넷을 통해 저렴한 비용으로 서울, 지방, 세계로 광고가 가능하다.

⑤ 상품과 가격비교의 용이성

단 몇 번만의 클릭으로 동일한 제품의 가격비교가 가능하다.

⑥ 시간과 공간의 무제한성Limitless

시간과 공간의 제약을 받지 않는 무제한성이다.

인터넷 마케팅의 장·단점

장점	단점
▶ 고객 서비스를 향상시킬 수 있다. ▶ 마케팅 비용을 절감할 수 있다. ▶ 시공간상의 제약을 받지 않는다. ▶ 정보의 양에 제한이 없다. ▶ 유통구조가 단순하다.	▶ 보안상의 문제가 있다. ▶ 메일 등을 무분별하게 발송한다. ▶ 스팸메일로 인한 광고의 역효과

공연 기획사가 공연 상품을 일반 상품처럼 인터넷 마케팅을 전개하는 데 있어서는 아직까지 많은 한계를 가지고 있어 오프라인 마케팅과 인터넷 마케팅을 혼용하여 실시할 때라야 마케팅 효과를 기대할 수 있다.

| 마케팅 기획서 작성 순서(목차)

① 공연 작품 분석

대본 분석, 스태프/배우 분석, 기타 자료 분석(평론, 기사)이 포함된다.

② 마케팅 콘셉트/마케팅 방향

공연과 관객들이 만날 수 있는 마케팅 콘셉트, 마케팅 방향을 수립한다.

③ 마케팅 타깃 분석과 마케팅 목표

공연 작품이 공연 시장에서 가지고 있는 강점Strength, 약점Weakness, 기회 Opportunity, 위협Threat 요소를 파악하고 마케팅 타깃을 분석하여 마케팅 목표를 수립한다.

④ 마케팅 타깃 설정

공연 티켓 가격별로 남녀, 연령, 지역, 단체, 학교, 모임으로 구분하여 1차 타깃을 설정한다. 그리고 틈새시장을 공략하기 위한 2차 타깃을 설정한다.

⑤ 마케팅 타깃별 실행 방안 수립

마케팅 타깃별로 촉진에 따른 실행 방안을 수립한다(예: 기업 대상 프로모션과 관객 대상 이벤트).

⑥ 마케팅 추진 일정

마케팅 실행 계획에 따른 구체적 추진 일정을 마련하고 담당자를 지정한다.

⑦ 마케팅 예산계획

마케팅과 관련 예산의 지출 계획을 구체적으로 작성해 놓는 것으로 광고 예산을 포함시켜 작성한다.

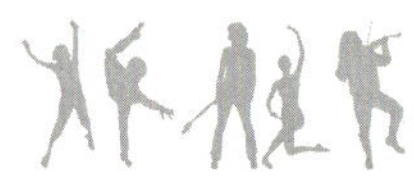

11. 공연 연습

공연 기획사 제작감독은 대본 작업이 완료되고 제작 및 공연 일정이 확정되고 캐스팅이 완료되면 연출가(안무가, 음악감독)와 협의하여 연습 계획을 수립하고, 늦어도 연습이 시작되기 30일 전까지 연습장을 마련해야 한다. 그리고 사전에 연습실을 방문하여 연습에 방해가 되거나 연습할 때 발생할 수 있는 문제를 미리 확인하고 대처 방안을 마련해 놓아야 한다. 또한 스태프/배우들에게 연습실 위치와 교통편을 사전에 공지하여 첫 연습부터 늦지 않도록 해야 한다.

| 연습실 임대와 공연 연습

공연 연습실은 공연 단체(한국연극협회, 한국국악협회, 한국무용협회, 서울연극협회, 한국뮤지컬협회 등) 사이트의 공지사항이나 게시판을 보면 연습실 임대 소개가 많이 되어 있어 쉽게 연습실을 구할 수 있으나, 게시판에 소개되는 대다수의 연습실은 소극장 규모의 연습실이다. 대극장 규모의 연습실은 대개 공연장 내에 있고 사용을 원하는 단체가 너무 많아서, 원하는 연습기간과 연습시간에 임대하기는 어렵다.

그래서 연습실 임차가 여의치 않을 경우에는 주변에 있는 공연 단체 연습실, 학교 연습실, 문예회관 연습실을 빌려서 사용하거나 새로 지어진 건물인데 임대가 되지 않은 공간을 섭외하여 임시로 연습실로 사용하기도 한다. 이 경우 임차 가격은 매우 저렴한 편이다. 그런데 이런 건물은 사무 공간으로 만들어져 있어서 무용 연습, 뮤지컬 연습에 적당하지 않기 때문에 댄스플로어, 매트 등의 설치가 가능한지 여부를 확인하고 빌려야 한다.

만약 연습실 임차 비용에 크게 구애받지 않는다면 아침부터 저녁까지 하루 종일 빌리는 것이 전체 연습 후에 개인 연습이 필요한 배우들을 위한 배려가 된다. 연습실 임차 기간은 공연장 무대 연습이 가능하거나 공연장 연습실을 사용할 수 있을 때까지로 한다.

그리고 뮤지컬, 발레, 오페라, 창극 공연의 경우에는 오케스트라와 연주단을 위한 연습실이 별도로 있어야 한다. 또한 배우와 무용수, 합창단이 함께 연습할 수 있는 대형 종합 연습실도 확보해야 한다. 공연 연습이 시작되면 배우들은 공연 제작이 본격적으로 시작된 것으로 이해하고 연습에 매진하게 된다.

제작감독은 연습 계획을 마련하고 스태프/배우들에게 공지하고 연습 계획과 일정에 따라 연습이 진행될 수 있도록 관리한다. 연습실 관리는 조연출에게 일임하여 책임을 지고 관리하도록 한다. 연습 기간에 식사할 수 있는 식당과 1인당 식사비의 가격선을 정해 주고, 연습실에는 물, 커피, 녹차, 휴지 등을 항상 준비해 둔다.

연습이 진행될수록 참가하는 배우들의 스트레스는 이루 말할 수 없을 정도로 많으므로 작은 이벤트(생일 축하, 연습 30일째 날 회식)를 준비하여 스태프/배우들이 좀 더 편안한 상태에서 공연 연습에만 전념할 수 있도록 배려한다.

김PD 생각　스태프/배우 식사 제공에 대한 생각

최근에는 스태프/배우 인건비에 식사비를 포함하여 지급하기 때문에 공연 기획사에서 별도로 식사를 제공하지 않는 경우도 많다. 음식에 대한 취향이 서로 다른 배우들을 2~3개월 동안 지정한 식당에서 식사를 계속하게 하는 것이 항상 최고의 몸 상태를 유지하고 조절해야 하는 배우 입장에서는 사실상 난감한 일일 수 있다. 어머니가 매일 준비해 주는 식사가 아닌 이상 반찬이 매일 비슷하고 음식 맛이 거의 같은 식사를 장기간 하는 것은 어쩌면 고역일 수도 있다. 그래서 앞으로도 스태프/배우의 인건비에 식사비를 포함하여 지급하는 방향으로 가야 할 것 같다.

연습장을 임대할 때 고려해야 할 사항

▶ 공연 예정인 공연장의 무대 크기와 비슷한 크기의 연습장을 임대해야 연습의 효율성을 높일 수 있다.

▶ 하루 종일 사용할 수 있는 장소를 섭외하는 것이 추가 연습과 개인 연습을 위해 꼭 필요하다.

▶ 어느 정도 방음이 되어 소음 방해를 받지 않는 공간이면 좋다.

▶ 공연 기획사 인근에 연습장을 임대하면 수시로 방문하여 연습 사항을 체크할 수 있다.

▶ 연습장 이외에 옷을 갈아입거나 휴식을 할 수 있는 공간이 있어야 한다.

▶ 연습실에 깨끗한 화장실과 샤워실이 준비되어 있으면 좋다.

▶ 연습실에 주차 공간이 많이 확보되어 있으면 좋다.

▶ 교통편이 편리한 장소를 섭외해야 배우들이 스트레스를 덜 받고 안정감을 갖고 연습할 수 있다.

▶ 연습장 주변에 음식점이 있어 연습 기간에 식사를 해결할 수 있어야 한다.

▶ 연습실을 임대할 때에 가장 중요한 것은 임대 기간에 따른 비용임을 항상 염두에 두어야 한다.

김PD 메모　공연 연습 시 중요 사항

▶연습 일정을 철저히 지키고, 시간 배분에 의한 효율적인 연습 운영
▶연습 사고에 의한 부상 방지와 배우 건강 관리
▶종합(연출), 연기(연기감독), 안무(안무가), 음악(음악감독/지휘자)부분 등의 상호 협조에 의한 연습 진행
▶연습실 확보(전체 연습실, 음악 연습실, 안무 연습실 등)

12. 무대 스태프 회의 Stage staff meeting

| 무대 스태프 회의

무대 스태프 회의는 간단히 말하면 공연 제작회의에서 결정되어 추진되고 있는 무대 관련 사항이 공연장에서 차질 없이 진행될 수 있도록 하기 위해 확인하고 점검하는 회의를 말한다. 세부적으로 말하면 무대 스태프 회의는 공연장 스태프들과 공연 작품 스태프들이 공연에 앞서 공연에 대한 정보를 공유하고 이를 바탕으로 공연에 따른 무대 관련 사항을 중심으로 무대시설들을 함께 확인하면서 무대 작업과 공연 시에 발생할 수 있는 무대 관련 문제를 함께 점검하는 회의를 말한다. 무대 스태프 회의에서 점검 사항은 무대 기술 요구 사항, 무대 인력 요구 사항, 무대 작업 일정, 기타 사항 등이다.

무대 스태프 회의를 실시하려면 공연 기획사 제작감독이나 무대감독이 구두로 공연장 스태프에게 요청하거나 공문서를 보내 회의일정을 잡는다.

그리고 공연 기획사는 원활한 회의 진행을 위해서 공연장을 방문할 때에 간단한 다과와 음료를 준비해 가거나 또는 공연장 주변에서 간단한 다과를 하면서 회의할 수 있는 장소를 섭외하면 부드러운 분위기에서 회의가 진행된다. 무대 스태프 회의가 끝나면 식당으로 자리를 옮겨서 함께 식사를 하면서 빠진 내용이나 추가 사항에 대해 자연스럽게 이야기할 수 있는 분위기를 만드는 것도 좋다.

| 무대 스태프 회의 주요 확인 사항

구분	공연 기획사	공연장
회의시기	▶ 대관 확정된 후 ▶ 서로 간에 요청이 있을 때 ▶ 무대 장비 반입 최소 일주일 전(前) (최종점검회의) ▶ 리허설을 앞두고	
참석자	▶ 공연 프로듀서 ▶ 제작감독 ▶ 연출가 ▶ 기술감독 ▶ 무대감독 ▶ 조연출 ▶ 무대 디자이너 ▶ 조명 디자이너 ▶ 음향 디자이너 ▶ 영상 디자이너	▶ 대관 담당자 ▶ 무대감독(공연장) ▶ 무대기계 담당자 ▶ 조명 담당자 ▶ 음향 담당자 ▶ 영상 담당자 ▶ 하우스 매니저
주요 확인사항	▶ 무대 기술 요구 사항(무대 장치, 조명 장비, 음향 장비, 영상 장비, 분장실 등) ▶ 무대 인력 요구 사항(스태프 인원과 지원 가능 유무) ▶ 무대 작업 일정(반입, 무대 설치, 조명/음향/영상 작업, 리허설, 철수 등) ▶ 공연 일정(무대 오픈 시간, 객석 오픈 시간 등) ▶ 기타(부대 시설 요구 사항, 기획 관련 사항 등)	

| 무대 스태프 회의 각 부분별 세부 확인 사항

▶무대: 무대 형태/크기, 무대 장비 리스트/수량, 장치 반입구 위치

▶조명: 조명 장비 리스트/수량/임대료, 조명 인력 지원 유무와 인건비

▶음향: 음향 장비 리스트/수량/임대료, 음향 인력 지원 유무와 인건비

▶영상: 영장 장비 리스트/수량/임대료, 영상 인력 지원 유무와 인건비

▶무대 인력: 무대 전환, 조명, 음향 등의 인력 확보 여부와 지원 유무

▶분장실: 분장실 위치와 수, 정수기 유무, 샤워실, 식사 가능 여부 등

▶기타: 작업 시간, 댄스플로어, 보면대/의자, 그랜드/연습용 피아노 등

※댄스 플로어Dance floor는 발레나 무용 공연에서 무용수들의 미끄럼을 방지하기 위해 무대 바닥에 설치하는
 전용 고무 매트이다.
※보면대는 오케스트라 등의 음악을 연주할 때 악보를 펼쳐서 놓고 보는 대를 말한다.

공연 제작 회의	회의 주체/주관: 공연 기획사 ▶ 협의 사항: 작품의 제작을 위한 예술 및 기술 사항 검토 ▶ 참석자: 공연 제작 스태프(부분별) ▶ 회의 주도: 연출자와 공연 프로듀서가 주도
무대 스태프 회의	회의 주체/주관: 공연장, 공연 기획사 ▶ 협의 사항: 작품의 무대 적용에 대한 기술 사항 검토 ▶ 참석자: 공연 제작 스태프, 공연장 스태프, 공연 프로듀서 ▶ 회의 주도: 무대감독(공연 기획사)과 공연장 부분 스태프

김PD 메모　무대 스태프 회의 준비

무대 스태프 회의 때에 공연 기획사는 무대감독(조연출)을 통해 무대 디자인 시안, 무대 도면(정면도, 평면도, 측면도), 조명 디자인 도면, 음향 디자인 도면 등을 공연장 스태프에게 적어도 회의 일주일 전에는 전달하여 충분히 검토하고 회의할 수 있도록 한다.

| 무대 스태프 회의 중요성

무대 스태프 회의의 결과에 따라 공연 일정이 조정되고 제작비가 증가할 수 있기 때문에 매우 중요하다. 다시 말해 공연 제작회의에서 결정되어 제작 중인 무대 장치를 공연장에서 여러 가지 이유로 인하여 제 시간에 설치할 수 없다면 관객에게 완성도 높은 공연 작품을 제공하려던 약속을 지킬 수 없으며, 또한 추가 비용의 발생으로 인해 공연 제작의 차질이 발생할 뿐만 아니라 공연 수익을 확보하는 데 어려움에 처할 수 있다.

　무대 스태프 회의 결과에 따라 무대 작업 일정이 늘어나고 무대 관련 비용이 증가하거나 감소할 수 있기 때문에 공연 기획자는 공연 제작 스태프들과 공연장과 관련된 내용을 확인하고 검토한 내용을 문서로 자세히 작성하여 공연 제작 회의 때 검토 자료로 사용해야만 미연에 실수를 방지할 수 있다.

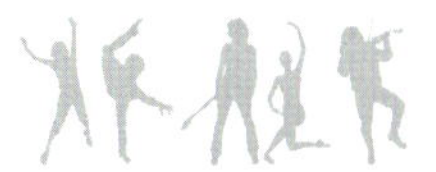

13. 분장실 배정

분장실은 배우들이 분장/헤어를 하고 의상을 보관하거나 갈아입고, 또한 공연 준비를 하며 휴식을 취하고 대기하는 공간이다. 분장실의 기본 시설로는 1인용 분장대, 대형 옷걸이(행거), 개인 사물함, 대형 거울과 밝은 조명 시설, 공연 실황을 보거나 들을 수 있는 모니터 또는 스피커 등이있고, 부대시설로는 화장실, 세면실, 샤워실 등이 갖추어져 있다.

분장실은 대개 주연급이 사용하는 개인 분장실과 여러 명의 코러스나 앙상블이 사용하는 단체 분장실로 나뉘어 있다. 경우에 따라 뮤지컬이나 오페라 공연 때 주연 배우의 요구에 의해 개인 분장실에 연습용 피아노를 비치하기도 한다. 모든 분장실에서 배우들의 분장/헤어를 하는 것이 아니라 단체 분장실 중에 하나를 지정하여 분장/헤어를 하는 장소로 사용하고, 나머지 분장실은 의상을 갈아입고 쉬거나 대기하는 공간으로 사용한다. 조연출은 배우들의 분장/헤어를 순서대로 할 수 있도록 분장 디자이너와 협의하여 배우들의 공연장 도착 시간을 조정하여 배우들에게 공지한다.

분장/헤어를 하는 순서로는 공연장에 가장 먼저 도착하는 코러스 → 앙상블 → 조연 배우 → 주연 배우 순으로 한다. 경우에 따라서는 분장/헤어에 가장 시간이 많이 걸리는 배우가 먼저 하기도 한다.

분장실 배정은 배우들에게 있어 자존심에 해당하는 부분이므로 배우들의 의견을 듣고 신중하게 결정한다. 예전에는 공연계의 관례에 따라 나이든 선배들이 무대에서 가까운 위치의 분장실을 배정받아 사용하였으나, 지금은 이른바 스타들, 즉 티켓 파워를 가진 젊은 배우들이 캐스팅됨에 따라 우선적으로 좋은 분장실을 배정하는 경우가 많다. 그런데 잘못하면 젊은 스타 배우가 분장실 배정 문제로 인해 선배 배우들에게 오해를 받아서 불편한 관계가 되고 공연에 악영향을 미칠 수도 있다. 따라서 공연 기획자는 다른 배우들의 양해를 구하여 공연 기간 동안 편하게 사용할 있도록 배정해 주는 것이 좋다. 그러나 선배 배우를 존경하는 문화는 분장실에서 반드시 지켜져야 한다. 이는 모든 배우가 언젠가는 선배 배우가 되기 때문이다.

| 분장실 배정 방법

남자는 남자끼리, 여자는 여자끼리, 같은 비중 있는 배역들은 같은 방에 배정, 코러스는 같은 방에 배치한다.

▶주인공에게는 무대 입구에서 멀지 않고 조용히 쉬면서 공연을 준비할 수 있는 분장실을 배정해 주면 좋다.

▶연륜과 경험이 있는 배우이면서 조연을 맡고 있는 배우들은 그 다음

에 배정한다.

▶중견 배우들은 같은 분장실에 배치하거나 또는 대극장 작품으로 출연 배우들이 많은 경우에는 신인 배우나 코러스 방에 함께 배정하여 질서를 유지할 수 있도록 하고 또한 무대 경험이 적은 신인 배우들에게 조언을 해줄 수 있도록 한다.

▶주인공 배역이 더블인 경우에 같은 소품이나 의상을 사용하는 경우가 많으므로 같은 분장실에 배정하여 교대로 사용하도록 한다.

| 분장실 배치표

구분	사용 용도	사용자	이름
분장실 1	개인 분장실 1	로미오역	김○○
분장실 2	개인 분장실 2	줄리엣 역	박○○
분장실 3	단체 분장실 1	중견 남자 배우	이○○, 정○○ 노○○, 양○○
분장실 4	단체 분장실 2	중견 여자 배우	심○○. 서○○ 빈○○.
분장실 5	단체 분장실 3	코러스 남자	박○○, 정○○ 채○○, 윤○○ 성○○, 구○○ 곽○○, 조○○ 서○○, 백○○
분장실 6	개인 분장실 3	지휘자	신○○
분장실 7	단체 분장실 4	연주자	이○○, 김○○ 박○○, 허○○ 진○○, 추○○ 전○○, 홍○○ 이○○, 한○○ 노○○.
분장실 8	단체 분장실 5	코리스 여자	왕○○, 채○○ 이○○, 허○○ 백○○, 추○○ 전○○, 성○○ 양○○, 홍○○ 맹○○.
분장실 9	단체 분장실 6	분장/헤어디자이너	분장사 4명

14. 무대 장비 반입

무대 장비 반입은 공연장에 공연을 앞두고 무대 작업 일정에 따라 공연에 사용할 무대 장치와 무대 장비를 반입하는 것을 말한다. 무대 작업 일정은 공연장과 작품에 따른 작업 규모를 고려하여 공연장 무대감독 및 공연 작품 무대감독과 협의하여 결정하고 세부 내용은 무대 스태프 회의에서 최종 결정하여 다른 스태프와 배우에게 알려 준다.

무대 작업 일정은 대개 공연장의 작업 스케줄에 맞추어야 하고 공연장 작업 시간은 보통 오전 작업(오전 9시 ~ 정오 12시), 오후 작업(오후 1시 ~ 오후 6시), 심야 작업(오후 7시 ~ 오후 10시)으로 구분한다. 무대 작업은 무대 장치 설치 작업, 조명 작업, 음향 작업, 영상 작업, 특수 효과 작업 등으로 이루어진다.

만약 무대 작업 일정의 차질로 인해 공연에 문제가 생길 것으로 예상되면 공연장 측에 양해를 구하고 공연장 대관 담당자 및 공연장 스태프들과 사전에 협의하여 오후 10시 이후에 밤샘 작업이 가능하도록 미리 허락을 받아야 한다. 그런데 현재 대부분의 공연장에서는 밤샘 작업 자체를 금지하고 있다. 이는 밤샘 작업으로 인해 스태프들이 안전사고에 노출되기 때문이다.

무대 작업 일정(예)

작업 일정	1일	2일	3일	4일
오전 작업(09~12시)	무대 장비 반입	무대 장치 작업	보강/수정 작업	보강 수정 작업
오후 작업(13~17시)	무대 장치 반입 조명/음향 작업	특수 효과 작업	연주단(밴드) 체크 테크니컬 리허설	부분 리허설
심야 작업(19~22시)	무대 장치 작업	조명 메모리 작업 음향 체크	리허설	공연

무대 작업 내용(예)

무대 작업	무대 장치 반입, 위치 잡기, 무대 설치, 무대 전환, 테크니컬 리허설 등
조명 작업	조명 장비 반입, 설치, 테스트, 조명 리허설, 테크니컬 리허설 등
음향 작업	음향 장비 반입, 설치, 테스트, 음향 리허설, 테크니컬 리허설 등
영상 작업	영상 장비 반입, 설치, 메모리, 영상 리허설, 테크니컬 리허설 등
특수 효과 작업	특수 효과 장비 반입, 설치, 테스트, 테크니컬 리허설 등

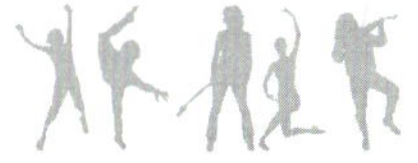

15. 리허설Rehearsal

리허설

리허설은 보통 공연을 앞두고 무대에서 최종적으로 하는 연습을 말한다. 리허설의 종류에는 테크니컬 리허설, 드레스 리허설, 전환 리허설, 부분 리허설 등이 있다. 무대 시설 작업이 어느 정도 끝나면 무대감독을 비롯한 스태프들은 고도의 긴장 속에서 리허설을 준비하게 된다.

리허설은 공연 작품의 완성도를 구성하는 개별 요소인 무대 장치, 무대 조명, 무대 음향, 무대 영상, 특수 효과, 무대 분장, 배우 연기 등을 통합하고 일치시켜 관객들에게 하나의 통일된 이미지, 느낌, 만족을 주기 위해 상호 간에 조화를 이루어 내려는 작업을 의미한다. 아무리 훌륭한 무대 장치가 설치되어 있더라도 배우들의 연기, 의상, 소품, 조명들과 함께 자연스러운 조화를 이루어 내지 못한다면 관객을 만족시키기 어렵기 때문이다.

리허설은 리허설 운영의 책임자인 무대감독에 의해 계획되고 진행되며, 무대의 기술적인 부분이나 무대 운영과 점검에 대해서 무대감독이 맡아서 책임을 지지만 공연에 대한 대부분의 중요한 결정은 연출가가 하는 것이 우리나라 공연계의 현실이다.

| 리허설의 종류와 특징 이해

■ 전환 리허설Switch rehearsal

전환 리허설은 뮤지컬처럼 무대 장치 등의 전환이 많은 경우에 전환을 담당하는 스태프만을 대상으로 하는 리허설을 말한다. 무대 장치와 기계, 조명 등을 전환할 때의 문제점 점검과 무대 안전에 대비하고 무대 응급 처치 등을 익히기 위해서 실시한다.

■ 테크니컬 리허설Technical rehearsal

테크니컬 리허설은 무대 작업이 완료되어 드레스 리허설을 진행하기 전에 배우들과 함께 스태프들이 주로 기술적인 부분을 중심으로 실시하는 리허설을 말한다. 다시 말해 조명/음향/영상/특수 효과의 큐와 위치 및 운영, 무대 장치를 전환하는 시간, 막을 열고 닫는 시간, 배우들의 등장과 퇴장 등 공연의 전체적인 흐름에 따라 마지막으로 점검하고 기술적인 문제점을 파악하여 보완한다.

■ 드레스 리허설Dress rehearsal

드레스 리허설은 무대에서 조명, 음향, 영상, 특수 효과, 의상, 소품, 분장 등 모든 것을 공연처럼 갖춘 상태에서 공연과 똑같이 하는 리허설을 말한다. 드레스 리허설에서 문제점이 발견된 장면은 무대 스태프 회의를 통해 연출이나 무대감독이 수정하거나 또는 과감히 삭제된다.

■ 부분 리허설Part of the rehearsal

부분 리허설은 출연 배우가 연출자와 함께 개인별 또는 장면별로 무대에서 하는 리허설을 말한다. 출연 배우들이 무대에 적응하기 위한 시간을 주고 연기력을 끌어올리기 위해 집중적으로 실시된다.

> **런 스루**Run through
> 드레스 리허설을 앞두고 하는 연습으로 공연과 같이 중간에 한 번도 끊지 않고 처음부터 끝까지 하는 공연 연습을 말한다.

| 리허설 때 공연 기획자가 염두에 두어야 할 일

▶ 스태프/배우들이 리허설에 집중할 수 있는 분위기 조성을 위해 최선을 **다해야 한다.** 리허설 날의 분장실은 도깨비 시장 같은 분위기로 배우들의 집중력이 많이 떨어져 안전사고와 위험에 노출될 수 있다.

▶ 공연 기획자는 리허설에서 나타나는 문제점을 그 자리에서 스태프/배우들에게 바로 전달하지 말고, 의견을 정리하여 리허설 종료 후에 있을 무대 스태프 회의에서 연출가와 무대감독을 통해 전달하는 것이 바람

직하다. 리허설 중간에 공연에 대한 문제점을 스태프/배우에게 바로 지적하면 분위기를 망치고 리허설 집중력을 떨어뜨려 결국 공연 완성도를 높일 기회를 잃어버리게 된다. 또한 공연 기획자와 스태프/배우 간에 공연에 대한 불신이 생기는 원인을 제공할 수 있다.

▶ **리허설 때 스태프/배우들을 위하여 평소보다 더 나은 간식을 조금 여유롭게 준비한다.** 그리고 식사는 평소와는 조금 다르게 특별식이 될 수 있도록 메뉴를 준비하여 스태프/배우들이 조금이라도 긴장감을 풀 수 있도록 배려한다. 리허설을 준비하고 참여하는 스태프/배우들의 스트레스는 말로 다 표현할 수 없기 때문이다. 아마도 공연을 앞두고 실시하는 리허설은 스태프/배우들에게 있어 하루에도 몇 번씩 천당과 지옥을 반복적으로 오가는 기분일 것이다.

| 리허설의 중요성

▶공연을 앞두고 공연 전반을 점검해 볼 수 있는 기회
▶공연과 동일한 이미지 사진을 촬영할 기회
▶공연의 완성도를 미리 예측해 볼 수 있는 기회
▶공연을 최종적으로 수정해 볼 수 있는 마지막 기회

| 프리뷰Preview 공연

프리뷰 공연은 공연 시작 일에 앞서 최종 점검을 위해 공연 관계자, 언론 방송 매체 기자, 인터넷 매체 기자, 공연 관련 카페나 블로그 시삽Sysop, 그리고 협찬사, 투자사들에게 공개하는 공연을 말한다. 그리고 프리뷰 공연은 기자들을 초청하기 때문에 프레스 콜Press call이라고 하기도 한다.

요즈음 뮤지컬 프리뷰(시연회) 공연의 경우 뮤지컬 마니아 관객들을 대상으로 20~30% 할인된 관람료를 받고 2~3일간 공연을 진행하는 경우도 많다. 그리고 별도로 사진 촬영을 위한 연습으로 포토 콜Photo call을 진행하기도 한다.

(※ 프레스 콜Press call은 본 공연을 앞두고 신문, 방송 등의 기자들을 초청하여 공연을 일부분을 선보이고, 공연 작품에 대해 설명하는 기자대상 시연회를 말한다.)

김PD 생각 남과 다른 생각

토요문화광장는 1993년 시작되어 5월부터 9월까지 매주 토요일 저녁에 국립극장 문화광장에서 무료로 진행된 야외문화 프로그램으로 연극, 무용, 콘서트, 마임, 발레, 타악 등이 공연되었다.

2006년 토요문화광장 개선 내용(필자 개선)

구분	개선 전前	개선 후後
서비스	종합전단 제공	종합전단 제공, **당일 공연 소개 전단 제공**
홍보/우천시 공지	홈페이지 공지	홈페이지 공지, **관객 개별 문자 공지(휴대폰)**
협찬사	홍보물 사명 공지	홍보물 사명 공지, **DB 모집 제공**
관객	초대권 이벤트	초대권 이벤트 및 **출석부 제도를 운영하여 우수출석자는 연말 행사에 초청**

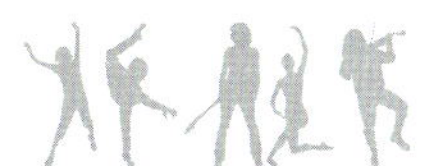

16. 공연 기간 중 사무실 운영

| 사무실 운영

공연을 한 달 정도 남겨둔 공연 기획사의 사무실 분위기는 한편으로 긴장감이 매우 고조되고 또 한편으로는 '한번 해보자'는 의욕이 철철 넘쳐 흐른다.

공연이 시자되기 한 달 전은 공연 기획의 모든 부분에서 작업이 보다 구체화되어 홍보 마케팅 실적이 가시적으로 서서히 나타나는 시기이다. 이때 가장 중요한 것은 직원 및 팀 간에 매일 생길 수 있는 갈등과 불만을 서로 간의 믿음을 통해 해소하고, 진행 중인 업무를 다시 한 번 확인하는 일이다. 또한 미진한 부분은 다시 업무 분담을 하여 실적을 구체화시키고, 모두가 역량을 다할 수 있도록 서로 협력하는 일이다.

다시 말해 공연 기획사 내 각 담당자들은 서로간의 신뢰와 믿음을 바탕으로 하여 사전 계획에 따라 전체 내용과 일정을 우선적으로 함께 점검한다. 그리고 각자 담당하고 있는 분야의 추진 일정에 맞추어 하루하루의 결과를 확인하고 점검한다.

특히 협동 작업을 많이 필요로 하는 공연 기획 특성상 한 부분에서 진행이 늦어지면 다른 부분에도 영향을 주어서 결국 모든 일정이 늦어지고 공연 기획 자체가 엉망이 될 수 있다. 또한 이 시기를 전후하여 공연 기획사 업무량의 급격한 증가로 인하여 인력 부족이 심각하게 되므로 단기 아르바이트를 고용하여 사무 보조, 홍보 보조, 마케팅 보조 등으로 활용해서 남은 기간 동안에 업무의 효율성을 높이고 극대화할 수 있도록 한다.

공연 기획사 사무실 스케치

공연을 10일에서 30일 정도 앞두고 있는 공연 기획사 사무실은 거의 전쟁터에 있는 전투 상황실처럼 하루에도 수많은 전화가 오고 많은 사람들이 오가며, 많은 양의 홍보 우편물을 지속적으로 보내고 또한 퀵서비스 기사가 하루 종일 사무실을 오가며 물건을 발송한다. 사무실 안 여기저기에는 포스터, 전단지를 비롯한 인쇄물이 흩어져 있고 책상 위에는 먹다 남은 빵조각을 비롯한 음료수 등이 널려져 있고, 컴퓨터와 벽면에는 많은 포스트잇 메모지가 여기저기에 붙어 있다. 게다가 보도 자료의 복사로 인해 복사기의 열기가 매우 뜨겁게 느껴진다. 이게 공연을 앞둔 공연 기획사 사무실의 풍경이다.

▶ 매일 10분간이라도 공연 기획회의를 실시하여 추진 계획과 일정을 반드시 확인하고 점검한다.

▶ 홍보 마케팅에서 추진한 결과를 바탕으로 미진한 부분은 새로운 계획을 수립하여 공격적으로 실행하고, 인력이 부족할 때에는 단기 아르바이트 인력이라도 고용하여 운영한다(예: 우편물 발송, 메일 발송 등).

▶ 매일 발생하는 홍보/마케팅에 대한 자료 요청은 메일이든, 팩스든, 우편 발송이든, 퀵서비스이든 간에 3시간 안에 처리하는 것을 원칙으로 하고 그래도 처리하지 못한 경우에는 당일 내에는 반드시 처리할 수 있도록 한다. 그래야만 홍보 마케팅에서 효과를 발휘할 수 있다.

▶ 출퇴근이 불규칙할 수 있으므로 사무실 1일 당번 제도를 도입하여 항상 직원 중 누군가는 오전 9시 전에 출근하여 다양한 상황에 대처할 수 있도록 한다.

▶ 하루 중 15분 정도는 모든 직원이 청소 시간과 커피 타임을 가질 수 있도록 하고, 기분을 전환하여 쾌적하고 청결한 분위기 속에서 일할 수 있도록 서로 노력한다.

▶ 오전에 사무실에서 개인 담당 업무를 보고, 오후에 공연장으로 이동하여 담당 업무를 보거나 다른 업무를 지원한다.

| 공연 30일 전과 공연 기간 중에 해야 할 업무

제작	공연 30일 전	무대 관련 작업 진행 사항 체크, 연습 계획과 일정 확인 등
	공연 기간	무대 운영, 안전 관리, 소품/장신구 관리, 철수 준비 등
홍보	공연 30일 전	기사화 작업, 기자 방문/연락, 프로그램 제작 준비 등
	공연 기간	기자 공연 관람을 통해 리뷰 기사화, 추가 홍보 진행
마케팅	공연 30일 전	마케팅 타깃 접촉, 단체 판매 작업, 판매 상황 체크 등
	공연 기간	단체판매 확인, 매표소 운영, 일일 판매 현황 체크 등
재무	공연 30일 전	예산 지출 등
	공연 기간	티켓 수입금 입금, 매일 정산 관리(티켓, 기념품)

17. 공연 진행

공연 진행이란 공연 기획사가 공연 기간 동안에 공연장 현장에서 반드시 진행해야 하는 일로, 스태프/배우 지원 관리, 분장실 관리, 티켓 매표소 운영, 공연 기념품 판매 관리, 공연장 로비 관리, VIP 초대 관리, 공연 설문조사 등을 말한다.

스태프/배우 지원 관리

스태프/배우 지원 관리란 공연장에서 공연 기간 동안 스태프/배우들이 최고의 상태에서 공연에 참여할 수 있도록 분위기를 조성하고 지원하는 활동을 말한다. 여기에는 초대권 지급과 티켓 할인 구입 지원, 주차 문제 해결 협조, 공연 기간 동안 시간 관리 지원, 식사 제공, 회식 실시 등이 포함된다.

무대에서 연기하는 배우와 각종 무대 장비를 다루는 스태프들은 공연 기간 동안에 고도의 긴장감과 스트레스에 노출되어 있기 때문에 진심으로 배려하고 아껴 주는 마음이 필요하다. 예를 들면 공연 전에 배우들이 무대에 잠깐 모여서 함께 몸 풀기 운동을 하는 것, 공연 기간에 생일이 있는 스태프/배우를 위한 간단한 다과와 축하 파티, 처음으로 무대에 데뷔하는 신인 배우를 위한 작은 축하 파티, 공연 관객이 많을 때에는 만원 사례, 공연 중간에 하는 회식, 공연 결과가 성공적으로 끝날 것이 예상될 때 공연 기획사의 마음을 담은 감사 편지 등이 있다.

한 달 이상의 장기 공연인 경우에는 더 많은 배려가 있어야 하고 공연 기획자와 스태프/배우 간의 마찰, 스태프와 스태프 간의 마찰, 배우와 배우 간의 마찰, 스태프와 배우 간의 마찰 등을 최대한 방지할 수 있도록 공연 관련 내용을 되도록이면 공개하여 서로 간에 믿음 속에서 공연이 이루어질 수 있도록 한다.

스태프/배우 지원 관리 중에서 가장 중요한 것은 예산이 허용하는 선에서 적당한 식당을 섭외하여 스태프/배우들이 맛있게 먹을 수 있도록 하는 것이다. 보통 공연장 내에 있는 식당이나 공연장 인근(5분 거리 이내)에 있는 식당을 섭외하고 공연 기간 동안에 스태프/배우들이 식사를 할 수 있도록 예산 계획을 잘 세워서 지출해야 한다.

한 공연을 위해 투입되는 스태프/배우들은 최소 10명에서 최대 100명 이상이 되기 때문에 식사를 준비하기 위해서 많은 시간이 소요되므로 백반류나 간이 뷔페식을 선택하는 것이 좋다. 국립극장이나 예술의전당 구내식당은 밥과 국을 제외한 반찬이 뷔페식으로 제공되고 있고 짧은 시간 동안에 많은 인원의 식사가 가능하다. 식사 비용도 음식에 비해서 저렴한 편이지만 공연 기간 동안에 미리 예약을 해야 스태프/배우들의 식사를 준비해 준다.

현재 리허설과 공연 기간 동안의 스태프/배우들의 식사는 공연 기획사에서 식당을 정하여 식사를 제공하는 것이 보편적인 관행이지만 장기적으로 리허설 기간을 제외하고 스태프/배우들이 자기가 원하는 식사를 할 수 있도록 제작비, 스태프 인건비, 배우 출연료에 포함시켜 지급하는 것이 좋을 듯하다.

초대권 지급과 티켓 할인 구입 지원

초대권은 공연 30일 전에 지급하고 스태프/배우들이 직접 티켓을 구입할 때 적용되는 티켓 할인율과 최대로 구입할 수 있는 티켓 수량을 사전에 알려 주고 구입 방법을 분장실 게시판에 자세히 설명해 놓아야 한다.

주차 문제 해결 최대한 협조

차량을 통해 이동하는 스태프/배우가 많아짐에 따라 연습장 및 공연장 주차 문제는 어제 오늘의 문제가 아니지만 최대한 협조해 주어야 한다. 공연장 내 주차 공간의 확보가 어려우면 주변의 주차장을 알아보고 저렴한 비용으로 이용할 수 있도록 한다.

공연 기간 동안 시간 관리 지원

스태프/배우들이 공연 기간 동안에 공연장에 도착하여 공연이 끝나서 집으로 갈 때까지 시간을 관리해 주는 것을 말한다. 예를 들면, 공연장 도착 시간, 분장 시간, 식사 시간 등을 관리하는 것이다.

식사 제공

스태프/배우들이 공연 기간 동안에 최고의 상태를 유지하여 공연할 수 있도록 맛이 있는 양질의 식사를 제공하는 것을 말한다. 휴일이나 주말에는 점심과 저녁식사를 하게 되므로 음식 메뉴를 확인하고 항상 신경을 써야 한다.

■ **회식 실시**

스태프/배우들의 기분을 전환시켜 주고 좋은 분위기를 이어 가기 위해서 보통 연습 기간 중 1~2회, 공연 기간 중 1~2회 정도 실시한다. 많은 인원이 참여하는 회식이므로 비용도 만만치 않게 발생하기 때문에 최근에는 회식을 제공해 줄 수 있는 스폰서를 구해서 하기도 한다. 회식은 보통 일요일에 실시하고 3시간 이내에 끝내야 다음 공연에 대비할 수 있고 스태프/배우들의 안전사고도 예방할 수 있다.

| 공연 단체에 따른 식사 제공 내용

구분	식사 제공
공연 기획사 제작 시	공연 연습, 리허설, 공연 기간 등에 모두 제공
공연 예술 단체 제작 시	공연 연습, 리허설, 공연 기간 등에 모두 제공
재단법인 제작 시	리허설 기간, 공연 기간에만 제공
국립극장 제작 시	리허설 기간, 2회 공연인 경우만 제공

※ 식사 제공은 공연 기획사와 공연 단체별로 예산의 확보 유무에 따라 차이가 많이 난다.

| 분장실Dressing room, Make-up room 관리

공연 기간 동안 분장실은 배우들에게 있어 자기 집의 침실과 같은 곳이기 때문에 편안하고, 안락하고, 청결한 공간을 만들어 주어야 한다. 그래야 배우들이 공연 기간 동안 아무런 사고 없이 건강을 유지하고 최고의 상태에서 공연에 집중할 수 있기 때문이다.

분장실에 배우들의 긴장감을 줄여 줄 수 있는 음료와 다과를 준비해 주어야 한다. 예를 들어 생수, 온수기, 컵, 커피, 녹차, 간단한 간식(사탕, 초코파이, 떡 등), 과일(가격이 저렴하고 다수가 먹을 수 있는 귤, 포도 등), 간단한 약품(소화제,

진통제 등)을 매일 배우들이 공연장 분장실에 도착하기 전에 준비해 두어야 한다. 예산이 소요되는 일이므로 진행비 예산 안에서 융통성을 발휘하여 스태프/배우들의 기분이 상하지 않게 준비해 준다.

그리고 분장실 내에서 스태프와 배우, 배우와 배우 사이에 갈등이나 마찰이 생길 수 있으므로 공연 때문에 생기는 서로 간의 비방이나 인신공격 같은 것을 할 수 없는 분위기를 만들어야 하고 힘들 경우에는 연출가나 선배 배우에게 부탁하여 분장실에서 오로지 공연에 집중할 수 있도록 한다.

공연 기간 동안에 분장실은 되도록 외부의 방문객으로부터 배우들을 격리하여 공연에만 전념할 수 있도록 하는 것이 원칙이나, 사실 분장실은 외부의 방문객으로 인해 항상 시끄럽고 어수선하고 시장 같은 분위기를 연출하는 경우가 많이 있다. 조연출, 분장사, 선배 배우에 의해 공연 1시간 전부터는 반드시 출입을 통제하여 모든 스태프/배우들이 공연에만 집중할 수 있도록 해야 한다. 이것이 지켜지지 않을 때는 무대 안전사고나 스태프/배우의 실수로 인해 공연의 완성도가 현저하게 낮아질 수 있기 때문이다.

티켓 매표소Ticket box office 운영

티켓 매표소 운영은 공연 기획사가 공연 기간에 공연장에서 관객을 대상으로 티켓을 판매하고 티켓과 관련된 서비스를 제공할 목적으로 티켓 매표소를 운영하고 관리하는 것을 말한다.

티켓 매표소의 인력 배치는 공연장의 크기, 티켓 매표소의 위치, 형태, 구조에 따라 배치 인원의 차이가 날 수 있다. 국·공립극장의 경우에는 티켓 발권을 위한 직원이 있기 때문에 티켓 매표소를 운영하는 데 크게 어려움이 없다. 보통 중극장(500석 이상) 규모는 초대 관객 발권 1명, 예약 관객 발권 1명, 현장 판매 발권 1명 등을 배치하고 주말이나 공휴일, 단체 관람이 있을 경우에는 추가로 인력을 배치하며 운영하면 된다.

티켓 매표소는 공연 시작 1시간 전부터 운영하고 공연이 시작되고 현장에서 정산이 완료되면 1명의 담당자를 제외하고 모두 철수한다. 그리고 공연이 시작한 지 절반이 지났거나 또는 2막이 시작하면 티켓 매표소에 있는 담당 직원은 철수하고 공연이 끝나기 10분 전에 티켓 매표소로 돌아와서 공연 종료 후에 있을 관객의 다양한 질문이나 문의 사항에 대처한다. 공연 중간에 휴식 시간과 관객이 많은 경우에는 1명의 담당자 이외에 추가로 직원을 배치할 수도 있다. 티켓 매표소에 너무 많은 인력이 배치되고 효율적으로 운영하지 못하는 것은 초대 관객의 수가 너무 많고 또한 초대 종류가 너무도 다양하기 때문이다.

예를 들면 라디오 초대 이벤트, 카페 초대 이벤트 당첨자로 인해 일일이 신분증과 아이디를 확인하여 티켓을 지급함으로써 티켓 매표소가 매우 혼잡하게 된다.

티켓 매표소는 공연 기간에 티켓 판매로 인해 신용카드를 비롯하여 현금의 거래가 이루어지는 곳으로므로 많은 주의가 필요하고, 당일 현장에서 고액권으로 티켓을 구입하는 관객을 대비하여 현금을 1,000원권, 5,000원권, 10,000원권을 일정 금액 이상 준비해 놓아야 한다. 또한 **티켓 매표소 담당자는 매일 공연이 끝나면 당일 티켓 판매 정산을 바로하여 티켓 판매 현황을 보고하여야 한다.**

그리고 티켓 매표소는 공연 티켓과 관련된 민원이나 항의가 자주 발생하는 장소이므로, 민원을 제기하거나 항의하는 관객을 대충 처리하면 두고두고 공연 기간에 문제가 될 소지가 있을 수 있다. 공연 때문에 민원이 발생하면 공연장 측은 바로 민원에 대해 조용한 처리를 요구하고 이 민원이 공연 기획사의 불성실한 대처로 계속될 때에는 계약에 의해 손해보상을 요구할 수도 있고 또한 다음 대관 때에 불이익을 줄 수도 있다.

김PD 메모　티켓 매표소

티켓 매표소에서 주로 발생하는 항의 내용
▶ 공연 관람 시간에 늦게 도착하여 예약한 좌석에 앉지 못할 경우에 티켓 환불을 요구하는 경우
▶ 티켓 예약으로 5장을 구입하였으나, 1명이 오지 못하게 되어 티켓 1장의 환불을 요구하는 경우
▶ 관람 연령을 초등학생(7세 이상)으로 공지하였으나, 4세 아이를 동반하여 입장시켜 달라고 항의하는 경우
▶ 관객이 티켓 예약한 날짜를 혼동하여 다른 날짜에 공연을 관람하러 왔다고 거부되는 경우
▶ 티켓 예약번호나 티켓을 구입한 예매처를 모르고 와서 바로 티켓을 주지 않는다고 무조건 항의하는 경우

※ 대책
티켓 판매 규정(환불 규정)과 공연장 관리 규정에 의해 원칙대로 대처하여야만 문제가 적게 발생한다. 융통성을 발휘하여 대처하였다가는 오히려 더욱 큰 문제가 될 수 있다.

| 티켓 매표소 담당자가 해야 할 일

티켓 매표소 담당자는 우선 각 티켓 예매 사이트에서 공연 당일 판매된 좌석을 티켓 예매처 사이트나 예매처에서 보낸 메일에서 판매 현황(판매명단, 수량, 미판매좌석수 등)을 확인하고 판매되지 않은 좌석을 다음날 티켓 매표소에서 판매 좌석으로 등록하여 현장에서 판매 좌석 또는 초대 좌석으로 사용할 수 있도록 한다.

그리고 각 티켓 예매처에서 구입한 관객, 전화 예약으로 구입한 관객, 단체로 구입한 관객 등의 티켓을 공연 2시간 전에 미리 발권하여 정리해

놓아야 티켓 매표소의 혼잡을 방지할 수 있다. 즉 공연 티켓을 구입한 고객, 구입한 좌석, 구입한 수량을 확인하여 봉투 작업을 해놓으면 티켓 매표소를 조금 여유롭게 운영할 수 있다.(※ 관객 대부분이 공연 30분 전에 도착한다.)

① 전날 판매 마감 후에 티켓 예매처에서 공연 당일 판매된 좌석을 확인함 → ② 판매되지 않은 당일 좌석을 확인하고 현장 판매 좌석으로 등록함 → ③ 현장에서 판매 또는 초대 좌석으로 발권함

초대권을 아무에게나 함부로 배포하지 말아야 한다. 최초 배포된 초대권은 처음 초대 관객이 아닌 여러 사람에게 전달되어 최종적으로 공연장에 온 초대 관객은 최초 배포된 관객보다는 공연에 대한 적극적인 관람 의지와 열망이 적기 때문에 공연 관람 분위기를 해칠 수 있고 또 다른 관객의 관람에 방해가 될 수 있다. 초대 관객은 비용 부담을 지불하지 않고 관람하기에 티켓을 구입한 관객보다 관람 집중도가 20~50%가 떨어진다.

| 공연 기념품Performances souvenirs 판매 관리

공연 기념품인 프로그램, 음악 CD, 캐릭터 상품, 아트 포스터, 공연 기념 티, 핸드폰 고리 등을 공연장 로비에서 관객을 대상으로 판매하는 활동을 말한다. 다시 말해 공연장에서 관객들이 공연 관람 전에 자세한 공연 정보를 얻기 위해서 프로그램을 구입하거나 공연 관람 후, 공연에 만족하여 음악 CD, 캐릭터 상품, 아트 포스터 등을 구입하는 것을 말한다.

뮤지컬이나 오페라 공연의 프로그램 판매 가격은 5,000원에서 1만 원 정도 하기 때문에 대형 장기 공연인 경우에는 프로그램 판매 수입만 해도 수천만 원이 되므로 프로그램을 비롯한 공연 기념품 판매 관리를 철저히 해야 한다.

공연 기념품의 판매 시간은 공연 1시간 전과 휴식 시간, 공연 종료 후 약 30분(관객 퇴장이 마무리될 때까지)에만 판매하고, 고액권으로 구입하는 관객을 위하여 1,000원권, 5,000원권, 10,000원권 등 현금을 일정 금액 이상 준비한다.(※ 프로그램은 판매용 프로그램과 기증용 프로그램을 분리해서 관리해야만 정산을 올바르게 할 수 있다.)

공연장 로비Theater lobby 관리

공연 기획사는 공연을 관람하기 위해 티켓을 구입했거나 초대되어 온 관객들이 객석 입장 전까지 공연장 로비에서 편안한 상태로 공연 정보를 얻고, 음료와 다과를 즐기고, 공연 기념품을 쉽게 구입할 수 있도록 효과적으로 로비를 관리해야 한다. 공연 홍보용 X-배너, 공연 전단, 공연 기념품 판매소(프로그램, 음악 CD 등), 그리고 관객들의 동선을 미리 파악하여 이와 관련된 특이 사항이나 문제점을 사전에 해결해야 한다.

공연 시작 90분 전에 매일 점검하고 미비한 것이 있으면 1시간 전까지는 바로 조치해 놓아야 한다. 공연 기획사가 직접 처리할 수 있는 것이면 바로 해결하고 공연장의 도움이 필요하면 하우스 매니저를 통하여 처리해서 반드시 처리 결과를 공연 1시간 전에 확인한다.

공연장 로비에서 점검해야 할 사항

▶공연 작품(차기 공연) 인쇄물 비치 수량과 비치 위치(포스터, 전단, 엽서 등)

▶공연 작품(차기 공연) 옥외 홍보물의 종류, 수량, 배치 위치(X-배너 등)

▶공연 기념품 판매소 인원 배치와 공연 기념품의 비치(프로그램, 음악 CD, 캐릭터 상품, 아트 포스터 등)

▶기타 관객 동선에 방해되는 물건, 식음료 판매점 관련 특이 사항, 안전
사항 등

| VIP_{Very Important Person} 관리

공연 기획사에서 바라본 VIP 관객이라면 보통 기업 CEO 및 단체 대
표, 투자사, 협찬사, 협력사, 기자(주요 언론 매체, 방송 매체, 인터넷 매체 등의 기자),
실제 활동하고 있는 평론가, 유력 예술가(연출자, 안무가, 작곡가, 주연 배우 등), 문
화 관련 국공립기관 예산지원 담당자 등을 말한다. VIP 관객은 공연 기
획사 대표나 공연 프로듀서가 직접 챙기는 것이 다음 공연이나 지속 경
영을 위해서 꼭 필요한 부분이므로 성심과 최선을 다해 관리하고 별도로
VIP 관리 운영 계획을 마련하고 VIP 관리 운영 매뉴얼에 따라 진행하면
된다.

공연장을 방문한 VIP 관객들에게 공연만 관람하게 하는 것이 아니라
다과 공간을 만들어 VIP 관객들 간에 인적 네트워크를 구축할 수 있는
기회를 제공한다면 VIP 관객에 대한 지속적인 관리가 가능하고 또한 공
연 기획사를 후원하는 VIP 관객이 지속적으로 증가할 것이다.

VIP 관객은 첫날 공연에 초대하는 것이 매우 좋고 공연 전에 별도로 간
단한 축하 파티를 할 수 있도록 장소를 마련하여 간단한 다과와 함께 진
행한다면 VIP 관객들에게도 의미 있는 일이 될 것이다. VIP 관객들이 품
격 있게 공연을 관람할 수 있도록 좌석과 프로그램을 준비하여 준다. 이
때 VIP 관객 초대 인원이 적을 경우나 VVIP 관객이 있을 경우에는 주인
공 배우들에게 부탁하여 사인된 프로그램을 제공하고 공연 종료 후에 같
이 기념 사진을 찍을 수 있도록 한다. 배우들에게 사전에 공지하여 양해

를 구하고 공연 홍보 마케팅 일환으로 진행된 중요한 행사임을 알린다.

VIP 관객에게 제공된 좌석이 VIP 좌석인 것도 중요하지만 VIP 관객과 함께 동반한 사람이 외부의 시선이나 간섭 없이 편안하게 볼 수 있는 자리가 되어야 한다. 만약 VIP 관객끼리 같은 열의 좌석에 일렬로 앉아서 공연을 관람하면 VIP 관객 간에 불편해 할 수 있으므로 다른 열이나 또는 좌석 간에 간격을 두고 좌석을 배정하는 것이 좋다.

그리고 공연 기획사가 공연에 VIP 관객을 초청하는 이유는 현재와 미래의 비즈니스를 위한 것임을 항상 명심해야 한다. 대형 규모의 뮤지컬, 발레. 오페라 공연의 VIP 좌석은 보통 10만 원 이상 하는 고가 상품이므로, 만약 부부 동반의 VIP 관객을 초대했다면 티켓 구입비 VIP석 10만 원 × 2석 = 20만 원, 프로그램 1만 원 × 1권 = 1만 원 등 20만 원 이상의 경비가 지출되었음을 반드시 염두에 두어야 한다. 추가로 커피값, 다과비, 식사비가 지출되었다면 비용은 더욱 증가할 것이다. 다시 강조하여 VIP 관객을 초대하는 것은 비즈니스 일환임을 명심하고 상대방이 VIP 관객으로서 가치를 상실했다면 공연 기획사는 이 모든 것을 처음부터 재검토해야 한다.

| VIP 관리 운영 계획

■ VIP 관리 운영 계획 수립

▶공연 기획사 입장에서 본 VIP 관객 개념, 범위, 인원 등 확정

▶공연 기획사 입장에서 VIP 관객 접대 방법(관리 운영 매뉴얼)

▶공연 기획사 입장에서 VIP 관객의 활용 방안

▶공연 기획사 입장에서 본 VIP 관객의 가치와 역할 평가

▶추가로 VIP 관객 섭외

■ VIP 관객 관리 프로세스

① VIP 관객 리스트 작성 → ② 초청장 발송 → ③ 관람 여부 확인 → ④ 공연장 영접 → ⑤ 다과 진행 → ⑥ 공연 관람 → ⑦ VIP 관객 리스트 수정 및 추가 작성 → ⑧ 관리 작업(전화, 편지, 이메일, 기타 행사 초청 등)

> **김PD 생각**　초대권에 대한 생각
>
> 공연 기획사는 자선봉사자 단체가 아니고 사기업임을 명심해야 한다. 예를 들어 삼성전자에서는 지나가는 사람들에게 공짜로 냉장고나 텔레비전을 주지 않는다. 그러나 광고의 가치나 이슈가 있는 경우에는 기관, 단체, 배우들에게 무료로 협찬을 해준다. 공연에 아무런 공헌이나 도움을 주지 않고 공연마다 초대되는 평론가, 공연계 교수, 언론사 임원, 문화관련 공공기관 관계자 등을 자주 보아왔다. 초대권을 남발하는 것은 공연 기획사 대표가 공연 기획사의 미션, 비전, 사명을 망각하고 회사를 운영하는 것과 마찬가지이다. 초대를 비용으로 생각하고 꼭 초청해야 할 사람들, 즉 공연에 직·간접적으로 도움을 주신 분, 그리고 공연 초기에 일정 수량의 좌석을 배정하여 소년소녀가장, 장애인, 국가유공자 등을 초청하여 사회를 건강하게 만들고 사회공헌 활동을 지원하는 것도 공연 기획자에게는 매우 중요한 일이다. 사회 약자에 대한 배려가 존경과 존중으로 우리 공연 예술계 종사자들에게 다시 돌아옴을 생각해야 한다.

| 공연 설문조사

기업에서 추진하고 있던 마케팅 설문조사 및 고객 만족도 조사가 공연 예술계에도 도입되어 이용되고 있다. 이는 고객이 원하는 공연 상품을 개발하여 관객 만족을 통해 지속적으로 관객을 유치하고 동시에 새로운 관객을 모으기 위함이다.

공연 기획사가 실시하는 공연 마케팅 설문조사는 대형 작품을 제작하기에 앞서 예상 관객을 대상으로 '보고 싶은 공연', '주인공에 가장 적당한 배우', '구매에 대한 생각' 등을 조사하여 공연 상품 개발에 반영하기 위함이다.

최근에 공연 기획사 및 공연 단체들이 가장 많이 실시하는 것이 공연장 방문 관객을 대상으로 한 관객 만족도 설문조사이다. 이는 공연을 관람한 관객들을 대상으로 하여 공연 작품의 전반적인 내용에 대한 만족도를 조사하는 것을 말한다.

공연 설문조사 목적과 중요성

예술가들이 만들어 내는 공연 작품도 시장에서 유통되는 하나의 상품이기 때문에 시장조사와 관객 만족도 조사가 반드시 필요하다. 이러한 설문조사를 통해 얻은 관객의 설문 결과를 다음 공연 작품에 반영하여 관객들의 공연에 대한 만족도를 높이기 위함이다.

예술가에 의해서 만들어진 공연 작품을 평가하는 것은 그리 쉬운 일이 아니다. 조사 목적과 진행 방법에 따라 관객들이 너무도 다른 평가를 할 수 있기 때문에 정확한 조사와 평가가 될 수 있도록 해야 한다. 관객들이 볼 때 사회적 기준으로 문제가 될 수 있는 설문 내용은 제외하고 아주 지나치지 않은 선에서 조사 목적을 달성할 수 있도록 공연에 대한 만족도 조사를 실시하여 다음 공연 작품을 제작할 때 적극적으로 반영해야만 공연 제작/기획의 실패를 줄일 수 있다.

관객 만족도가 높지 않은 공연 작품은 지속적으로 수익을 창출할 수 없기 때문에 설문조사에서 관객들이 지적한 사항 중 문제점, 미진한 부문, 수정이 필요한 부분, 홍보 마케팅에 관한 의견 등을 다음 공연 때 반영한다면 관객들이 공연 작품을 외면하지 않을 것이다.

아무리 훌륭하고 뛰어난 공연 작품이라도 관람할 관객이 전혀 없고, 공연 제작비 이상의 수익을 창출하지 못한다면 그 공연을 제작한 공연 기획사는 조만간 문을 닫을 것이 분명하기 때문이다. 공연 기획사가 수익을 창출하려면 관객을 알고, 관객의 눈높이에 맞추고, 관객에 앞서 새로운 트렌드를 제시할 수 있는 공연 작품을 제작할 수 있어야 한다.

| 설문조사 항목과 설문지 만들기

설문조사 항목은 공연 장르, 스태프/배우의 역할, 홍보 마케팅 과정, 티켓 구입 과정, 현장 서비스 등을 파악하기 위한 기본적인 설문조사 항목과 문항을 작성하여 설문지를 만든다. 공연 장르와 공연장이 설문조사에 영향을 끼쳐서 부정적 또는 긍정적 결과를 초래할 수 있다.

교통이 불편한 공연장을 오랜 시간이 걸려서 찾은 관객이 시끄러운 분위기에서 공연을 관람했다면 공연 작품이 뛰어남에도 불구하고 평가가 나쁠 수 있다.

설문조사 항목	설문조사 문항
설문조사자	성별, 연령대, 거주지, 공연 관람 횟수 등
공연 장르	공연 장르 이해, 공연 작품 완성도 등
공연 정보 획득 과정	홍보 마케팅 매체, 공연 정보 획득 방법 등
스태프 역할	무대(조명, 음향, 의상 등) 디자인의 공연 적합도
배우 연기	출연 배우의 연기에 대한 타당성과 만족도
공연장 서비스와 시설	현장 직원의 친절도, 시설의 청결 사항과 안전 등
종합 평가	만족, 대체로 만족, 불만족, 아주 불만족 등

관객 만족도 설문조사

국립극장을 찾아 주신 관객 여러분께 감사드립니다. 국립극장에서는 전 직원이 좀 더 훌륭한 서비스로 관객 여러분께 다가가기 위해 관객 여러분의 소중한 의견을 듣고자 아래와 같은 내용의 설문조사를 실시하오니 잠시 시간을 내주셔서 질문에 응하여 주시기를 부탁드립니다. 감사합니다.

아래는 오늘 관람하신 청소년 가무악 〈안숙선과 떠나는 민요여행〉 공연에 대하여 관객 여러분의 의견을 묻는 문항입니다. 생각하시는 정도에 따른 숫자에 ○표시를 해주십시오.

1	공연이 재미있다		아니다		보통		그렇다
2	작품의 기획 의도가 좋았다						
3	스태프 진의 역량이 뛰어나다	연출					
		무대 미술					
		음향/조명					
		음악					
4	출연진의 역량이 뛰어나다 – 대사, 노래, 안무, 음악 등						
5	포스터, 전단, 티켓, 현수막 등의 디자인이 보기에 좋았다						

오늘 공연에 대한 전반적인 느낌은 어떻습니까?
① 매우 불만족 ② 불만족 ③ 보통 ④ 만족 ⑤ 매우 만족

〈안숙선과 떠나는 민요여행〉 공연을 어떻게 알게 되셨는지 표시하여 주시기 바랍니다.
① 주변 사람의 권유 ② 국립극장 홈페이지 ③ 뉴스나 신문매체를 통해 ④ 기 타 (   )

〈안숙선과 떠나는 민요여행〉 공연 중 가장 기억에 남는 장면은 무엇입니까?

〈안숙선과 떠나는 민요여행〉 공연 중 아쉬운 점이 있었다면

국립극장에 바라는 점이 있다면

▷ 귀하의 성별을 표시하여 주시기 바랍니다.　男　　女
▷ 응답자의 연령대를 표시하여 주시기 바랍니다.　20대(이하) / 30대 / 40대 / 50대 / 60대
▷ 학력은 어떻게 되십니까?　중졸 이하 / 고졸 / 전문대졸 / 대졸 / 대학원 이상
▷ 직업은 어떻게 되십니까?　자영업 / 회사원 / 공무원 / 전문직 / 주부/ 학생 / 기타

지금까지 설문에 응해 주셔서 대단히 감사합니다.

〈출처: 국립중앙극장〉

명동예술극장 고객 만족도 조사

안녕하세요.
명동예술극장에서는 공연내용 및 공연장 서비스 품질을 향상시키기 위해 관객 여러분의 의견을 듣고 있습니다. 귀하께서 주시는 의견은 더 나은 공연장 문화를 만들어 나가기 위한 기초 자료로 쓰이고, 그 외의 목적에는 사용되지 않사오니 솔직한 말씀 부탁드립니다. 관객들에게 한 걸음 더 다가가 귀를 기울이는 명동예술극장이 되겠습니다. 귀한 시간 내주셔서 감사합니다.

1. 성별은 어떻게 되십니까? (남자 / 여자)

2. 실례지만 올해 연세가 어떻게 되십니까? (만　세)

3. 거주하고 계신 지역은 어떻게 되십니까?
   1) 서울(　　구) 2) 수도권(　　　)(예: 수원) 3)그 외 (　　　)(예: 대전)

4. 어떤 경로를 통해 연극 〈드라이빙 미스 데이지〉의 정보를 접하였습니까 ?
   1) 신문 2) TV 및 라디오 3) 주간지 및 월간지 4) 인터넷 5) 지하철역 동영상 광고
6) 시내 전광판 동영상 광고 7) 주변의 추천 8) 공연 포스터, 전단 9) 기타 (　　)

5. 본 공연을 관람하시게 된 가장 주요한 이유는 무엇입니까?
   1) 좋아하는 작품이 무대에 올라서
   2) 옛 명동국립극장, 시공간의 추억이 떠올라서
   3) 명동예술극장의 기존 작품이 마음에 들어서
   4) 좋아하는 배우(신구, 손숙, 장기용)의 연기를 보고 싶어서
   5) 기타

6. 본 공연 입장권은 어떤 경로로 구입하였습니까?
   1) 인터넷(명동예술극장 홈페이지, 인터파크, 기브 티켓)

2) 명동예술극장 직접 방문 3) 전화 예매(Tel: 1644-2003)
    4) 단체 관람 5) 기타 (   )

7. 공연 입장권 구매 시 불편하신 점이 있으셨으면 말씀해 주십시오.
    (   )

8. 본 공연의 입장권 정가는 R석 50,000원, S석 35,000원, A석 20,000원입니다. 이 가격에 대해
   어떻게 생각합니까?
   1) 매우 저렴하다 2) 저렴하다 3) 적당하다 4) 비싸다 5) 매우 비싸다

9. 가장 선호하시는 공연 시간대는 언제입니까?
    1) 평일 저녁 공연 2) 주말 저녁 공연 3) 평일 낮 공연 4) 주말 낮 공연

10. 본 공연장을 이용하면서 불편함을 느낀 적이 있으신지요? 가장 문제가 되었다고 여기는 것
    한 가지만 골라주십시오
    1) 공연장 찾아가는 길(버스 정류장, 지하철역 또는 인근 주차장에서 공연장까지)
    2) 예매 및 발권 과정에서 이루어진 직원 서비스 혹은 시설
    3) 공연 전 대기 과정에서 이루어진 직원 서비스 혹은 시설
    4) 입장 및 공연 진행 시 이루어진 직원 서비스 혹은 시설
    5) 공연 종료 후 퇴장 과정 시 이루어진 직원 서비스 혹은 시설
    6) 공연장의 고객 시스템(이벤트, 회원 관리 제도 등)
    7) 기타 (   )
    8) 특별한 불편함을 느낀 적은 없다.

11. 다음은 본 공연에 대한 만족도 조사입니다. 항목별 만족도를 표시해 주세요.

	매우 만족	만족	보통	불만족	매우 불만족
공연 내용					
배우					
공연장 시설					

12. 공연에 대한 구체적인 감상평을 부탁드립니다.
    (   )

13. 기타 명동예술극장에 건의하시고 싶은 점이 있으시면 말씀해 주세요.
    반영하도록 노력하겠습니다.
    (   )

설문에 응해 주셔서 감사드립니다.

명동예술극장 새로운 홈페이지 www.MDtheater.or.kr

명동예술극장 홈페이지에 〈드라이빙 미스 데이지〉 관람 후기를 써 주시면 추첨을 통해 10분께 공
연 할인 및 프로그램 구입에 쓰실 수 있는 포인트 3,000점을 드립니다.

〈출처: 명동예술극장〉

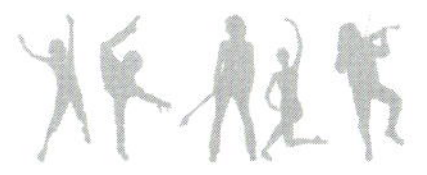

18. 지방 공연

| 지방 공연

공연 기획사가 서울 공연에 이어 지방 공연도 함께 추진하는 것이 일반적 추세이다. 왜냐하면 서울 공연만으로 공연 제작비를 전부 회수하기가 현실적으로 어렵기 때문이다. 처음에 공연을 기획할 때에 지방 공연 추진 계획을 함께 세워서 서울 공연에 이어 곧바로 지방 공연을 실행하는 것이 공연 기획사에게는 신작 제작에 따른 위험을 분산하는 효과가 크다.

공연 기획사가 지방 공연을 추진하는 다른 이유는 서울 공연의 결과를 확인하고 지방 공연에 이어 가기 위해서 지방 공연을 추진하게 된다. 물론 여기에는 공연 작품의 완성도를 높이고자 서울 공연이 끝나고 지방 공연이 실행되기 전에 작품을 일부 수정하여 지방 공연을 추진하기도 한다.

| 지방 공연 추진 목적

▶ 서울 공연에 이어 지방 관객의 반응을 추가로 확인하기 위함이다.

▶ 공연 제작비를 추가로 회수하여 공연 수지를 맞추기 위함이다.

▶ 지방공연을 통해 공연 작품의 수정기회를 가지기 위함이다.

▶ 지방 공연에 이어 서울에서 재공연의 기회를 가지기 위한 시간을 벌기 위함이다.

지방 공연장 대관 확보

▶지방 공연 기획사가 공연장의 대관을 확보하고 있거나 또는 대관 신청하여 지역 공연장을 확보하고 있어야만 지방 공연을 추진할 수 있다.

스태프/배우 계약 유무

▶스태프/배우들에게 사전에 공지하여 지방 공연 추진 기간과 출연 일정을 확정하여 계약해야만 지방 공연을 추진할 수 있다. 스태프/배우들은 지방 공연 일정에 다른 작품에 계약이 되어 있다면 추진할 수가 없다(물론 더블 배역인 경우는 가능하다).

무대 물품 보관 장소 확보

▶무대 장치를 비롯하여 무대 의상, 무대 소품, 무대 장신구 등을 서울 공연이 끝나고 지방 공연이 추진될 때까지 일시적으로 무대 물품을 보관할 장소를 확보해야 한다.

지방 공연장 답사를 통한 문제 해결

▶지방 공연을 추진할 때에는 공연장을 미리 답사하여 공연에서 발생할 수 있는 문제를 미리 파악하여 대처 방안을 마련해 놓아야 한다(예: 무대 장치가 너무 커서 지방 공연장 무대에 설치가 불가능한 경우).

기타 사항

▶지방 공연을 추진하기 위해서 어느 정도 인지도 있는 배우가 출연하고 있어야 가능하다. 지역 주민들은 전문 배우들을 잘 모르기 때문에 방송

과 연극을 겸업하고 있는 배우가 출연하고 있으면 지방 공연 추진이 좀 용이하다.

▶ 지방 공연은 많은 인원이 중장거리 이동함에 따라 모든 사람이 교통 안전사고, 식중독을 위시한 위생사고, 지역 주민과의 마찰로 인한 싸움에 노출되어 있으므로 주의해야 한다.

| 지방 공연 추진 방법

공연 기획사가 지방 공연을 추진하는 방법에는 지방 공연 기획사를 통한 방법, 지방 공연장을 통한 방법, 공동 주최사를 섭외하여 지방 공연을 직접 추진하는 방법 등 3가지 방법이 있다.

① 지방 공연 기획사를 통한 지방 공연 추진 방법은 가장 어려운 방법으로 현재 각 지역에 있는 대부분의 공연 기획사가 영세하고 거의 고사된 현실에서 수지 타산을 맞출 수 없는 공연 작품을 초청할리가 없기 때문이다. 그래서 아주 상업적인 공연 작품, 초청 비용이 저렴한 공연 작품, 수익이 예상되는 검증된 공연 작품 등을 주로 초청하게 된다. 더욱이 개인 지방 공연 기획사와 지방 공연을 추진할 경우에는 초청 비용의 일부만 받고 나머지 비용은 받지 못하는 경우가 많다. 즉 위험 부담이 너무 커서 충분히 생각하여 신중히 결정해야 한다.

② 지방 공연장을 통한 지방 공연 추진 방법은 세부적으로 2가지 방법이 있다. 우선 지방 공연장이 자체 자금을 확보하고 자체 사업으로 공연을 초청하는 경우로 보통 어린이날 기념 공연, 시민의 날 기념 초청 공연,

지역 축제 초청 공연 등이 있다. 공연 예산이 부족하거나 거의 없는 지방 공연장들이 초청할 수 있는 공연들은 대개 500만 원에서 2,000만 원 이내 소규모 공연 작품들이다. 과거에 어느 시에서는 뮤지컬 〈명성황후〉를 초청하여 공연을 추진한 적도 물론 있다. 또 다른 방법은 한국문예회관연합회의 전국문예회관 지원 사업을 통한 방법으로 전체 초청 경비 중 일부는 지원을 받고 나머지 경비는 자체 예산으로 해결하여 공연을 초청하는 경우도 있다.

③ 공동 주최사를 직접 섭외하여 지방 공연을 추진하는 방법은 공연 기획사 입장에서 보면 매우 위험 요소가 큰 방법이지만, 공연 작품이 검증되어 공연 기획에 자신감이 있는 경우와 또는 공연 작품에 대한 관객들의 반응을 추가로 확인하고 서울 재공연 여부를 확인하기 위해서 실시하는 경우가 있다.

먼저 공연 기획을 함께 추진할 단체를 섭외해야 하는데, 보통 방송사, 지방 공연 기획사 등이 참여한다.

> **김PD 메모**　페스티벌 참가
>
> 공연 작품이 국내 페스티벌에 초청되어 공연하는 경우에 실질적인 공연 수입이 보장되지 못하고 단지 상징적인 초청 비용만을 받고 공연하는 경우가 대부분이다(예: 포항바다국제연극제, 대구뮤지컬페스티벌 등).

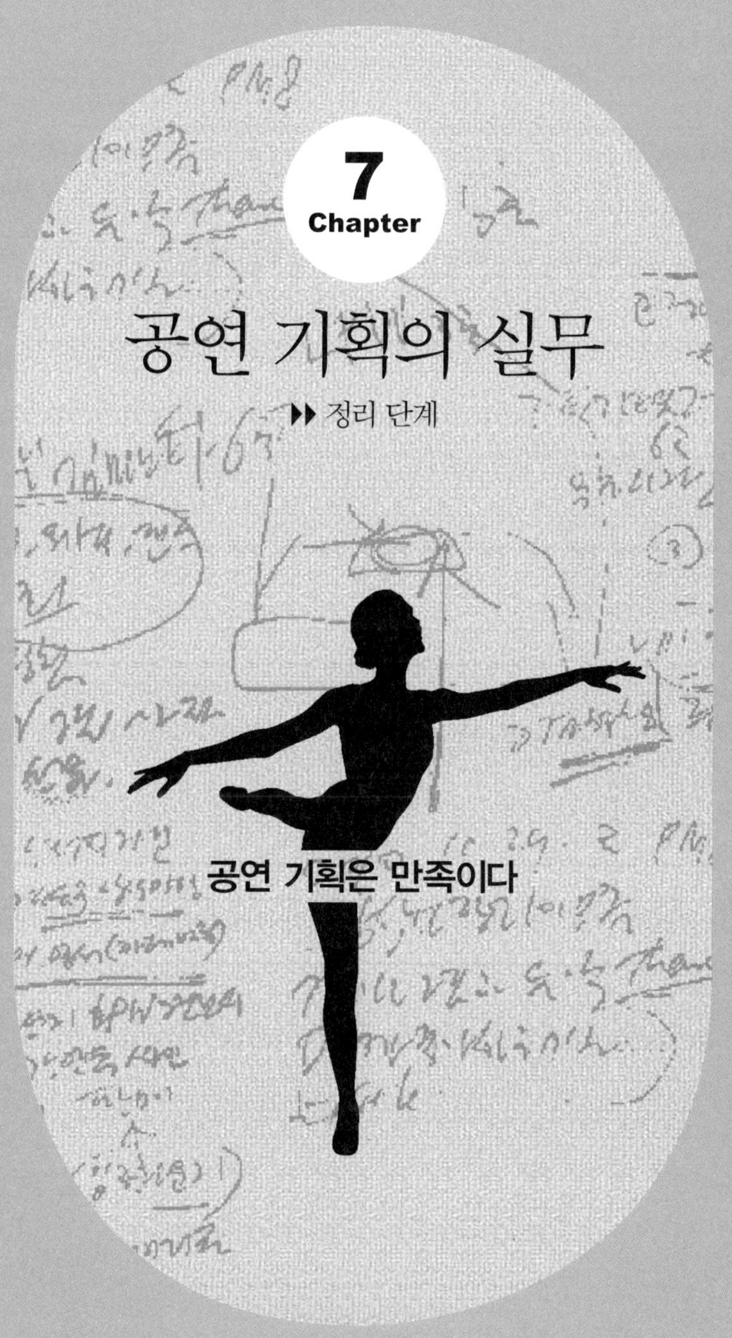
7
Chapter
공연 기획의 실무
▶▶ 정리 단계
공연 기획은 만족이다

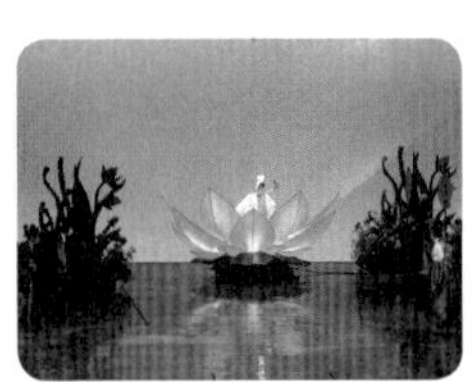

국립창극단은 1962년 창단된
창극 전문단체로 우리의 멋과 얼,
그리고 신명의 소리를 이어가고 있다.
특히 전통 창극의 보존과 정형화 작업,
현대적인 창극 창작을 통한 대중화와 세계화를 위해
꾸준히 노력하고 있다.

(출처: 국립창극단)

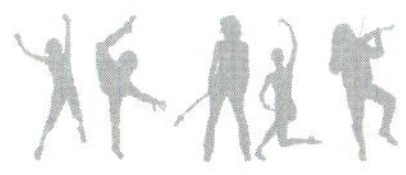

공연 결산과 공연 사업 평가

공연을 끝내고 사업을 마무리하는 작업은 단지 공연에 대한 수입과 지출만을 정리하는 것을 의미하지 않는다. 공연은 예술이면서 사업이다. 따라서 지속적으로 공연 사업을 영위하기 위해서는 반드시 공연 기획사가 공연의 성공과 실패 유무를 떠나서 공연에 대한 정확한 자료를 바탕으로 공연 결산과 공연 사업 평가에 대한 결과 보고서를 작성해야 한다.

그러나 이처럼 공연 결산과 공연 사업 평가가 매우 중요한 일임에도 불구하고 공연 단체를 비롯한 공연 기획사는 아직까지도 단지 공연이 끝난 결과에 대해 정리하는 하나의 요식 행위로만 생각하는 경향이 많이 있다. 특히나 최근들어 공연 제작비가 가파르게 증가하고 있다. 때문에 제작비가 부족한 공연 기획사의 경우 더욱 더 투자를 유치하기 위해서는 투자사가 요구하는 회계 결산의 투명성이 매우 중요시 되고 있다. 또한 정부기관이나 공공기관에서 지원하는 지원금이나 보조금에 대한 지출의 타당성과 정산의 투명성 역시 매우 강화되고있다.

따라서 공연 기획사가 지속적으로 공연 사업을 추진하기 위해서 제작 과정과 회계의 투명성을 확보하기 위한 일환으로 공연 결산과 공연 사업 평가를 공연 제작의 아주 중요한 부분으로 다루고 있어야 한다.

즉, 공연 사업에 있어 공연 제작/기획의 전 과정이 계획대로 추진되었는지 여부를 확인하고 만약 수립한 계획대로 추진되지 못했을 경우에는 이에 대한 원인을 찾아내어 공연 사업에 대한 정확한 평가가 이루어져야 한다.

공연 사업의 평가는 단순히 공연 결과에 대한 산술적인 평가가 아니다. 공연 제작 시작부터 마지막 공연까지 진행된 과정 중에 성공한 부분, 미진한 부분, 개선할 부분 등에 대한 충분한 검토를 통해 공연 사업의 전반에 걸친 종합적인 평가인 것이다. 이는 곧 다음 공연에 반영되어 성공적인 공연을 지속적으로 제작하는 데 큰 자양분이 된다는 점에서 그 의미가 크다.

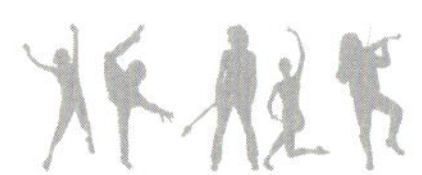

1. 공연 결산 公演決算, Performing closing

| 공연 결산

결산은 보통 기업이 일정한 기간 동안 수입과 지출을 마감하여 정산하는 것을 말한다. 즉 결산은 기업이 추진한 사업의 수입과 지출에 대한 결과로서 직원, 주주, 투자자로부터 기업을 평가하는 자료로 쓰인다.

공연 결산은 '공연의 제작/기획 기간과 공연 기간 동안에 발생한 수입과 지출을 마감하고 계산하여 수지收支 상태를 알 수 있도록 하는 것'을 말한다. 즉 공연 결산은 하나의 공연이 종료된 후에 수입 결산과 지출 결산의 결과를 의미한다. 그러므로 공연 기획사에서는 하나의 공연이 제작/기획되어 공연이 종료 때까지의 사업 실적과 수지 상태를 명확히 파악할 수 있도록 공연 결산 자료를 간단명료하게 작성하여야 한다.

결산決算	일정한 기간 동안의 수입과 지출을 마감하여 계산함. 또는 그렇게 산출한 계산.
정산精算	정밀하게 계산함.

〈출처: 네이버 국어사전〉

| 공연 결산의 중요성

공연 결산서는 공연 사업의 성과를 평가하는 수치적 자료다. 즉 공연이 성공했는지 실패했는지 알 수 있는 핵심 자료이다. 공연 결산서가 중요한 것은 공연 전 과정을 통해서 효과적으로 예산을 집행했는지 목표로 한 수입을 달성했는지 여부를 확인하기 위한 작업이기 때문이다. 즉, 공연을 예술작품으로서가 아닌 재정적인 측면에서 수익과 손실 여부를 명확히 밝히는 것이다.

그리고 공연 결산 내용은 개인사업자든 법인사업자든 간에 회계를 투명하게 하여 투자자에게 정확히 알려주어야한다, 또한 세금을 성실하게 납부하는 것도 중요하다. 더욱이 법인사업자인 경우에는 사업을 지속적으로 영위하기 위해서 회계의 원리에 의해 투명하게 결산하여 세금과 관련된 법적인 문제가 없도록 해야 한다.

공연 결산을 하기 위해서는 공연 수입과 지출에 대한 정산이 먼저 이루어져야 한다. 그래서 공연이 종료되면 공연 기획사는 티켓 예매처, 티켓 단체 구입자(기업, 동호회, 카페)들로부터 티켓 대금을 받아야 한다. 그래서 공연 정산이 제대로 완료되어 공연 결산이 순조롭게 이루어질 수 있다. 그러나 만약 어떤 단체에게 판매된 티켓 대금이 공연 기획사에게 입금되지 않았다면 이는 수입이라고 말할 수 없다. 그래서 공연 기획사의 재무 담당자는 공연 제작/기획에 관련된 지출 내용을 공연 종료 후 30일 이내에 정산 완료해야 한다. 그래야만 최종적으로 공연 결과 보고서 작성을 완료할 수 있기 때문이다.

| 공연 직접(순수) 제작비만을 대상으로 공연 결산을 하는 경우

규모가 큰 공연 기획사나 투자를 유치한 경우에 정산하는 방법이다. 투자사들은 공연 기획사의 간접경비를 포함하여 결산하는 것을 인정하지 않는다.

공연 결산의 주요 항목		
수입 항목	지출 항목	
	공연 직접(순수) 제작비	
① 공연 티켓 판매 수입 ② 협찬 수익 ③ 광고 수입 ④ 공연 기념품 판매 수입 ⑤ 지방 공연 수입 ⑥ 기타 수입	① 공연 제작/기획비 ② 스태프 인건비 ③ 배우 출연료 ④ 무대 관련 제작비 및 임대비 ⑤ 대관료 ⑥ 홍보 관련 비용 ⑦ 마케팅 관련 비용	⑧ 진행비 ⑨ 지방 공연 관련 경비 ⑩ 티켓 판매에 따른 수수료 비용 ⑪ 협찬/광고 유치에 따른 대행 수수료 ⑫ 세금 * 작품료

※ 공연 제작비 중 지출 항목에는 사무실 임대료, 사무실 직원 인건비, 사무실 운영 경비 등은 포함시키지 않는다. 공연 제작/기획비로는 회의비, 오디션 비용 등이 있다.

| 공연을 통한 수입 내용

① 공연 티켓 판매 수입(각 티켓 판매 정산서의 총합계)

티켓 판매 수입 = [(티켓 가격 − 티켓 할인율 − 티켓 예매처 판매 수수료 − 티켓 발권 수수료 − 부가세) × 총 판매 티켓 수]

② 협찬 수익

공연에 대한 현금 협찬이나 물품 협찬을 통해 확보한 현금 수입을 말한다.

③ 광고 수입

프로그램 광고를 비롯하여 광고를 통해 확보한 현금 수입을 말한다.

④ 공연 기념품 판매 수입

공연 기념품(프로그램, CD 등) 판매를 통해 확보한 현금 수입을 말한다.

⑤ 지방 공연 수입

지방 공연을 추진을 통해 확보한 현금 수입을 말한다.(※지방 경비 제외)

⑥ 기타 수입

이벤트 수입, 저작권 수입 등

| 공연 직·간접 제작비를 모두 포함하여 공연 결산을 하는 경우

규모가 작은 공연 기획사의 경우에는 공연 직접(순수) 제작비와 공연 간접 제작비(사무실 관련 비용)를 포함하여 정산하는 경우가 거의 대다수이다.

<table>
<tr><th colspan="2">공연 결산의 주요 항목</th></tr>
<tr><td>수입 항목</td><td>지출 항목</td></tr>
<tr><td rowspan="2">① 공연 티켓 판매 수입
② 협찬 수익
③ 광고 수입
④ 공연 기념품 판매 수입
⑤ 지방 공연 수입
⑥ 기타 수입</td><td>공연 직접(순수) 제작비

① 공연 제작/기획비　　⑧ 진행비
② 스태프 인건비　　　⑨ 지방 공연 관련 경비
③ 배우 출연료　　　　⑩ 티켓 판매 수수료
④ 무대 관련 제작비 및 임대비　⑪ 협찬/광고 유치에 따른
⑤ 대관료　　　　　　　　대행 수수료
⑥ 홍보 관련 비용　　　⑫ 세금
⑦ 마케팅 관련 비용　　＊ 작품료</td></tr>
<tr><td>공연 간접(부가) 제작비

⑬ 사무실 임대료　　　⑮ 사무실 운영 경비
⑭ 사무실 직원 인건비　⑯ 기타(이자 등)</td></tr>
</table>

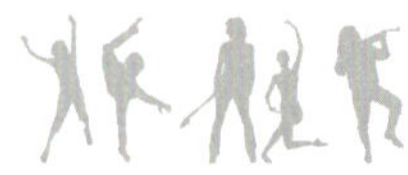

2. 공연 사업 평가 公演事業評價, Performing project evaluation

| 공연 사업 평가

공연 사업 평가는 공연 수지 결산을 포함한 공연 사업 전반에 걸친 평가를 말한다. 공연 기획사는 공연을 통해 수익을 창출하는 기업이므로 공연 추진 결과에 대해 보다 냉정한 평가가 필요하다. 공연 사업 평가는 1차적으로 참가 스태프, 주요 출연 배우, 공연 기획사 직원에 의해 이루어진다. 그런데 내부 관계자들의 평가 내용이 부실한 경우에는 외부 전문가 그룹에게 의뢰할 수도 있다. 따라서 이러한 평가 결과를 다음 공연에 반영하기 위해서는 좀 더 효율적이고도 객관적인 평가 기준, 평가 항목을 구체적으로 만들어 놓아야 한다.

| 대상에 따른 공연 사업 평가의 방법

① 내부 인력에 의한 평가

공연 기획사 내부 인력이 공연 종료 후에 공연 기획사가 직접 작성한 공연 사업 계획서, 공연 기획서, 홍보 기획서, 마케팅 기획서 등과 공연 실적을 직접 비교 평가하여 분석하는 방법으로 가장 많이 사용된다. 그러나 습관적으로 단순 비교 분석한다면 틀에 박힌 겉핥기식 공연 사업 평가 결과가 나올 가능성이 매우 높다.

② 참가 스태프에 의한 평가

참가 스태프들에 의한 평가는 공연의 작품성과 완성도에 초점을 두고 평가하는 방법으로 기획 부분의 평가에는 거의 도움이 되지 않는다. 공연 제작 초기에 스태프들이 구상한 공연 콘셉트와 제작 방향이 어느 정도 공연에 반영되어 성과를 얻었는지 여부를 평가하는 것이다. 만약 공연 사업 평가 시에 공연의 작품성과 완성도에 대한 평가가 나쁘면 재공연이 불가능하고 처음부터 다시 만들어야 한다.

▶ 참가 스태프: 작가, 연출, 안무, 작곡, 지휘자, 무대 디자인, 기술감독, 무대감독, 제작감독, 조연출 등

③ 내부 인력과 외부 전문가에 의한 평가

공연 종료 후에 내부 인력과 외부 전문가들이 함께 참여하여 공연 결과 보고서를 바탕으로 심도 있는 토론과 의견 개진을 통해 공연에 대한 재평가를 하는 방법이다. 하지만 자칫하면 형식적인 토론에 그쳐 일반적이고 상투적인 의견과 평가 결과가 나올 수 있다. 그리고 이 방법은 불가피

하게 회의비, 식사비, 장소 사용료 등의 비용이 수반된다. 이 방법을 효과적으로 실시하려면 외부 전문가를 선정하고 이들에게 공연 결과 보고서를 발송하여 충분한 시간을 두고 세밀하게 검토한 후에 간담회에 참석토록 해야한다. 그렇게해야 심도있는 토론과 의견 교환이 이루어져 실질적인 평가가 될 수 있다. 그리고 외부 전문가는 반드시 공연을 관람한 사람만을 대상으로 해야 한다.

▶ 외부 전문가: 프로듀서, 연출가, 문화부 기자, 공연과 교수 등

| 공연 사업 평가의 주요 내용

① 공연 제작비 대비 수익률 평가

공연을 올리기 위해 투입된 제작비에 대비하여 어느 정도의 수익을 달성했는지를 평가하는 것이다. 공연 기획사가 공연 기획 때에 목표로 한 수익률과 현재의 수익률을 비교하여 어느 정도 목표를 달성했는지를 평가한다. 공연 평가 중에 가장 중요한 부분이라 할 수 있다. 공연 기획사가 공연 분야에서 지속적으로 생존하기 위해서는 목표 수익률을 반드시 달성해야 한다.

② 공연 작품의 완성도와 상품성 평가

일반적으로 말하는 단순한 공연의 완성도가 아니라 공연 상품으로서의 가치, 앞으로의 발전 가능성, 관객의 선호도와 관심도 등을 종합적으로 평가하는 것으로 사업성에 중점을 두고 평가가 이루어진다.

③ 공연 제작/기획에 대한 전반적인 평가

공연 제작/기획 과정(제작 부분, 홍보 부분, 마케팅 부분, 예산 부분 등)에서 나타난 착오와 문제점, 개선점 등에 대해 전반적으로 평가하는 것을 말한다. 다시 말해 공연 기획사의 내부 역량을 평가하는 것으로 공연에 직·간접적으로 참가한 모든 사람을 대상으로 설문조사를 하고 합평회合評會를 실시하여 다양한 의견을 청취한다.

④ 스태프/배우에 대한 평가

공연에 참가했던 스태프/배우 선정의 적절성을 검토하고 담당 분야의 역할과 배역을 제대로 수행했는지를 평가하는 것으로 보통 작가, 연출가, 안무가, 작곡가, 음악감독, 지휘자, 무대 디자인, 조명 디자인, 의상 디자인 등 작품에서 차지하는 비중이 높은 스태프들을 대상으로 한다. 이 평가는 각 스태프에게 제작 부분에서 요구했던 것과 작품의 완성도를 높이기 위한 작품 해석 능력, 스태프 간의 의사소통 능력, 공연에 대한 예술적 공헌도 등에 주안점을 둔다. 배우에 대한 평가는 연기의 적절성, 작품에 대한 기여도, 관객의 반응 등을 중심으로 이루어진다.

공연 결과 보고서

공연 기획부터 공연 종료 후까지 각 부분별 업무에 대한 추진 사항과 추진 결과에 대한 보고서이다. 공연 결과 보고서에는 공연 제작, 홍보 마케팅, 공연 결산, 공연 평가 등이 담겨 있다.

- ▶ 목차와 순서
- ▶ 공연 개요
- ▶ 공연 콘셉트, 의도, 방향
- ▶ 제작 목표, 제작 방향, 제작 세부 내용
- ▶ 목표 설정
- ▶ 스태프
- ▶ 출연 배우
- ▶ 홍보 마케팅 분석과 문제점
- ▶ 제작 과정에서 대두된 문제점
- ▶ 공연 정산 내용
- ▶ 공연 결산 내용
- ▶ 공연 평가 내용
- ▶ 종합 평가 내용
- ▶ 공연 종합 평가에 대한 제언
- ▶ 홍보 인쇄물: 전단, 프로그램
- ▶ 사진 자료: 시공된 현수막 사진, 로비 행사 사진 등
- ▶ 자료: 신문, 잡지의 기사, 텔레비전, 라디오의 방송 내용(인터뷰, 뉴스 등)

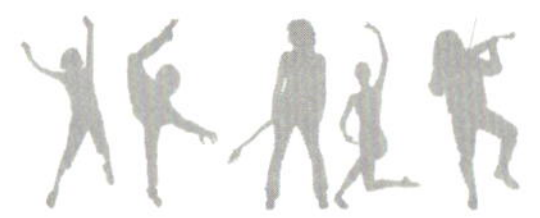

■ 참고 도서

고정민, 《산업화에 접어든 공연 예술》, 삼성경제연구소, 2003.

고희선, 《무대 조명》, 교보문고, 2000.

구문모 외, 《문화산업의 발전방안》, 을유문화사, 2000.

국립중앙극장, 《무대 예술용어집》, 국립중앙극장, 2009.

국립중앙극장, 《세계화 시대의 창극》, 연극과 인간, 2002.

김만석, 《공연 예술경영》, 북코리아, 2006.

김민주, 《컬덕 시대의 문화마케팅》, 미래의 창, 2005.

김석국 외, 《뮤지컬프로덕션실무》, 예영커뮤니케이션, 2006.

김성규, 《예술 단체의 재원 조성과 투자 유치》, 경인문화사, 2004.

김성영 외, 《마케팅론》, 한국방송통신대학교 출판부, 2009.

김승미, 《만원사례 예술경영학》, 늘봄, 2008.

김주호, 《예술경영》, 김영사, 2002.

김중효 외, 《공연 예술의 이해》, 계명대학교 출판부, 2009.

나상억·김원종 옮김, 《기획서 잘쓰는 법》, 21세기북스, 2003.

남정호, 《현대 무용 감상법》, 대원사, 1995.

다카세 히로시, 손진혁 역 《실전에 강한 MBA 마케팅》, 원앤원북스, 2008.

로버트 B 세틀 외, 《소비자의 심리학》, 세종서적, 2009.

문화체육관광부, 예술경영지원센터, 《2008 뮤지컬 실태조사》, 2009.

박선민, 《해외공연 어떻게 들여오나》, 예솔, 2005.

박신의 외, 《문화 예술 경영 이론과 실제》, 생각의 나무, 2002

박옥진, 김소영 옮김, 《문화예술마케팅》, 태학사, 2007.

박용재, 《뮤지컬 감상법》, 대원사, 2003.

서차영, 《발레 감상법》, 대원사, 2002

송승환, 《세계를 난타한 남자: 문화 CEO 송승환》, 북키앙, 2003.

신일수 외, 《극장 상식 및 용어》, 교보문고, 2006.

양정현, 《공연 제작》, 교보문고, 2001

연대상대마케팅연구회, 《단숨에 배우는 마케팅》, 새로운 사람들, 2002.

오레이, 레슬리, 류현희 역, 《오페라의 역사》, 동문선, 1990.

원종원, 《All that musical》, 동아시아, 2006.

이돈응, 《무대 음향》, 교보문고, 2000.

이성삼, 《세계명작오페라해설》, 세광음악출판사, 1994.

이성호, 《무대 조명2》, 교보문고, 2005.

이수진·조용신, 《뮤지컬 스토리》, 숲, 2002.

이승엽, 《극장 경영과 공연 제작》, 역사넷, 2002.

이의신, 《공연 기획, 이렇게 하면 어떨까요?》, 예솔, 2003.

이인권, 《공연 예술의 무대기획》, 한솜, 2003.

이태섭 외, 《공연 제작의 실제》, 아르케라이팅아트, 2001.

인문콘텐츠학회, 《문화 콘텐츠 입문》, 북코리아, 2006.

(재) 예술경영지원센터, 《2008 공연기획제작 워크숍》, 2008.

(재) 예술경영지원센터, 《2008 공연계약과 저작권》, 2008.

(재) 예술경영지원센터, 《2010 공연콘텐츠기획》, 2010.

전성환, 《공연 기획 핸드북》, 예영커뮤니케이션, 2003.

전성환, 《프로페셔널공연 기획》, 예영커뮤니케이션, 2007.

정재왈 외, 《현장문화예술 홍보》, 커뮤니케이션스, 2007.

정해동·박기철, 《마케팅PR》, 커뮤니케이션스, 2004.

칼 알렌스워스, 방태수 역 《연극만들기》, 서울학고방, 1994.

필립 코틀러·조앤 셰프, 용호성 역, 《전석매진》, 김영사, 한국 2007.

한국문화경제학회, 《문화경제학 만나기》, 김영사, 2001.

함봉진, 주윤황, 《인터넷 마케팅》, 두남, 2006.

함주한, 《마케팅 무작정 따라하기》, 길벗, 2005.

■ 참고 논문

강동훈, 〈공공 문화예술극장의 경제성 및 역할 연구〉(연세대학교 경제대학원, 2006)

노미정, 〈무용공연의 활성화를 위한 현황 분석〉(상명대 대학원, 2010, 02)

정은동, 〈공연 예술의 효율적인 관객개발을 위한 방안연구 – Art Complex를 중심으로〉(중앙대학교 예술경영대학원, 2006)

정현경, 〈공연 예술의 재원조성을 위한 기업스폰서십 활성화 방안 연구〉(추계대학교 예술경영대학원, 2005)

조경은, 〈공연장의 관객개발 모형연구 – 국립극장 사례를 중심으로 –〉(단국대학교 산업경영대학원, 2003)